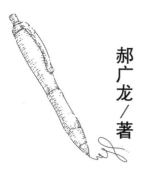

郝广龙／著

成都师范学院学术专著出版基金资助

当代中国大学教师学术身份变革研究

西南财经大学出版社
中国·成都

图书在版编目(CIP)数据

当代中国大学教师学术身份变革研究/郝广龙著.
成都:西南财经大学出版社,2024.7. --ISBN 978-7-5504-6286-1
Ⅰ.G644
中国国家版本馆 CIP 数据核字第 20248Q0Q91 号

当代中国大学教师学术身份变革研究
DANGDAI ZHONGGUO DAXUE JIAOSHI XUESHU SHENFEN BIANGE YANJIU
郝广龙 著

策划编辑:王 琳
责任编辑:廖 韧 余 尧
责任校对:植 苗
封面设计:墨创文化
责任印制:朱曼丽

出版发行	西南财经大学出版社(四川省成都市光华村街 55 号)
网　　址	http://cbs.swufe.edu.cn
电子邮件	bookcj@swufe.edu.cn
邮政编码	610074
电　　话	028-87353785
照　　排	四川胜翔数码印务设计有限公司
印　　刷	成都市新都华兴印务有限公司
成品尺寸	170 mm×240 mm
印　　张	24
字　　数	558 千字
版　　次	2024 年 7 月第 1 版
印　　次	2024 年 7 月第 1 次印刷
书　　号	ISBN 978-7-5504-6286-1
定　　价	98.00 元

序

长久以来，大学教师坚守象牙塔的知识分子形象，正在经济全球化和新自由主义的时代语境下发生转变。科技与生产的互嵌、知识与市场的联姻，以及对大学教师走出象牙塔以肩负更多社会责任的期待，正在深刻影响学术职业的价值取向和行动路径。而学术职业发展图景的变革，正是在中国社会现代化转型和高等教育内涵式发展的时代背景下发生的。

郝广龙博士的专著《当代中国大学教师学术身份变革研究》，正是立足于学术资本主义的时代背景和本土高等教育内涵式发展的现实语境，叙说当代中国大学教师学术身份变革。他抓住了知识的生产性这一命题，将知识看作可以传递、创造和扩散的资本元素，重构了大学教师作为知识传递者、知识创造者和知识转化者的身份定位。他从资本概念的误读与澄清开始，论证了知识传递、创造、转化与资本传递、增殖、转化的同频共振性，并对大学教师作为学术资本传递者、增殖者和转化者的表现形式、身份危机和优化路径等进行了详细分析。他看到了新自由主义和市场经济逻辑在高等教育领域的快速蔓延是造成当前中国大学教师学术职业危机的外部原因，并指出韦伯口中的"学术志业"精神并没有在中国学术传统中被形塑和强化，中国大学教师学术职业变革面临"双重压力"而表现出独特的精神风貌和实践样态。

郝广龙博士是一位严谨而具有教育情怀的青年学者。在他的论著中，随处可见对当前中国大学教师学术身份异化及其危害的精到论述和基于学术伦理的担忧之情，字里行间无不体现着其扎根中国语境，分析中国问题和探索中国道路的教育情怀。该书并没有一味地反对大学教师与市场逻辑日渐亲密的关系，而是认为走出校园、深度参与学术知识转化为生产效能的过程，是新时代大学教师重构学术职业合法性的应然选择。尽管这种转型和亲市场性可能会招致传统学术派的批驳，但这种批驳是新身份和新使命被理解和接纳不可避免的过程。

该书最精彩的地方，我认为是对大学教师是否应该秉持学术创业者理念的分析。在郝广龙看来，学术创业是新时期推动知识资本转化为生产资本的有效途径，也是建构学术职业发展新图景的道路。大学教师不但不应该抵制学术创业，反而应该积极投身学术创业，将自身所学所知尽可能地转化成生产资本。郝广龙强调学术创业行为需要建立在学术伦理之上，以提升学生综合素养、反哺学术研究、弘扬核心价值和肩负公共责任为价值底线。当然，郝广龙也对大学教师参与学术创业事务可能会产生的教学敷衍塞责、科研粗制滥造和创业功利主义等进行了分析，并强调大学教师可以在学术伦理调节作用下，在"求真"和"求利"的价值观冲突中找到平衡点。

更值得一提的是，该书并没有直接给出大学教师学术职业变革的答案，而是通过三组层层递进的追问，将判断权交给了读者：首先，抛出问题"学术资本主义是大学的臆想还是现实"，帮助读者重新认识学术资本主义现实情境的不可回避性；其次，继续追问"大学教师应该选择逃避还是选择直面"，帮助读者合理认识大学教师学术身份调适的必要性和紧迫性；最后，回到问题"身份异化是自我矫正还是要协同矫正"，引导读者立足本土学术语境的独特性，思考如何在"我应该"和"我可以"之间做出最契合立德树人教育追求的身份定位。

该书是郝广龙博士在博士论文基础上补充、修改、完善而成的。该书倾注了作者的大量心血，每一个概念、每一个案例、每一个分析都是经过反复思考和认真推敲的，是探索学术职业变革问题和剖析大学教师生存发展样态的重要文献。尽管该书在某些问题的论证和判断上存在瑕疵，但瑕不掩瑜。该书的面世，为从事高等教育研究的学者提供了从全球化背景和本土化语境两个角度综合审视中国大学教师精神面貌和实践样态的可能。

郝广龙博士的书，价值就在于此。

刘世民

2024 年 3 月 12 日于师大现代花园

前言

　　经济全球化和知识市场化趋势共同塑造了学术资本主义的现实语境。学术与资本的深度融合重新绘制了学术职业变革的方向和图景，引发了大学教师对"我是谁"及其所肩负职责的重新思考与能动探索。资本逻辑向学术领域的渗透，强化了学术市场化理念与行为的合理性，也引发了学术职业转型矛盾。在学术资本主义情境下，当代中国大学教师的学术身份呈现何种新变化，这种新变化的合理限度在哪儿，越过合理限度的行为该如何矫正，已经成为迫切需要回答的问题。本书力求在把握当代中国大学教师学术身份变革实然向度的基础上，剖析学术资本主义情境下大学教师学术身份的异化表现与学术身份变革的应然向度，进而提出大学教师学术职业转型发展的可行路径。

　　本书第一章从问题缘起、文献梳理、研究意义和研究设计等方面解读大学教师学术身份变革的时代紧迫性和现实必要性，力求在充分占有文献的基础上，明确研究意义，科学设计研究思路和研究步骤。第二章界定学术资本主义和学术身份等核心概念，阐述相关理论基础并剖析当前中国大学教师学术身份变革的适切性和可行性。第三章从历史与现实、西方与本土的视野，系统回顾和梳理大学教师学术身份演进的脉络和规律，论证当前中国大学教师学术身份重塑的必要性。第四章从学术资本传递的维度审视大学教师服务导向型知识传播者的身份定位，并从学术资本传递方向的"精准定位"、学术资本传递内容的"优化重组"、学术资本传递方式的"精心雕琢"、学术资本传递主体的"关系重建"和学术资本传递场所的"理性贯通"等方面展开论述。第五章从学术资本增殖的维度审视大学教师复杂性知识的统整创新者身份定位,并从学术资本增殖动机的"能动矫正"、学术资本增殖主体的"资格共享"、学术资本增殖方式的"协同整合"、学术资本增殖话语的"秩序重建"和学术资本增殖场域的"惯习调适"等方面展开论述。第六章从学术资本转化的维度审视大学教师知识生产力的深度解放者的身份定位,并从学术资本转化机遇的"主动捕捉"、学术资本转化风险的"谨慎评估"、学术资本转化洽谈的"底线恪守"、学术资本转化权益的"自主赋能"和学术资本转化空间的"延展拓宽"等方面展开论述。第七章指出学术资本主义是学术职业良性发展不可回避的现实,无须站在批判学术资本主义的立场审视学术职业转型;大学教师需要在学术资本主义的现实语境中重新划定学术身份的价值边界,而非无视学术市场化的内在合理性;在理性调适学术身份价值界限、矫正学术动机异化的过程中,大学教师既需要在守住立德树人初心和学术志业伦理的基础上发挥身份重塑的自主能动性,也需要在与外部政策、教育制度和学术环境的良性互动中协调多元身份诉求。

郝广龙

2023 年 12 月 15 日

目录

第一章　绪论 / 1

　第一节　问题缘起 / 1

　　一、现实境遇：学术市场化现实情境引发学术身份的边界
　　　　"松动" / 1

　　二、身份困惑：社会各界对大学教师的学术身份存在某种
　　　　"误读" / 3

　　三、范式转换：本质主义身份范式向建构主义身份范式的
　　　　"转型" / 5

　　四、价值确认：大学教师学术身份的能动确认具有多维化
　　　　"意义" / 7

　第二节　文献梳理 / 9

　　一、学术资本主义相关研究 / 9

　　二、关于大学教师学术身份的研究 / 34

　　三、研究述评 / 46

　第三节　研究意义 / 48

　第四节　研究设计 / 49

　　一、研究目标 / 49

　　二、研究内容 / 49

　　三、研究方法 / 50

第二章 核心概念与理论基础 / 56

第一节 核心概念界定 / 56

一、学术资本主义 / 56

二、学术身份 / 63

第二节 理论基础 / 69

一、研究方法论 / 69

二、具体理论 / 71

第三节 理论适切性 / 77

一、历史视野：大学发展与资本主义间存在着紧密联系 / 77

二、顺应趋势：契合"知识为第一生产力"的时代诉求 / 78

三、同频共振：学术资本主义与学术身份具有内在一致性 / 80

四、现实检视：既有研究对学术资本主义理论的实践运用 / 81

第三章 大学教师学术身份的演进历程、现实状况与重塑

必要性 / 84

第一节 大学教师学术身份的发展演进历程 / 84

一、欧美大学教师学术身份的演进历程 / 84

二、中国大学教师学术身份的演进历程 / 94

三、大学教师学术身份演进的规律总结 / 105

第二节 当前大学教师学术身份的现实状况 / 112

一、教学主导地位的逐渐动摇 / 112

二、学术研究旨趣的无序偏移 / 117

三、社会服务界限的频繁跨越 / 123

四、知识治理过程的深度参与 / 128

第三节 大学教师学术身份重塑的必要性 / 133

一、顺应经济社会发展的必然性选择 133

二、大学发展与资源短缺的客观需要 135

三、知识生产模式转型的应然性要求 137

四、学术职业正面临本体论层面危机 139

第四章 学术资本传递：服务导向型的知识传播者 / 144

第一节 学术资本传递方向的"精准定位" / 145

一、能力本位型向整全育人型转变中教师的身份异化 146

二、自觉践行整全育人型目标定位中教师的身份回归 150

第二节 学术资本传递内容的"优化重组" / 154

一、失衡性知识向均衡性知识转变中教师的身份异化 156

二、合理优化建构均衡性知识结构中教师的身份回归 160

第三节 学术资本传递方式的"精心雕琢" / 163

一、效率式教学向效益式教学转变中教师的身份异化 164

二、持续强化改进效益式教学策略中教师的身份回归 169

第四节 学术资本传递主体的"关系重建" / 173

一、紧张式关系向和谐式关系转变中教师的身份异化 174

二、聚力全面重建和谐型师生关系中教师的身份回归 179

第五节 学术资本传递场所的"理性贯通" / 183

一、封闭式课堂向开放式课堂转变中教师的身份异化 183

二、科学探索开放式课堂育人规律中教师的身份回归 187

第五章 学术资本增殖：复杂性知识的统整创新者 / 192

第一节 学术资本增殖动机的"能动矫正" / 192

一、求知性动机向求用性动机转变中教师的身份异化 193

二、能动协调求用性动机合理诉求中教师的身份回归 199

第二节　学术资本增殖主体的"资格共享" / 203

一、共同体成员向联合体成员转变中教师的身份异化 / 203

二、坦荡接纳学术联合体成员定位中教师的身份回归 / 208

第三节　学术资本增殖方式的"协同整合" / 212

一、学科内创生向跨学科创生转变中教师的身份异化 / 213

二、协同整合跨学科知识生产方式中教师的身份回归 / 218

第四节　学术资本增殖话语的"秩序重建" / 223

一、学术自决型向学术共决型转变中教师的身份异化 / 223

二、适度调适学术共决型话语体系中教师的身份回归 / 228

第五节　学术资本增殖场域的"惯习调适" / 233

一、书斋式场域向车间式场域转换中教师的身份异化 / 234

二、调适车间式场域内多惯习冲突中教师的身份回归 / 239

第六章　学术资本转化：知识生产力的深度解放者 / 244

第一节　学术资本转化机遇的"主动捕捉" / 244

一、被动化对接向主动化捕捉转变中教师的身份异化 / 245

二、冷静出击以主动捕捉创业机遇中教师的身份回归 / 251

第二节　学术资本转化风险的"谨慎评估" / 255

一、轻率式评估向谨慎式评估转变中教师的身份异化 / 255

二、走向谨慎式评估学术创业风险中教师的身份回归 / 261

第三节　学术资本转化洽谈的"底线恪守" / 267

一、无底线逐利向有底线洽谈转变中教师的身份异化 / 267

二、学术创业相关事宜有底线洽谈中教师的身份回归 / 274

第四节　学术资本转化权益的"自主赋能" / 280

一、弱势化维权向能动化维权转变中教师的身份异化 / 280

二、成果转化语境下自主能动维权中教师的身份回归 / 287

第五节 学术资本转化空间的"延展拓宽"/ 291

　　一、外延式拓展向内涵式拓展转变中教师的身份异化 / 291

　　二、成果转化空间内涵式拓展过程中教师的身份回归 / 297

第七章　结束语 / 303

第一节 学术资本主义是大学的臆想还是现实 / 303

　　一、唱衰论调下的学术资本主义 / 303

　　二、看好论调下的学术资本主义 / 310

　　三、学术资本主义是不能回避的现实 / 315

第二节 大学教师应该选择逃避还是选择直面 / 322

　　一、迎合学术资本主义诉求 / 322

　　二、抵制学术资本主义诉求 / 325

　　三、在知识与市场交织中调适身份 / 327

第三节 身份异化是自我矫正还是要协同矫正 / 329

　　一、身份是自我信念与外部诉求相融通的产物 / 329

　　二、自我调适是矫正身份异化的关键因素 / 331

　　三、协同调适是矫正身份异化的重要因素 / 338

　　四、本土语境中学术身份调适的国情特殊性 / 353

参考文献 / 357

后记 / 366

第一章 绪论

第一节 问题缘起

一、现实境遇：学术市场化现实情境引发学术身份的边界"松动"

知识与科技创新、经济发展和社会进步的关联性正不断加强。"知识取向的新经济正强势崛起，它改变了社会对知识的理解、对知识与经济关系的认识以及评价知识价值的方式。"① 蕴含科技创新价值的知识成为推动经济社会发展的核心资本，取代土地、物质和劳动力成为"时代宠儿"。在新管理主义和新自由主义渗透下，"大学长久以来秉持的学术价值观——追求智慧、理解、优雅、同情、审美、诚恳等，正逐步向竞争、交易、市场、契约等转向，这既是时代趋势的显现，也是大学发展危机的根源"②。在强调知识市场化的社会情境中，国外大学谋求学校外部资源，接受市场力量驱动，进而转向了市场化生存③。学术与资本的"联姻"重塑了大学发展的外部情境，导致从大学理念到治理模式、从科研取向的转移到教师学术职业的变革，无不渗透着学术市场化的气息。面对知识资本化情境，大学及其成员"不但需要改变行为来适应新的政策环境，同时也需要重新审视他们在新环境里的角色、关系和边界的变化"④。

---

① JESSOP B. A cultural political economy of competitiveness and its implications for higher education [J]. Shakespeare review, 2008, 35 (1)：11-39.

② 彭新强. 全球化对中国教育改革的冲击 [J]. 复旦教育论坛, 2010 (2)：10-15.

③ 德兰迪. 知识社会中的大学 [M]. 黄建如, 译. 北京：北京大学出版社, 2010：167-169.

④ HENKEL M. Academic identity and autonomy in a changing policy environment [J]. Higher education, 2005 (49)：155-176.

学术职业界限的"松动"具体表现为：①知识性质的模糊。"高深知识曾被视为值得追求和尊崇的东西；现在它越来越被视为自由选购的产品。高等教育公共性荡然无存，再也无法占据公众心灵和道德的崇高位置，知识分子也削去权威光环，变成为顾客服务的庸人"①。学术市场化情境下，"知识被赋予平庸特性，变成被消费的产品，知识的实用部分被包装加工成准商品，而知识内蕴的人文性和道德性则被剥离"②。知识的性质在公益性与私利性、价值理性与工具理性的纠缠中走向模糊化。以传播、创造和应用知识为己任的教师，同样面临知识观转变的现实，在捍卫知识公益性和拥抱知识私利性间艰难抉择。②师生关系的转变。学者凭借知识稀缺性和道德神圣性而成为师生关系的绝对主导者，并以师道尊严形象面对学生。而随着知识权威的消解和学生中心论的盛行，"曾经高高在上的知识权威形象不复存在，每个人都能够借助现代信息技术快速获取和学习知识"③，师生交互关系走向非对抗性和对话合作性，教师成为服务学生学习、成长和发展的人。这种契约性师生关系尽管契合以学生为中心的教育理念，但也有可能是对日益增强的教育消费价值观的妥协或应对。③研究旨趣的偏移。教师从事研究不再单纯由好奇心驱动，满足社会发展需要逐渐成为重要研究动机。"越来越多的人对先验的范畴无动于衷，不去深究世界的奥秘，转而对当下的、瞬时的成绩和高回报的科研项目青睐有加"④。求真还是求用"动摇着大学教师传统学术职业的价值伦理和行为规范，并以制度规范重塑学术职业，创设出学术研究的新场域，以及适切该场域的绩效问责的秩序边界"⑤，这敦促教师在"沉思知识"（contemplative knowledge）和"绩效知识"（performative knowledge）间作出选择。④服务界限的突破。大学教师已经不满足于以提供优质课程资源、培育潜在人力资本和为技术转化提供智力支撑的传统模式服务社会。在学术资本化背景下，他们走出校园，以经营明星人设、实施创业评估、开展商务洽谈、转

---

① SCOTT P. Post-binary access and learning [R]. [S.l.]: Parry and Wake, 1990: 1-30.

② 富里迪. 知识分子都到哪里去了：对抗21世纪的庸人主义 [M]. 戴从容，译. 南京：江苏人民出版社，2012：6.

③ 史密斯，韦伯斯特. 后现代大学来临？[M]. 侯定凯，赵叶珠，译. 北京：北京大学出版社，2010：39.

④ 希尔斯. 学术的秩序 [M]. 李家永，译. 北京：商务印书馆，2007：106-107.

⑤ 黄亚婷，彭新强. 新管理主义改革进程中西方学术职业的变革与坚守 [J]. 比较教育研究，2015（2）：45-52.

让专利版权、创办实体企业等市场模式服务社会。教师不得不在固守传统模式以维持学者身份和大胆运用市场模式以塑造创业资本家身份间做出选择并予以践行。

上述情况表明，大学教师学术身份正经历一场"新的变革"，在新学术身份的重构过程中，"教师面临着生活意义感的缺失和确定性的丧失"①，学术身份明确性在传统与现代、历史与现实的交锋中"解构"。"面对新环境的转变，教师感受到不断增加的、更高强度的压力，要求教师对自身的教学研究活动进行反思和改变，并重新建构自我形象和角色定位。"② 在此背景下，对大学教师学术身份的现实状况及其影响进行理性审视，明晰其学术使命和职业定位，具有重要理论与现实意义。

二、身份困惑：社会各界对大学教师的学术身份存在某种"误读"

在知识与市场间距离不断缩小的时代，学术职业仍然受传统教师观、资本全球化逻辑和知识权威性的消解等因素影响，造成社会各界对大学教师学术身份在道德、经济和知识层面的认识偏差。

道德层面，大学教师"道德人形象"的理想化倾向严重。长久以来，教师被视为道德典范，承担着教化民风和价值引领的公共责任，具有追求至善的完美人格。"预设师德的理想化，并要求教师按照理想化人格行事，将教师塑造成道德圣人，具有严重的理想主义倾向。"③ 教师言行举止若超脱圣贤准则，则必然招致批评。当教师行为不符合圣贤准则或僭越学术伦理时，往往会被贴上"污名化"标签。当教师清贫乐道和甘于奉献的形象被世俗文化和金钱逻辑所浸染时，一些教师的形象进一步"污名化"，成为大众眼中的学术腐败分子和道德败坏分子。个别教师违背公序良俗、不良媒体煽风点火和社会舆论缺乏理性引导的背景下，在一些人眼中，大学教师俨然成为"只是收钱办事的受贿人，学术腐败的造假者，骚扰学生的色情狂，斯文扫地而权威尽丧"④。甚至有人认为，大学教师现在已经是一

---

① 吴洪富. 大学场域变迁中的教学与科研关系 [D]. 武汉：华中科技大学，2011.

② 李志峰，钟蓓蓓. 创业型大学教师角色转型：身份认同与专业发展 [J]. 大学（研究版），2016（6）：33-40.

③ 闫建璋，郭赟嘉. 道德人：大学教师身份的伦理旨归 [J]. 高等教育研究，2013，34（11）：60-65.

④ 皮武. 教师身份受损："污名化"的风险及应对 [J]. 当代教育科学，2019（5）：43-46.

群被社会抛弃的"悲观主义者"①，他们丧失了宰治公共生活的权威地位，沦为市井小民和平庸之辈。

经济层面，大学教师"经济人属性"的合理性被无限放大。现代大学的行会属性和教师作为人的经济性都决定了教师身份的经济人属性。马克思也强调，"人们为之奋斗的一切，都同他们的利益有关"②。承认教师具有经济诉求并不意味着要强化经济人属性在教师身份属性中的地位，更不是试图以教师经济诉求的满足程度来衡量教师专业发展水平和教育质量。在学术资本主义语境下，知识正成为当今时代最稀有、最宝贵的资源，正逐渐资本化而成为一种私有化产品③。世俗观的强化和谋求合法权益诉求的高涨，使得教师职业超越伦理神圣化形象而将谋求合理化经济诉求置于生命本体论高度加以审视。但过度强化其经济人属性，将导致教师不再是"道德虚体"而变成"功利实体"，其"修道明治"之追求将逐渐被"求利治生"之追求所取代。于是教师在消费价值观的冲击下变成这样一群人："热衷于参与校外自由职业活动，办培训班、兼课、提供咨询服务等，慢慢成为政府、高校，甚至外部企业的雇佣者，逐渐忘却了作为知识生产主导者的本色。"④ 一些教师竞相奔走在"学术名利场"中，整日忙于申请课题、学术兼职、创办公司、技术参股以及校外培训辅导等具有商业性质的活动，无暇顾及学生及其发展诉求，变成学术商人。

知识层面，大学教师"知识人定位"的平庸化被不断承认。"学问成为被机械裁定和测验其价值的产品，被计件化的产业模式定价并买卖。最终知识创生的神圣性被削弱，而被视作平庸化活动。"⑤ 知识确定性的弱化和知识获取方式的多元化，导致教师不再被赋予宰治文化生活的权力，转而变得像其他知识工作者那样，为国家政策、执政理念和社会治理价值观服务。学者的特殊待遇、自我提升的权力以及专业成员的自主性等权力存

① MALCOLM J, ZUKAS M. Making a mess of academic work：experience，purpose and identity [J]. Teaching in higher education，2009（5）：495-506.

② 马克思，恩格斯. 马克思恩格斯全集：第一卷［M］. 中共中央马克思恩格斯列宁斯大林著作编译局，译. 北京：人民出版社，1995：187.

③ ETZKOWITZ H E, WEBSTER A E，HEALEY P E. Capitalizing knowledge：new intersections of industry and academia ［M］. New York：State University of New York Press，1998.

④ 冯典，李小雪. 学术资本主义与大学教师职业认同［J］. 江汉大学学报（社会科学版），2022，39（1）：105-115.

⑤ 凡勃伦. 学与商的博弈：论美国高等教育［M］. 惠圣，译. 上海：上海人民出版社，2008：197.

在的合理性被弱化，转而增加的是：社会对待大学的态度将会像对待其他社会组织那般，对待学者像对待其他劳动者那般[①]。教师不再是文化生活的"立法者"，不再在公共领域、知识创新、文化传承和学术探讨等领域扮演绝对权威，对价值冲突和文化纠纷进行仲裁；学术资本化背景下，教师的世俗性和功利性不断强化，成为公共政策和文化价值观"阐释者"，其批判性和学术独立人格面临着冲击。大学教师正经历前所未有的身份贬值和平庸之旅，为公共生活呐喊的英雄式人物也逐渐蜕变成世俗化的功利实体。

三、范式转换：本质主义身份范式向建构主义身份范式的"转型"

受实证主义和行为主义范式影响，教师被视为客观可感知的行动客体，借助可视化和标准化技术能够捕捉和测量教师群体。这种基于可视化表现的研究范式在社会转型和新社会运动频发的 20 世纪 70 年代发生转变：不同于标准分数模式的研究指向得以应用，新的范式被学者们称为"基于关系思维的认识论哲学"[②]（relational epistemology），强调从人的发展性和关系性存在来审视教师专业发展及学习，根植于教师教育教学实际人际情境和历史演进脉络。正如贝雅迪泰尔（D. Beijardetal）所言："身份认同已从结构主义视野转向建构主义视野，没有谁会否认身份认同的动态性、多元化、诉求博弈性。"[③] 在此基础上，教师如何看待自己取代了别人如何审视教师，从客体的人变成具有主观能动性的人，这成为实践中的教师（teacher-as-practice）和渗透到教师教育实践中的文化情境和心理体验[④]。后现代危机中掀起的新社会运动，也从关注物质领域走向关注人的精神世界，从政治身份的获得及相应权力的争取转向文化身份的认同，即认同政治（politics of identity），从"是什么（what）转向如何做（how）"。

20 世纪 70 年代的社会运动潮流与后现代思潮联姻，掀起了"认同嘉

① 斯劳特，莱斯利. 学术资本主义：政治、政策和创业型大学 [M]. 梁骁，黎丽，译. 北京：北京大学出版社，2008：5-8.

② BROWNLEE J. Developing relational epistemology through relational pedagogy: new ways of thinking about personal epistemology in teacher education [M]. Dordrecht: Springer, 2008: 405-421.

③ BEIJAARD D, MEIJER P C, VERLOOP N. Reconsidering research on teachers' professional identity [J]. Teaching & teacher education, 2004, 20 (2): 107-128.

④ WOODS P. Conversations with teachers: some aspects of life-history method [J]. British educational research journal, 1985, 11 (1): 13-26.

年华"运动。于是性别、信仰、种族和性态度等议题被纳入认同研究的视野中，整个社会科学研究领域进入"认同爆炸"① (identity explosion) 阶段。身份认同、政治认同、性别认同、承认行动或新社会运动等都围绕着认同议题展开。在社会科学领域中，本质主义哲学正逐渐让位于建构主义哲学，一切固化的内容让位于动态生成的认识论，即从强调社会结构的客观实际以及这种结构的稳固性对人的关键性作用转向了人的动态生成性的"情感或心理的社会性建构"，这种哲学尤其关切微观情境中的人的主观能动性及人际互动。这种哲学汲取符号论、剧目论、现象学、常人方法论等理论观点，并被研究者们广泛应用于社会科学领域。与之相伴的是，改革开放后的中国社会出现了个体观，个体自我意识的逐步觉醒和个性解放逐渐成为趋势，学界开始关注个人信仰和自我价值彰显的问题。

在建构主义哲学的影响下，学校成为微观情境组织，情境中的关键成员——教师成为组织变革和自我提升的主导者。教师应当理解自身使命，寻找自我意义的边界，审视自己的可为与能为，并通过实践确认自己的身份定位。教师作为鲜活的人的那一面呈现出来，关于教师信念、教师认同、教师情感、教师实践智慧的探讨逐渐充分起来，这一过程被巴内特等人称为"教师研究的本源化转向" (ontological turn)②。这种转变在教育场域的表现就是大家开始思考：如何让只见分数或排名的教育变得强调教育的过程性？社会资本在教育场域中究竟产生了何种差异化的影响？学校成员究竟如何看待自己所肩负的职责及使命？这些重要却无法简单用数字表述的问题就像"黑匣子"一样吸引着教育研究者们。

教师的信念、情绪、职责定位和实践智慧等逐渐得到关注。如何审视自我定位和所肩负的使命，如何调控外部结构或制度约束与自我发展的矛盾，从教的意义是什么等议题也逐渐被重视。作为"有意识的人"的教师取代了"被结构化的人"的教师，"身份认同"被引入教师研究领域。"越来越多的研究表明：如果外在因素推动的教师专业发展缺乏教师自身的价值认同，脱离教师生存境遇，忽视个体的生命历程，是难有成效

---

① 张静. 身份认同研究：观念 态度 理据 [M]. 上海：上海人民出版社，2006：37.

② BARNETT R. A will to learn：being a student in an age of uncertainty [M]. New York：Open University Press，2007.

的。"① 关注教师的从教信仰与自我定位，探讨教师如何协调身份定位的应然与实然，揭示个体教师探寻生命意义的心路历程，成为教师专业发展不能回避的事情。

四、价值确认：大学教师学术身份的能动确认具有多维化"意义"

"身份确认对任何人来说，都是一个内在的、无意识的行为要求。个人努力设法确认身份以获得心理安全感，也努力设法维持、保护和巩固身份以维护和加强这种心理安全感。后者对于个性稳定与心理健康来说，有着至关重要的作用。"② 个体性存在的教师，须对自身身份有清醒的体认，获得相应的心理安全感和学术归属感，这是个体安置心灵和自我定位的基础。赫舍尔（A. J. Hesche）曾言："理性认识自己是正确认识世界的前提。人的所有决定，不管是道德层面或哲学层面，还是认知层面的，都取决于人如何理解自己。"③ 对于大学教师而言，"学术身份具有本体意义上的根本性，被高教研究者视为一个有力的概念工具，有助于动态地分析变革脉络中大学教师的个体际遇及意义阐释。"④ 换言之，探讨大学教师身份定位问题，对教师专业发展、理性认识自身使命具有根本性意义。学术身份的确认，是教师专业素养提升的核心问题。只有清晰"我"为何从教，"我"如何从教和"我"从教的意义是什么，才能赋予教育行为以意义承诺⑤。概言之，对我是谁的问题的追问和回答，是教师专业发展、师德建设、立德树人取得实质性突破的关键。

从学术共同体的立场看，大学教师学术身份重构有助于重塑学术共同体的价值体系。学术共同体内蕴着对教师的价值规定和行为规范，这些指向教师伦理和教师职业修养的要求、规定和期望，"背后都隐含着对教师形象的一种假设、期待和取向"⑥。当教师试图重塑自我形象时，会自觉以共同体信仰和价值体系为参照，并审视自身信念与行为是否符合共同体的

---

① GOODSON I. Times of educational change: towards an understanding of patterns of historical and cultural refraction [J]. Journal of education policy, 2010, 25 (6): 767-775.

② 乐黛云，张辉. 文化传递与文学形象 [M]. 北京：北京大学出版社，1999：332.

③ 赫舍尔. 人是谁 [M]. 隗仁莲，译. 贵阳：贵州人民出版社，1994：18.

④ HENKEL M. Academic identity and autonomy in a changing policy environment [J]. Higher education, 2005 (1): 155-176.

⑤ LUEHMANN A. Identity development as a lens to science teacher preparation [J]. Science education, 2007 (91): 822-839.

⑥ 阮成武. 主体性教师学 [M]. 合肥：安徽大学出版社，2005：91.

期望，进而不断调整自我身份定位，贴近共同体价值诉求。在践行教师身份所承载的职责及使命时，大学教师通常需要依托学术共同体的共性伦理规范、道德要求和学术底线而行动，主动接受学术秩序的自我规约，捍卫学术共同体的纯洁性和公信力。而在反思学术身份是否僭越学术底线时，大学教师仍能借助学术共同体的群体性特质，"协调完善不健全的思想与行为机制，修正人的思维认知与行为模式，最终实现自我价值诉求契合学术共同体的内在要求"①。

从大学的使命和办学定位的角度看，大学教师学术身份重构对大学发挥使命和明晰办学定位至关重要。正如伯顿·克拉克（B. R. Clark）所言："在整个高等教育领域，到处充斥着创造、传播以及转化知识的群体，他们就是大学教师，是他们用知识将整个高等教育实践串联起来，尤其是将高等教育的三大基本工作要素——信念、学术、权力紧密组织起来了。"② 教师应当如何是大学使命在个体行为上的外显，教师持有何种使命观便背负着何种身份定位③。教师在多深程度上理解组织文化的诉求，在一定程度上影响着教师如何理解教学、科研、社会服务等办学使命④。大学教师如何定义自我，就会基于这种定义来诠释大学的办学理念与组织使命，就会以此为教书育人和潜心科研的价值准则。"无论大学怎样发展，大学的职能怎样转变，人才培养始终是大学的根本使命"⑤。而求真育人的使命能够被教师精准识别和坚定贯彻，有赖于大学教师对自我身份的理性认知和恰当调适。诚如有学者所指出的："教师身份的变革是教育变革取得实质性效果的关键，只有教师从自我意义确认中找到教师之为教师的价值认同，才能激起自身协调内外部变革诉求的热情和意识"⑥，才能全身心投入教育使命的践行过程。

① PETER J B. An identity approach to commitment [J]. Social psychology quarterly, 1991（54）：280-286.

② CLARK B R. The higher education system：academic organization in cross-national perspective [M]. Berkeley & Los Angeles：University of California Press, 1983：121.

③ KOMPF W R. Changing research and practice：teacher's professionalism, identities and knowledge [M]. London：Farmer Press, 1996：69-77.

④ MARIA A F. Contexts which shape and reshape new teachers' identities：a multi-perspective study [J]. Teaching and teacher education, 2006（22）：219-232.

⑤ 韩延明. 大学文化育人之道 [M]. 北京：高等教育出版社, 2013：1.

⑥ GEIJSEL F, MEIJERS F. Identity learning：the core process of educational change [J]. Educational studies, 2005, 31（4）：419-430.

在学术资本主义时代，学术职业的身份边界已经松动。知识属性的私有性不断强化，教师越来越被视为从事知识工作的普通人；师生关系的消费化趋势明显，教师越来越像为学生提供服务的商家；学术研究的应用化凸显，教师通过接受市场资助而变成产业科学家；教师以学术为社会服务的创业化，使教师开始走出校园，塑造学术创业家形象。这些现象表明：大学教师学术身份在学术市场化的现实语境下正悄然发生着变化。与此同时，这种学术职业边界松动也引发了包括大学教师在内的社会各界对教师身份定位的困惑和误解：大学教师到底是"道德的化身"还是"世俗的实体"，是"求真的学者"还是"逐利的商人"，是"育人的师者"还是"资本的雇员"，是"知识的立法者"还是"知识的阐释人"。这些身份困惑和误解影响着大学教师对自我身份定位的理性认知和践行，以至于部分教师在学术资本化冲击下丧失了学者立场，异化为资本逻辑的共谋者。他们产生了重科研轻教学的心理，敷衍教学事务；采取教育消费主义立场来满足顾客的欲求；热衷于参与学术锦标赛，力争获得好名次；将学生视为廉价劳动力，肆意压榨；高度关切成果是否有用，能否快速变现；精心粉饰学术创业形象，甘当学术商人。部分大学教师的迷失表明：当前大学教师正面临学术身份异化危机。那么在现实语境中，大学教师在重新想象和划定身份界限时究竟产生了哪些身份异化，这些异化有何危害，又该如何纠偏？这是本书所关切的核心问题。

第二节　文献梳理

笔者以"学术资本主义""学术资本化""教师身份""学术身份""身份重构"等为主题词、关键词在 Web of Science、JSTOR、Proquest（普若凯斯特）、Taylor & Francis（泰勒-弗朗西斯）、Springer link（施普林格）、谷歌学术、中国知网、百度学术中进行检索，并对检索的文献进行归纳梳理，结果如下：

一、学术资本主义相关研究

对学术资本主义的探讨，集中于两部分：一是学术资本主义概念的产生与发展、内涵解读、驱动逻辑等；二是学术资本主义的影响分析、策略应对等。前者多站在认识论立场审视学术资本主义内涵的多义性及其逻辑的复杂性，而后者多站在价值论立场审视学术资本主义的利弊及其破解策略。

（一）指向学术资本主义认识论层面的研究

1. 学术资本主义概念的产生与发展

实践史上的学术资本主义与现代大学相伴相生。如果用"学术自由、为知识而存在"等现代大学的理念来标榜，那么博洛尼亚大学则完全是在学术资本主义助推下发展起来的，学生的学费是教师全部的生活来源，教授须按照规则行事，以保障每一个学生支付了学费都有所得。假如在讲座中，听讲学生数量过少，教师还将面临失业危险[①]。此时课堂教授的内容，则是工商事业所需的会计与法律知识，确保身体健康的医学知识以及确保精神信仰的神学知识。芬兰学者尤西·瓦利玛（Yossi Walima）从大学发展历史的角度审视了大学变革与学术资本主义间的关系，并借助组织变革理论，从大学组织的制度层、教学层、职业身份、学术心态、与外部力量的关系等维度，对大学发展史进行分期，并着重分析了知识是如何走向市场，教师的学术心态是如何变化的[②]。作者强调教师职业身份将在学术资本主义新兴局势和潜在性问题所融合的新前景中发生有趣变化，但并未指出这种有趣变化的具体表现和潜在影响，这为本书研究提供了探讨空间。也许是学术与资本的这种关联，不如学术自由、服务社会这样的传统来得持久和具有合法性，导致我们在审视大学与市场的关系时，选择性地漏掉了这类客观存在的事实。因此，我们总是以"知识的崇高地位"来批判知识与市场重新产生密切关联的趋势。

作为非正式概念的学术资本主义，历史也较为久远。马克斯·韦伯（Max Weber）在《新教伦理与资本主义精神》中将医学和自然科学推动新兴资本主义国家发展的模式称为"国家学术资本主义"[③]。爱德华·J. 哈克特（Edward J Hackett）也用"学术资本"来描述大学逐渐向市场靠近，

---

① 哈珀金斯. 大学的兴起 [M]. 梅义征，译. 上海：上海三联书店，2007：6-7.

② THORSTEN N. A rule-governed community of scholars：the humboldt vision in the history of the European university [M]. Dordrecht：Springer，2007：55-80.

③ 韦伯. 新教伦理与资本主义精神 [M]. 刘作宾，译. 北京：作家出版社，2017.

以出售知识获得办学支撑的现象和组织结构上的变化①。在文学领域，1991年哈罗德·弗洛姆（Harold Fromm）就将学术资本主义作为描述文学价值衰落的概念，认为"文学领域总是重复一个可悲的循环：每当学术群体中少数派上升至主流地位以后，就会带有当年他们还未曾上位时的那种被批判的特征。当时的他们和更多的少数派一样为这世界的腐败不公而针砭时弊，他们和更多少数派建立了温馨纯洁的革命友谊。可是当他们成为主流文化话语权掌控者的时候，就转眼变成虚伪的资本家了，带上绅士的面具，游走在明与暗之间，使用着和资本家一样的伎俩"②。可见弗洛姆眼中的学术资本主义是不折不扣的贬义词，是知识被金钱腐蚀的表现。但学术资本主义概念的演化及其影响的辩证性均表明：学术资本主义具有价值二重性，绝不能以贬义或褒义简单概括。

　　高等教育领域的学术资本主义概念的提出始于20世纪末。美国学者希拉·斯劳特（Sheila Slaughter）等在《学术资本主义：政治、政策和创业型大学》（*Academic Capitalism：Politics，and the Entrepreneurial University*）中提出，学术资本主义是"院校和教授为获取外部资金而进行的市场的或类似市场的活动"③，重在审视学术资本主义和高等教育政策是如何在经济文化宽松的氛围中实现有机融合的，探讨嵌入经济社会发展结构中的大学组织是如何应对学术资本主义及其影响的。斯劳特等的另一篇论文则从"新知识的流向、大学组织的内部间隙、公共机构与私人机构间的组织中介以及组织管理能力的拓展四个维度尝试建构实现学术资本主义的路径"④，发展和完善了学术资本主义的相关理论体系。自此，美国学界对高等教育领域的学术资本化问题进行了探讨，内容涉及大学生创新创业精神培育⑤、硕

---

① SLAUGHTER S, LESLIE L L. Academic capitalism：politics，and the entrepreneurial university [M]. Baltimore and London：Johns Hopkins University Press，1997：174.

② FROMM H. Academic capitalism & literacy value [M]. Athens：University of Georgia Press，1991：210.

③ 斯劳特，莱斯利. 学术资本主义：政治、政策和创业型大学 [M]. 梁骁，黎丽，译. 北京：北京大学出版社，2008：8-10.

④ SLAUGHTER S, RHOADES G. Academic capitalism and the new economy：markets，state，and higher education [M]. Baltimore and London：The Johns Hopkins University Press，2004：16.

⑤ MARS M M, SLAUGHTER S. The state-sponsored student entrepreneur [J]. The journal of higher education，2008，79（6）：638-670.

博士研究生社会化问题①、海外移民学者的薪资待遇问题②、教师在学术组织中的变革与角色定位③、办学资金对学术界的文化取向④、学术资本主义在美国的演进变化历程等⑤。国内学者对学术资本主义的分析探讨，多建立在上述理论基础之上。朱丰良等从"知识生产模式 2"（一种新的知识生产模式）的相关理论、企业型大学思想、高等教育商业化思想、创业型大学理论等几大学术资本主义理论流派的分析入手，指出学术资本主义产生的原因与经费支出的非正相关性、所造成影响的情境性、拓展知识商品化的渠道以及学术资本主义不能以牺牲学术价值和伦理为前提⑥。这些研究是批判与重构学术资本主义理论的有效路径。

2. 学术资本主义内涵的多重解读

学科视野和个人研究立场的差异性，使得学界对学术资本主义内涵的解读呈多维性。具体来说，学界主要有以下几种代表性观点：

（1）现象说。霍夫曼（S. Hoffman）等人持"现象说"观点，认为学术资本主义是知识生产的争议现象，主要表现为"面向市场的创业精神""外部教育咨询服务""面向消费者的研究""跨学科性"⑦ 等样态。但这种知识生产领域化趋势冲击着传统学术价值观，使大学人不得不在顺应、调整或排斥中做出抉择。现象说对知识资本化现象的描述较为精到，对学者简要地认知学术资本化颇有价值。但学术资本主义被频繁用于对大学组织转型、国际化办学、教师身份认同、学科治理和知识生产等问题的分析，其理论化趋势明显。因而对学术资本主义内涵的把握，需要充分理解其领

---

① PILAR M. Academic capitalism and doctoral student socialization：a case study［J］. The journal of higher education，2007（1）：71-96.

② BRENDAN C, JENNY L. Unseen workers in the academic factory：perceptions of neoracism among international postdocs in the United States and the United Kingdom［J］. Harvard educational review，2010，80（4）：490-517.

③ GONZALES L D, MARTINEZ E, ORDU C. Exploring faculty experiences in a striving university through the lens of academic capitalism［J］. Studies in higher education，2014，39（7）：1097-1115.

④ SZELENYI K. The meaning of money in the socialization of science and engineering doctoral students：nurturing the next generation of academic capitalists? ［J］. Journal of higher education，2013，84（2）：266-294.

⑤ SLAUGHTER S, BRENDAN C. Transatlantic moves to the market：the United States and the European Union［J］. Higher education，2013，63（5）：583-606.

⑥ 朱丰良，费希尔. 学术资本主义研究流派的批判与重构［J］. 高教探索，2015（2）：5-10.

⑦ HOFFMAN S. The new tools of the science trade：contested knowledge production and the conceptual vocabularies of academic capitalism［J］. Social anthropology，2011，19（4）：69-76.

域化表现，把握理论框架的契合度，诠释清楚学术资本主义理论的核心旨趣与框架可行性。

（2）趋势说。有研究者认为，用学术资本主义来表述斯劳特所提出的"academic capitalism"概念并不恰当，"academic capitalism"原意更倾向于"学术资本化"，而非"学术资本主义"，强调"化"的趋势性。"学术资本化"与"academic capitalism"更适切，更准确清晰地表达出大学中管理者、教师以及学生运用知识资本来获取经济效益的商业化行为①。强调资本化过程的"学术资本化"概念被视为比强调学术资本观念的"学术资本主义"概念更能生动地体现当下学术资本发展的特点。此外，《现代汉语词典》对"化"的释义也能帮助我们准确理解"学术资本化"。"化"作为后缀，加在名词或形容词之后构成动词，表示转变成某种性质或状态②。此时学术资本化就被理解成为学术"谋利化"。还有学者指出："学术资本主义"因为使用"主义"而具有了宏大性和复杂性，容易产生理解障碍并且在可操作性上存在欠缺③；而"学术资本化"一词则更好地阐明了学术与资本之间的融合机制与进程，隐晦揭示出学术资本发展的价值取向和实现方式。在知识与市场关系逐渐升温的阶段，学术资本主义被视为某种趋势并很好地呈现了市场力量如何渗透学术领域。但现实是知识与市场的联姻已经广泛存在并持续影响着大学及其成员的价值观念和行为模式，早已超越趋势范畴，再将其理解为趋势已然脱离实际。

（3）理念说。有学者认为学术资本主义是高等教育发展的新理念④，尽管存在着侵蚀大学精神的危险，但其作为新理念也拓宽了人们对大学职能和大学成员责任的体认空间，成为新时期大学精神的重要组成部分。王正青等也强调学术资本主义是具有经济逻辑的文化理念。他们认为学术资本主义是建立在市场导向基础上的知识生产与传递方式，是企业经理式的大学专业化经济管理模式，是统摄和影响大学人身份定位的文化理念⑤。

① 彭菲菲. 学术资本化的影响及其对策研究 [D]. 合肥：中国科学技术大学，2019.
② 中国社会科学院语言研究所词典编辑室. 现代汉语词典 [Z]. 7 版. 北京：商务印书馆，2016：561.
③ 刘刚，蔡辰梅. 论学术资本化的实现途径及其影响：基于资本类型的分析 [J]. 高教探索，2015（7）：42-47.
④ 易红郡. 学术资本主义：世界高等教育发展的新理念 [J]. 教育与经济，2010（3）：53-57.
⑤ 王正青，徐辉. 论学术资本主义的生成逻辑与价值冲突 [J]. 高等教育研究，2009，30（8）：38-42.

蔡辰梅等对学术资本主义的界定是"一种主宰大学人观念与行为的文化意识"①。在此基础上，他们认为学术资本主义既是知识经济时代的社会产物，也是学术研究内在属性的要求。将学术资本主义视为理念的观点看到了资本逻辑对学术文化的影响，将学术资本主义升格为价值观层面的文化力量，但并未深刻探讨资本理念与学术传统间潜在的冲突如何化解，以及学术资本主义如何被传统大学精神所改造或吸收。

（4）活动说。斯劳特等人将学术资本主义理解为一种实质性的实践转向。这种实质性变化表现为："公立研究型大学的教学科研人员和专业人员越来越多地在充满矛盾的竞争环境中消耗他们的人力资本储备。在这些情况下，大学的雇员们在受雇于公立部门的同时，又逐渐脱离它而自主。"② 他们指出，当下关于高等教育的政策法规，已经从社会大众不参与市场化实践来实现文化知识传承的理念，转向那种将强调社会大众主动参与市场化实践来实现文化知识传承的最优化的理念了。他们为学术资本主义作为一种实践转向的合理性和必要性进行辩护，将其视为"学术革命"，着重揭示这种实践是如何展开并影响大学及其成员的。

趋势说、理念说及活动说，都建立在对学术资本的价值定性的基础上。但就目前的研究而言，批判学术资本主义是主流，对学术资本主义必然性和合理性的论述较为匮乏，这也是本书研究尝试突破的地方。且上述探讨，多站在宏观高等教育或中观院校办学层面审视及解读学术资本主义，如"多元巨型大学"③、"遗传与环境的产物"④、"社会服务站"等。而在高等教育走向社会发展中心地带的背景下，探讨学术资本主义如何影响大学及其成员理解自我身份和责任定位，关切组织中"人"的因素及其变化，透视学术生活的转型，也具有重要意义。

3. 学术资本主义的兴起原因

学术资本主义盛行之因，既有大学办学历史逻辑的支撑，也有现实经济创新的催化，更有知识属性转变的助推。杰勒德·德兰迪（Gerard Delanty）指出，"向学术资本主义转变是因为新产品要求有较高的科学知识投

---

① 蔡辰梅，刘刚. 论学术资本化及其边界 [J]. 高等教育研究，2013，34（9）：8-14.

② 斯劳特，莱斯利. 学术资本主义：政治、政策与创业型大学 [M]. 梁骁，黎丽，译. 北京：北京大学出版社，2008：9.

③ KERR C. The uses of the university [M]. Cambridge：Harvard University Press, 2001.

④ 阿什比. 科技发达时代的大学教育 [M]. 滕大春，滕大生，译. 北京：人民教育出版社，1983：7.

入，大学要寻求额外资金和企业想开发新产品的需要不谋而合"①。蔡辰梅认为，学术资本主义的生成是基于历史逻辑的，即便在"学术资本主义"概念被研究者提及之前，学术资本主义的实质性内容已在大学中生根并成长。"大学与外部环境之间在需要的满足上的彼此契合，是学术资本化产生的内在必然性，即历史逻辑"，这一论断与德兰迪的"合谋说"高度一致。乔尔·斯普林（Joel Spring）在《教育经济化：人力资本、全球化跨国公司与技能导向的教育》（Economization of Education：Human Capital，Global Corporations，Skills-Based Schooling）中着重探讨了经济化如何使经济增长和生产力提高成为学校的主要目标，以及实现这些目标的方式，包括根据成本和经济效益衡量教育政策，塑造家庭生活以确保家庭能够输送生产工人和取得高成就的学生，将创业教育纳入从学前到高等教育的课程，并增加经济学家对教育政策分析的参与等②。

董志霞则强调综合国力竞争助推学术资本主义发展，因而学术资本主义越来越受到政治和经济要素的推动，越来越在新管理主义和新自由主义的趋势下被认同和强化③。方芳认为学术资本主义的最终形成"源于全球化背景下的政府拨款的减少即国家政策的变动和高校开支的增加"④。还有学者从知识的性质变化思考知识公共性向知识私有性的属性转变是如何塑造学术资本主义的，并认为知识私有化促成了知识自身在个人、群体及组织间频繁转化的可行性。此外，政策强调大学服务使命的合法性，鼓励成果转化以驱动经济社会发展，用技术和知识构筑知识经济时代的大学边界，学术资本主义也就应运而生。

上述对学术资本主义兴起原因的探讨，多从商品经济的快速发展、自由竞争理念的扩散、新自由主义思潮的涌动以及政府财政紧缩等方面展开，剖析了学术资本主义兴起的共性动因，有助于突破学术资本主义研究中的视野局限。而张翼基于中国特色社会主义市场经济体制以及高等教育产业化实际，指出"中国特色社会主义市场体制改革进程为学术资本主义

---

① 德兰迪. 知识社会中的大学 [M]. 黄建如，译. 北京：北京大学出版社，2010：9.

② SPRING J. Economization of education：human capital, global corporations, skills - based schooling [M]. New York：Routledge, 2015.

③ 董志霞. 学术文化传统与学术资本主义：传统与现实的博弈 [J]. 江苏高教，2013（1）：27-30.

④ 方芳. 论学术资本主义在中外高等教育中的发展 [J]. 中国电力教育，2011（31）：4-5.

的演变提供了生存土壤"①，再加上国内大学热衷于产学研结合、创办营利性学院、以房地产方式开发建设大学城等教育产业化行为，这为学术资本主义在中国大学的兴起创造了条件。与张翼类似，任智勇对学术资本主义在国别和地区上的共通性与差异性进行分析，认为共通性是"知识的双重属性、知识的指数级增长及全球化与知识经济的时代背景是中外学术资本主义兴起的原因"②，差异性则表现为"学术资本主义在美国大学是伴随着新自由主义、新公共管理思潮、《贝耶多尔法》（Bayh Dole Act）的实施而兴起的；在中国大学兴起则是因为国家发展战略驱动、经济意识形态、特色经济体制、大学身份被固化以及教师群体收入与期望值差距过大的综合作用"。

由此观之，学术资本主义兴起的原因复杂多元，是多种因素综合作用的结果，单纯从政府、市场或大学的立场探讨其发展动力略显片面。各种因素在不同情境中的作用差异性较大，这一点体现在不同语境和历史传统中学术资本主义样态的差异性。其中办学经费起着较为关键的作用，但现有文献较少论及经费短缺如何推动学术资本主义的发展。应当从高等教育的本真价值和核心使命出发思考学术资本主义问题。

4. 学术资本主义的发展逻辑

学者们对学术资本主义发展逻辑的探讨，主要沿以下几种路线展开：

一是从实践切入，探讨实践意义上的学术资本主义的构成要素、互动机制和发展规律。冉隆锋采用布迪厄的实践逻辑理论审视学术资本主义的生成逻辑，指出："学术活动具有极强的实践性，从实践逻辑的角度谈学术资本主义的实践逻辑是成立的。"在此基础上，他从学术场域、学术习惯、学术制度方面探索了学术资本生成的要素和条件，进而提出了学术资本生成的实践逻辑的图式③。从实践立场来归纳学术资本主义的发展逻辑，贴近学术资本主义运行的实际语境，更容易为人所理解和掌握。但基于实践逻辑得出的结论，难免会陷入"以结果反推原因"或"用因变量推断自变量"的陷阱，从而导致结论的可信度和代表性存疑。

① 张翼. 学术资本主义在中国兴起的原因及风险规避 [J]. 河南科技学报，2013（11）：30-33.

② 任智勇. 共通性与差异性：中外学术资本主义兴起原因的比较 [J]. 高等农业教育，2018（4）：122-127.

③ 冉隆锋. 大学学术资本生成的实践逻辑研究 [D]. 重庆：西南大学，2015.

二是对学术和资本进行拆解，从学术资本主义知识逻辑与经济逻辑相交织的角度把握学术资本主义的内在属性。学者们多从经济学逻辑来分析和审视"资本"的概念，对学术资本的审视同样如此。在他们看来，资本与商业利益和市场体制挂钩，而学术则具有神圣性和追求理想的意味，是人类文明的结晶，与经济利益毫无瓜葛。李丽丽从马克思主义哲学角度对资本进行阐释，认为学术资本主义的生成逻辑是双重的：一是资本的逻辑，二是文化的逻辑。她认为"资本逻辑所代表的谋求外在财富即物质财富增殖的工具理性与文化逻辑所代表的注重内在财富即精神价值的价值理性，具有天然的异质性"①，这就需要大学巧妙调节市场与学术之间的关系，寻找平衡点。程世岳等对知识的公共属性作为大学存在的合法性基础和学术的经济性作为学术资本主义存在的合法性之间的关系进行分析，指出在当下经济全球化和大学逐渐走向社会中心的趋势下，知识的公共性和学术的资本性将融合于大学发展过程中，虽然会导致学术逻辑和经济逻辑之间的冲突，但这是不可回避的发展趋势。在此基础上，程世岳等从"大学知识的生产、养成、传播三个维度对现代大学理念进行了批判性反思"②，以期能为我们理性思考学术资本主义的发展逻辑提供启示。

王建华则从资本主义的制度性和价值性对学术资本主义的生成逻辑展开分析，认为作为社会制度安排的资本主义提供了资本主义精神及资本主义制度模式的合法性基础，作为理性精神的资本主义则促进了学术管理的资本主义向学术资本主义的过渡，并形塑着现代大学的存在方式。他认为"对大学而言，学术资本主义既是新兴的又是传统的。说其新兴是因为学术第一次成为可以直接营利的资本，并成为资本主义的一部分或一种资本主义；说其传统是因为学术资本主义不过是近代早期大学里学术管理的资本主义逻辑在现代大学里的延续"③。

拆解式的理解有助于把握学术资本主义发展逻辑的矛盾二重性。但如果缺乏对资本及资本主义内在逻辑的理性认识，就容易陷入资本剥削性的价值判断，或者摒除知识自身内蕴的经济属性的倾向，难以全面系统地把

---

① 李丽丽."学术资本主义"中的资本逻辑与文化逻辑 [J]. 云南社会科学，2017 (6)：28-32.

② 程世岳，叶飞霞. 大学知识公共性与学术资本性冲突反思 [J]. 北京教育（高教），2013 (5)：14-16.

③ 王建华. 资本主义视野中的大学 [J]. 教育发展研究，2016，36 (9)：1-8.

握学术资本主义的发展规律。

三是从大学与市场的互动关系来把握学术资本主义的发展逻辑。有学者认为，"高等教育领域的学术资本主义，在本质上是指大学中的研究、知识生产与传播活动不再受到传统的好奇心驱动的纯学术价值的引领，而更多地受到外部社会经济资本乃至市场价值的左右"[1]。张萍在《解读学术资本主义理论的内涵》中，从"以市场导向为核心的知识新循环、新的大学文化体系、教育商业化和高校间质"等维度来解析学术资本主义理论的内涵，认为资本的形态可以变换但终究会带来一种以市场为导向的社会关系；知识的循环不仅发生在大学教职工之间，还同时以循环的方式增进高等教育与经济发展之间的关系；学术资本主义所追求的市场导向逻辑就是助推这种知识在大学学术与社会经济发展间的新循环的关键[2]。朱丰良则对缘起于美国的"学术资本主义"理论进行反思批判，认为"以资源依赖理论为代表的大学学术资本主义发生论具有情境性，并非所有大学都是出自资源问题而选择资本化；政府拨款减少的说法并不成立，因为高校自身发展速度和国民经济增长速度不协调；学术资本主义是把双刃剑，我们需要做的不是回避而是寻找大学与市场之间的平衡机制；知识的指数型增长导致今后大学变革的主要方向在于大学组织结构、知识承载形态、教与学的内容和模式以及文凭的社会定位等"。最后，他指出用"学术资本主义"概念来分析大学现今的境遇实有不妥，应当从大学主体出发，用"高校寻找政府以外的经费来源"[3]来分析大学的境遇更为妥当。

但是，如果将资本和学术联系起来，学术就被金钱腐蚀而变得急功近利、讲求效益，学术实践也将变成追名逐利的另一"战场"。这种基于市场逻辑的认识在大学与市场关系日益密切的知识经济时代，显得那么自然。然而，学术资本毕竟不是专门用于经济生产的资本类型，大学也不是主要依靠学术资本获得营利的组织，加上经济学逻辑也并非效益至上而缺乏人伦属性的显学思维。基于市场逻辑的认知在一定程度上遮蔽了我们对学术资本主义及其生成逻辑的理性认识。

四是对影响学术资本主义发展的多重因素进行综合分析，强调学术资本主义发展逻辑的多重性、复杂性。学术资本主义的生成，既有大学外部

---

[1] 温正胞. 学术资本主义与高等教育系统变革 [J]. 教育研究与实验, 2011 (2)：70-75.

[2] 张萍. 解读学术资本主义理论的内涵 [J]. 陇东学院学报, 2016, 27 (4)：114-117.

[3] 朱丰良. 学术资本主义理论的批判与重构 [D]. 武汉：华中科技大学, 2012.

的经济、政治因素的影响，也有大学内部学科专业分化、知识产生与传播方式的变革的影响，是综合作用的结果。王正青等从新政治取向、社会文化、市场竞争以及大学转型的角度分析了学术资本主义的生成逻辑，认为"政治上的新自由主义浪潮，经济上的资源依附压力，社会文化中的绩效至上、自由竞争理念，大学自身在全球化时代的组织转型等因素共同促成了学术资本主义的生成"①。基于此，他们认为学术资本主义是在政治、经济、文化多方合力下生成的，探讨其生成机制更多地应从上述角度进行思考，提出改进意见，而非对这场"静悄悄的革命"熟视无睹。

现有文献对知识公共性、学术伦理和大学使命的探讨较为深入，但并未过多探讨组织的资源依赖性、不断转变的学者角色以及基础研究与应用研究的界限等问题。但高等教育的系统性和学术事务的整体性都决定了关注大学组织及其成员的必要性。在诸多制约学术资本主义发展的因素中分辨出主次因素，对科学把握学术资本主义内在逻辑具有关键作用。因而对学术资本主义的生成及其影响的思考，应当站在大学育人使命和追求真知的高度上，明晰大学的崇高使命与理想追求，用充满人伦取向的逻辑审视学术资本主义及其生成和发展②。不论学术资本主义发展逻辑如何复杂，大学教师都不能丢失学术信仰和育人初心，应当将学术资本主义置于践行大学崇高使命与理想追求的进程中。

5. 学术资本主义理论适切性

学术资本主义作为一种描述大学与市场关系的社会中观理论，概念本身是否能够准确体现描述大学与市场关系的目的，或者说在多大程度上能够揭示这种日渐紧密的关系，也是学者们关注的焦点。

自斯劳特等《学术资本主义：政治、政策与创业型大学》出版后，学术资本主义就成为近 20 年来全球高等教育研究中最引人关注的概念③。有学者认为学术资本主义契合当下学术市场化的趋势，体现了大学正在发生的实质性变化。但学术资本主义仍无法精准描述知识与市场深度互动的机制。斯劳特等认为"对学术资本主义而非学术创业主义的争论，在很大程

---

① 王正青，徐辉. 论学术资本主义的生成逻辑与价值冲突 [J]. 高等教育研究，2009，30（8）：38-42.

② 缪燚晶. 学术资本主义与人文学科的境遇 [D]. 广州：广州大学，2017.

③ PUSSER B, MARGINSON S. The elephant in the room: power, global rankings and the study of higher education organization [M]. Baltimore: Johns Hopkins University Press, 2012: 86-117.

度上反映出了语言在形容这种实质性趋势变革上的无力感，因为我们很难找到一个词语来准确形容和描述大学营利性的边界正在模糊的事实。同样，我们也无力用精准词汇来描述混合着公益性和营利性的大学组织的内部变革及其数量的变化"①。学术创业主义或学术创业活动，似乎只是对学术资本主义的婉转表达，不能够很好地表达学术圈里发生的利益动机的实质性变化。

还有学者从资本的剥削性本质理解学术资本主义，将其视为大学和市场"合谋"剥削大学劳动力的活动，此时知识被视为一种资本生产要素（就像土地、资金和劳动一样）。在这种认识论中，学术资本主义是需要警惕的，它侵害学术传统和大学精神，消解"利他主义"的合法性。当然，如果从人力资本立场理解学术资本主义，强调人力资本中性化，就能排除资本剥削性的价值预设。劳动者所具备的知识与技能对生产效率的提升至关重要，因为劳动者的劳动质量较高，这种高质量的劳动得益于相当精细化的职业培训和良好的正规教育。在这个意义上，大学教师掌握的高新知识与创新能力是一种特殊的人力资本，这种人力资本的外化就是通过培养的人创造经济效益。这种特殊的人力资本也就成为一种"无形商品"，一种特殊而关键的学术资本。教师通过开发和运用稀有的学术资本并将学术资本广泛用于生产实践时，他们就卷入学术资本主义，但这种卷入不涉及价值判断问题。

像其他理论一样，关于学术资本主义概念框架的探讨也不能避免被广泛使用甚至过度借鉴，面临着失去解释力的危险，因此也有学者理性审视学术资本主义理论与实践的运用情境，探讨学术资本主义理论与全球化时代之间的内在联系，企图建立清晰的能够体现学术资本走向全球化市场的脉络②。还有学者质疑学术资本主义理论的成立是否合理，因为这种理论总是一些描述性的故事叙述而不是一个具有相当解释张力的框架③，甚至一些激进批评者认为学术资本主义理论就是逸闻趣事一般的，对高等教育

①　斯劳特，莱斯利. 学术资本主义：政治、政策与创业型大学 [M]. 梁骁，黎丽，译. 北京：北京大学出版社，2008：8.

②　坎特维尔，科皮仑. 全球化时代的学术资本主义 [M]. 殷朝晖，译. 北京：中国社会科学出版社，2018：5-6.

③　VALIMAA J, PAPASIBA V, HOFFMAN M. Higher education in networked knowledge societies [M]. Berlin：Springer Netherlands, 2016：13-39.

体系中默顿马太效应①逐渐衰退的小声抱怨②。

上述探讨表明，使用学术资本"主义"的概念，以及使用学术"资本主义"的概念，会产生完全不同的结论，前者更倾向于在承认学术资本客观中立性的基础上，着力分析其走向"主义"的过程与影响；后者则更倾向于学术走向资本化的实质性变化，也更契合学界目前的主流认识水平，这也说明准确把握好这一概念的必要性与重要性。学术资本主义理论的根本价值在于描述和分析新自由主义精神影响下学术界的"静悄悄的革命"，它不仅涉及院校层面制度或结构上的变革，还涉及学术工作实际。但目前该理论仍较多聚焦于学术效益问题，对教育教学缺乏关注，这是该理论亟待解决的核心问题，因为"人力资本流动是服从于劳动力市场的需要的"③。因此，今后的研究应当转向，聚焦于大学组织基本实践层面的实质性变化，揭示这种变化的表现与发生机制，分析变化产生的影响以及学界是如何应对这种变化的。从这个角度看，探讨中国文化语境下的学术资本主义的现实样态和发展机理，既能丰富学界对学术资本主义理论的理性认识，也能彰显出学术资本主义作为一种理论的解释张力。

（二）指向学术资本主义价值论层面的研究

1. 学术资本主义的影响分析

学术资本主义的影响主要体现在三个层面：一是宏观层面影响高等教育对学术资本主义的态度，导致认可、批判和中立三种价值取向并存，进而影响到如何破除学术资本主义潜在危害的策略选取；二是中观层面全面影响院校办学的诸多层面，进而塑造出学术资本化的外部环境和制度语境；三是微观层面深刻影响大学成员的身份定位和行动选择，并使其在身份冲突与调适的过程中融合出新的身份定位。

---

① 罗伯特·默顿总归纳出的"马太效应"。出自《圣经》（马太福音）第 25 章："凡有的，还要给他，叫他富足。但凡没有的，连他所有的，也要夺去。"默顿将其总结为马太效应。任何个体或组织、地区等，一旦获得能够走向进步和成功的资源优势（如金钱、地位、名誉等），就会产生一种优势积累，获得更大的进步或成功。简单来说就是"强者更强，弱者更弱"。这种情况在学术资本主义理论中同样广泛存在：那些获得较多资源和声望资源的大学，将进一步巩固自身的优势地位，获得更大的进步或成功；而很少或几乎没有获得这些资源的大学，则在知识经济时代变得更加弱小而丧失话语权。

② GEIGER R L, CRESO M. Tapping the riches of science: universities and the promise of economic growth [M]. Cambridge: Harvard University Press, 2009.

③ 坎特维尔，科皮仑. 全球化时代的学术资本主义 [M]. 殷朝晖，译. 北京：中国社会科学出版社，2018：50.

（1）学界对待学术资本主义的态度。

第一种是持批判否定态度审视"学术资本主义"。持这种态度的学者认为，这种商业化运作知识的模式导致大学组织的精神和文化传统走向衰落，学术自由、文化育人、追求真理等传统价值观式微，大学应当悬崖勒马，及时回头，守住学术底线。乔纳森·科尔（Jonathan Cole）认为"学术的中心已经从文理学科转向创业的边缘"，表明大学的学术传统已然遭到破坏，分裂已经开始从学科内部产生，大学学科从通识性学科走向了应用技术类学科，大学教师从学术守业者变成了学术创业者。杨东平表达了对大学学术传统与人文精神根基被侵蚀的担忧，他认为："在仍处于发展中状态的中国大学，这种市场化、商业化的发展态势清晰无遗，由于学术自由和人文主义的根基不深，其对大学功能、品质、价值的冲击和异化影响更甚。"① 英国学者杰勒德·德兰迪（Gerard Delanty）在《知识社会中的大学》中认为："大学的主导价值被一种通过追求知识产品和信息产品以换取资金、声望和权力的观念取代，这种观念一心想颠覆合理话语以获取国家和社会的广泛馈赠。"② 王英杰指出，"学术资本主义和大学行政化叠加作用于大学所造成的大学文化传统的失落"③，使我们的大学正在经历市场化逻辑与绩效管理模式的双重考验，成为创造财富而非彰显理性与自由观念的途径，因此中国大学必须重回学术自由自治、学者共同治理的文化传统，找回失落的"灵魂"。蒋凯指出，"知识的公共产品性质是高等教育的公益性、高校的公共形象和学术人的公共身份的基础，也是基础研究的核心价值观之一"④，大学必须坚守知识的公共性，抵制私人性质知识观的侵蚀。韩益凤则认为现在大学正走向平庸化，因为市场化倾向和企业型管理模式已经开始侵蚀大学精神的内核，这是市场崇拜带来的严重后果，大学正为此买单，变得更加平庸，"虽然卓越，但却失去了灵魂"⑤。钱理群指出，"我们的一些大学，包括北京大学，正在培养一些'精致的利己

① 杨东平. 大学之道及其危机：乔纳森·科尔的《大学之道》述评 [J]. 江苏高教，2014（4）：1-5.

② 德兰迪. 知识社会中的大学 [M]. 黄建如，译. 北京：北京大学出版社，2010：100.

③ 王英杰. 大学文化传统的失落：学术资本主义与大学行政化的叠加作用 [J]. 比较教育研究，2012，34（1）：1-7.

④ 蒋凯. 知识商品化及其对高等教育公共性的侵蚀 [J]. 北京大学教育评论，2014，12（1）：53-67.

⑤ 韩益凤. 市场崇拜、学术资本主义与大学的平庸化 [J]. 当代教育与文化，2016，8（3）：96-100.

主义者'，他们高智商、世俗、老到、善于表演、懂得配合，更善于利用体制达到自己的目的。这种人一旦掌握权力，比一般的贪官污吏危害更大"①。

第二种是对当下盛行的"学术资本主义"持肯定立场和积极态度。持这种态度的学者认为，"学术资本主义"是在全球经济化、政府投资缩减并出台鼓励大学自筹资金的政策（美国 Bayh-Dole 法案）的大环境下的必然趋势②。全球知识经济时代已经来临，综合国力竞争的关键资本就是人力资本和高新技术，而大学恰恰是育化此类资本的绝佳之所，且知识创造、传播与创新都离不开资金和场所的支撑，因此大学应当也必须直面学术资本主义发展趋势。这类学者的代表人物是美国学者亨利·埃茨科瓦茨（Henry Etzkowitz），在他的研究中他将学术资本主义视为"第二次学术革命"③，他进一步指出：创业科学家和创业大学正在通过将知识转化为知识产权来重塑学术格局。在学术资本主义时代，大学必须勇敢地走出"象牙塔"，更直接而广泛地参与到市场竞争中，"这种直接参与正是大学向整个社会负责任的表现之一，大学教授在这样的情境下才能获得足够的动力开展促进科技发展和经济效益的相关研究。实际上，也正是这种精神，在一直激励着大学教授们开展科研，为美国经济强国地位贡献学术力量"④。学术资本主义不是洪水猛兽，大学教师也不是经济商人，资本与知识的结合是消解大学与社会壁垒的有益尝试。殷朝晖在《全球化视域下跨国学术资本主义研究》中就借助荷兰学者伊奥卡·开普恩（loka Kauppinen）的"跨国学术资本主义"概念设置分析框架，对跨国学术资本主义相关理论观点、跨国学术资本主义的集中表现以及跨国学术资本主义对大学良性发展的影响进行了深刻阐释，指出"跨国的产学研结合、大学董事会成员聘任全球化、大学海外分校、大学网络在线教育课程的国际化等是跨国学术资本主义的重要表现形式；跨国学术资本主义对大学财务困境的破解、提升大学之间交流合作的平等性以及扩大大学参与知识商业化进程的范围等

---

① 钱理群. 北大清华再争状元就没有希望 [N]. 中国青年报，2012-05-03 (3).

② 张静宁. 美国大学的"学术资本主义"论争及其对中国大学的启示 [J]. 江苏高教，2013 (3)：15-19.

③ ETZKOWITZ H. The second academic revolution and the rise of entrepreneurial science [J]. IEEE technology and society magazine, 2001, 20 (2)：18-29.

④ LEE J J, RHOADS R A. Faculty entrepreneurialism and the challenge to undergraduate education at research universities [J]. Research in higher education, 2004, 45 (7)：739-760.

方面具有重要影响"①。

第三种是中庸论，持这种态度的学者强调大学既不能放弃文化传统，也不能对学术走向商业化置之不理，而是应当在学术与市场之间找到平衡点，以求大学平稳发展。陆登庭等持安全距离论观点，认为"在大学的能力、办学目标和社会需求之间找到一个合适的位置，是高等教育目前面临的最严峻挑战"②。曾军认为大学应站在理性和高等教育为国家现代化服务的立场上，寻找破解学术资本化的可循之径③。迈克尔·夏托克（Michael Shattock）在《成功大学的管理之道》中论述："这种自主模式（办学市场化）具备把国家财政拨款以及其他形式的资金投入看作整合资金的自信心。院系知道国家的财政政策，但承认大学有权根据学校发展需要分配资源。学校基于自身发展的有利原则而不是为了吸引国家财政拨款采取扩大发展空间的措施，制订自主的战略发展计划，而不是简单反映来自国家政策的发展策略"④。

不同学者对待学术资本主义的态度差异体现的是教育信仰与外在因素的博弈结果。但只肯定学术资本主义的正向价值或坚决批判学术资本主义的求利诉求，都失之偏颇。我们应当秉持辩证态度，理性看待学术资本主义的影响，趋利避害，因势利导地促成大学使命的践行。

（2）学术资本主义对大学组织的影响。

斯劳特等对美、英、加、澳四国 1970—1990 年高等教育经费政策与各院校经费支出等因素进行了考察，并以实地访谈的方式对学术资本主义活动中的管理者、教师等进行调查，并对调查的结果进行赋权，最终结果如表 1-1 所示。

---

① 殷朝晖，蒋君英. 全球化视域下跨国学术资本主义研究 [J]. 比较教育研究，2016，38（9）：73-78.

② 陆登庭，阎凤桥. 一流大学的特征及成功的领导与管理要素：哈佛的经验 [J]. 国家高级教育行政学院学报，2002（5）：10-26.

③ 曾军. 高校文科学术组织的体制化及其问题 [J]. 江西社会科学，2007（2）：245-249.

④ 夏托克. 成功大学的管理之道 [M]. 范怡红，译. 北京：北京大学出版社，2006：165.

表1-1　学术资本主义对大学的积极影响

指标序号	指标名称	权重指数①	基本解读
1	和外部组织的关系	平均值7.0	扩大了大学的社会信誉和提高了大学参与社会发展的程度
2	对大学声誉的影响	平均值7.0	对于大学扬名具有关键性作用
3	对科研的间接影响	平均值6.5	对大学教师分配研究时间及研究资源份额具有重要影响
4	对教学的间接影响	平均值5.9	研究和教学时间的安排受到影响，大学教师不得不在教学和研究之间取舍
5	对外咨询服务影响	平均值5.6	大学教师对外咨询权限的增加导致大学对教师的控制力下降
6	硕博士研究生雇佣	平均值5.0	对研究生探索新知识和学术前沿具有相当意义
7	大学的招生情况	平均值4.8	声誉和金钱对优秀研究生的吸引力增强
8	科研项目的服务水平	平均值4.5	项目工作者减轻了教学人员的教学、科研以及参与创业的压力
9	研究的实验设备	平均值4.4	在购入新的研究设备方面具有积极影响
10	其他收益（如环境、归属感等）	无相关实证数据	研究热情和研究风气得到提升、大学的自主权变大、二级院系或科研中心的地位提升

资料来源：斯劳特，莱斯利. 学术资本主义：政治、政策与创业型大学［M］. 梁骁，黎丽，译. 北京：北京大学出版社，2008：111~122.

消极的影响则如表1-2所示。

表1-2　学术资本主义对大学的消极影响

指标序号	指标名称	权重指数	基本解读
1	学术资源的损耗	平均值-3.1	学术资本主义消耗了大量的院系资源
2	对基础研究的时间损耗	平均值-2.8	占用了相当的教学时间和基础研究的时间

---

① 该研究使用的指标权重指数的范围是［-10，10］，负数表示削弱，正数表示增强。其中数字从1~10表示程度逐渐提高，即+8表示对该指标的增强效果非常好，-5则表示该指标的负面影响较大。

表1-2(续)

指标序号	指标名称	权重指数	基本解读
3	高层次管理者的时间损耗	平均值-2.2	造成高层时间投入不均, 高层与中层间关系紧张
4	对政府拨款的影响	平均值-2.1	自主经营削弱了政府对大学拨款的比例
5	研究的实验设备	平均值-2.0	边际成本 (设备磨损和新需求的增加)
6	教学及教学准备的时间损耗	平均值-1.9	压缩了教学时间和内容丰富度等
7	学术机密的泄露	平均值-1.4	学术研究的保密性受损
8	教学科研人员转型	平均值-0.7	教学科研人员倾向于去接近市场的中心或院系任职
9	经济 (版权费、法律咨询) 损耗	平均值-0.5	法律咨询费、版权专利费、工艺责任等的增长
10	其他压力	无相关实证数据	高学术资本化组织中的晋升压力、教授贫富差距拉大、管理层级紧张度提升等

资料来源: 斯劳特, 莱斯利. 学术资本主义: 政治、政策与创业型大学 [M]. 梁骁, 黎丽, 译. 北京: 北京大学出版社, 2008: 111-122.

　　爱德华·哈特 (Edward Hackett) 认为学术资本主义对高等教育系统的影响是全方位的[①]。第一, 学术资本主义为大学注入了市场活力, 改变了大学学术利益的分配格局, 使从事科研工作的人具有奋斗热情和适宜的工作环境, 也为大学增加了决定自己命运的砝码。整个大学都会因为与市场联姻而获得较高的社会声誉和资金投入、良好的内外部关系, 创业者也获得个人声誉, 但同时也带来学术竞争和资源分配不均的问题。第二, 在大力提升应用科学研究地位的同时, 基础科学研究的处境堪忧: 挤压了原本属于基础学科的生存空间与资金, 让原本就较为富裕的应用研究学者占据了更有利的位置, 人为地造成"富学者与穷学者"之间的对立。第三, 由于重视应用学科, 学生的实践动手能力和就业竞争力更强。那些参与学术资本主义的教授、学者, 通过售卖市场和社会发展所需的知识, 或者通过与合作企业签订专利转让或承包协议等方式, 拓宽了学生参与市场竞争的范围, 使大学生被用人单位雇佣的可能性大大提升, 并且这种提升不是

---

① SHELIA S, LARRY L. Academic capitalism: politics, policies, and the entrepreneurial university [M]. Baltimore: Johns Hopkins University Press, 1997: 174.

书本知识或过时的知识所带来的。第四，大学教授为获得更有回报的项目而较少将精力用在学校教学任务上，以至于高校不得不雇佣学术兼职人员，尤其是在读硕士博士研究生成为教学一线主力。这虽给"新人"提供了锻炼，但这种锻炼在很大程度上也会造成教学质量下滑，尤其是兼职人员在数量逐步增长的趋势下。这也就在一定程度上造成了教师学术身份的合法性危机。第五，这会造成大学内部师资队伍的过度流失和成员间关系的紧张：一方面，学术资本主义的发展造成高校教职工流入校外产业，甚至直接参与新企业的创办。另一方面，大学办学成本和日常开支的大幅增加，使经费分配问题更严峻，也在一定程度上导致学术人员与管理人员之间关系紧张。第六，学术资本主义赋予了大学成为创业先锋的使命和压力，作为获得组织合法性基础的条件，大学必须走向市场的怀抱，但这也导致经费负担转移到学生身上，加重其学业负担。学术资本主义影响的全面性提示我们，必须采取辩证态度审视学术资本主义的影响，在趋利避害中获得对学术资本主义的理性认识，以采取恰当的路径促进大学良性发展。

（3）学术资本主义对大学教师的影响。

第一，一些学者探讨了学术资本主义对学术研究的影响，分析了学术资本化思潮下的教师如何做研究。董志霞认为从教师角色到研究旨趣，从知识属性到管理模式，统统受到学术资本主义的影响。教师已经从坚守象牙塔的"传统学者"变成了具有商业性质的"学术资本家或商人"，这些人不但创造知识、传递知识，还贩卖知识。从学术研究的旨趣来看，学术研究已经开始从休闲志趣所驱动的基础科学探索转变为按照市场逻辑运行的应用性研究，学术逻辑成为经济逻辑的仆人[①]。刘爱生则对学术资本主义裹挟下的大学学术研究，究竟是走"求是"路线，还是走"求利"路线进行分析。他认为学术资本主义已经成为新理念和发展趋势，任何大学都难以置身事外。但是中国大学正处于学术资本主义与泛化的行政权力的双重压力之下，这才是导致目前中国大学畸形发展，崇尚"求利"的关键所在。要破除"求利"倾向，就要降低对大学的功利性期望，给予大学更多办学自主权；重建中国大学的"象牙塔"，找回大学的育人本真价值；教

---

① 董志霞. 学术文化传统与学术资本主义：传统与现实的博弈 [J]. 江苏高教, 2013（1）: 27-30.

师则应当"立志以学术为业",找到"求是"与"求利"的平衡点①。易红郡也赞同学术资本主义将导致学术研究走向分裂,"导致大学内部不同学科之间的鸿沟拉大,那些与市场联系不太紧密的学科能争取的资源将愈加稀少,而与市场联系密切的学科会更倾向于支持学术资本主义体制"②。

第二,一些学者探讨了学术资本主义对学术职业的影响,分析了市场化和商业化趋势中大学教师学术职业的冲突问题。"大学教师和商业主义保持一定程度的距离",但大学教师在市场化冲击下,成了"知识生产的自主者、知识资本的拥有者、知识商品的出让者"③。张静宁指出,学术资本主义已经使英美大学教师学术身份重新解构,教书者的身份俨然过时,"说得出去、拿得出手、赚得到钱"成为很多大学教师的愿望,最终他从组织形态、大学教师的人际网络、新型技能等多角度出发,探索了教师学术职业的优化策略④。安德森(Anderson)认为:"现如今的大学教师,就像身兼数职的职业经理人一样,用最快和最多样化的方式来赚钱:他们向外界申请赞助、出卖自己的管理经验、充当专业组织的发言人等,简直无所不能。"⑤ 这种身份混乱和认同危机,导致"所有坚固的东西都处于消散状态了",这也带来了大学教师学术身份的"意义消解",使大学教师遗忘了大学的使命,遗忘了大学的理性,遗忘了大学的反思质疑精神,使大学变成失去灵魂的商业机构,同时也使"教师面临着生活意义感的缺失和确定性的丧失"⑥。杨超等在《"学术资本主义"与大学教师学术职业角色的转换》中指出:大学教师学术职业角色发生了由"学者"到"创业者"、由"基础研究者"到"应用研究者"、由"公共知识分子"到"专业知识分子"、由"立法者"到"阐释者"的身份转变⑦。

---

① 刘爱生."求是"还是"求利":学术资本主义语境下中国大学的学术研究 [J]. 现代教育管理,2012 (1):45-49.

② 易红郡. 学术资本主义:世界高等教育发展的新理念 [J]. 教育与经济,2010 (3):53-57.

③ 胡潇. 教师理致的悖论:基于学术资本主义的审视 [J]. 马克思主义研究,2016 (6):91-101.

④ 张静宁."学术资本主义"与英美大学教师学术身份的变迁 [J]. 教育科学,2014,30 (2):81-85.

⑤ KRUCKEN G. Learning the "New, New Thing":on the role of path dependency in university structures [J]. Higher education, 2003, 46 (3):315-339.

⑥ 吴洪富. 大学场域变迁中的教学与科研关系 [D]. 武汉:华中科技大学,2011.

⑦ 杨超,张桂春."学术资本主义"与大学教师学术职业角色的转换 [J]. 教育科学,2016,32 (5):47-52.

姜梅、史静寰认为在学术资本主义浪潮的影响下，大学教师学术职业出现分层。他们以权力、声誉以及经济三个指标为分析着力点，对20世纪中期以来出现在大学场域中的市场化倾向的教师学术行为进行动机分析，结果发现：对于大学教师的职业选择与职业分层来说，马克思主义经济学理论所强调的"经济"比马克斯·韦伯所强调的"权力"更具诱惑力，教师也愿意将自己"学术人"的身份转型为"商业人"身份①。得克萨斯大学奥斯汀分校校长洛根·威尔逊（Logan Wilson）早在20世纪中叶就对学术职业问题进行探讨，在其代表著作《学术人》中，他以社会经济学的视角和逻辑展开对大学教师学术职业的研究，认为大学教师的学术职业或学术角色具有鲜明的等级性，这种等级性体现在金钱、权力以及声望上；并且他着重探讨了三种造成等级性的因素间的相互关系②，认为学术声望具有决定性作用，它表明了社会对大学教授学术水平以及这种水平所带来的经济效益的肯定，也表明了学术身份在众多大学教师可能拥有的身份中的极端重要性。

　　第三，一些学者从雇佣关系与劳资关系的角度审视了大学场域中教师收入问题及师生关系问题，分析了教师收入问题及教学相长的师生关系在学术资本视域下的表现。奥莉·海伦娜·伊利约基（Oili-Helena YLijoki）认为学术资本主义已经将学科专业人为地割裂为"有钱的和没钱的两部分"，甚至人们能预测到，随着市场化的深入，这种割裂将变得更严重，甚至导致两类专业领域的冲突③。不少研究都验证了这一点："年资较浅的教师、博士后和研究生较少赞成学术资本主义，他们认为业绩期望值增加了一倍，因为他们被要求同时在基础研究和商业化研究两个领域表现优秀。"④ 还有学者对大学教师真正的报酬是什么进行阐释，认为大学教师的真正报酬或者说最大的报酬就是看到自己精心培育的"种子"在未来"生根发芽并茁壮长大"。正如任之恭先生回忆其在西南联大的教师生涯时，所说过的这段话一样："我觉得教育者和研究指导者的真正报酬来自看到

----

　　① 姜梅，史静寰. 学术资本主义对学术职业发展的影响 [J]. 江苏高教，2015 (6)：14-17.

　　② WILSON L. The academic man: a study in the sociology of a profession [M]. New Brunswick (U. S. A) and London (U. K.): Transaction Publishers, 1942.

　　③ YLIJOKI O H. Entangled in academic capitalism? A case-study on changing ideals and practices of university research [J]. Higher education, 2003 (45): 307-335.

　　④ 斯劳特，莱斯利. 学术资本主义：政治、政策和创业型大学 [M]. 梁骁，黎丽，译. 北京：北京大学出版社，2008：8-10.

青年的天才和心灵在丰沃土壤上开花结果。"① 实际上，"在教师学术生活实践中，最大的满足感来自探究学术，这是驱动大学教师潜心基础研究、避开商业化侵蚀的关键。换句话说，大学教师的学术志趣来自扎根学术本身，与学术之外的东西无关或无关键性关联"②。

从整体来看，对师生关系的探讨是基于社会变革、大学转型以及主体价值取向异化的；从分析立场来看，相关研究则趋向于探讨学术资本主义对师生关系的消极影响；从分析方法上看，相关研究则更加偏重实证性的分析逻辑而较少采用理论推演。如王兴咏所担忧的：学术资本主义使大学教师从传统的知识创造及传承者向现在的知识售卖者转变，与此同时，大学教师专业身份的社会认可度也随着知识变得具有私密性和专属性而遭受质疑。而学生则面临教育机会与教育成本增加、创新能力提升途径扩大以及过度沉溺"市场逻辑"等机遇与挑战，这也导致师生关系从教学相长，走向"雇佣"关系③。任小芳则将理工科研究生与导师的关系置于学术资本主义框架内，她指出师生关系正从以导学关系为基础的教学走向冷漠化、以学术探索为中心的科研走向劳资关系化、以知识和情感互动为核心的学术共同体走向利益至上④。

综合以上论述可知：学术资本主义确实对大学教师的学术生活产生了影响，这既体现在文化价值观的矛盾冲突上，也体现在学术资本主义实践中。目前来看，多数学者对学术资本主义与大学教师学术身份的关系持中立态度，认为学术资本主义不是大学理念的偏离，而是大学对当前知识经济发展诉求的应然回应，不能因为学术资本主义"沾染了金钱"，就认为学术资本主义"玷污了学术的神圣"。基于此，学者们对学术资本主义对大学教师学术身份的影响进行了困境与机遇两个方面的探讨，侧重于探索大学教师应当如何面对这种身份的冲突，试图从中国大学发展实际出发，探索应对学术资本主义影响的"本土化"策略。

2. 应对学术资本主义的策略

（1）从思想层面理性认识大学及其使命，重建"象牙塔"及其文化性

---

① 任之恭. 一位华裔物理学家的回忆录 [M]. 范岱年，等译. 太原：山西高校联合出版社，1992：102-103.

② THORNTON M. Through a glass darkly：the social sciences look at the neoliberal university [M]. Canberra：The Australian National University Press，2011：65-78.

③ 王兴咏. 学术资本主义对高校师生的影响 [J]. 教育教学论坛，2015（12）：3-4.

④ 任小芳. 学术资本主义对工科硕士生培养的影响研究 [D]. 武汉：华中科技大学，2014.

格，为抵御学术资本主义侵袭提供理念保障。第一种思路，重视从价值观层面应对学术资本主义，即理性认识学术资本主义，并强调大学坚守育人求真使命的永恒性。"知识逻辑和市场逻辑只是大学逻辑的两个维度而已。在全球化背景下，市场的支配地位和大学的市场逻辑可能更加凸显。但决定大学之所以是大学的还是知识逻辑，这才是关键的质性内核。"① 大学"注重应用研究的同时保护基础研究和人文社会科学的应有地位，协调好大学知识的公益性与产业化的紧张关系"② 是值得探索的。郭丽也认为，"大学不能只注重经济效益，还要注重在参与学术资本主义的过程中始终坚守大学的核心使命和价值，在注重应用研究的同时保护基础研究和人文社会科学研究"③。孟凡就"象牙塔"概念进行了中西比较，发现大众眼中的"此象牙塔"非西方大学之"彼象牙塔"，西方大学在市场化办学潮流中走出了"象牙塔"，但其"象牙塔"精神积淀依然发挥着主导作用。反观我国大学办学史，并没有经历西方大学之"象牙塔时期"，也未生成真正的"象牙塔精神"，因而学术资本主义的应对路径是：重新建构中国大学的"象牙塔"及其精神④。蔡先金则认为，不论是出走派还是重建派，都不是问题的关键，问题的关键在于：面对市场化的风潮，大学应当以广阔胸襟和开放态度予以应对，增强大学的文化引领性和价值彰显力，走"内圣外王"道路⑤。

除了强调重塑或回归大学文化传统外，还有很多学者认为应对学术资本主义侵袭还可以从培育大学哲学性格入手。肖绍聪认为，"大学对哲学自觉的坚守维系了大学生活与世俗生活之间必要的张力，并最终形成了大学的哲学性格"⑥。面对当前的市场化趋势，培育大学的哲学性格，培养全人教育传统，尤为重要。张楚廷则对大学的哲学性格的内涵与外延进行界定，认为真正的大学必然会青睐有性格的哲学，真正有性格的哲学也必然

---

① 钱志刚，崔艳丽，祝延. 论学术资本主义对大学教师的影响 [J]. 教育发展研究，2013，33（Z1）：92-97.

② 张维红. 学术资本主义对高等教育的影响分析 [J]. 当代教育论坛（综合研究），2011（1）：13-15.

③ 郭丽. 大学参与学术资本主义的基本机制 [J]. 太原师范学院学报（社会科学版），2017，16（5）：118-121.

④ 孟凡. "走出象牙塔"是中国大学的选择吗？[J]. 江苏高教，2008（4）：1-3.

⑤ 蔡先金. 大学与象牙塔：实体与理念 [J]. 高等教育研究，2007（2）：33-38.

⑥ 肖绍聪. 大学的生成与哲学性格：基于发生学的视角 [J]. 现代教育科学，2012（3）：1-4.

会在大学安家，但是"大学缺什么都不是特别重要，唯独在缺了自由与独立的时候，它绝不会再有哲学性格，从而它也就等于一无所有"①，因此大学要培育哲学性格。雷迪在《学术资本主义：大学职能的冲突与调适》中指出：市场化模式办学导致大学在"求真还是求利""教学还是科研""原创还是转化"问题上陷入困境，要解决这种困境，可以借助费孝通先生的文化自觉理论寻找出路：坚持办学者的文化自觉以厘清市场、大学、政府三者间的关系；坚持行政人员的文化自觉以抵御市场诱惑，保护好大学的学术文化生态；坚持大学教师的文化自觉以守住底线，把求真育人作为学术使命的核心②。

（2）从实践层面探索创业型大学发展模式，注重因势利导，顺应学术资本主义发展潮流，找寻市场和学术的平衡点，探索培育创新创业人才的新路径。邬大光针对创新创业教育发展实际，指出"创业型大学现象本身就是一种理念和精神，也是一种制度和机制，还是一种文化和生态，更是一种可操作的行为"③。温正胞等认为创业型大学是大学发展的新模式，"以学术资本主义为内在动力的创业型大学以其独特的组织特性，宣告了大学与社会新型关系的合理性与合法性"④。

学界对创业型大学转型模式的研究，主要有两种路径。

一是以美国为典型代表的线性发展模式，这种模式的逻辑进路是：通过教学转入科研最终落实到创新创业实践，按照线性思维展开。按照这种逻辑，创业型大学的原型势必是那些实力雄厚的研究型大学。在这种模式里，传统科研能力出众的研究型大学凭借自身科研实力和资金优势，敏锐地捕捉市场经济发展过程中的关键性问题，进而有针对性地对此类问题进行深入研究，将学术力量和科研经费投入其中，并将最终的研究成果投入市场，引领地区经济社会发展，同时凭借这种成果转化获得周边市场的"高额回报"。杨德广也多次在重要学术会议上提出：我国的研究型大学，除了极个别能够承担相当重量级的基础研究重任之外，大多数研究型大学

---

① 张楚廷. 哲学性格与大学文化 [J]. 现代大学教育, 2010 (4)：17-24.

② 雷迪. 学术资本主义：大学职能的冲突与调适 [J]. 现代教育科学, 2015 (11)：25-28.

③ 付八军. 纵论创业型大学建设 [M]. 杭州：浙江工商大学出版社, 2014：23.

④ 温正胞, 谢芳芳. 学术资本主义：创业型大学的组织特性 [J]. 教育发展研究, 2009, 29 (5)：28-33.

应当遵循以学科为中心的发展模式，创新人才培养路径，朝创新型大学迈进①。

二是非线性发展模式，主要代表是以欧洲大学为典型的颠覆式创业型大学。在这种模式中，创业型大学的来源并不只是研究型大学，而是不同层次、不同类型、不同性质的大学均可以转型为创业型大学，这意味着创业型大学转化的多发端性。这些大学能积极适应区域经济社会发展需要，用产业化办学模式培养创新人才，能兼顾学校良性发展和区域经济进步。顾坤华、赵惠莉立足中国高校发展实际，提出：一流大学以外的省属高校、普通本科院校、民办本科院校以及高职高专等院校在经费和声誉竞争中处于较为不利的地位，面临的生存发展压力更大，求变的愿望也更为强烈。我国应当积极引导这部分大学转型，使之通过转型激发办学活力，以更合适的方式服务区域经济社会发展②。

（3）借鉴境外的大学在应对学术资本主义方面的有益经验，为我国境内大学应对学术资本主义提供参考。翁福元对"学术资本主义对台湾高等教育人才培育政策的影响"进行了探讨，指出台湾高校应对学术资本主义的举措是：鼓励大学与产业领域合作、依托科技发展调整学科专业与课程设置、注重特色人才培养、实施奖励大学教学卓越计划③。其实境外的经验是有情境性和相应文化积淀的，我国境内大学能否吸收借鉴这些做法尚有疑问，但就认识问题的全面性和差异性的角度而言，这些借鉴仍显重要。

总体来看，大学被视为应对学术资本主义危机的核心主体，各项策略也围绕院校展开。但学术资本主义的影响早已超出院校，因而培育良性社会文化生态，关注学术资本主义语境下的鲜活个体，都是应对学术资本主义消极影响的应然路径。对于社会文化生态的创设，需要政府、社会和市场的联动，滋养学术研究的文化土壤；教学科研人员则需要明确学术资本主义的价值边界和伦理底线，精准定位学术职业的价值追求。这正是本书研究力图有所突破的地方。

---

① 杨德广. 应将部分研究型大学转变为创业型大学：从"失衡的金字塔"谈起 [J]. 高等理科教育, 2010 (2)：1-2.

② 顾坤华, 赵惠莉. 高职院校向创业型大学转型的探索 [J]. 职业技术教育, 2010, 31 (19)：14-17.

③ 翁福元. 学术资本主义与高等教育人才培育政策：台湾的经验 [J]. 教育与考试, 2009 (6)：53-63.

二、关于大学教师学术身份的研究

教师学术身份问题成为教育领域的核心议题始于 20 世纪 80 年代①，但其研究深度与范围仍显薄弱，在整个国际学术话语体系中的影响力并不明显②。直到身份研究范式的建构主义转向，对教师学术身份的研究才逐渐从量化技术导向逐渐走向质性情感导向，关切教师的自我认同和意义世界③。而本土语境中，教师对"我是谁"的定位更多受到社会结构、国家制度、政治体制的规约，因而其学术身份定位体现出较高的对大学教师"必须或者应当如何"的身份要求，学术身份的建构性和认同性被弱化，教师的社会角色性不断强化。相关研究较少深入个体层面，关照个体在身份重构前后的心理变化和身份体验以及身份调适等，更鲜有从个体维度解读身份危机及身份挣扎语境中的个体主观感悟和客观行动之间内在联系的研究。

（一）对大学教师学术身份的界定

对大学教师学术身份的界定，多从个体意义建构与社会结构赋予两个维度展开，且多基于动态建构理论展开，认为大学教师学术身份是处在变化、发展、矛盾、情境中的，因为"结构研究既能揭示外语教师身份认同的存在状态，又能反映身份认同的运动态势"④。与此理论相对的本质主义理论学派的静态大学教师学术身份观则鲜有学者论及。

理查德·温特（Richard Winter）在《学术经理还是学术管理者？高等教育中的学术身份分裂》一文中对学术身份进行了界定，他认为："学术身份是从事某项专业工作的个人长期拥有的信仰、价值观、动机和经验。"⑤ 张静宁则认为，"学术身份是指大学教师对什么是学者，学者应当做什么等问题的认知，即对身为大学教师的权利、义务、职责、使命、道

---

① 吕素珍. 现实与超越：大学教师理想角色形象研究 [M]. 武汉：华中科技大学出版社，2012：2.

② 裴丽，李琼. 2000—2016 年我国教师身份认同研究的国际化进展：分布特征及研究主题 [J]. 外国中小学教育，2017（10）：47-57.

③ SCHON D. The reflective practitioner：how professionals think in action [M]. New York：Basic Books，1983.

④ 寻阳，郑新民. 十年来中外外语教师身份认同研究述评 [J]. 现代外语，2014，37（1）：118-126.

⑤ WINTER R. Academic manager or managed academic? Academic identity schism in higher education [J]. Journal of higher education policy and management，2009，31（2）：121-131.

德标准、与社会的关系等问题的理解"①。由于身份不是一元化和固定的，而是多元和流动的，因此在以下方面存在着不同的期望和话语解读：①大学教师学术身份及身份所具有的权利与义务（如学术人员是自主的专业人员，学者是受管理的雇员）；②整个大学机构的性质和宗旨（如视大学组织为学习和教育的熔炉，视大学为营利性企业）。肯·海兰（Ken Hyland）描述了大学教师是如何在学术圈中构建身份并获得话语权、如何使用圈子话语体系获得学术共同体认可的，他也描述了大学教师是如何与他人、组织在互动和协商中塑造自己身份的。他基于建构主义身份理论，指出新的身份恰当与否的关键在于身份所归属的共同体对该身份接纳程度的高低，认为"学术身份是依托学科语言获得的，是通过不断强调学科属性和学术价值伦理一致性来获得的，这种获得是个体在与群体互动过程中展示个人信息、个人理念以及个人价值的过程"②。吴宗杰也通过对话自我理论对两位英语教师进行分析，对故事叙述中各种关系的梳理揭示了在文化差异、价值多元的全球化时代，英语教师学术身份的变化历程③。

"学术身份就是指作为个体的高校教师在与整个社会环境的意义建构过程中，吸收借鉴其自身所嵌入的关键性学术共同体的影响后，所建构出来的关于自身如何看待高校教师是什么、应该做什么的认识和定位，是关于高校教师的存在方式与意义理解的过程。"④ 张银霞对处于转型期的大学教师学术身份的内涵进行界定，认为学术身份"具有本体意义上的根本性，作为中介于个体与情境的动态调节机制，学术身份是审视变革脉络中的大学教师及其学术工作际遇的微观视角"⑤。她从情境性的建构主义视角出发，认为大学教师学术身份是个体对自己作为一名大学教师的、超越时间空间限制的理性认知与定位。王玉晶、程方平则对我国大学教师作为知识分子的学术身份进行分析，从传统的"士农工商"角色定位讲起，认为

① 张静宁. "学术资本主义"与英美大学教师学术身份的变迁 [J]. 教育科学, 2014, 30 (2): 81-85.

② HYLAND K. Disciplinary identities: individuality and community in academic writing [J]. Journal of English for academic purposes, 2014, 15 (3): 50-53.

③ 吴宗杰. 对话中的教师自我: 巴赫金视角下的教师故事 [D]. 金华: 浙江师范大学, 2007.

④ HUANG Y, PANG S K, YU S. Academic identities and university faculty responses to new managerialist reforms: experiences from China [J]. Studies in higher education, 2016, 43 (1): 1-19.

⑤ 张银霞. 高等教育变革脉络中大学教师学术身份的内涵及其建构 [J]. 黑龙江高教研究, 2016 (6): 1-4.

知识分子是排在首位的身份，承担着社会意义的建构者和法律的解释者的重任，进而论述体制化影响下的大学教师学术身份的专业化和职业化转向①。文灵玲等从大学教师学术身份的"姊妹"专业身份的角度定义了教师专业身份，认为大学教师专业身份是"一个人对自己与其所从事某种专业性工作相关的信念、态度、自我定义和自我概念以及基于该专业获得或拥有的社会地位"②，并从知识属性、国家政策、社会声望等角度论证了大学教师专业身份的特殊性。徐自强等通过对 251 篇大学章程的文本进行统计分析，探究了在大学内部治理结构中大学教授在学术权力上的身份影响力是如何彰显的。其研究发现：大学教授在整个大学内部治理体系中扮演的是以"正高级职务为主体的多元化诉求的学术委员"③，通过学术委员会发挥学术权力，用"民意选举—大会商定—投票表决"的方式彰显身份影响力。

上述研究从规定性身份和建构性身份的维度界定学术身份的内涵，但存在规定性身份角色化和建构性身份主观化的倾向，将大学教师学术身份识读单向度带入了制度规约或主观体验的泥淖。后续研究应当立足身份建构的二重情境，在政策环境和自我境遇的理性协商中理解学术身份的意蕴，而非对学术身份内涵界定采取非此即彼的零和策略。

（二）大学教师学术身份的属性及其演进研究

关于教师身份性质的研究，有的学者认为教师身份独立性缘起于夏商，身份官方性盛于汉唐，身份社会性始于清末，身份人民性则指向新中国成立；也有研究按照经济形态划分教师身份，认为前工业时代教师并无正式身份，工业化时期教师具有独立职业身份，后工业时期则体现为专业性身份④。同时，有研究对教师称谓的演进进行考究，指出教师先后经历"教官""教习""教员""教师"的称谓变换，体现出教师身份的边界明晰度、结构制约性、专业特色化和文化隐喻性⑤。在政治视野中的教师则历

① 王玉晶，程方平. 高校教师作为知识分子的身份与责任：基于文化传统与学术体制两个维度 [J]. 中国人民大学教育学刊，2019（2）：101-114.

② 文灵玲，徐锦芬. 高校教师专业身份概念探析 [J]. 教育评论，2014（8）：45-48.

③ 徐自强，严慧. 身份—权力—行动：大学内部治理中的教授治学：基于高校章程的内容分析 [J]. 高教探索，2019（7）：24-32.

④ 张学敏，张翔. 教师的身份变迁与教师教育演变：兼论我国教师教育走向 [J]. 西南大学学报（社会科学版），2010，36（5）：7-11.

⑤ 伍雪辉. 从"新型"教师称谓看教师身份的特征及其建构 [J]. 教育发展研究，2011，31（2）：53-57.

经"民间私塾教师""国民教师""人民教师"的转型，暗含着文化启蒙者向专业成员的转向[1]。晚清时期，大学教师身份是"官"，是朝廷的代言人和统治意志的执行人；三大改造时期大学教师作为社会知识分子和社会主义建设者的身份得以彰显；改革开放后，大学教师是国家工作人员或公职人员；随着教师作为专业从业人员的呼声愈加强烈，大学教师身份再次转型，变成具有高深知识的专业人员；而在当前知识经济时代，大学教师则可能进一步从专业人员转型为具有学术资本主义倾向的"学术商人"。

钱理群对知识分子的空间位移进行研究，在整个 20 世纪到 21 世纪，大学教师身份的发展是复杂且充满艰辛的，始终围绕着"启蒙、学术、民族"等议题孕育着新希望[2]。容中逵则对普通民众眼中的教师身份的历史演进进行分析，从先秦士子到两汉官员、魏晋族长到科举文人、民国思想与行为的异类再到新中国成立后的国家工作人员、大众学者及知识售卖者，体现了不一样的演变历程。"就外在表象来看，经历了一个由支配阶级到支配阶级中的被支配阶级，再到有文化的普通社会民众……的演变过程；就内里本质来看，则经历了一个由自决生成到官方派生，再由半官方派生到自我确证的演变过程"[3]。张苏从福建师范大学的发展历程切入，以陈宝琛为研究个案，为我们呈现了大学教师身份从知识人到政治人再到经济人的历史流变，并指出当前大学教师学术身份面临"以学术为志业"和"以学术谋生"的价值冲突，应当从伦理道德和知识价值认知层面进行超越[4]。

叶菊燕对晚清至民国时期、新中国成立之后、改革开放以及教师身份建构的理论进行分析，用案例向我们描述了百年中国教师身份变迁史。其著作围绕着"历史回溯、现实身份以及身份定位归因"展开，从"我是怎么成为一名教师的"到"我为何会成为一名教师"再到"我该怎么建构自己作为教师的身份"[5]，无不透露出对教师身份的深切关怀。刘云杉对公共

---

① 卜玉华. 回溯与展望：中国中小学教师发展的世纪转向 [M]. 济南：山东教育出版社，2007：221-225.

② 钱理群. 20 世纪中国知识分子空间位置的选择与移动：在一次学术会议上的发言 [J]. 东方文化，2003（1）：47-55.

③ 容中逵. 普通社会民众眼中的教师身份认同历史流变 [J]. 中国人民大学教育学刊，2018（2）：153-171.

④ 张苏. 大学教师社会角色百年回顾 [D]. 福州：福建师范大学，2007.

⑤ 叶菊燕. 教师身份构建的历史社会学考察 [M]. 北京：北京师范大学出版社，2017.

精神卫士、人民教师、"又红又专"教师形象、作为灵魂工程师的教师角色进行多视角呈现，为我们了解近现代中国教育事业中教师角色的演进历程提供了丰富且独特的可能性[①]。

刁彩霞等认为，大学教师学术身份具有个体性标识（人）、社会性标识（公民）以及学术性标识（教师），分别对应经济人身份、政治人身份以及学术人身份，并指出经济人的现实性、政治人的公益性以及学术人的自律性是重建教师学术身份的关键[②]。闫建璋等认为，大学教师学术身份具有"经济人""社会人""道德人""学术人"四重身份标识，"道德人"身份是贯穿其中的灵魂和关键，是建构其他身份标识底色和应对身份异化的伦理性策略[③]。朱书卉等则对大学教师传统的"教育者""研究者""知识分子"角色的演变历程及影响因素进行梳理归纳，并以此为分析大学教师创业者角色规律的依据，对大学教师作为学术创业者角色的概念、理论归因、角色冲突以及应对策略进行分析，认为大学教师学术创业者角色面临着"角色内教学还是创业的冲突、角色间同化还是抵抗的冲突、角色外理性人与学术人的冲突"[④]。王全林认为学术身份分为生存性、发展性以及超越性三类，分别对应教学者、学术者以及公共知识分子三种身份。生存性身份和发展性身份，从根本上讲是大学教师的首要身份，应放在一起讨论，而非将教学者与科研者的身份割裂起来。大学是知识组织，注重知识的探究无可争议，但大学也是育人的组织，育人是大学之为大学的两大合法性基础之一，因此教学应当也必须是大学的核心使命[⑤]。还有研究者对英国大学教师学术身份变革进行探讨，黄亚婷指出：英国大学教师学术身份正经历深刻变革，"学术人员的身份地位正从专业精英转向知识工人"[⑥]，与之相对应的是学院制管理模式向企业制模式转变、学术评价从同行评议向绩效考核倾向转变、身份变革的内驱力由学术价值向经济价值转变。

---

① 刘云杉. 从启蒙者到专业人：中国现代化历程中教师角色演变 [M]. 北京：北京师范大学出版社，2006.

② 刁彩霞，孙冬梅. 大学教师身份的三重标识 [J]. 现代大学教育，2011 (5)：22-26.

③ 闫建璋，郭赞嘉. 道德人：大学教师身份的伦理旨归 [J]. 高等教育研究，2013，34 (11)：60-65.

④ 朱书卉，睢国荣. 大学教师学术创业的角色定位与角色扮演研究 [J]. 河北师范大学学报（教育科学版），2018，20 (3)：110-117.

⑤ 王全林. "知识分子"视角下的大学教师研究 [D]. 南京：南京师范大学，2005.

⑥ 黄亚婷. 新公共管理改革中的英国学术职业变革 [J]. 高等教育研究，2013，34 (5)：95-102.

以社会变迁为研究主线的钟倩、罗光雄则认为：现代大学自诞生起到知识经济时代，经历了"单一职能"阶段、"双重职能"阶段直至"多元职能"阶段，与之相对应的是大学教师的学术身份，也从"知识传授者"到"教学与科研相兼者"到"多元学术身份"，再转变为当下的"学术资本家"身份，大学教师的学术职业在不断分化，导致大学教师的身份不得不在更狭窄和专业的道路上演进①。黄亚婷则以实证方式探究了两所研究型大学的个案教师的身份认同问题，结果发现：大学教师学术身份仍然以适应大学组织和社会外部环境的要求为主，主要包括顺应社会要求和考核需要的"单向度"适应者身份、在不同情境下能随意转换话语体系和应变的"符号性"适应者身份以及难以处理"我想""我应该""我可以"之间矛盾的"价值分裂"适应者身份②。

以经济体制为研究主线的学者们认为，我国学术职业的演进围绕从计划经济体制下封闭的单位身份转向市场经济体制下的契约身份这一主线，教师个体的学术工作和学术身份不得不围绕强势的管理主义文化进行重塑以应对环境压力。陈伟认为，大学教师学术身份的变迁有两条主线：一是按照传统大学发展模式进行演变的"商业行会身份、宗教庇护身份、政府公务身份"路线以及现代经济社会逻辑下的"以评聘协调、非升即走、聘任后评价、末位淘汰等为规程的契约化变革"路线③。问题的关键不在于区分这两种变革的优劣，而在于如何规整融合两种模式，使之具有兼容互补性，避免走极端化路线导致身份混乱，以应对当下乃至未来社会对大学教师学术身份的期望与要求。

赵昌木则对欧美大学的教师学术身份建构问题进行探讨，认为大学教师正"由神圣的知识权威走向世俗的知识商人，由传统学究走向现代经济人，由尊崇走向失落"④。加拿大学者托马斯·法雷尔（Thomas S.C. Farrell）在其对教师身份认同的研究中，将教师身份划分为 3 大类 16 种，他指出："从管理者角度看，教师可以是经销商、交流掌控者、信息传递者、知识

① 钟倩，罗光雄. 大学教师学术职业分化的历史逻辑及意义：基于社会分工理论的分析 [J]. 西昌学院学报（社会科学版），2017，29（3）：98-101.

② 黄亚婷. 聘任制改革背景下我国大学教师的学术身份建构：基于两所研究型大学的个案研究 [J]. 高等教育研究，2017，38（7）：31-38.

③ 陈伟."从身份到契约"：学术职业的变化趋势及其反思 [J]. 高等教育研究，2012，33（4）：65-71.

④ 赵昌木. 欧美国家大学教师身份及多元认同 [J]. 高等教育研究，2015，36（5）：63-69.

商人、学习激励者、惩罚执行者等；从专业性的角度看，教师可以是学者、知识分子、学术大师、协同研究者、科学先驱等；从文化性的角度看，教师可以是社会代言人、道德伦理践行者以及文化传承者等"①。琼斯·伊凡（Jones Evans）从参与度上将学术创业者分成三种类型：一是在大学基础教学任务和科研任务之外进行"市场化创业实践"的身份，这时的创业者学术身份就相当于市场中企业的运营实践；二是将"市场化创业实践"视为自身学术研究的重要组成部分的学术身份，此时的创业者学术身份"包括学者对自己的学术生涯进行规划"②；三是为了参与"市场化创业实践"而损害或放弃大学教师正常教学科研任务的学术身份，此时就丧失了作为大学教师的"身份合法性"，因为"如果某个事物无法得到社会的普遍认可，他就会遭遇合法性危机"③。在澳大利亚，随着单一的商业价值观和实践渗透到大学组织所有的运作过程中，大学教师学术身份的分歧已经不可避免：一些学术人员仍然坚守在基础研究和教授学生的岗位上，他们仍视大学为培育合格公民的"良心机构"，并未将大学视为一家专注营利性的企业，大学是为整个社会创造和存储、传播文明而存在的④。

欧美大学教师身份是依序演化，历经百年乃至数百年的演进而最终生成三种身份，并且每种身份的生成都预留了身份调适的空间和新身份所需的调整空间。我国现代化大学发展迅速，属于后发赶超型，并且借助行政力量获得规模和质量之跨越式发展，但就身份意识的生成及调适而言，确实缺少思考空间。并且行政力量的渗透，导致这种本就短暂的调适变得更加困难，再加上我国"师道尊严""勤劳奉献""兼济天下"之文化传统，更是在伦理道德层面限制着教师合理想象自身身份。

对学术身份属性及其演进历程的探讨表明，学术身份并非一成不变的，而是随着教育情境变迁而动态演进的。学术身份变迁的过程就是教育人不断回应社会发展诉求的过程，教师不断调整身份定位以适应社会转型需要的过程。这意味着，学术与市场的联动将重新引发学术职业变革，塑

---

① FARRELL T S C. Exploring the professional role identities of experienced ESL teachers through reflective practice [J]. System, 2011, 39 (1): 1-62.

② 汪怿. 学术创业：内涵、瓶颈与推进策略 [J]. 教育发展研究, 2013 (17): 15-23.

③ 哈贝马斯. 合法化危机 [M]. 刘北成, 曹卫东, 译. 上海: 上海人民出版社, 2009: 54.

④ CHURCHMAN D. Institutional commitments, individual compromises: identity-related responses to compromise in an Australian university [J]. Journal of higher education policy and management, 2006, 28 (1): 3-15.

造新的学术身份观，推动大学教师调适教育信仰和社会发展的距离。因而探讨学术资本主义现实语境中大学教师的生存境遇和职业伦理，既是教师回应社会转型的需要，也是教师持续建构自我意识的要求。

（三）大学教师学术身份困境研究

对于当下高教领域的管理主义变革及其对大学教师群体学术身份的影响，多数西方研究者秉持较为负面和批判的态度。他们将这种变革视为对传统学术实践方式的威胁，认为其有碍学术自由，削弱大学教师群体的自尊感和学术共同体精神，导致学术身份危机感。

社会学家 C. 莱特·米尔斯（Charles Wright Mills）认为科技发展使科学研究陷入狭隘的专业视角和单一的研究范式，创造新知识的璀璨星光已经在当前这群教授身上暗淡了。他将大学教授描述为知识贩子，"他们（指那些大学教授）显然忘记了自己知识创造者的身份，只想将现有的知识以教科书和课堂的方式卖给顾客们（出资以供大学生们读书的父母以及在校就读的大学生）。从教的角度看，教师的身份确实沦为单纯的批发商了，他们（大学教师们）学术强、声望高，就掌握了批发主动权，年轻一点的就只能为这群核心商人打工。但就整体而言，所有人（所有大学教师，也包括年轻教师）都将知识视为换取利益的资本，都通过运作知识，成为别人眼中的商人、顾客等"[1]。当然，也有研究者认为市场化变革为大学教师重新审视、定位和塑造自我提供了契机，能使他们的学术身份更具丰富性和多样性。如汉克尔（M. Henkel）在考察 20 世纪后半段英国社会、政治和经济变革的基础上发现：学术身份的结构仍然保持着惊人的稳定性[2]，并未随着新管理主义和学术资本化浪潮而产生根本性动摇。

马克斯·韦伯（Max Weber）在《学术与政治》中略带戏谑地指出："美国的年轻人，除了他个人感兴趣的成就，对于无论什么人，无论什么传统和什么官职，概无敬重可言……美国人对站在自己面前的教师观念是，他卖给我他的学问和方法，为的是赚我父亲的钱，就像菜市场的女商贩向我母亲兜售卷心菜一样。"[3] 更有人认为大学教师是"悲观主义者"，

---

① 米尔斯. 白领：美国的中产阶级［M］. 周晓虹，译. 南京：南京大学出版社，2006：102.

② HENKEL M. Academic identity in transformation: the case of the United Kingdom［J］. Higher education management and policy，2002，14（3）：147-160.

③ 韦伯. 学术与政治［M］. 冯克利，译. 北京：生活·读书·新知三联书店，2005：42.

面对市场化的学术工作环境，这些"悲观的学者"显得束手无策①。在这些"被遗弃的人"看来，过于注重商业、技术和排名成绩等是具有偏执竞争意味的竞赛，会使研究者自身的学术习惯被打乱，甚至出现"破罐子破摔"的局面。

大学正遭到大众"愤世嫉俗"的攻击。尽管大学组织存在效率低下和业绩不佳的问题，但用市场管理模式来解决这些问题是不恰当的，甚至可以说将知识视为商品或产品是错误的。学生不是顾客，也并不总是知道什么知识对自己最有意义；大学不是高等教育期刊量化和效益至上的"结合场所"②。大学教师的身份随着创业型大学的诞生与发展、学术商业性质的衍生企业的创建、学科共同体的影响力下降以及大学教师学术评价与晋升制度的变革而发生巨变：这些转变削减了学术自主空间，甚至在这些转变逐渐在大学生根发芽时动摇了数百年来大学民主的根基③。大学在寻求资金的过程中，更多的企业家精神不仅会极大地侵蚀工作满意度，而且会严重破坏高质量的教育体系。大多数情况下，这是以内容的形式——根除批判性分析来降低课程质量的做法，这种做法会吸引来那些被商业驱动的消费者们。当学术工作围绕"违反传统学术价值观"的价值观和利益重新组织时，学术身份中的分裂就会显现出来④。

吴康宁认为："当教师确认社会支配价值取向不符时代要求、不利于学生发展时，他就不能再充当社会代表者了，而应扮演批判者、抵制者以及相应的革新者的角色。"⑤ 靳玉乐等则担忧地指出："消费文化将导致教师社会形象的庸俗化、角色定位的边缘化、专业权力的虚化以及建构基础的碎片化。"⑥ 仲彦鹏则用"学术锦标赛"形容大学教师的学术研究境遇，

① MALCOLM J, ZUKAS M. Making a mess of academic work：experience, purpose and identity [J]. Teaching in higher education, 2009（5）：495-506.

② WINTER R. Corporate reforms to Australian universities：views from the academic heartland [J]. Journal of institutional research, 2002, 11（2）：92-104.

③ HOWARD B, RAJAGOPAL P. Canadian universities and the politics of funding [M]. New York：Garland Publishing, 1993：271-85.

④ ROBERT J. International encyclopedia of education [M]. Fourth Edition. Oxford：Elsevier Ltd., 2023：37.

⑤ 吴康宁. 教师是"社会代表者"吗：作为教师的"我"的困惑 [J]. 教育研究与实验, 2002（2）：7-10.

⑥ 靳玉乐, 王磊. 消费社会境遇下教师身份的异化与重构 [J]. 全球教育展望, 2018, 47（1）：83-92.

认为"大学学术锦标赛造成了价值理性与工具理性间的冲突,使大学教师学术身份呈现重视科研的一边倒局面,功利学术取向下的学术失范严重以及重视应用学科的研究而轻视人文学科的探索"①。

社会转型、大学办学市场化、管理行政化以及考核指标化等因素,导致当前大学教师学术身份异化。"社会转型导致大学教师身份认同焦虑性、行政管理模式弱化了大学教师身份归属感、量化考核体系加剧了大学教师学术身份的功利性"②,使大学教师难以找回身份认同的价值。苏永建对中国学术职业发展的三种逻辑进行分析,认为大学教师学术身份的建构受三大逻辑制约,分别是以"行政化"为核心特征的政治逻辑、以"收益性"为核心特征的经济逻辑以及以"知识性"为核心特征的学术逻辑。但是中国大学"知识性"学术逻辑存在"先天不足",再加上经济逻辑和政治逻辑的"步步紧逼",使中国大学教师学术身份定位被遮蔽③。

上述研究从社会环境、制度改革和院校治理以及学术价值观的维度上呈现了大学教师学术身份所面临的困境。这些困境是在大学教师谋求发展与谋求稳定的冲突中产生的,大学教师消解困境时的心态是积极的还是消极的,什么因素在调节身份冲突中发挥作用,都有待深入研究。

(四) 大学教师学术身份危机的应对方法研究

目前对大学教师学术身份异化的纠偏模式的探讨,主要体现为两种思路:一种是由外而内的思路,试图借助政策优化、制度强化和环境创设等外部要素来保障学术职业良性发展;另一种是由内而外的思路,试图通过重塑教师学术伦理、激发教师身份认同感和强化教师组织归属感等内部要素来克服学术身份异化危机。前者以外部诉求内部化为主,体现出学术身份建构的结构属性;后者以内部诉求扩散化为主,体现出学术身份建构的认同属性。

在第一种思路中,应对大学教师学术身份危机以国家层面制定优化学术职业良性发展的政策和院校层面强化学术事务管理制度为主,以学术共

---

① 仲彦鹏.学术锦标赛制下大学教师学术身份的异化与纠偏 [J].重庆高教研究,2018,6 (4):109-118.

② 刘泰洪.学术职业视角下高校教师的身份认同与构建 [J].当代教育科学,2018 (4):47-50.

③ 苏永建.多重制度逻辑中的中国学术职业:从政策调整到制度变革 [J].江苏高教,2013 (5):13-16.

同体层面形成学术共同体价值共识为辅。譬如：全面深化"放管服"改革，保障大学的办学自主性和学术自治权，适度"撤回权力"，增强大学的办学服务意识，尊重人才培养规律，释放大学办学活力，激活教师潜心教书育人的能动性；对科研诚信和失信惩戒制度进行探索，制定全国范围内通行的学术腐败或造假行为的一票否决制度①，通过设置学术研究红线的方式规避学术职业异化危机；依托教育部《关于加强和改进新时代师德师风建设的意见》对高校教师师德师风进行规范，在政策高度对大学教师立德树人的根本身份定位进行巩固强化；依托《促进科技成果转化法》和鼓励大学创新创业的政策来优化学术创业的政策空间②，并借助学术创业供给侧结构性改革来确保学术资本转化方向、内容、方式与效果的正向性等。

　　而在院校层面，大学应注重优化改进学术制度的顶层设计，并调整创新科研评价指标体系，引导大学教师的科研动机与规范其科研行为，对科研经费支出、管理和评价等进行分类化处理，提供大学教师潜心科研和静心育人的制度空间③；创新学术创业管理体系，通过创办学术创业责任审查中心，对学术成果转化的伦理风险、市场风险和声誉风险等进行理性评估④；释放学术基层组织的活力，充分扩大基层学术成员的学术话语权，增强学术职业的自主独立性；重塑学术共同体的价值共识，确保学术活动始终处于学术共同体价值认同和行为规范的体系内，以共同体认可的学术规范纠正学术身份异化造成的危害⑤。

　　这种思路预设制度强制性和结构规定性在重塑学术职业发展图景⑥、纠正学术身份异化过程中具有关键性作用，注重由外而内的强制性力量在

---

　　①　仲彦鹏. 学术锦标赛制下大学教师学术身份的异化与纠偏 [J]. 重庆高教研究, 2018, 6 (4)：109-118.

　　②　苏永建. 多重制度逻辑中的中国学术职业：从政策调整到制度变革 [J]. 江苏高教, 2013 (5)：13-16.

　　③　冉隆锋. 大学学术资本生成的实践逻辑研究 [D]. 重庆：西南大学, 2015.

　　④　PAULSEN M. Higher education：handbook of theory and research [M]. Switzerland：Springer, 2015：383-430.

　　⑤　张亚群, 刘蓓, 左翔. 大众创业背景下高校教师角色冲突与调解对策研究 [J]. 江苏高教, 2021 (4)：62-65.

　　⑥　诺思. 经济史中的结构与变迁 [M]. 陈郁, 罗华平, 译. 上海：上海三联书店, 1994：226.

扭转学术身份异化过程中的不可逾越性。这种立场也契合了新制度主义学派强调以"制度"作为解释和解决社会问题的价值倾向①。不过这种预设制度强制性和规范性作为矫正学术身份异化的思路，确实存在某种窄化制度内涵的倾向，存在忽视文化观念性制度约束力的危险。制度的生成性机制暗喻了制度可以经由约定成俗的风俗习惯和文化传统而自然生成，也可以依托政治或权力体系的强制性而人为生成。这种模式提供了从制度维度矫正学术身份被资本逻辑侵蚀的可行思路，具有优化大学教师学术职业发展图景的方法论意义。

第二种思路则强调借助学术理想的再确认、学术传统的再强调和学术精神的再塑造等方式来唤醒大学教师从事学术事务的坚定信仰，借助文化认同的力量巩固学术志业的价值根基。这种观点预设文化在培育价值认同中具有不可替代的作用。乔治·拉雷恩（Jorge Larrain）认为："差异化身份诉求间的交流碰撞中都蕴含着观念、价值观、行为模式的不对称性，身份建构或解构的根源就在于此。"②"文化意义上的身份源自集体性的文化基因，这种基因伴随着社会变革而不断融合重组，文化身份也就具有了动态性特质。"③"它（文化）生成身份，或者至少是某种特定身份的认同培育者。"④

因而，重塑为知识而知识的学术价值观也就具备了消解为金钱而学术的价值观的能力，"学术志业精神划定了学术职业与世俗职业的价值界限，规定了作为学者的求知育人的身份底色，提供了谨慎审视学术市场化不断侵蚀学术动机的精神屏障"⑤。以学术为业的人，不会因其他人借助学术优势争取商业利益或技术专利，或者获得优渥的生活条件或管理更加富有成效而丧失学术底线⑥。有学者强调，"重建资本破坏的学术秩序、重构学术职业发展方向的关键，在于恪守公共知识分子精神、保持学术独立人格、

① LOWNDES V, ROBERTS M. Why institutions matter: the new institutionalism in political science [M]. New York: Palgrave Macmillan, 2013: 5-9.

② 拉雷恩. 意识形态与文化身份: 现代性和第三世界的在场 [M]. 戴从容, 译. 上海: 上海教育出版社, 2005: 194.

③ 刘岩. 后现代语境中的文化身份研究 [M]. 南京: 凤凰出版社, 2008: 199-209.

④ 格罗塞. 身份认同的困境 [M]. 王鲲, 译. 北京: 社会科学文献出版社, 2010: 34-47.

⑤ KOGAN M. Higher education communities and academic identity [J]. Higher education quarterly, 2010, 54 (3): 207-216.

⑥ 韦伯. 韦伯论大学 [M]. 孙传钊, 译. 南京: 江苏人民出版社, 2006: 102.

秉承批判价值观、聚焦立德树人目标"①，这样才能扭转学术功利化对教师形象的侵蚀。还有学者强调学者应保持"精神性自我"②的高贵品性，超越庸俗物化价值观的束缚，将学术传统置于暗夜灯塔的高度，在上下求索的道路上前行。

阎光才也认为，借助学术伦理认同的力量扭转资本力量对学术职业的异化，具有治本效果，教师兼具制度赋予性和文化生成性，但制度的强制性只能提供教师理解和践行自我定位的外部语境，而生命意义的追寻和自我存在的超越则提供了教师依据心灵呼唤而行动的文化生境③。基于此观点，帮助教师在身份丛林中确立教书育人的主身份以调节其他身份诉求④，"培育大学教师探索、选择、传递和批判知识的惯习"⑤，通过增强大学教师的学术职业荣誉感和学术热情以规避其学术动机异化⑥，也就很好理解了。

尽管从学术职业认同感培育的角度矫正学术身份异化问题切中了身份建构的自主能动性问题，但作为预设价值共识的学术职业认同仍然有被大众文化和教育传统所裹挟或束缚的危险。也就是说，借助学术职业认同来纠正资本逻辑对学术逻辑的异化，必须确保学术志业的价值共识建立在教师发自内心地理解、认可和赞赏甚至憧憬学术理想的基础上，否则这种尝试仍然是徒劳的。

三、研究述评

在研究视角上，已有研究对大学教师学术身份进行了基于心理学、教育学、伦理学、文化学、管理学、社会学等他者立场的探讨，但对于自我立场下的大学教师学术身份缺乏审视。缺少认同逻辑审视的大学教师学术身份是不甚完整的学术身份，这应当说是当前大学教师学术身份研究的一

---

① 牛海彬. 大学教师"知识人"身份重构的路径分析 [J]. 东北师大学报（哲学社会科学版），2015 (4)：234-238.

② 曹永国. 自我的回归：大学教师自我认同的逻辑 [M]. 福州：福建教育出版社，2019：309.

③ 阎光才. 教师"身份"的制度与文化根源及当下危机 [J]. 北京师范大学学报（社会科学版），2006 (4)：12-17.

④ 张杨波. 西方角色理论研究的社会学传统：以罗伯特·默顿为例 [J]. 国外理论动态，2014 (9)：104-109.

⑤ 陈斌. 论大学教师的角色冲突：表征与归因 [J]. 大学教育科学，2015 (4)：64-68.

⑥ 熊德明. 大学教师角色冲突诱因与调适策略 [J]. 高校教育管理，2015，9 (1)：94-99.

个薄弱领域。另外，对大学教师学术创业家身份属性的口诛笔伐，也将学术资本主义给学术职业带来的发展活力和效率意识等具有合理性的事物予以抹杀，特别是"耻于谈钱"的士文化传统的影响，遮蔽了学术身份转变的合理性。既有的关于大学教师学术身份异化与纠偏的研究，多从实证范式展开，注重指标、排名、绩效和量化因素的价值，弱化了教师身份的人伦性，这种片面性认识也亟待澄清。此外，对教师学术身份的探讨仍是在"规制性身份观"与"存在论身份观"层面展开，缺少"融合建构观"的双向审视。基于此，本书研究试图剖析学术资本主义现实语境下大学教师的学术身份异化与归复路径。这既是弥补学术研究薄弱领域的举措，也是出于澄清大学教师学术身份价值诉求的需要，更是从融合身份观立场审视学术职业变革的有益尝试。

现有研究在内容上，缺少对大学教师学术身份的理论性审视。"目前对教师身份的研究仍朝着教师应当如何的规范性研究延伸，一定程度上忽视了教师究竟是谁的'存在论逼近'。"① 现有的文献资料多是从我国大学教师学术身份面临市场化的冲击、面临大学组织内部治理结构的管理化模式以及高等教育办学经费增速下降的现实情境出发，对现存的问题进行归纳总结，并从政治体制、经济体制、文化传统以及全球化进程等因素中寻找问题根源和破解思路。一方面，现有研究整体上呈现为对现状的扫描与对困境的应答性破解，对大学教师学术身份的混乱状态缺乏学理上的审视，研究视野和高度尚待提升。另一方面，政治因素对中国大学的影响较深刻，导致对我国大学教师学术身份问题的研究，更多从学术作为社会需要的角度展开，多从社会发展需要、社会地位（多与职称待遇或声誉相关）展开论述，对大学教师个人学术志趣缺乏关注。故而从学术资本主义视角审视学术职业发展的应然向度，既是提升学术身份研究理论深度的表现，也是展现教师身份建构能动性和自主性的体现。

现有研究在方法上多采取实证方式，强调量化物化指标的做法，只能体现人的现实规定性，描绘出经济人、社会人、生理人等属性，未能体现人的应然性和整全性。过去的研究多关注大学教师的表现和成就以及学校制订的各种考核标准，但却忽略了大学教职所肩负的各种社会期待和公共责任，以及在知识生产模式转型与学术资本转化情境下，对于教授学术职

---

① 佐藤学. 课程与教师 [M]. 钟启泉，译. 北京：教育科学出版社，2003：206.

业之定位和实践所衍生的相关挑战与争议①。回归教师学术身份变革的检视，正是对这种强调教师外部社会期望研究倾向的某种程度上的纠偏，和对结构期望与个体行为之间观念行为异化的反思。对大学教师学术身份的探讨，应当也必须是现实与历史、自然与社会的综合。本书研究以本土与国际、传统与现代为基础，以学术资本主义理论为视角，从"具体的人"出发，揭示和呈现学术资本主义现实下大学教师学术身份的异化危机与归复路向，具有一定创新性。

现有研究在立场上，对我国大学教师学术身份的市场属性褒贬不一，缺少必要的价值澄清。反对派学者认为学术职业已经从"天下公器"转向"金钱怀抱"；支持派学者认为学术身份转变是契合知识经济时代发展趋势和满足知识生产模式转型需要的表现；而中立派学者则认为大学教师学术身份市场属性的强化是求知与求利的价值张力的体现，是消解大学与社会"围墙"的良药，我们需要谨慎地保持崇高的道德规制意识，合理利用学术资本服务人才培养和社会服务。由此可见，学者们对学术资本主义视角下的大学教师学术身份的价值判断不一，亟待澄清。本书研究尝试澄清学术资本主义立场下的大学教师学术身份的应然价值旨归，重塑学术职业良性发展的新图景，以期获得关于学术资本主义趋势下大学教师学术身份的理性认识。

第三节　研究意义

在理论层面，站在学术资本主义理论视野中审视当代中国大学教师学术身份变革问题，能够丰富学界对学术职业属性的理性认识，拓宽学术身份研究的维度，创新教师身份研究的理论范式；同时，对大学教师学术身份的价值诉求与肩负责任的论证，也为公众、社会、大学及其成员深刻理解学术职业的本质诉求提供了认识论支撑，有助于提升大学教师学术身份认同感。此外，学术资本主义理论也提供了理解和把握大学与外部互动规律的框架，有利于大学教师在大学与市场的良性互动中强化自身价值界限

---

① 陈淑敏. 结构与行动的制约：论大学教授学术职业的变迁与困境 [J]. 济南大学学报（社会科学版），2019, 29（3）：136-149.

和文化特质。

在实践层面，对当代中国大学教师学术身份变化进行基于"学术资本主义"的理性审思，剖析当前大学教师在观念与行为层面的学术身份实然向度及学术身份异化的表现，进而提出大学教师学术身份优化调适的应然向度与具体策略，不仅能够揭示学术资本主义现实语境中大学教师的身份转变与认同挣扎，还能够提供学术职业良性发展的方向与策略，更能为教育管理部门、高校管理机构、基层学术组织等优化学术职业发展图景提供策略依循，具有一定的现实意义。

第四节　研究设计

一、研究目标

（1）论证用学术资本主义理论审视当代中国大学教师学术身份变革问题的适切性与必要性，明确学术资本逻辑下的大学教师学术身份的划分依据，扩大学界对大学教师学术身份的体认范围，丰富大学教师学术身份研究的理论体系。

（2）呈现学术资本主义现实语境下中国大学教师在教育、科研和社会服务实践中的身份样态、异化表现及其危害，深度把握当前大学教师学术身份异化的根源，为重塑大学教师学术职业发展图景夯实认识论基础。

（3）澄清学术资本主义理论下大学教师学术身份的应然及内蕴价值，以历史与逻辑相结合的方式对现实中的学术身份异化及其危害进行理性审视和评判，进而论证学术资本主义现实语境下学术职业良性发展的应然路向。

二、研究内容

（1）对学术资本主义概念的内涵、表现、原因、发展动力以及影响等进行梳理和回顾，总结学术资本主义的内生逻辑和本质属性，分析学术资本主义理论探讨大学教师学术身份的适切性。

（2）在回顾学术职业演进历程和借助学术资本主义理论分析框架的基础上，基于学术资本传递、学术资本增殖、学术资本转化等维度对当代中国大学教师的学术身份进行审视，并对大学教师学术身份的现实状况、身份异化等进行全面剖析与呈现。

（3）立足学术资本主义现实情境，澄清大学教师学术职业转型的应然向度，提出当前大学教师学术身份异化的回归之道，助推学术职业良性发展。

三、研究方法

（一）实地访谈法

访谈以了解大学教师在学术资本主义现实情境下的身份状况为目的。访谈对象的选取遵循如下原则[①]：一是最大素材量（knowledgeable），提供满足研究需要和符合研究饱和度的人选；二是触及敏感性（sensitive），具有相当的个案鲜活性和独特性；三是保证多样性（multiple），充分考虑学科、职称、行政等因素的差异性；四是样本特殊性（unique），不要求样本的群体推广性而挖掘样本。实际取样中，研究没有按照事先准备好的标准选定被试，而是在被试在叙述过程中身份或认同的关键性转变的分析中确定样本及其素材，避免先入为主而导致研究目的与样本匹配度的错位。本书研究以目的抽样为主，考虑抽样的便捷性和就近性等因素，选择那些具有丰富素材信息的个体作为研究对象。访谈样本基本情况见表1-3。

表1-3　访谈样本基本情况

序号	学科	职称	性别	教龄	行政职务	编号	院校层次
1	设计学	副教授	男	11	无	FT-01	"双一流"院校
2	教育学	教授	男	13	发规处处长	FT-02	普通本科院校
3	美术学	副教授	女	14	无	FT-03	普通本科院校
4	通信工程	教授	男	22	实验室主任	FT-04	"双一流"院校
5	临床医学	教授	男	38	院长	FT-05	"双一流"院校
6	理论物理	讲师	女	1	无	FT-06	普通本科院校
7	基础数学	副研究员	男	19	副所长	FT-07	普通本科院校
8	翻译	讲师	女	10	无	FT-08	"双一流"院校

---

① GUEST G, NAMEY E, Mitchell M. Collecting qualitative data: a field manual for applied research [M]. Thousand Oaks: SAGE Publications, 2013: 41-47.

表1-3（续）

序号	学科	职称	性别	教龄	行政职务	编号	院校层次
9	幼儿教育	讲师	女	8	兼任辅导员	FT-09	高职院校
10	海洋科学	副教授	男	13	无	FT-10	普通本科院校
11	水利工程	讲师	男	6	系主任	FT-11	高职院校
12	轨道交通	副教授	男	18	无	FT-12	"双一流"院校
13	心理学	讲师	女	3	教学办科员	FT-13	"双一流"院校
14	文学	讲师	女	7	兼任辅导员	FT-14	普通本科院校
15	数学教学论	助教	男	5	兼任辅导员	FT-15	高职院校
16	历史学	教授	女	23	无	FT-16	普通本科院校

资料来源：根据访谈数据汇总整理。

在访谈提纲的设计上，笔者采用半结构化访谈方式拟定提纲①，并未设置完整的访谈脚本，未对研究主题相关的内容或维度做系统或专门化的划分，而是采取粗线条式的访谈主线，围绕"学术市场化背景下的教师思想与行为的转变"灵活地调整问题及问题顺序、提问方式及记录方式等，保证在研究方向不偏离的前提下尽可能发挥受访者讲述的自主能动性。在访谈过程的把握上，笔者通过熟人介绍的方式联系到受访单位的学术守门人，并真诚沟通以获得访谈许可和受访者邮箱等基本信息。访谈前，笔者便联系访谈对象，向受访者发送访谈邀请，诚挚介绍研究目的和研究者的基本情况，以获得受访者的信任，建立初步的信任关系；在访谈过程和整理访谈素材的过程中，笔者尽量保持高度反思性，避免偏见、先见等的影响，并根据受访者意愿选择舒适的访谈场所，尽可能以受访者较为舒适的方式进行访谈；在访谈结束时，笔者向受访者表达谢意，并承诺将研究成果分享给受访单位及个人，表达为受访单位或个人贡献自己力量的意愿。

在访谈数据的分析上，笔者对本体叙述数据②和分析叙述数据③进行针对性处理。本体叙述数据的分析，采用三级编码模式。笔者对16份访谈数

①　通过向10多位在校大学教师发送访谈提纲，邀请他们就访谈问题的文字表述、提问方式、问题顺序和概念准确性等进行评鉴，并根据他们的建议进一步完善访谈提纲。

②　主要指讲故事的人的叙述，用来收获描述性叙述数据。

③　主要指听故事的人发挥"社会想象力"，对故事人的故事进行重组，将故事置于社会、文化、政策的背景下进行再解读。

据进行开放性编码后，对独立的范畴进行统整并系统化，归纳出三个主范畴，并最终以"学术资本运转"为核心范畴，构建出教学与学术资本传递、科研与学术资本增殖、服务与学术资本转化三个主关系结构（见表1-4）。

表1-4　三级编码结构的基本样态

主范畴	二级范畴	开放式概念
学术资本传递（指向教学）	教学目标	全面发展，好工作，培养人，就业能力，育人，知识传输，技工等
	教学内容	快餐知识，实用技能，职业素养，碎片化知识，学科知识等
	教学方式	教学秩序，照本宣科，技术运用，兼职授课，机械教学，在线教学等
	师生关系	雇佣，老板，资本家，师长，熟悉的陌生人，筹码，劳动关系等
	教学空间	虚拟课堂，密闭空间，数字环境，囚徒困境，一仆二主，场域转换等
学术资本增殖（指向科研）	增殖方向	基金忠诚，实用性，市场需求，学术兴趣，规定动作，客户导向等
	增殖主体	学术联合体，技术雇员，企业成员，产品研发员，知识治理权等
	增殖话语	立法者，阐释者，知识仲裁，专业认可，俗人，良知，平庸之辈等
	增殖方式	象牙塔，表现性知识，跨学科，应用研究，保密，内卷，学术泡沫等
	增殖场所	实验室，异乡人，科研平台，时间饥渴，产学研一体化，车间等
学术资本转化（指向服务）	转化机遇	流量明星，头衔，学术网红，拉赞助，市场曝光，两头赚差价等
	转化风险	前景预估，责任追究，成本收益，政策配套，资源保障，周期风险等
	创业底线	创业立场，转化原则，以权谋利，传声筒，卖方市场，私有财产等
	创业维权	维权意识，规训，习得性无助，成本负担，产权纠纷，沉默羔羊等
	转化场域	脱缰野马，摊大饼，创业规模，中间地带，法外之地，创业生态等

资料来源：根据访谈数据汇总整理。

　　数据分析立足文化主位取向，不凭分析者自己的主观认识，尽可能地从受访者的视角去理解其情绪波动、情感体验和心理变化，通过提取受访者所处的文化环境和社会背景来统整、提炼访谈数据，凝练具有较高信效度的结论。在访谈过程中，笔者始终提醒自己保持中立、客观，要聆听对方，视受访者为老师，访谈者才是学生。同时，借助三角互证法①侧面验证数据的可靠性。例如，研究关于大学教师身份定位的高等教育政策文

---

　　① 三角互证法是质性研究常用的提升研究效度的方法，该方法强调将同一份材料的多人验证或不同材料的同人验证相结合，以多种研究证据的互补为策略，推断出具有综合性判断的研究结论，其核心目的在于测定研究素材的真实有效性。可用的研究策略可以是方法或理论的，也可以是数据的，还可以是关于研究对象间的，在进行分析时如何将质性材料转化为量化指标是最核心的问题。

件、部分大学的规章制度及对大学教师开展学术实践的相关规定、教师回忆录、日记、照片等，以其佐证教师"讲故事"的真实性。在研究过程中，笔者几乎无时无刻不被信效度问题困扰，笔者不断问自己：资料的收集是否适切，自己的解释是否充分等问题。毕竟选取某种方法作为研究工具并严格遵守其范式要求，需要检视的就不是方法自带的视野局限有多少，而是研究者运用方法的过程是否严谨妥当。

在访谈伦理的遵循上：一是坚持自愿公开原则，访谈前笔者会以书面和口头方式通知受访者，并告知受访者如果在访谈中有任何不适感，可随时结束访谈；二是坚持保护隐私原则，笔者对受访者及其学校等信息完全保密，对其访谈信息进行编码和匿名后使用于著作当中，不以任何方式泄露受访者的个人信息以及能体现其身份特征的信息；三是坚持双方平等原则，笔者不提访谈之外的要求，在访谈时保持高度尊重和理解的态度，访谈结束时以诚挚语言表达感谢，并提供表达谢意的小礼品。同时，在研究之余，笔者还受邀请参与被访者单位举办的学术交流活动，主动分享研究过程的心得体会。

（二）比较研究法

笔者通过对东西方学术资本主义兴起与表现的异同及东西方大学文化传统的差异进行比较分析，获得对西方语境与中国语境下的学术资本主义、大学教师学术身份以及大学文化传统等方面的理性认识，为检视学术资本主义视角下当代中国大学教师学术身份的实然向度及应然向度提供借鉴。笔者通过对学术职业变革的历史与现实、国际与本土进行理性考量，并通过回溯学术职业演进的历程和中国语境下学术职业变革的脉络，系统把握学术资本主义语境下中国大学教师学术身份变革的共性问题与特殊性，有助于精准把握学术资本主义对本土大学教师学术职业影响的特殊性和多重学术身份冲突调适的策略的针对性。

（三）问卷调查法

对学术身份的探讨既需要教师"讲好自己的故事"，也需要研究者用共性认知侧面佐证"故事的真实性"。笔者设计的问卷以了解学术资本主义语境下大学教师如何看待并践行自我认定的身份定位为目的，结合"大学教师学术身份表现在哪些方面"的开放性问答和大学教师学术职业认同的理论分析，初步确定了教学、科研和服务三个维度，并对各自维度进行认知、行为和价值观层面的解析，共编制项目36个，其中每个维度各

12 个项目。同时笔者邀请专业人员就问卷维度的完整性和概念表述的准确性、题项设置的科学性与实际施测的可行性等进行分析，并根据专家意见对问卷结构和表述等予以优化。研究共向"双一流"院校、普通本科院校和高职院校在职教师（含辅导员）发放问卷 400 份，回收问卷 393 份，其中无效问卷 23 份①，回收有效问卷 370 份，占总问卷数的 92.5%，有效问卷回收率 94.1%。具体如表 1-5 所示。

表 1-5　问卷样本基本信息

单位:%

院校	比例	学科	比例	职称	比例
"双一流"院校	12.97	社会科学	33.88	助教	21.89
普通本科院校	53.78	人文科学	45.63	讲师	46.22
高职院校	33.25	自然科学	20.49	副教授	23.51
				教授	8.38

资料来源：根据问卷数据整理。

笔者采用 SPSS（统计产品与服务解决）24 软件对问卷进行统计分析。在问卷信度上，Cronbach α 系数（克隆巴赫系数）为 0.910，大于 0.9，因而说明研究数据信度质量较高，高于问卷信度系数值的基本要求。这表明问卷具有良好的信度，能被用于分析问题（见表 1-6）。

表 1-6　问卷信度分析

Cronbach 信度分析

项数/项	样本量/个	Cronbach α 系数
36	370	0.910

资料来源：根据问卷数据分析得出。

而问卷效度上，笔者使用 KMO 检验和 Bartlett（巴特利特）检验进行效度验证，可以看到：KMO 值为 0.928，数值远超过 0.8 的问卷效度系数值，表明问卷数据适合提取信息（从侧面反映出效度很好）（见表 1-7）。

---

① 这里的无效问卷至少满足以下其中一项条件：（1）作答时间短于 240 秒被认定为秒答的问卷；（2）正向题和反向题作答有明显矛盾的问卷；（3）答题得分完全一致的问卷。

表 1-7　问卷效度分析

KMO 和 Bartlett 的检验

KMO 值		0.928
Bartlett 球形度检验	近似卡方	5 426.167
	df	630
	p 值	0.000

资料来源：根据问卷数据分析得出。

第二章 核心概念与理论基础

第一节 核心概念界定

德国古典哲学创始人伊曼诺尔·康德（Immanuel Kant）认为："一切知识都需要一个概念，哪怕这个概念是很不完备或者很不清楚的。但是这个概念，从形式上看，永远是个普遍的、起规则作用的东西。"[①] 假如概念不够清晰，就无法准确反映事物的本质属性和根本特征，人们也就无法基于该概念进行理性判断与推理，进而造成逻辑思维的混乱。同样，如何理解学术资本主义和学术身份也在一定程度上影响着研究的深度，因而有必要对学术资本主义、学术身份的内涵予以界定。

一、学术资本主义

（一）学术资本

资本是指"经营工商业的本钱，或比喻牟取利益的凭借"[②]。学术资本则是指大学及成员以高深知识为商品化交易依仗，不断获得学术声望与地位，最终实现资本增殖的过程。任何组织的生存发展都仰仗多重资本。例如，企业最需要的是经济资本，文化组织最需要的是文化资本，政治组织最需要的则是政治资本，而中介性组织则以社会资本为主。作为以知识传承、创新和应用为己任的知识型组织，大学同样需要各类资本的融入，其

---

① 北京大学哲学系外国哲学史教研室. 西方哲学原著选读：下卷 [M]. 北京：商务印书馆，1982：29.

② 中国社会科学院语言研究所词典编辑室. 现代汉语词典 [Z]. 7版. 北京：商务印书馆，2016：1732.

中最核心的资本便是知识资本或学术资本。

相较于大学的社会资本、政治资本、文化资本、物质资本等的生成机制与聚集难度，学术资本是大学中最基本、核心的资本形式，"没有学术资本，大学不可能积累并发展其物质资本；没有学术资本，大学不可能营造和积淀其文化资本；同样，没有学术资本，大学的社会资本、政治资本等也只能是纸上谈兵"①。对组织核心资本的强调，意在强调组织的核心使命，强调组织不能丢失本真追求。资本在组织转型或变革过程中被解读为发展资源，具有中性价值及客观属性。因而论及学术资本便不夹杂资本牟利与剥削的价值预设，学术资本也不会因人们的有色眼镜而令大学人谈之色变。这就有别于斯劳特等人对学术"资本主义"的批判。同理，大学组织最需要的是知识资本，其他资本形式需要让位于知识资本的传递、创新和转化，否则大学组织就将面临异化危机。

学术资本按照是否可以以语言文字进行描述，划分为显性学术资本、隐性学术资本以及基于声望的混合学术资本。显性学术资本主要包括发明专利、出版专著、发表论文等；隐性学术资本主要包括以大学人为主的群体所蕴含的思想、观念、价值取向等；混合学术资本则主要是指显性学术资本和隐性学术资本都可以生成的声望资本，声望资本又是前两种资本的催化剂，能提升其增殖空间。相较于大学中的其他资本，学术资本的突出特征是"知识性"；而相较于其他社会资本，学术资本的突出特征则是"高深性"。

如果说人力资本是脱离有形资本概念的对人的力量作为生产资本的描述，那么智力资本则是强调人力资本中的智力因素之于生产资本的重要性，学术资本则更凸显了智力资本中最抽象和理性的高深知识的重要性。换言之，从程度上比较，学术资本、智力资本、人力资本的高深性和抽象性依次下降。而从范围上比较，则是人力资本的范围大于智力资本，智力资本的范围大于学术资本。可见，"人力资本是其他两种资本得以形成和发展的原始根基，是这三种资本中最基础和最普遍的部分；而智力资本则是学术资本得以形成的前提条件，是人力资本向学术资本转化的中间环节；而学术资本则是前两种资本的最高级别表现形式，是处于层次和深度的最高端的资本"②。

---

① 胡钦晓. 高校学术资本：特征、功用及其积累 [J]. 教育研究, 2015, 36（1）：59-65.

② 胡钦晓. 何谓学术资本：一个多视角的分析 [J]. 教育研究, 2017, 38（3）：67-74.

（二）学术资本主义

希拉·斯劳特（Sheila Slaughter）和拉里·莱斯利（Larry L. Leslie）在其著作《学术资本主义：政治、政策和创业型大学》中，对学术资本主义的概念进行了界定，认为学术资本主义是指"院校和教授为获取外部资金而进行的市场的或类似市场的活动"[1]。在《学术资本主义与新经济：市场、政府和高等教育》中，他们认为，学术资本主义由高校内外的众多行动者掌控，这些行动者试图利用新自由主义国家创造商业机会[2]。日本学者则将"academic capitalism"译成大学资本主义，将资本从学术的范围扩散到整个大学场域。大学资本主义主要指的是大学及大学中的教师群体为了获得充足的研究经费而做出的市场化行为或者准市场化行为。

学术资本主义由三类行为构成。一是市场行为：直接的营利活动包括专利申请以及之后的版权税和许可协议、开办大学科技园、创立衍生公司、知识入股等创收活动。二是类似市场行为：为获得外部资金而展开的竞争，包括争取来自外部的拨款和项目合同、捐款、大学产业伙伴关系、教授开办的衍生公司中学校的投资以及来自学生的学杂费。三是隐性收益性行为：文章发表过程中及科研项目开展中的"搭便车"行为、学术剽窃等非经济性"营利活动"。

从表现形式来看，学术资本主义主要有四种类型的表现形式：一是身体性的，主要是指通过身体行为所表现出来的学术实践（如学术习惯的养成、学术成果所呈现的学术实践等）；二是物质性的，主要是指借助学术实践获得经济收益的行为（如学术成果奖励、兼职津贴等）；三是制度性的，主要是指通过学术实践获得学术职务晋升的机会（如职务晋升等）；四是象征性的，主要是指通过学术实践获得声誉或学术头衔（如学术与技术带头人、两院院士、国家杰青、"长江学者"称号等）。

中国近现代的大学，自创建起就是"西方现代大学的舶来品"，其制度等均不同程度参照欧美大学，自然也承袭了"学术资本"在教学、科研以及社会服务等方面的理念与实践。换句话说，中国近现代的大学自诞生起就处于学术资本市场化转变的过程中，伴随着知识不断向市场蔓延的趋

---

① 斯劳特，莱斯利. 学术资本主义：政治、政策和创业型大学 [M]. 梁骁，黎丽，译. 北京：北京大学出版社，2008：8-10.

② ALTBACH P. American higher education in the twenty-first century: social, political, and economic challenges [M]. Baltimore: Johns Hopkins University Press, 2011: 433.

势而演进发展，因而用表示一种发展趋势或过程的"学术资本主义"概念，来审视近现代中国大学及大学教师的发展演进历程，是具有相当的解释张力的。当然，任何一个概念都不具备完全的统摄性，本书也只是对"学术资本主义"概念做出了基于本研究所需的理性阐释，这种做法不妨碍其他研究者重新界定"学术资本主义"，也不妨碍我们理性审视大学与市场关系的日益密切性，更不会妨碍我们探索大学及其学术研究的内涵式发展道路。

综上所述，我们认为学术资本主义是大学及其成员凭借教学、科研和社会服务等方式获取外部性收益的情境状态，这种收益可以是象征性的荣誉称号或学术头衔，也可以是作为等价物的货币或者职务等级的晋升。这里的外部性更多强调的是经由校园外的活动来谋求的收益，这种收益既有可能来自校外，也有可能来自校内。但需注意，学术资本主义是"学术资本"的主义化，而非学术的"资本主义化"，前者强调以学术资本造福社会，而后者倾向于以资本主义方式掌控学术。

（三）学术资本主义与学术资本、学术资本化的联系

学术资本相较于学术资本化和学术资本主义，具有相当的静态性，而学术资本化则更强调学术资本的商品化转化的过程，学术资本主义则更强调学术资本的商品化转化的趋势。"主义"一词，是对所持有的思想观念的理论与主张。在此基础上，学术资本主义就可解释为大学人对学术资本的思想认知的理论主张，即关于学术资本的理论；而"化"一词具有动词意义上的过程转变含义，此时学术资本化就可理解为大学场域中学术资本的转化过程，强调动态性。"学术资本主义"概念强调的实质性变化不是将政府资助大学力度的减小与大学自身寻求办学经费的努力视为"经费模式的异常波动"，而是强调高等教育面临的现实问题或者说高等教育获得合法性的新基础。显然这已经不是程度和范围层面的变革了，而是高等教育基于适应时代诉求的实质性变化。

现代大学诞生初期，大学教师就凭借知识的稀有性和自身学术声望来"兼课"以赚取经费，此时是"学术资本"逐步向"学术资本主义"转化的阶段，即学术资本化阶段，且这种转化是非整体性的，市场的卷入度也较浅。到 20 世纪后半期，全球化进程加速了大学教师和科研院所向市场迈进的步伐，量的积累达到了足以质变的水平，大学教师的学术工作就呈现出实质性变化而不是程度上的变化了。这种实质性的变化主要体现为：政

府的经费政策的转向，如颁布学校专利法或承认学术版权自主权；新的研究中心或科研机构的建立，如生物技术实验室等，这类机构通常不负责教学任务，专门负责新技术的研发；高校等聘用技术业务人员专职负责联系政府部门、企业、市场化组织以获得相应科研资助的情况的出现，这在以往的大学中是难以看到的；以成果转化为典型指标的职务晋升体系的建立；等等。

本书研究之所以选择学术资本主义作为研究视角，很大原因也在于突出知识经济时代的学术资本商品化的趋势，以及潮流的不可逆转性。这也是作为"环境和遗传产物"的大学所应面对之问题，但这并不意味着我们放弃了大学求真育人的本真价值而大谈学术资本如何转化为经济效益。归根结底，经济效益的实现仍应将更好地求真育人作为最终目标。

（四）学术资本主义性质判定的误区

学界对学术资本主义性质的判定存在不同声音，根源在于学者做出价值判断的立场差异。

1. 以资本特性判定学术资本主义的性质

资本影响着学者对学术资本主义性质的定位。在资本等同于"资源"的立场上，学术资本意味着维持和促进学术创新的资源，为学术实践提供了保障性条件，因而具有价值中立性，学术资本本身也就被视为中性概念。这种"资本资源化"的理解可以从布迪厄的论述中得以窥探。他将广义上的文化资本视为和政治资本、经济资本等具有同等地位、具有价值无涉性的"无形力量"①，赋予文化资本以促进社会阶层流动的资源属性，而非资本家所把持的剥削属性的内涵。

如果站在资本剥削性的立场看资本概念，资本则成为统治阶层或资本家用以剥削平民、压榨剩余劳动时间所创造价值的术语。这种语境下的学术资本或学术资本主义都无法变更其剥削性本质，进而成为被批判的对象。因而学术资本、学术资本主义均具有贬义属性，需要批驳。这种理解根植于马克思主义关于资本问题的价值判断，根植于资本主义政治经济模式逐渐兴盛的社会背景。同时，在历史上，由于受资本主义政治意识形态与社会主义政治意识形态的矛盾性论断和资本原罪论文化观的影响，中国社会长期存在某种"资本"等同于"剥削"以及关于资本主义固有结构性

---

① HALSEY H, LAUDER H, BROWN P, et al. Education: culture, economy and society [M]. Oxford: Oxford University Press, 1997: 46-54.

矛盾的认知，这无形中为学术与资本的结合设置了观念障碍。在市场经济体制建立前，"资本以罪恶、消极和腐朽的样态存在，一度成为被批判、否定和消灭的对象"①。《中共中央关于全面深化改革若干重大问题的决定》则将资本视为促进经济社会发展活力的资源性要素，党的十九大报告也提及"人力资本服务"等②。可见，资本已被视为剥离了意识形态的社会发展所需的某种资源。

随着社会现代化转型，"资本"概念同样与时俱进，超越特定时空语境而成为描述发展资源的中性概念。"资本观"的差异造成了不同学者对学术资本、学术资本主义的态度偏差，正是"资本"概念时空错位的结果。在当前社会语境中，"资本"被视为资源、条件或具有某种能力属性的内容，并不具备价值倾向性。只有当资本与特定社会形态相结合，才被赋予不同价值属性③。资本在资本主义社会中的内涵不等于资本在社会主义社会中的内涵，以前者取代后者或前者统摄后者的观念并不可取。通过上述分析，我们就能理解为何学术资本和学术资本主义在本土语境中会遭受"不公正对待"了。

2."主义"词缀解读的路径依赖

在本土语境中，很多中性概念假如冠以"主义"二字，就会丧失原意甚至走向原意的对立，如理想与理想主义、经验与经验主义、经济与经济主义等。因而对"主义"概念的前置性认知在某种程度上会令许多人将学术资本主义理解为消极性的过于注重知识资本转化而忽视知识纯粹价值的行为倾向，进而产生对学术资本及其主义的批驳。在汉语词典中，主义被定义为"对客观世界、社会生活以及学术问题等所持的系统的理论和主张"④，暗含着追求某种目标的价值倾向。将"学术资本主义"理解为"学术资本"的主义化，势必造成学术资本被许多人视为具有谋求利益的

① 逯继明. 改革开放四十年"资本"观的历史生成与实践发展 [J]. 当代世界社会主义问题, 2018（4）：67-82.

② 习近平. 决胜全面建成小康社会 夺取新时代中国特色社会主义伟大胜利：在中国共产党第十九次全国代表大会上的报告 [EB/OL]. (2017-10-27) [2021-05-01]. http://www.gov.cn/zhuanti/2017-10/27/content_5234876.htm.

③ 杨善发. 也谈学术资本：马克思主义视角的分析：兼与胡钦晓教授商榷 [J]. 江苏高教, 2019（2）：12-19.

④ 中国社会科学院语言研究所词典编辑室. 现代汉语词典 [Z]. 7版. 北京：商务印书馆, 2016：1712.

剥削属性的概念，相应的契合学术资本主义特性的活动以及从事此类活动的人也会被贴上"逐利"标签。

如何为"学术资本主义"断句，影响着我们对学术资本主义的判断。学术资本"主义化"将"学术资本"和"主义"拆开，强调中性概念"学术资本"和"主义"的结合，指向对学术资本的理论体认和系统主张，指向以追求学术资本的拓展、丰富和完善为最高价值诉求和行动准则。而如果站在学术"资本主义"的立场上理解"学术资本主义"，对资本主义独占生产资料、剥削剩余劳动价值的价值预设便影响着我们对"学术资本主义"的认识。这种语境下，学术"资本主义化"走向知识资本逐利的道路，我们对学术资本主义的理解自然也就带有资本主义价值烙印。

因而，是否以逐利为动机成为理解学术资本与学术资本主义关系的关键。逐利倾向也不再局限于经济收益，也可能涵盖权力等级、制度优势、社会声望或其他形式的效益，同时也涵盖为谋求上述效益而降低成本和质量的各种行为。通常可以从下列问题的回答上予以确认：一是大学是以"求利"还是"求是"为本，如果以"求利"为宗旨，大学将沦为贩卖知识产品的"学店或厂商"；二是知识资本向市场转化的过程是否有助于自我创新，如果无益甚至损害学术创新性，就会丧失大学的合法性根基；三是学术资本转化是否以获取合法利益为旨趣，如果是，将导致大学异化成与企业别无二致的机构；四是学术资本转化过程是否存在社会公益性或利他性，如果知识不能为公众福祉和社会发展服务，也将有损大学的公共性；五是学术资本转化过程是否无碍学术声誉，如果大学教师在知识走向市场的过程中珍惜和保护学术声誉，通常不会深陷知识资本化的泥淖。

3. 学术资本主义只是审视高等教育变革的一种视角

将学术资本主义理解为以学术资本谋求经济效益的观点并不妥帖。学术资本主义指向大学所面临的新的环境——市场化环境，这个环境充满矛盾、挑战和发展机遇，身处其中的教师都需要以消耗人力资本储备的方式获取发展资源。学术资本主义创设了市场化生存的环境，提供了审视大学及其成员理念与行动的新视野，提供了理解教师职责定位和使命遵循的新视角。作为研究视角，学术资本主义无优劣之分，也无性质上的褒贬，只是审视学术职业变革的理论工具，我们不能带着某种价值预设来看待和运用它。已有研究表明，学术资本主义作为研究视角，至少能够从三个维度审视高等教育市场化的变革①。一是将学术资本主义视为高校内部财政收支理念与行为的"涟漪",关注院校内部制度、机构、人员、财政等市场化理念与行为所造成的"波动";二是将学术资本主义视为赢得更高学术地位的手段,关注学术成果与学术声誉之间的关系;三是将学术资本主义视为商业行为,关注专利、技术转让等的标准化、可视化、可量化等指标体系的考量。但无论哪种维度,都不涉及预设的价值判断,这能有效规避价值倾向性对研究结论信效度的削弱效应。

二、学术身份

(一) 身份

"一个概念被无数次使用,也不能说明这个概念就具备了明晰而固定的界定。"② 身份就是这样的概念。身份以 identity 一词为切入点:identity 一词主要涉及三层含义:一是指认同或相似性(similarities),即成员间共享的特点,指向身份的社会维度,即身份近乎等于社会认同或群体身份认同,强调一群人所共同拥有的群体性特质或文化属性上的归属感;二是指个体性的身份,即差异性(differences),也就是使个体或群体间得以区别的特质,指向身份的个人维度,具有表现个体个性的作用;三是指某个具体的人出生时所用的称呼或者其所扮演的角色等,如戏剧表演中的"角色",出生时财富、地位等带来的称谓等。

在《现代汉语词典》中,身份则指人的出身与社会地位,这种解释显得更像"角色"一词所承载的社会学意蕴。在汉语语境下,这在很大程度上是传统社会"身份制"被赋予了生存资源获取权限的缘故,此时身份是"社会地位"的同名词,这也就不难解释为何身份具有社会地位的属性了。

身份的复杂性决定了不同人对其理解的差异性:①自我概念的延伸,是对自身作为群体成员的责任、义务以及道德等方面的认知与承诺③。②"身份是个体在与社会环境的意义协商过程中,吸收个体所在的关键性共同体的影响,为自己创造一定的自我界定和阐释空间,从而使得个体成

① GAIS T, WRIGHT D. The diversity of university economic development activities and issues of impact measurement [J]. Universities and college as economic drivers, 2012, 1 (1): 31-60.

② 郑也夫. 知识分子研究 [M]. 北京:中国青年出版社, 2004: 1.

③ TAJFEL H. The context of social psychology: a critical assessment [M]. London: Academic Press, 1972: 69-121.

为社会所期待的人以及自己想成为的人。"① ③谢尔顿·斯特瑞克（Sheldon Stryker）认为，身份是个体的社会角色的自我界定，是将自身归为某类特殊社群成员的行为过程中表现出的自我意识、自我概念、自我界定②。④身份等于自我认同，"当一个人要确认其身份时，也就是要辨识自己异于他人，或同属于某个群体的特征，换言之，即是个人对内在自我寻求统合，对外区分与他人的差异。这个确认的过程可称为'认同'"③。⑤"身份就是一个个体所有的关于他这种人是其所是的意识"④，也就是对"我是谁"问题的直观表达。⑥哲学和心理学上倾向于从"价值"意义上来解释"身份"，即"身份"是指某一个体所拥有的关于自身是何种人、有什么价值的理解⑤。身份是个体特征与社会群体标识的认识与意义建构的过程，体现为两大层面：本体意义上的身份，即确定某个事物为另一个事物的现实依据与表征；认同意义上的身份，即内化到事物中的心理认知逻辑。

（二）身份与角色的关系

"角色"一词最早来自戏剧中所扮演的"角色"，特指"个体在社会群体中被赋予的身份及该身份应发挥的功能"⑥。后来"角色"概念被引入社会科学领域，并逐渐被大众视为日常生活中形容人类行为和社会实践活动的概念。身份与角色既有关联也有区别，常在生活中被混用。在混用语境中，二者都是对"自我"内涵的规定和延伸，是对"我是谁，我能或应该做什么，我可以或应该怎么做"的回答。这完全不同于某些学者所认为的"身份实际是（角色）的换一种说法"⑦。二者的不同之处在于：角色更强调社会结构的影响，是社会结构化的外在表现，具有相当的客观性和制度化属性，一般是超越个体行为方式的；而身份则是角色向个体方向的阐释和自然舒展，是个体获得行为意义和认知情感的关键，具有典型的内

---

① TAYLOR C. Sources of the self：the making of the modern identity [M]. Cambridge：Harvard Univ. Press，1989.

② STRYKER S. Identity salience and role performance [J]. Journal of marriage and the family，1968（4）：558-564.

③ 魏建培. 教育学基础 [M]. 北京：清华大学出版社，2011：133.

④ JOHN A. Bloomsbury dictionary of word origins [Z]. London：[s.n.]，1990：292-293.

⑤ STRAFFON P. HAYES N. A student dictionary of psychology [M]. London：Hodder Education Publishers，1988：87.

⑥ 林崇德. 心理学大辞典 [Z]. 上海：上海教育出版社，2003：656.

⑦ 邵培仁. 中国媒体的角色错位和身份危机 [EB/OL]. （2005-07-19）[2019-10-22]. http://news.sina.com.cn/o/2005-07-19/12466473984s.shtml.

化性和动态性属性。概括起来就是"角色是具有外部特性的，具有结构性，与社会的整体结构和社会阶层位置高度相关；身份则是具有内部特性的，更具个体性，涵盖并内化了与一个角色相关性极高的意义与期望"[①]。前者是社会结构化的集中体现，是有关某一社会位置的规范和行为期待，具有制度化和客观化的特点，可独立于特定行动主体而存在；后者是个体化意义建构的集中表现，是经由个体阐释和内化的心理期待，更具内生性，体现着行动主体的个性化特质。

本书研究选择身份而非角色，原因在于对"我是谁，我该如何看待自己"的认识具有鲜明的"主动阐释性"（active claim），契合建构主义身份观。尽管身份受外部结构或制度因素影响，但对于"我是谁，我应当如何做"等问题的本体性追问，仍需要回到人的自我认知与信念内化层面来回答，而非在社会期望、制度规定和组织定位等外部因素的要求下回答。

"任何身份选择都无法回避现实和理想之间的张力，都必须在社会期望与自我体认的互动融合中做出取舍。当符合社会系统期望的身份获胜时，个体身份选择就更符合群体性身份诉求，而当符合自我体认的身份获胜时，情况则相反。"[②] 但二者的权重及相互关系无法精准测量，只能通过剖析实践中人的言行举止来推断。正如玛格利特·萨默斯（Margaret Somers）所言："只有对实践情境中的故事叙述的挖掘，才能揭示社会内外部因素对人的思想与行为的影响。"[③] 与其执着于在"结构化的人"和"能动化的人"之间做出权衡，不如将重心放在挖掘和阐释实践情境中教师认定并践行的身份。作为外部期望与自我认同的产物，这种身份体现为"结构的人"与"能动的人"的统一。在此意义上，我们便可借助个体在观念与行为上的表现，推断外部期望与自我认知间的张力究竟偏向何方，并以此来剖析个体对政策要求、制度规定和社会期望的身份诉求的接纳与改造程度。

（三）大学教师的学术身份

约翰·莱文（John S. Levin）等认为，"学术身份是大学教师理解和概

① STRYKER S, BURKE P J. The past, present, and future of an identity theory [J]. Social psychology quarterly, 2000, 63 (4): 284-297.

② 特纳. 社会学理论的结构: 下 [M]. 邱泽奇, 译. 北京: 华夏出版社, 2001: 52-55.

③ SOMERS M. Deconstructing and reconstructing class formation theory: narrativity, relational analysis, and social theory [M]. New York: Cornell University Press, 1997: 73-105.

念化自身在高校中所处角色以及与高校关系的方式"①。换言之，对"学术是什么"的判断很大程度上决定了"学术身份"是什么。理查德·温特（Richard Winter）则指出：学术身份是从事某项专业工作的个人长期拥有的信仰、价值观、动机和经验②。学术身份是指大学教师对自身的权利、义务、职责、使命、道德标准、社会关系等问题的认知③。

从属性上看，学术身份兼具社赋性和自赋性，前者注重社会结构和制度规制性对大学教师学术身份的影响，后者则从个体学术生活情境的专业性、动态性出发建构学术身份。从理论与实践层面看，学术身份既体现为"灵魂工程师、园丁、蜡烛"等隐喻性层面，也体现为"学者、教育者、知识分子、学术经销商"等现实性层面。从词源构成上看，学术身份由"学术"和"身份"两词结合而成，学术被视为"有系统的、较专门的学问"④。身份则是对"我是谁，我应当如何做"等问题的本体性追问。二者结合下的"学术身份"则是指以追求高深学问及其规律为旨趣的大学教师对"我是谁"与"我应该怎么做"的理性认知。从类型上看，学术身份则分为"发现的学术、综合的学术、应用的学术和教学的学术"⑤，依次指向大学教师在知识创新、学科交融、成果转化和知识传播过程中所肩负职责使命的认知与确定。而从权力结构上看，学术身份可分为学术管理者身份（academic manager）和管理学术者身份（managed academic）⑥，前者遵照管理主义逻辑指导学术生活，后者则强调学者的学术生活自主权和自我管理⑦。

概言之，学术身份是指从事或"经营"学术工作的专业人员（大学教

---

① 莱文，刘隽颖. 新自由主义背景下美国高校终身制教师学术身份的冲突与适应—JOHN S. LEVIN 教授专访 [J]. 苏州大学学报（教育科学版），2018，6（3）：101-109.

② WINTER R. Academic manager or managed academic? Academic identity schism in higher education [J]. Journal of higher education policy and management，2009，31（2）：121-131.

③ 张静宁. "学术资本主义"与英美大学教师学术身份的变迁 [J]. 教育科学，2014，30（2）：81-85.

④ 中国社会科学院语言研究所词典编辑室. 现代汉语词典 [M]. 7 版. 北京：商务印书馆，2016：1489.

⑤ ERNEST B. Scholarship reconsidered：priorities of the professoriate [M]. New Jersey：Princeton University Press，1990.

⑥ HENKEL M. Academic identity and autonomy in a changing policy environment [J]. Higher education，2005，49（2）：155-176.

⑦ BROWN A D，HUMPHREYS M. Organizational identity and place：a discursive exploration of hegemony and resistance [J]. Journal of management studies，2006，43（2）：231-257.

师）所持有的专业态度、动机、认识与价值定位，具体表现为大学教师对自身所肩负职责（进行学术研究、传播文化知识等）、所拥有权利（学术自治、学术自由、学者治校等）以及道德观念（为社会公共事业贡献文化力量、为学术探索而进行研究、坚持大学文化育人传统）的体认与践行。

教师身份与学术身份的关系是：一方面，作为社会职业的"教师"，身份意义的建构必然是在社会期望、各类政策制度等的要求下完成的，属于社会要求"教师"是什么样的人、教师应当怎么去做的"社会身份"层面；另一方面，教师履职后对自身是谁、自身应当如何去做的认识则属于"个体身份"层面，这有点类似欧美国家所强调的"教师专业身份"①。事实上，当我们讨论教师身份的时候，通常会将社会性期望与自身身份认同融合在一起，区别在于：在谈及"教师"身份时，更多使用社会性、制度性期望或要求来思考；而谈及"学术身份"时，则更多地从个体身份意义建构的期望或要求来思考。两者都受到社会结构性因素和个体境遇与心理变化的双重影响，都体现为对"我是谁、我应当怎么做"的本体性追问与思考，只不过"教师身份"的社会性更强，而"学术身份"的自主性更强。

目前，学术身份已被视为分析外部社会环境与教师自我认知动态交互的概念工具，成为揭示外部诉求与自我信念融合过程的路径②。"教师个体是外部社会情境中的能动人"③，他们能够借助个体与情境的互动过程对外部变革情境做出契合个体心理特质与价值倾向的意义阐释，并在意义阐释过程中完成对"我是谁"及所肩负责任的认知重塑，最终将这种认知重塑的结果外化为自身学术实践。学界已有借助问卷、访谈、观察等方式来剖析大学教师如何应对外部变革环境并重塑自我身份认知问题的研究，这也为本书研究提供了有益借鉴。

（四）大学教师学术身份建构范式与意义来源

宗教社会学家彼得·伯格（Peter Berger）指出："社会不仅控制着我

---

① 欧美国家对教师身份的研究更突出教师的专业人员属性，强调以"我成为教师的凭借点是什么，这种要求是什么样的，我应该怎么理解并实施这样的要求"来建构自身专业身份。而国内语境下的教师专业身份更狭隘，多指"教学的专业性"，窄化了教师专业身份的内涵。从这个意义上讲，"教师专业身份"与"教师学术身份"的含义更为接近。

② HENKEL M. Academic identities and policy changes in higher education [M]. London：Jessica Kingsley，2000：57.

③ 黄亚婷. 全球化与大学教师学术身份重构：情境变革与分析框架 [J]. 外国教育研究，2015，42（3）：86-97.

们的行为，而且塑造着我们的身份、思想和情感。我们受制于社会的枷锁，这个枷锁不是我们被征服后套在我们身上的，而是我们和社会合谋打造的。"① 据此，可以从逻辑推断出，大学组织不仅控制着大学教师的行为，还塑造着大学教师的身份感、价值观，这种控制不是被社会或国家强制规定的，而是大学教师与社会"合谋共建"的。

大学教师学术身份建构的范式有两种：一是本质主义身份观（Essential-ism），二是建构主义身份观（Construction-ism）。前者认为具体的人所形成的身份是基于性别、种族、肤色等固定性特质建立起来的，这种身份是无法变革的。后者则认为，身份的建构是动态的，是随着社会及组织环境以及自身生活实践变化而不断建构生成的。

具体来说，大学教师学术身份建构的主要意义来源有以下几个：一是大学组织层面。"作为文化组织的大学，是教师建构自身学术身份的首要社会情境，它提供了大学组织整体的身份确认的合法性，为内部成员获得相一致的身份提供了主要依据。"② 二是大学组织内部的学术团体以及与这种学术团体相匹配的运行机制是大学教师学术身份建构的重要意义来源。"因为学科体系和专业设置是按照知识的性质来分类的，是不同学术部落形成的内在依据，也是大学教师群体身份获得的重要参照，它提供了'我和我们'之间的同质性身份属性的可能性。"③ 三是大学教师个体的学术生活实践情境，是直接反映其"学术身份"的外在表现和建构其"学术身份"所需态度、情感、价值观念等的最终来源④。大学组织到学术团体到个体学术生活，是大学教师建构其学术身份的内在机理和建构向度。

---

① 伯格. 与社会学同游：人文主义的视角 [M]. 何道宽，译. 北京：北京大学出版社，2014：138.

② CASTELLS M. The power of identity [J]. British journal of sociology, 1997, 49 (4)：24-26.

③ BREW A. Disciplinary and interdisciplinary affiliations of experienced researchers [J]. Higher education, 2008, 56 (4)：423-438.

④ TROWLER P, KNIHGT P T. Coming to know in higher education：theorising faculty entry to new work contexts [J]. Higher education research & development, 2000, 19 (1)：27-42.

第二节　理论基础

一、研究方法论

相较于自然科学研究可以超越时空范围内的差异性和普遍性而抓住研究对象的本质，人文社会科学领域的研究则不得不考量研究对象（多涉及个体的人）在历史演进过程与现实文化境遇中的差异性。而且，作为个体的人，不像自然界的有机体一般可以对外界环境刺激"照单全收"，而是会根据外部环境变化与自身思维认知水平的结合来赋予思维和行动以意义，做出符合自身价值取向的行为。质性研究就是聚焦生命意义阐释与建构的方法论。马克斯韦尔（Joseph A. Maxwell）曾指出，"阐释生命意义的质性研究主要是解决下列问题：深刻理解研究对象及其参与的事件、经历、行为、情境所具有的意义（meaning），理解研究对象在观念与行为中阐释意义的情境（context），理解能够凸显个体生命意义的事件过程（process），解释研究对象所采取的行为的基本流程和产生的影响"①。

研究方法论的选取，最终取决于研究对象、研究问题以及研究问题的内在本质属性。教育是追求人的生命完善性的实践活动，既落脚于现实的世界，又指向可能世界。按照赵汀阳的说法，可能世界或其中的生活并非现实给予的，而是源自具有某种生命理想性和价值意向性的主动创造，任何幸福都源自创造性实践，而非同质性复刻。这意味着人具有尝试或追求某种意向性生活的意愿和能力。这也印证着赫舍尔（A. J. Heschel）"人的特质在于超越自身所处的现实境遇，因而我们不能仅从人的实际表现来判断其身份主张，而要关切超越现实性的身份定位和价值诉求"② 的论断。一句话，人总是处于现实可能性与未来可能性之间的张力中，这种张力蕴含着超越现实而重新编织自我意义网络的可能性和"我应当如何活着"的本体性追问。

---

① MAXWELL J A. Qualitative research design：an interactive approach［M］. 3rd ed. Thousand Oaks：Sage，2013：30-31.

② 赫舍尔. 人是谁［M］. 安希孟，译. 贵阳：贵州人民出版社，2019：83.

基于此，本书研究选取意义建构方法论审视大学教师学术身份的变革。第一，从研究对象及其特性而言，我们研究的是具有鲜活生命力的大学教师个体，他们具有主动建构意义世界、阐释意义世界、践行意义世界的主体性和积极性。从研究核心议题上看，本书研究关注的焦点是他们兼具的多重学术身份以及在多重学术身份下是如何调和身份冲突的，而这种身份协调或冲突内显为内心价值观念的融合，外显为行为方式及其带来的影响，这也决定了意义建构在本书研究中的核心地位。作为个体的大学教师，其身份生成具有情境性和过程性，尤其是基于学术资本主义视角来探究大学教师学术身份走向市场化的社会现象，二者具有极高的契合度。"探寻和理解意义正是质化研究对社会现象进行探索的根本途径，也是展开质化研究的重心和关键。"① 第二，尽管社会结构性规章制度等对大学教师学术身份的建构生成具有较强的影响，但身份的建构与生成、身份间的冲突融合，往往是多种因素综合作用的结果。这种结果是大学教师在不断解构身份和重构身份的过程中完成的，而这一切均需要作为个体的大学教师的主观能动性和自我认同感来完成。正如毛泽东所说，"外因是变化的条件，内因是变化的根据，外因通过内因而起作用"②。第三，教师对自我的追寻和叩问以及他者对教师身份的审视横贯整个教师生命轨迹和社会复杂情境，这意味着教师在某一时段对自我的体认可能会呈现阶段性差异乃至颠覆性翻转，他者对教师的观察和评价也不免呈现出某种动态性。因而教师如何理解自我及使命依循是个极具个性化的话题，是很难用标准化模式予以精准表述的，这也为教师身份研究提供了发挥"社会想象力"的可能和必要的支撑，进而挖掘教师身份的认同性共识。

　　意义建构取向的方法论要求教师自主描绘"我是谁"的心路历程和实践样态。"当人借助语言叙述的方式将自我与他者的差异性表现出来的时候，也就无形中描述了自己是谁"③，这种讲故事的方式将个人经验和生活境遇融合而赋予了讲述者意义炼制的贯通性。而当讲述者的叙述在情境变革时产生前后不一致时，则意味着情境变革引起了"我是谁"和"我想成

　　① 黄亚婷. 聘任制改革背景下我国大学教师的学术身份建构 [M]. 杭州：浙江大学出版社，2019：53.
　　② 毛泽东. 毛泽东选集：第一卷 [M]. 北京：人民出版社，1991：302.
　　③ HAMILTON M, PINNEGAR E. Knowing, becoming, doing as teacher educators：identity, intimate scholarship, inquiry [M]. Bingley：Emerald，2015：3-4.

为谁"的想象轨迹的变化①。正如让·保罗·萨特（Jean-Paul Sartre）所强调的："讲述故事是人的天性，正是在自己的故事和别人的故事的讲述中，人勾勒出自己的身份想象，并通过故事讲述传递自己的价值观，即用讲故事的方式绽放生命。"② 这是因为讲故事实质性地触动了关于"我"怎样看待自我及周围世界的心灵。

分析教师在接受访谈时所释放出情绪的话语是揭示其心理活动和价值归属倾向性或方向性的可行路径。"人都是自我历史的撰写者和解读者，对这些故事的自我解读能够向读者揭示他是谁以及他将走向何方。"③ 通过对自己生活故事的言说，教师能明晰"我是谁，我归属于何种群体，我应当如何践行教育信念"，进而为诗意生活提供方向指引和价值归属，滋养和维系"我的自我意识"，唤醒教师的生命自觉和价值追求。教师在讲述自我故事时所描绘的身份形象就是对他心中最真实而稳定的自我身份的透视，正是这种透视左右着前台"行动着的教师"。这种自我身份定位并不是刻意疏远角色规约，而是将"我化"和"化我"统整融合在专业实践中，统整在自我故事的叙述中。实际上，并无确信无疑而完全固定的身份定位，真实身份总是在动态发展过程中建构生成的，既不是借助"公共话语体系"而描绘出的，也不是由"偏执化信念"所绘制的，而是在个性融入社会性的过程中，主动践行和叙述出来的。真实身份是具有能动性和个性化的身份形象。也正是因此，教师才能规避"同质化的平庸"和"偏执化的独行"的桎梏。

二、具体理论

（一）建构主义理论

建构主义理论强调身份建构的生成性和动态化，不同于本质主义对身份定位的静态化规定。这意味着身份建构始终处于变动的情境中。在建构主义理论中，身份建构被理解为"个体的人在与社会情境或环境的价值层面的协调融合过程中，吸纳和内化个体的人所处的社会共同体中秉承的相似性态度或价值观念，为自身开辟一定的自我认知、自我判断、自我释义

---

① HUBERT H, ELS H J. Self-narratives: the construction of meaning in psychotherapy [M]. New York: Guilford Press, 1995: 300-306.

② SARTRE J P. Nausea [M]. New York: Penguin Modern Classics, 1967: 12.

③ 马丁. 当代叙事学 [M]. 伍晓明, 译. 北京: 北京大学出版社, 1990: 216.

的可能性空间，进而使个体自身成为社会价值观所期待的那种人以及自身想成为的那种人的过程"①。

因而，一个人的身份不是固定性的，而是具有发展生成性的，是在个体所处的"想象共同体"与"实践共同体"中动态建构的，这些共同体存在的重要价值就在于：为个体的人提供理解外界和展现自我的丰富的文化符号，并在无形中赋予个体归属感、存在感以及安全感，并最终作为群体价值意识影响个体的思想与行为②。一般来说，"社会学领域的身份研究从社会到个体、从宏观到微观呈现了身份建构的以下四个层面：社会历史文化层面、群体层面、人际互动层面和个体层面"③。其中，社会历史文化层面指向个体生存发展所依赖的整体社会文化传统，强调历史文化传统对个体自我认知的影响；群体层面则关注身为个体的成员该如何将群体成员共同身份资格的规定和期望纳入自我认知的过程；人际互动层面则更加强调个体与他人之间的互动过程是如何塑造自我认同感的；个体层面则是指通过内生性反思过程、能动性行为来生成自我存在感的过程。本书研究使用建构主义强调的身份建构的动态生成性及情境性来分析大学教师学术身份的生成与发展的历程。

建构主义理论为本书研究提供了理论指引：①身份建构的生成性和动态化决定了对学术身份的审视应当摆脱身份角色化的本质主义桎梏，规避教育结构和外部制度等对学术身份的规定，拓展大学教师的身份想象空间。在实际研究中，建构主义能够清除将身份建构视为按照社会发展需要或社会结构的规定而赋予学术身份标识化印记的观念障碍，消解"社会本位"身份观对"个体本位"身份观的僭越，澄清学术身份建构或重构的价值意蕴。②建构主义身份观强调身份建构的过程性，有助于强化教师学术身份重构的立体感和发展性，生动地描绘出有血有肉的教师群像。在实际应用中，该理论要求学术身份研究理应保持开放性和发展性立场，揭示学术身份在多重因素综合作用下动态建构的思维转变与行为调适。③建构主义认为身份建构是在外部结构或外在规定与自我信念或价值定位的博弈中走向融合的。这要求在重构大学教师学术身份的过程中，敏锐而深刻地抓

---

① 米德. 心灵、自我和社会 [M]. 霍桂桓，译. 南京：译林出版社，2012：125.
② 张银霞. 高校管理体制改革背景下大学初任教师的学术身份及其建构：中国两所大学的个案研究 [D]. 香港：香港中文大学，2013.
③ JENKINS R. Social identity [M]. London：Routeledge，2008：194.

住影响其学术身份重构的内外部因素，全面而系统地呈现学术职业变革的实际情况。这意味着对学术身份的建构或重构需要回归教师自身的心理活动和情感体验，完整呈现大学教师学术身份变革过程中个体情绪情感、心理结构和学术信仰的变化，剖析学术身份建构的外部诉求与内在信念的博弈过程，最终揭示大学教师"寻找自我"的心路历程。

（二）学术资本主义理论

早在"学术资本主义"概念及其理论提出前，就有学者对学术与资本的关系进行探讨。皮埃尔·布迪厄（Pierre Bourdieu）等就曾明确指出，学术资本是"指与那些控制着各种再生产手段的权力相联系的资本"①，这种资本就是"文化资本"，也就是大学场域中的"知识资本或学术资本"。"文化资本是一种表现行动者文化有利或不利因素的资本形态，可以以教育资质的形式转换成经济资本。"② 马克斯·韦伯（Max Weber）也曾将德国官僚制度体系资助学术研究而滋生学术资本问题的现象归结为"国家学术资本主义"，强调国家资本与学术事业的结合所造成的问题。斯劳特等在《学术资本主义：政治、政策和创业型大学》中明确提出了"学术资本主义"概念，指出学术资本主义是"院校和教授为获取外部资金而进行的市场的或类似市场的活动"③。在论文《学术资本主义与新经济：市场、政府和高等教育》中，斯劳特认为，学术资本主义由高校内外的众多行动者掌控，这些行动者企图利用新自由主义国家创造商业机会④。在此基础上，他们从"新知识的流向、大学组织的内部间隙、公共机构与私人机构间的组织中介以及组织管理能力的拓展四个维度尝试建构了实现学术资本主义的路径"⑤，进一步发展完善了学术资本主义理论体系。

---

① 布迪厄，华康德. 实践与反思：反思社会学导引 ［M］. 李猛，李康，译. 北京：中央编译出版社，1998：111.

② 刘春花. 学术资本：促进大学生创业能力提升的要素 ［J］. 教育发展研究，2010（21）：67-70.

③ 斯劳特，莱斯利. 学术资本主义：政治、政策和创业型大学 ［M］. 梁骁，黎丽，译. 北京：北京大学出版社，2008：8-10.

④ ALTBACH P. American higher education in the twenty-first century: social, political, and economic challenges ［M］. Baltimore and London: Johns Hopkins University Press, 2011: 433.

⑤ SLAUGHTER S, RHOADES G. Academic capitalism and the new economy: markets, state, and higher education ［M］. Baltimore and London: The Johns Hopkins University Press, 2004: 15.

学术资本主义理论是对学术逐渐资本化过程的解释性观点①。在新自由主义文化观和大学逐渐市场化的办学实践相交织的过程中，学术与资本相融合的观点得以强化，最终为学术资本主义理论提供了分析大学办学市场化的基础性框架。学术资本主义理论的核心关注点是"基于市场导向的知识的新循环"，即"院校及学术人员通过研发新产品、创造新技术来满足企业和政府的需求从而获得更多的资金支助；反过来政府和企业在利用新技术、新产品获取高额利润的同时，也会更加依赖于大学，依赖于大学所拥有的独有资源"。这有别于院校中师生、管理者、学术教授通过国家提供的资源来创造、传播以及运用知识的传统知识循环模式。学术资本主义理论的本质是"知识的资本化"②，即大学场域内大学及其教师群体等通过"运作知识"获得外部资金的过程。也就是"学术资本是指个人或组织通过所拥有的高深知识，逐步形成学术成就和声望，并以商品的形式进行交换，从而实现价值增殖的资源总和"③。

当然，学术资本主义理论也有其局限性：虽然它提供了基于学术市场化现实语境的审视和解读学术职业变革的窗口，但无法反映学术职业变革的全貌及其全部属性，只能对大学教师学术身份转变过程中的市场属性进行捕捉与剖析。这既是该理论的局限所在，也暗含着可能的创新。某种意义上，学术资本主义理论提供了解释、理解和分析大学及其成员的思想与行为及其影响的有效框架，有助于我们深刻理解知识经济时代高等教育的实质性变革。

在大学场域，学术资本运转与大学职能践行均遵循知识生产、传递和扩散的运动规律。借助知识资本的这种规律来审视大学教师学术身份变革，可以发现，其中具有某种天然而内在的联系④，即从学术资本传递、增殖和扩散维度审视大学教师肩负的知识传播、知识创生、知识转化职责，具有逻辑自洽性和现实可行性。本书研究基于学术资本的传递、增殖和扩散过程与知识在大学场域内的传递、生产和应用过程的同频共振，对

---

① SLAUGHTER S, RHOADES G. Academic capitalism and the new economy：markets，state，and higher education ［M］. Baltimore and London：Johns Hopkins University Press，2009：1.

② 张萍. 解读学术资本主义理论的内涵 ［J］. 陇东学院学报，2016，27（4）：114-117.

③ 丁大尉，李正风. 开放获取知识共享模式的理论溯源：从知识公有主义到学术资本主义 ［J］. 自然辩证法研究，2021，37（6）：73-78.

④ BREWER J. Toward a publicly engaged geography：polycentric and iterated research ［J］. Southeastern geographer，2013（1）：328-347.

大学教师学术身份的构成维度进行划分。而且，本书研究以学术资本逻辑审视大学教师学术身份不掺杂贬低意味，只是强调了学术职业的生产性和创造性，立足学术资本主义现实，审视学术身份的变化及其影响等。因为教师也应像生产其他物质产品的劳动者一样，在交换知识产品的同时，回收知识产品的价值，否则就是对价值规律的违背。在此意义上，大学教师薪资待遇不高的原因，相当一部分是源自人们对学术职业缺乏理性认识，认为大学教师所教授之知识不是产品，无视了教学科研的生产性和创造性，这显然是教育领域内价值规律失衡的表现。

在学术资本主义视域下，从事教学事务而将知识传递给受教育者的价值观和行为模式被视为学术资本从高势能方向低势能方传输的过程，因而大学教师的教育者身份体现出学术资本的传递属性，进而具有"学术资本传递者"的身份标识；从事研究事务而致力于知识创新生产的过程与学术资本不断增强市场转化属性和应用价值的过程相一致，因而大学教师的研究者身份体现出学术资本的增殖属性，进而具有"学术资本增殖者"的身份标识；从事服务事务以促进社会进步的过程则与学术资本促进地域经济社会发展的过程相契合，因而大学教师的服务者身份体现出学术资本的转化属性，进而具有"学术资本转化者"的身份标识。具体如图 2-1 所示。

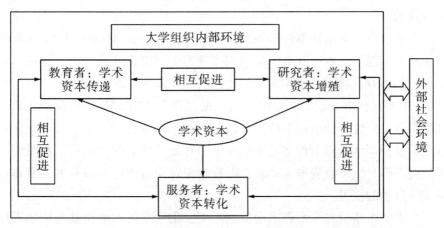

图 2-1　学术资本主义视域下的大学教师学术身份

学术资本传递、增殖和转化是学术资本形态、范围和作用方式的差异性表现，三者共生共存、相互作用，深刻揭示了学术资本在知识经济时代的发展诉求、方向和机制。

一方面，学术资本传递、增殖和转化共同构成了学术资本转变为学术生产力的动态循环机制：①学术资本传递所需的高深知识源自学术资本增殖过程，而学术资本增殖则从学术资本传递过程中汲取灵感、寻找问题、拓宽视野，二者互促共生。②学术资本增殖所提供的高深知识或技术知识则是学术资本转化为社会生产效能的核心驱动力，而学术资本转化则为学术资本增殖提供了检验真知、寻找思路和条件资源的支撑，二者协同共进。③学术资本传递为学术资本转化培育了潜在的人力资本，通过培养创新性人才间接推动经济社会发展；而学术资本转化则为学术资本传递提供了真实情境、丰富了素材和检验真知的实践场域，二者互动共融。

另一方面，学术资本的传递、增殖和转化都以增进人才培养质量为价值统摄：学术资本传递过程就是将蕴含在高深知识中真善美和实践的元素以"超肉体性遗传"的方式传递给学生，将其培育成具有创新精神和综合素养的时代新人；学术资本增殖过程则提供了训练和强化师生探索高深知识的能力的可能，为师生探求创新知识和永恒真理提供了思维、方法和策略上的支撑，进而锻造出具有批评意识和创新思维的人才；学术资本转化则提供了师生检验和释放所知所学内容正确性和生产效能的空间，帮助学生在真实复杂的生产情境中确证知识的可靠性，修正认知与行为上的不完善性，拓展知识创新和技术优化的问题视野，进而实现培育创造性人才的教育目的。

但需注意，学术资本传递与产业资本流动有着显著区别：①学术资本传递具有内隐性，而产业资本流动则体现为生产要素（劳动力、土地、资金等）的可视化转移。②学术资本传递具有双向性，既表现为由"师"向"生"的知识传输，也暗含着由"生"向"师"的知识反哺；而产业资本流动具有单向性，即由资本持有方转移到资本购置方。③学术资本传递具有无损性，即学术资本传递给受众并不会导致传递方的学术资本数量缩减或质量下降，而产业资本流动则会因资本流转而造成资本持有方在资本数量或质量上的损失。

学术资本增殖与学术资本增值也不同：①学术资本增殖具有资本人格化的倾向，强调学术资本属性变化所引起的价值增长；而学术资本增值不具备拟人化倾向，无法体现知识自我繁衍和自主扩张引起的价值增长，与知识本身的变化无关，主要受供求关系变动影响。②学术资本增殖指向知识的原初性创造或知识深度的拓展，倾向于以"质"的思维审视知识创新过程；而学术资本增值指向知识数量的变化，倾向于以"量"的思维审视知识创新过程。③学术资本增殖依靠知识繁衍知识，而学术资本增值则依靠知识的稀缺性或有用性而获得价值增长。知识创新过程显然更适切学术资本增殖语境。

同样地，学术资本转化与学术资本转移也存在显著差异：①学术资本转化重在"化"，即知识性质或形态的转变、优化和重组；而学术资本转移则重在"移"，即知识在空间位置上的移动、扩散和流转。②学术资本转化关注知识向生产力的转化，而学术资本转移并不一定会释放知识活性。③学术资本转化指向知识持有人直接、深度和系统地参与知识转化为社会生产力的过程，而学术资本转移更多体现出间接、表层和零散化的特性。学术资本转化显然更适切当前知识生产力向社会生产力转变的现实语境。

第三节 理论适切性

一、历史视野：大学发展与资本主义间存在着紧密联系

从大学发展史看，大学诞生于 13 世纪的意大利，而新兴资本主义精神也在那个时代孕育，这不是历史的偶然而是理性主义精神的现代化复苏。"不仅大学的兴起与资本主义精神的萌芽存在这种一致性，近代科学兴起问题与资本主义在西方而且仅在西方兴起的问题也是完全并行的。"① 例如，在历史上，民族资产阶级革命推动了民族国家的建立。洪堡式大学就是在这种资产阶级理性精神的影响下，重构大学结构与使命的。政治学、经济学等学科的分野也是适应资本主义社会发展需要的，至于社会科学则"是随着工业资本主义的到来而诞生的一种常识的专业变体"②。在社会变革的进程中，大学和资本主义就曾无数次相互成就：德国大学与德意志民族国家兴起、威斯康星理念下社会核心机构的设置、20 世纪 60 年代的研究型大学的转型以及 2008 年国际金融危机下大学对高新技术的研发运用，无不体现着大学和资本主义之间的这种相互影响。总之，资本主义携现代

① 方超，罗英姿. 从高规模陷阱向结构性增长转变的研究生教育发展路径选择 [J]. 教育科学，2015，31 (4)：79-86.

② 费夫尔. 西方文化的终结 [M]. 丁万江，曾艳，译. 南京：江苏人民出版社，2004：261.

性之威，裹挟着大学及其组织架构；大学则以追求理性和永恒知识为前提，培养解决资本主义困境的人才，成为为资本主义纠错的绝佳机构。

随着政治意识形态的宽松化、经济的全球化，资本主义重新回归其本质："对（形式上的）自由劳动进行理性的资本主义组织。"① 作为"社会轴心"的大学，是典型的以捍卫理性而存在的组织。只不过，学术资本主义与经济或制度资本主义相比，不是靠资本而是依靠知识运转的，但是这种边界正在知识经济的浪潮中消散甚至走向融合。在德鲁克描绘的后资本主义时代中，知识和资本的边界并非不可逾越，资本也不是大学的"致命缺陷"：只要资源市场化配置机制仍然存在，那么知识的商品化或者学术的资本化的概率就必然存在，以理性主义组织的方式形塑大学结构与功能的冲动也就必然存在。

大学与资本主义及其思维方式在社会转型过程中的紧密联系，赋予了资本逻辑在知识生产、传递和应用过程中的某种合法性，确保着大学及其成员能够凭借知识资本获取学术职业发展所需的物质性资源和象征性资源。大学及其成员在借助学术资本谋求知识理性价值与实用价值的增值过程中，不断培育潜在的人力资本，回应社会发展诉求，并在此过程中享有知识资本所带来的物质和精神馈赠，重新描绘着学术职业的发展图景。总之，大学发展与资本主义的密切联系，一定程度上赋予了学术资本主义视角以解读大学及其成员办学价值观与教育实践的可行性，提供了借助知识经济语境审视大学及其成员职责、定位变化的思路。

二、顺应趋势：契合"知识为第一生产力"的时代诉求

"虽然大学不是知识工厂和专利公司，大学教授也不是知识资本家；但在知识经济和知识资本主义的时代，基于资本主义的逻辑，学术资本主义仍无可避免。"② 在以知识为核心生产资源的时代，知识被赋予了和传统资本同样的属性和地位，被塑造成推动社会发展的核心动力。作为知识创新核心组织的大学，应当也必须顺应"知识变为生产力"的趋势，在吸纳办学资源为己所用的前提下，培养具有创新精神的人才，生产更符合社会创新发展需求的知识，提供能够推动区域经济社会发展的技术支持。"今

① 韦伯. 新教伦理与资本主义精神 [M]. 马奇炎，陈婧，译. 北京：北京大学出版社，2012：11.
② 王建华. 资本主义视野中的大学 [J]. 教育发展研究，2016，36（9）：1-8.

日大学正在成为一个不同类型的机构，它是由资本主义企业而不是民族国家塑造成形的……对卓越的追求可以使大学用商品形式来规范知识生产。"① 这是知识经济时代的应然诉求，是大学不可回避的时代使命。克拉克·克尔（Clark Kerr）生动形象地描述了大学被外部市场"追求"的情形："大学被它的外部求婚者搂着走过花园小径。它那么动人，那么随和。谁能拒绝它呢？为什么要拒绝它呢？谁愿意拒绝它呢？"②

资本主义和市场经济的全球化扩散，为知识与资本相融合提供了空间。知识资本塑造了对教师的新的身份想象。高等教育与市场力量的结合的"甜蜜化"使得大学人固守象牙塔的学术伦理的信念产生动摇，甚至在某种程度上产生了颠覆，最终导致大学形象的世俗化。教师也"逐渐将自我生存与发展视为思维与行动的统摄性依据，逐渐在不同信仰间——认可某种文化或某种文化的亚种——理性抉择"③。大学与市场间的距离逐渐缩短，大学从"象牙塔"出走而接近社会发展的"核心地带"，知识的市场化与应用性越来越受到关注。大学教师不再被视为耻于谈钱的清高人士，追求物质利益的行为也不再被视为有悖伦理纲常，他们成为饱含热情和主动性的探索新领域的知识经销商。这意味着财富和力量的价值观已经渗透社会发展全过程。在知识经济时代，大学既是学校，也是企业；大学教师教授的东西既是知识，也是资本。同理，大学教师既是学术志业人，也是潜在的知识资本所有者。

知识与经济的互嵌性提供了大学教师依托知识市场化的时代趋势和实践层面的学术创业活动来重新想象自我身份，定义自身作为学者的使命、职责和价值观的无限可能。社会公众对教师的身份尊崇和道德认同已经呈现裂隙：人们不再以知识多寡和道德优劣来审视教师是否具有崇高性和神圣性，而是看到教师身上承载着的能够体现生产力的知识资本背后的知识红利，才对教师有所推崇④。这一切都表明，学术资本主义以知识资本促进经济社会创新发展的使命观，契合大学为经济社会发展注入人力资本的内在诉求。

---

① 德兰迪. 知识社会中的大学 [M]. 黄建如，译. 北京：北京大学出版社，2010：168.
② 克尔. 大学之用 [M]. 5 版. 高铦，高戈，汐汐，译. 北京：北京大学出版社，2008：69.
③ 贝克. 风险社会 [M]. 何博闻，译. 南京：译林出版社，2004：107-108.
④ 林丹，张佩钦. 重振"师道尊严"：回到教师本身 [J]. 现代教育管理，2020（12）：79-86.

三、同频共振：学术资本主义与学术身份具有内在一致性

首先，知识是维系大学教师学术身份与学术资本主义间的纽带。大学自诞生起，就带有知识行会的性质，大学教师就以出售知识以谋生计。他们与知识"相依为命"，二者具有无法剥离的共生关系。大学教师生产、传递、创新知识的过程就是塑造自身学术身份、获得身份认同的过程。知识与大学教师之间的相互作用、相互规定，在某种程度上确立了双方在大学场域中存在和发展的合法性。而学术资本主义本质上是知识市场化，以理性精神为原则进行知识资本生产、传递、增殖的。大学教师凭借知识资本储量和创新优势成为推动知识走向市场以谋求学术繁荣和社会发展的绝佳人选，他们既享受知识出售带来的精神或物质上的满足感，又承担着知识出售的市场风险。

其次，学术资本主义创设了学术身份变革的情境。新管理主义的渗透扩散改变了高等教育的外部情境，"消解着大学教师传统学术身份的伦理规范和价值追求，以制度规范重塑教师的学术身份，创设出学术研究的新场域，以及适切该场域的绩效问责的秩序边界"①。大学转向"市场化生存"，办学理念面临调适，大学职能亟待拓展，大学形象亟待重塑。学科情境也逐渐从"象牙塔"转向解决问题的应用情境，这敦促教师必须在沉思知识（contemplative knowledge）和绩效知识（performative knowledge）间做出选择②，学术共同体的价值认同也逐渐悦纳市场化元素，不断丰富着教师学术身份的价值认同系统。就个体情境而言，教师也面临生存性需要和发展性追求的双重挤压，既需要应对不发表就灭亡（publish or perish）或不申请就离职（application or resignation）的绩效压力，也需要调适学术传统和研究伦理的内在价值诉求，在"求是与求利"博弈中重新划定身份边界和意义领域。

再次，学术资本流转与大学职能运转具有协同性。学术资本的流转环节包括学术资本交易、增殖和转化，在交易、增殖和转化的完整循环中，完成知识象征性价值向交易性价值的转型，在教育消费市场中获取声誉性

---

① 黄亚婷，彭新强. 新管理主义改革进程中西方学术职业的变革与坚守 [J]. 比较教育研究，2015（2）：45-52.

② FISHER K M. Look before you leap: reconsidering contemplative pedagogy [J]. Teaching theology & religion, 2017, 20（1）：4-21.

或货币性收益，促成知识产品、教育市场与大学组织之间的知识资本新循环。"大学是知识组织，生产、传递和运用知识是大学有别于其他组织的质的规定性。"[①] "学术研究创造知识，教学实践传递知识，社会服务传播知识。高等教育自诞生起就承担着经营高深知识的职责。"[②] 大学教师的学术身份应当也必然是在大学教师践行教育教学、科学研究、社会服务等大学职能的过程中得以彰显并被赋予合法性的[③]。可见，学术资本的交易、增殖和转化与大学职能践行高度协同，均指向知识的传递、生产和应用。因而以知识事务为生的教师是能够以学术资本主义理论作为审视其学术职业变革的。

最后，学术资本主义视角更契合学术职业本质。学术资本主义以高深知识的资本化为内生逻辑，强调高深知识资本在大学与市场的互动交融中完成从大学到市场再到大学的"知识新循环"。学术职业则是在教师与高深知识间的相互规定中获得彼此存在的合法性。大学教师因掌握、生产和传授高深知识而栖身大学，高深知识成为教师安身立命的底色和基点。高深知识将学术资本主义和大学教师学术身份黏合在知识生产、传递和转化的全过程中，成为透视大学教师学术身份的"通约分母"，为大学教师学术身份的变革提供了基于知识资本新循环的解读视野。

虽然政治视角塑造了教师的公民形象，道德视角描绘了教师的理想人格，社会视角界定了教师的公共知识分子角色，但这些学术职业身份标识并非教师身份的核心指向。政治公民受政治话语规训，伦理人格受到文化传统裹挟，公共知识分子角色受社会本位渗透，这些身份标识始终超脱于教师与知识间的内生联系之外。学术资本主义理论始终以知识生产、传递和应用为着力点，在顺应知识经济时代诉求的同时还切中教师身份是围绕知识活动而建构的本质。

四、现实检视：既有研究对学术资本主义理论的实践运用

作为一种存在了 30 余年的思潮或理论，学术资本主义理论具备成为分

---

① 赵彦志. 大学组织模型：一个基于知识分析的理论框架 [J]. 教育研究，2011，32（5）：31-35.

② 克拉克. 高等教育新论：多学科的研究 [M]. 王承绪，徐辉，郑继伟，等译. 杭州：浙江教育出版社，2001：107.

③ 李志峰，钟蓓蓓. 创业型大学教师角色转型：身份认同与专业发展 [J]. 大学（研究版），2016（6）：33-40.

析视角的可行性。例如，斯劳特等人试图从收入与支出的教育财政行为来推断学术活动的性质转变，揭示高等教育领域内发生的实质性变化，并指出根据办学经费的流向可以描绘知识资本的演进轮廓。斯劳特认为关于学术资本收支问题，既能从投资主体的属性和诉求，也能从资方意图上窥测学术活动性质的转变，因为外部资源往往具有限定性用途（designated applications）①。朱迪思·沃克（Judith Walker）以学术资本主义时间体制为工具，探究时间观下的学术资本主义在大学中的发展样态，从时间资本维度剖析了大学教师为何陷入"忙文化"和时间饥渴，提供了理解学术职业的新思路②。付八军以学术资本主义视角探讨大学教师学术创业问题，立足于学术资本主义时代背景，着重探讨学术资本主义与学术资本转化、学术资源转化的区别与联系，澄清了学术创业的应然性和必然性③。胡钦晓揭示了学术资本到学术资本主义的转向对大学职能及学术职业价值定位的影响，担忧教学商品化、科研市场化和服务契约化对学术传统和育人文化的侵蚀。王建华则对高等教育发展历程进行了基于学术资本理论的划分，认为大学先后经历了以资本主义的方式管理学术事务的"学术管理资本主义"阶段和以学术资本转化的方式统领大学全部事务的"学术资本主义"阶段；同时在形式上，大学也由"国家科层管理模式"转向"市场资本运作模式"④。

众多学者从学术资本主义理论出发，从知识资本化的理念、模式、制度和文化等维度审视大学使命、办学定位、管理体制、教师身份、科研转化等诸多方面，充分证明学术资本主义作为理论视角的可行性。越来越多的学者意识到"学术资本主义提供了一个研究知识驱动经济背景下的高等教育学理论维度的载体，因为作为一个提出了结构与行为的概念和理论"⑤，它具备分析可行性。作为一种分析视角，学术资本主义理论框架虽然存在被质疑和推敲之处，但这并不影响我们从知识资本转化立场解读大

① SLAUGHTER S. Academic capitalism and the new economy: markets, state, and higher education [M]. Baltimore and London: Johns Hopkins University Press, 2004.

② WALKER J. Time as the fourth dimension in the globalization of higher education [J]. Journal of higher education, 2009, 80 (5): 483-509.

③ 付八军. 大学教师学术创业: 背景、使命与轨迹: 学术资本三元论 [J]. 教育发展研究, 2020, 40 (Z1): 98-104.

④ 王建华. 资本主义视野中的大学 [J]. 教育发展研究, 2016, 36 (9): 1-8.

⑤ 坎特维尔, 科皮仑. 全球化时代的学术资本主义 [M]. 殷朝晖, 译. 北京: 中国社会科学出版社, 2018: 6.

学及其成员的价值观念与行为模式的转变。相反，从学术资本转化立场出发，有助于拓宽学术身份相关研究的理论体系和研究视野，凝练更清晰而全面的教师形象，为教师专业发展和自我意义探寻提供支持。

学术资本主义理论提供的视角只是基于学术市场化现实语境来审视和解读学术职业变革的一种方式，并不是唯一或主导范式。例如，文化冲突融合范式对学术职业文化属性的审视、政治制度规约范式对学术职业权力属性的审视、道德情感认同范式对学术职业伦理属性的审视，都可用来审视学术职业变革。学术资本主义理论天然带有视野局限性，它无法全面描述学术职业变革的全部状态，只能揭示出在学术资本主义现实语境下学术职业变革的实然与应然。但这并不妨碍用学术资本主义理论理解和分析学术职业变革，也非否定其他理论的研究价值，而是根植于学术资本主义现实语境和时代趋势，提供重新认知和建构学术职业变革图景的某种思路，增添人们对学术职业认知的丰富性和多样性。试图以某种理论或视角揭示事物全貌的行为必然失败，但这不妨碍借助该视角审视学术职业变革的价值。一句话，我们要对理论的诠释力或信效度持担忧之心，但更需要担心的是：在运用该理论解释问题时的思维逻辑是否自洽，材料是否完整，观点是否客观等问题。

第三章 大学教师学术身份的
演进历程、现实状况
与重塑必要性

"对当下身份的探讨总是伴随着对原有身份记忆的改造重组。"① 对当前中国大学教师学术身份问题的探索，同样需要对既往学术职业演进的历程进行回顾，借以提供判断当前大学教师学术身份的参照体系，并将此参照体系作为分析大学教师学术身份异化的历史镜像②。因而有必要回顾学术职业发展演进的脉络，呈现学术职业发展的现实状况，以及学术职业亟待优化的紧迫性与必要性。

第一节　大学教师学术身份的发展演进历程

大学教师在高等教育与社会转型良性互动的动态进程中不断建构、修正和拓展对学术身份的自我认知，延展学术职业发展空间，勾勒出了学术职业变革的动态化图景。

一、欧美大学教师学术身份的演进历程

大学教师学术身份建构绝非单向度的，更不是依序展开的：一个人在同一时间会有多个身份建构，一种建构并不是在另一种建构完成后才开始

---

① 阿斯曼. 回忆空间：文化记忆的形式和变迁［M］. 潘璐，译. 北京：北京大学出版社，2016：62.
② 张晶. 文人身份重构与晚明文学新变［D］. 武汉：华中师范大学，2012.

的，而是具有共时性和多维性①。欧美大学教师从"纽曼式"教育者向"洪堡式"研究者再向"威斯康星式"服务者演进的历程，并不意味着每一个阶段的教师就以相应的显化性身份为主体身份或唯一身份，也不是以此显化性身份来取代既有身份，更不是用显化性身份来改变育人育才的身份本色。特定身份标识的显化回应了时代发展诉求，体现了学术职业属性与功能的拓展，是学术职业变革动态性的表现。

（一）"纽曼式"教育者身份的建构

"教学是中世纪大学的主要职责"②，这种定位决定了大学教师的教育者属性。"自中世纪大学产生到 18 世纪的漫长岁月里，教学一直是大学的唯一职能。"③ 大学创建之初就是不折不扣的世俗机构，其主要责任指向人间，指向人性的彰显和理性的拓展。传授普遍知识以增进人性、增益道德正是大学的职责所在，故而大学教师的教育者身份无可争议。如果大学教师还存在其他更重要的事情去做，那学生该置于何地？如果学生被视为大学生存与发展的根基，那其他职能又如何能取代教学的重要性？实际上，"现代大学发展初期始终被定位成教学型大学，因而教师也就被视为传授知识的教育者"④。大学是典型的知识组织，传授普遍知识以增进人的理智、完善人的心智是大学的核心使命。纽曼（John Newman）曾强调："大学办学有清晰而合理的目标，这些目标不能离开知识，因为知识就是目的的构成，就是人的本源心智。"⑤ 指向人的心智完善的自由式教育，并不能依靠研究或社会服务达成，只能依托知识在师生的交互中达成。

当然，将培育公众心灵和塑造公众理智的教育者身份归结为"纽曼式"的，而将强调以学术为志业的研究者身份归结为"洪堡式"的，并不是按照时间线索命名的。就时间而言，纽曼执掌英国古典大学始于 19 世纪中后期，而洪堡创建和改造德国大学则始于 19 世纪前中期。将"纽曼式"教育者排在"洪堡式"研究者之前的依据是：就学术职业实践样态而言，

---

① DILLABOUGH J A. Gender politics and conceptions of the modern teacher: women, identity and professionalism [J]. British journal of sociology of education, 1999, 20 (3): 373-394.

② 刘海峰，史静寰. 高等教育史 [M]. 北京：高等教育出版社，2008：288.

③ 王晓华. 纽曼的大学目的观与功能论 [J]. 清华大学教育研究，2001 (1)：44-49.

④ 朱书卉，睦国荣. 大学教师学术创业的角色定位与角色扮演研究 [J]. 河北师范大学学报（教育科学版），2018，20 (3)：110-117.

⑤ 纽曼. 大学的理想 [M]. 徐辉，顾建新，何曙荣，译. 杭州：浙江教育出版社，2001：23.

中世纪之初就诞生的大学始终扮演着传播知识的角色，教师也无可争议地被视作教育者。相较于研究者身份在科学脱离宗教而走向系统化和建制化的历程而言，传播知识的教育者身份更持久，构筑着最坚固的大学学术职业的底色。

尽管中世纪的大学存在教师型和学生型的区别，但这只是组织形式和治理模式上的差异，或者说是维系教学使命的外显方式的差异，并不构成对专业知识传授的威胁。但不论教师型大学也好，学生型大学也罢，都强调自由式的知识教育，强调人的心智水平的提升和人文素养的强化。作为以传播知识为己任的组织的成员，大学教师始终被知识传授过程定义为教育者。不同于民间私人性的教育实践活动，大学教师的知识生活秩序化了，知识的编排与传授更讲究组织和形式。从教学方法上看，大学的教学主要以辩论和讲授为主，前者以问题为辩论点实施自由化的争辩讨论，后者以教师对经典文献或教科书的讲解为主。两种方式都强调教师在教学过程中的主导性和引领性。从学习内容上看，大学的教学则主要涵盖神学、法学、医学和文学，重点帮助学习者掌握生存发展所需的知识，应对世俗生活和宗教生活的客观实际。从学位授予上看，只有经过秘密考试的候选学生，才有资格继续从事教学工作，获得世俗社会和教会组织赋予的教师合法性，并最终以学位证书的方式打开从教之门。

这种以教学定位大学使命、以教育者定位教师身份的价值观深得纽曼等人的认同。在纽曼看来，"大学不是拓展知识的场所，而是传授知识的场所。这是因为大学的目标不是道德性的，而是指向理性的。同时，大学是师生借助知识传授而共同进步的场所，如果只是为拓展知识和发展科学，我不知道大学要学生何用；如果只是为了满足宗教价值观的预设，我不知道大学为何要赋予文科和科学以合法性"①。为此，他从大学属性、职业分工和既有事实的角度论证了教学之于大学的核心地位。他强调：第一，很多组织都比大学更适合研究，譬如各类由国家出资兴建或学者自发组建的学会，对学生毫不关心，这些地方是致力于研究事业的绝佳场所，而大学则以学生理智的拓展为目标，必须回归教学本位；第二，教师职业也意味着教师将时间精力投向教学和学生发展，几乎不能同时兼顾研究，而研究所需的宁静闲暇则是课堂所不能提供的；第三，既有事实表明，诸多研究

---

① 曾惠芳，李化树. 英国纽曼与德国洪堡的大学理念比较 [J]. 理论观察，2009 (4)：110-111.

成果的问世与大学或教师的关系不大，即便有成果出自校园也与校园的关系不大。

纽曼做出这种论断，很大程度上是因为知识在现代大学发展早期并未走向制度化和体系化，科学建制并未成熟和系统化。知识的整体性和原始化程度依旧较高，这从大学主要设置神学、医学、法学和文学四个领域就能看出。掌握知识意味着掌握公共生活话语权，意味着对教化民众的职责的肩负与践行，意味着知识所蕴含的理性的社会化扩散。这一切都有赖于教师的教学活动，有赖于知识从高势能方向低势能方的传输，因而大学教师应当也必须率先建构起教育者身份，才能获得安身立命的合法性和教书育人的崇高性。

不过，作为教育者的教师和作为教学机构的大学，并不隔绝大学及其成员的经济属性。现代大学脱胎于中世纪商业行会制度，"universitas"一词也不具备教育或学术的内涵。发端于博洛尼亚、巴黎等地的具备知识行会性的教师团体或牧师群体，"试图保护自我权益和获得政治或法律庇佑而将工商行会制度迁移到大学，组建成由教师和学生构成的知识行会组织"[1]。"当时的大学概念同学生的类型或知识的多样性并没有丝毫联系，仅仅表现为行会的组织完整性，教师凭借学费而在市镇生存，学生则凭借行会属性获得住宿和购书优惠。"[2]《欧洲大学史》也明确指出，现代大学得以创建的诱因是"学者们为了生活权益、学术自由和生存保障，避免被经济剥削或教会制裁而创建了大学组织；创建这种组织的潜在诱因不是对永恒知识的渴求，而是对自身不确定性的身份定位的担忧"[3]。对于大学师生而言，通过大学教育获得未来社会较高的社会地位和稳固的经济收入的价值观始终如一，"学生们同样期望从大学的短暂求学生涯中汲取营养，为谋求公共管理职务提供可能"[4]。因而大学的诞生是基于学者们追求更好的生活而非闲情逸致下的知识探索，大学教师的心理与行为驱动力也不在知识自身，而在于知识传递所带来的声望、地位、人力资本与社会资本的储备等。实践也证明，"中世纪大学促进了欧洲知识商品化的发展和知识

---

① 贺国庆. 外国高等教育史 [M]. 北京：人民教育出版社，2003：46.

② 哈斯金斯. 大学的兴起 [M]. 梅义征，译. 上海：上海三联书店，2007：6.

③ 里德西蒙斯. 欧洲大学史：第一卷 [M]. 张斌贤，程玉红，和震，等译. 保定：河北大学出版社，2008：22-23.

④ 哈斯金斯. 大学的兴起 [M]. 梅义征，译. 上海：上海三联书店，2007：38-40.

存量的增长，推动了欧洲文化的普及和城市居民对知识教育的重视，冲破了封建闭塞"①。

(二)"洪堡式"研究者身份的建构

柏林大学的创建和洪堡的高等教育改革促成了传统大学理念的转变。柏林大学第一次明确将科学研究作为大学核心职能之一，拓展了传统大学知识传授和人才培养的单一职能②。此后，教学与科研并重成为现代大学的核心理念。这意味着科学研究的合法性在大学中得以确认，大学教师拥有学术自由和学术自治权的学者身份得以确认。当然，将柏林大学的创建及其新理念的确认作为论述大学教师研究者身份的逻辑起点，并不是否认在这之前在大学中便已有的学术探究活动和从事学术探究活动的人。只是作为制度性创举的柏林洪堡模式更具有代表性和影响力，更适切高等教育变革图景的宏大叙事语境。正如某些学者所指出的，"洪堡的大学理念奠定了整个现代大学的思想体系、话语体系和制度基础"③。弗莱克斯纳（Abraham Flexner）也感叹："柏林大学的创办，为旧瓶装上新酒，也打破了旧瓶本身。这意味着传统大学颠覆性的理念融入和新理念的重塑，真可谓前无古人，后无来者。"④

新的大学理念以及这种理念下的大学教师所应肩负的责任的转变，受到启蒙运动的影响。这场持续近百年的思想解放运动致力于反对宗教统治，推广科学文化，倡导社会公正。在大学领域，具有新人文主义倾向的大学人，如费希特（Johann Fichte）、洪堡（Wilhelm Humboldt）等，通过倡导学术自由、学术自治和教学与科研相结合的改革，重新审视大学使命、大学与国家的关系等。启蒙运动始终捍卫普通人接受人文教育和科学教育的权利，以完善人性的方式治理社会⑤。这些理念为柏林大学的创建与改革提供了价值支撑，夯实了科学和自由精神在大学内生长的根基。同时，强调科学研究在大学中的作用，还与当时德国民族国家发展危机的背景一致。耶拿战役的失利促使普鲁士国王威廉三世立志以"文化精神领域

① 陈则孚. 知识资本：理论、运行与知识产业化 [M]. 北京：经济管理出版社，2003：52.
② 胡建华. 高等教育学新论 [M]. 南京：江苏教育出版社，2006：146.
③ 陈洪捷. 洪堡大学理念的影响：从观念到制度：兼论"洪堡神话" [J]. 北京大学教育评论，2017，15（3）：2-9.
④ 王建华. 重温"教学与科研相统一" [J]. 教育学报，2015，11（3）：77-86.
⑤ 高田钦. "洪堡大学理念"确立的文化背景及其历程 [J]. 煤炭高等教育，2011，29（1）：9-12.

的胜利来弥补金钱物质领域的损失"，试图通过创新改革教育事业，创办新式的能够科学强国的大学重振雄风。与之相伴的是，在启蒙运动和资产阶级革命的背景下，科学事业的建制性得以塑造和走向完善。科学知识的学科化程度不断强化，从事科学事业越来越需要专业素养，因而科学研究的专属性和不可替代性决定了大学及其成员在学术研究中的权威地位，以及学术自由和学术自治的权利。

新理念表现为：①大学享有完全的自主权，不受国家或政治力量的束缚，完全遵照学术研究的规律，尊重学者的学术自由。"大学的目标和使命亦为国家和民族的价值诉求，不过是按照更高层次的科学原则，无须按照特定社会机构或力量来佐证自身存在的合法性。国家需要依据理性，为大学提供学术研究所需的资源与环境支持，确保其遵照理性原则自主发展。"[1] "大学的价值在于创造高深知识，而非传授专业性知识，它应当将自身置于探求真知和科学思考的文化中，而非回应市民社会的知识需求。"[2] ②教师充分享有教的自由和学的自由，既能不受权威或外力的干涉，也有权利辩论、探讨和质疑，发出不同的声音，并能够自主参与学术事务的管理工作。大学教师成为探索科学发展规律、追求永恒真理的自由人。③教学与科研相结合。新式大学强调教学为研究服务，"教学被视为拓展研究的过程，而研究的过程也就是将科学精神、方法和价值观教授给学生的过程。"[3] 马克斯·韦伯（Max Weber）同样强调，"在德国，如果说某讲师是个很差劲的教师，通常等于宣判了他的学术死刑"[4]。换句话说，如果人们说某大学的教学做得很差劲，那么这所大学也就被宣判了学术的死刑。对教学与科研的结合理解得较为透彻的当属雅斯贝尔斯（Karl Jaspers）。他在《大学之理念》中指出："教学与科研相结合是大学无可争议而崇高光荣的发展原则。"虽然最适合科研的教师并不一定像专职教学工作的教师那样具有教学经验，但他们最有价值的地方在于"帮助学生接触到知识探究的深层，接受科学思维和科学精神的洗礼，而非单纯成为接受知识的僵化机器"[5]。教师就是帮助学生获得求知热情和科学方法的引路

---

① 洪堡. 论国家的作用 [M]. 林荣远，冯兴元，译. 北京：中国社会科学出版社，1998：2.
② ANDRESA F. Wilhelm Von Humboldt: schriften zur authropologie und bildungslehre [A]. Berlin: SpringerVerlag, 1984: 71.
③ 周川. 从洪堡到博耶：高校科研观的转变 [J]. 教育研究，2005（6）：26-30.
④ 韦伯. 学术与政治 [M]. 冯克利，译. 北京：生活·读书·新知三联书店，2005：22.
⑤ 雅斯贝尔斯. 大学之理念 [M]. 邱立波，译. 上海：上海人民出版社，2007：73.

人，因为教师亲身经历了知识创生的全部过程，熟知科学研究的范式和方法。

在现代大学变革中，"洪堡式"研究者的学术身份得以建构，在社会文化、大学制度和自主信念的交织中，塑造了"学术志业"的价值观。自此，大学教师研究者身份的合法性被多方确认，并内化于教师群体的心智结构中。自此，学术职业的研究属性被大学悦纳，教师成为享有学术自由、参与学术治理和掌握教学科研相结合的权限的学术人。

有观点将柏林大学的理念解读为学术至上，将学生、教学和课堂排除在大学的核心使命外，认为"学生、课堂、教师和政府需要、全民族的振兴都不是大学的核心，只有学术才构成大学存在的根本"。实际上，这种观点失之偏颇。正如德国高等教育研究专家陈洪捷所指出的，"柏林洪堡大学的办学价值观是提升人的个性，涵养人的德行，指向人的理性化发展"①，而科学不过是达成这种价值观的手段或渠道、方式。德国学者爱德华·策勒（Eduard Zeller）也强调，"学术修养需要在淡泊悠闲宁静、追求纯粹真理的校园里获得；科学素养也需要在这样的场所获得。知识并非僵化的操作技能，而是蕴含思维创造、德行塑造和科学理性的内容，它最终的落脚点在于澄清和确定人性的高贵"②。如果狭隘地将手段当成目的，就会丧失精准理解大学人才培养核心定位的危险，就会丧失探讨大学及其成员所肩负的职责使命的合法性基础。

囿于年代久远且缺乏充分的资料支持，人们对柏林大学以学术为本的办学价值观及其践行机制的认知比较模糊。很多情况下，相关研究者只能依托其他学者的论著，或者依据学者自传性的回忆或叙述进行论断。正如伯顿·克拉克（Burton Clark）所认为的那样："19世纪的柏林大学在洪堡的带领下，强调知识的发现重于知识的传授，这种价值观帮助整个德国乃至全球大学走向现代化，成为引领现代大学走向科学研究的航向。尽管在某些层面，理念与实践存在某种非一致性，但这并不构成对新理念的威胁。"③ 在这种理念与实践的矛盾纠葛中，追求学术的价值观得以塑造和强

---

① 陈学飞. 美国、德国、法国、日本当代高等教育思想研究 [M]. 上海：上海教育出版社，1998：145-146.

② ZELLER E. Vortrage und abhandlungen [M]. Halle：Nabu Press，2010.

③ 克拉克. 高等教育系统：学术组织的跨国研究 [M]. 王承绪，徐辉，殷企平，等译. 杭州：杭州大学出版社，1994：21.

化，尽管这种强化带有理想化倾向，但这也正是其魅力所在。

在民族国家现代化进程中，大学逐渐接受国家或政府的办学资助，大学教师甚至一度被赋予国家公务员身份，享有国家公职人员的薪资待遇，成为被国家赞助的学术人或国家学术资本主义的红利享有人。大学教师并不过度关切学术与金钱的关系，并坚信潜心科研和教学就能获得安身立命的文化定位和经济保障。

（三）"威斯康星式"服务者身份的建构

柏林洪堡大学的创建与"洪堡三原则"（学术自由、学术自治、教学与科研相结合）的确立，既拓展了现代大学的职能，也赋予了大学成员以相应的职责定位和自我想象的空间。大学教师成为兼具教书育人和科学研究身份属性的人。但随着现代性的拓展和科学技术在经济社会发展过程中作用的不断强化，负责捍卫科学理性和确定性真理的大学，越来越无法回避世俗社会的需要，越来越从"远离社会"走向"社会之中"，成为推动社会发展和文明进步的更持久也更深刻的力量。

在高校通过知识与社会的紧密性不断强化而获得办学资源和合法性的背景下，高等教育走出象牙塔而奔向社会，服务社区经济社会发展的理念在北美应运而生。特别是在美国独立战争与西进运动对版图和人口的解放下，越来越多的民众迫切要求接受高等教育。当然，为社会发展培育人才和提供才智支撑的传统能够在美国大放异彩，很大程度上受到实用主义哲学观和民主政治理念的影响。知识被民众用于争取自由平等和民主正义，捍卫独立意识与个体权利的价值观始终占据着美国社会发展相关价值观中的核心位置。这种群体性价值认同有助于大学或者说知识冲破壁垒而为社会发展与民众幸福服务。同时，《赠地法案》（Morrill Land-Grant Act）及后续政策的颁布实施也在制度层面提供了大学服务社区的合法性[1]。于是"通过向社会推广技术和知识和为政府部门提供专家咨询服务"[2] 成为现代大学新的职能，这种办学价值观率先在威斯康星大学确立并践行，因而也被称为"威斯康星理念"（the idea of Wisconsin）[3]。

---

① 杨艳蕾. 超越大学的围墙："威斯康星理念"研究 [M]. 北京：中国社会科学出版社，2015：2-5.

② 刘宝存. 威斯康星理念与大学的社会服务职能 [J]. 理工高教研究，2003（5）：17-18.

③ CORRY J，GOOCH J. The Wisconsin idea：extending the boundaries of a university [J]. Higher education quarterly，2010，46（4）：305-320.

有两个人在该理念的形成和发展过程中起到了关键作用。一是约翰·贝斯康（John Bascom）。他任威斯康星大学校长期间，强调师生具有参与社会活动的道德责任和社会义务，他具有理想化的"基督教信念"，鼓励师生按照基督教教义为国家发展贡献力量。因而他要求学校以先进科技为社会行业发展助力，这为"威斯康星理念"的形成提供了支持。二是查尔斯·范海斯（Charles Van Hise）。他任校长期间拓展和强化了为社区服务的办学价值观。他认为，"威斯康星大学除了具备教学与科研特质外，还应具备为州发展服务的办学定位：它必须为州的人民服务，在任何可能的方面提供帮助，以各类方式联系州内民众，扮演好州的发展顾问"[①]。因而他鼓励师生走出校园、走向社会，为本州社会行业发展和民众幸福生活提供帮助，将知识带给整个社会。在他和威斯康星大学的引领下，为社会发展服务的办学价值观逐渐被美国乃至全球高等教育系统所接纳，成为社会发展的"动力站"。正如约翰·布鲁贝克（John Brubacher）所评价的那样："范海斯对威斯康星大学办学理念的改造是革命性的，引发各州大学效仿，服务精神深刻融入办学核心观念体系，甚至成为实现高等教育民主化的新思路。"[②] 与之相伴的是，大学教师也因人力资本优势和技术专长而成为服务经济社会发展的"服务者"。

"威斯康星理念"在威斯康星大学的贯彻体现在：大学为州的发展提供各类知识和人才支持，而州则为大学办学提供充裕的资源支持。"在威斯康星大学服务社会的六大维度中，有两个指向民众，即充实民智和推广技术；剩下四个则指向州政府发展，即提供政策、信息、通信和政务系统的支持。"[③] 在微观层面，"威斯康星理念"既体现在教育推广中心的设置、函授性教育系统的创建、公共讲座教学体系的完善和信息传递与解读等方面，也体现在为农民提供农业技术培训课程和短期农业学校方面，还体现在为州和社区发展设置的技术专家咨询体系上，该体系鼓励教授、学者凭借技术专长为州立法和产业创新提供咨询服务。

与之相应的是，"威斯康星理念"拓展了大学自身所肩负的职责范围，

---

① The Wisconsin Jubilee Committee. The jubilee of the University of Wisconsin ［M］. Madison：The University of Wisconsin Press，1904：124.

② BRUBACHER J. Higher education in transition：a history of American colleges and university ［M］. Piscataway：Transaction Publishers，1997：237.

③ 王志强. 传承与超越：威斯康星理念的百年流变 ［J］. 清华大学教育研究，2017，38（4）：57-64.

促使大学将服务社会纳入自身办学使命。如果说古典式大学倡导"纽曼式"教育模式而确立了大学教师的教育者身份，现代式的柏林大学倡导的"洪堡式"教育模式拓展了大学教师学术人员的身份属性，那么威斯康星大学式的"服务化"教育模式则将大学教师塑造成为社会发展和社区繁荣贡献力量的服务人员。因而大学教师除了肩负着传承知识和文明、探索科学真理的使命外，还在服务社会的办学价值观和自身践行服务使命的交融中逐渐生成"社会服务者"的身份定位。

与之前教师学术身份从"教育者"向"研究者"转变相似，新的"服务者"身份的引入同样面临着学术职业冲突的困境。这种困境不似"教育者"与"研究者"的身份冲突表现为知识论哲学内部的冲突，新身份与传统身份的冲突更多指向知识论哲学与政治论哲学的冲突。为知识自身的价值而从事学术职业还是为知识的实用价值而从事学术职业，或者说为教育自身服务还是为政治或社会的需要服务，这类问题成为制约大学及其成员职责定位和价值信仰的根源性因素。这意味着大学教师"服务者"身份最令人担忧或者说最遭人诟病的地方在于：过多参与到市场、产业和政治的领域，会动摇大学教师对潜心教书育人和科学研究的信仰，异化其从事学术职业的动机，侵占大学教师用于教学和科研的时间、精力，最终可能导致教育质量下降，公众对大学及其成员的定位不再具有神圣性和崇高性。大学教师凭借自身知识资本储备和咨询服务优势为社会发展提供才智支持，不断彰显"服务者"身份，摆脱了耻于谈钱的理想化道德人格的标签束缚。

而随着新自由主义思潮的涌动、新管理主义从政治领域向经济和文化领域的渗透以及学术职业的契约化趋势的强化，以知识为社会发展核心驱动力的知识经济时代迫切要求高等教育适时转变办学理念、重塑办学价值观，这也必将带来大学教师学术职业定位转变和自我定位的新想象。在某种程度上，大学教师学术职业转变暗含着社会对变革主流价值观的内在要求，体现社会发展及高等教育内涵式发展的客观需要。在知识经济时代，大学教师学术身份可能是远离市场需要的，也可能是融入市场发展的，但绝对不会是与市场或社会相隔绝的。面对新形势和新要求，大学教师需要在保持身份底色的同时，不断丰富学术职业的内涵与外延，方能在保持初心的同时顺应趋势，持续致力于人性的解放和真理的探求。

二、中国大学教师学术身份的演进历程

学术职业的"舶来"属性决定了近代以来中国大学教师学术身份定位的认知依赖性，造成大学教师同时兼具师者、学者等多重身份属性。但近代以来中国政治变革、经济转型和文化变迁等因素的综合作用，导致大学教师的学术身份与社会角色交织混杂而显现出角色期待身份化的倾向，大学教师进而被赋予了"挽救帝国的官师""文化殖民的推手""培育新民的学人"等身份定位。新中国成立后，大学教师身份建构的自主意识增强，能动地建构了"服务人民的教师""又红又专的国家工作人员"和"履行契约的专家"等身份。大学教师身份的动态建构体现了学术职业属性与功能的拓展，但其并非强调特定身份标识的主导性，只能表明特定时期与特定身份属性的共振性和紧密度，它既不会越俎代庖，也不会消解身份底色。

（一）"挽救帝国的官师"

清末，京师大学堂和北洋大学堂等新式大学先后创建，推动了中国高等教育近代化发展。这些大学诞生在内忧外患的时代背景中，并以"中体西用"为办学宗旨，以经学为立国之体，内蕴救亡图存和挽救封建王朝的办学价值观。这些新式大学的经费来源于国家拨款，教员多由身具功名的官员组成，学生也多为官僚子弟，毕业后则被授予生员、举人和进士身份，这都体现了这类大学的官本位价值观。

以京师大学堂为例，"学堂创办以来，多采用具有官职的翰林院腐儒任教习（学堂的教师），这些人不晓西学，仍以儒家典籍为授课内容，以八股形式品鉴学识，应对科举考试"[①]。大学堂毕业者，按学习成绩优劣给予"进士"和"举人"出身，并授予六七品的官阶，在教育界服务五年后，便可回衙门任职。这样，"学问"和"仕途"就紧密联系在一起了，学位也就成了成为官吏的敲门砖。此时的大学教师背负"挽救封建王朝"的教育责任，具有"国家代言人"的身份定位，试图借助新式教育模式和内容武装潜在的政治精英，以挽救风雨飘摇的封建统治。张之洞曾言："窃惟古来世运之明晦，学术造人才，人才维国势。须动员天下士人，存

---

① 茹宁. 中国大学百年：模式转换与文化冲突 [M]. 北京：知识产权出版社，2012：21.

心利物，与国同难。"①

这种官本位思想将教师职责与国运相绑定，强化了以人才培育巩固国家统治的办学价值观和将教师视为"官府代言人"的形象定位。"教师之志在于求道传道，生活上的苛求无欲变成一种操守，甚至转化为一种道德优越感，与教师所固有的文化资本相结合，构成权威社会中读书人所持有的符号资本。"② 但是小农经济和宗法政治模式使得"劳心者治人，劳力者治于人"的观念深入人心，作为工具的知识或教育就成为统治者们"安抚民众的摇篮曲"，掌握曲调的人都是些封建贵族子弟，仅有的寒门子弟学习知识也是为了有朝一日鱼跃龙门而进朝为官。知识分子在"御用文人"和"乡野教书匠"之间进行人生抉择：是封官晋爵以"名利双收"为目标，还是以"贩卖知识"或做个"超越世俗的隐士"为目标，就很值得玩味。

当时大学堂的"官师"多由官员兼任，办学经费也多由官府提供，教习处于衣食无忧的状态。较之普通社会职业而言，教习的薪资待遇属于较高水准，无须放低姿态"向市民阶层啄食"。京师大学堂建立之初，待遇极好：当时的师生回忆，大学堂中的师生，都是按照候补官员来培养的，故而待遇优厚。所有学生全部公费学习，食宿全免，住单人间，两人共用自习室，饮食上则更是丰富（夏季是六菜一汤，冬季则是四菜一火锅，四季荤素俱全，米面均具）。每次考核优异者，还可以获得 10 银圆的奖励。学堂还分发两季公服，一些学生则吃喝玩乐，样样俱全，经常混迹于"八大胡同"等烟花之地。

（二）文化殖民的"推手"

晚清到民国时期，中国还存在教会办大学的特殊情况。西方传教士"妄图以十字架征服中国"的理想催生了教会创办大学的趋势。当时中国社会对知识的渴望程度更胜以往，但国内官办大学很难予以满足，且各校层次差异大，质量波动也较大，对社会需求的满足程度偏低③。因而各类教会大学如雨后春笋般出现，成为中国近代高等教育史上不能忽略的部分。

---

① 刘云杉. 从启蒙者到专业人：中国现代化历程中教师角色演变 [M]. 北京：北京师范大学出版社，2006：35.

② 刘云杉. 从启蒙者到专业人：中国现代化历程中教师角色演变 [M]. 北京：北京师范大学出版社，2006：20.

③ 卢茨. 中国教会大学史 [M]. 曾钜生，译. 杭州：浙江教育出版社，1988：89-90.

教会大学"以培养能够效忠于教会的中国领袖人物"① 为目标，试图在精神领域征服中国社会。中国社会数千年来都受儒家思想的影响，传统士大夫阶层长久浸润在儒家思想之中。教会要想动摇或者颠覆这样的文化传统，就要培植基督教的文化体系，占据曾经士大夫阶层所拥有的社会地位与财富②。《远东教育征服》指出："欧洲强国对付远东的方式，可以简单概括为征服模式，用枪炮武器、用蒸汽机器、用教会传道以及学校文化观念的侵蚀，等等。其中最重要也最难的是，用西方观念来征服东方观念，用强势精神凌驾于温和精神。"③ 1908 年美国某大学校长在向美国总统提交关于中国情况的备忘录时也曾着重指出："总统先生，我们应当也必须对中国教育（主要是高等教育）施以影响。谁能够在教育年轻中国人上占得先机，谁就能凭借所付出的这些教育努力，获得经济和政治上更加丰厚的回报。我们都清楚，商业利益终归是在精神文化的影响下发挥作用的，这种靠教育来完成的伟大事业，可比直接用舰船、军旗牢靠得多。"④

任职于教会大学的教师将基督教教义渗透于平时的教育中，宗教性内容在所有课程中都占据核心地位。教会大学还将宗教课程列为必修课程，定期组织师生开展教义学习，潜移默化地渗透西方价值观和亲近教会的文化认同。同时，教会大学多接受宗主国的政治资助或教会系统的资助，教会大学的教师凭工资便能够满足基本生活需要，无须像其他一些公立院校的教授那般为生计奔波。教会大学甚至能够为知名学者提供丰厚的兼职薪酬。当时教会大学的办学质量也因此有所保障。高仁山在《这是什么政府》一文中回忆："由教会和私人创办的那些大学（燕京大学、协和医科大学、汇文大学等），学生招得多，上课上得好，办得颇有成效。"

教会大学立足于宗主国利益而兴学，其志向不是促进中国的富强，而是培育具有教会信仰的领袖精英，试图对中国社会施以深刻的影响。但客观上，有着文化殖民"推手"身份的教会大学教师，仍然促成了人本理念的传播、科学技术的推广和思想的启蒙，促进了中国高等教育的近代化。

（三）培育新民的"学人"

辛亥革命推翻了封建王朝，颠覆了为封建统治培育政治精英的教育

---

① 吴洪成. 中国近代教会高等教育的历史审视 [J]. 社会科学辑刊，2002（5）：127-131.

② 朱有瓛，高时良. 中国近代学制史料：第四辑 [M]. 上海：华东师范大学出版社，1993：97.

③ 许美德. 中外比较教育史 [M]. 上海：上海人民出版社，1990：145.

④ 顾长声. 传教士与近代中国 [M]. 上海：上海人民出版社，1981：340-341.

观。为孱弱的新社会培育具有独立人格和公民意识的国民，夯实民族国家的文化根基，成为民国大学及其成员的时代使命。为国家培养具有理智精神和强健体魄的公民成为主旋律。国民教育宗旨明确指出，"应注重道德教育，借助实利教育、国民教育和美感教育提升国民的道德素养"。当时聘任大学教员的首要依据就是"热爱国家、遵守法律、博爱独立、性情高雅和学识渊博"①，但最核心的是关注国家前途的忧国忧民之心。在民族意识高涨的时代，这种选才标准一跃成为社会对大学教师的价值要求，成为大众为教师贴的群像标签。不过这种身份定位的角色化倾向过于明显，带有制度期望与政治规约的意味。

在教育系统内部，大学教师身份定位以学术水准为根本。封建统治被推翻，导致大学教师为统治阶层所绑架的境况彻底改变，教师无须为专制思想服务，其自由意识和独立人格得以彰显，学术至上的价值观伴随着蔡元培的北大改革而不断强化，教师的"学术人"身份标识逐渐清晰。朱家骅在《教育部关于整理全国教育的说明》里曾指出："大学安身立命之根基在高深学术，而高深之学术须从基本的、系统的、专门的学科开始。如果本末倒置，顺序紊乱，就会导致轻于基本而重于专门，先于专门而后于基本，则学生先已乱其门径，研究学术，安得有济。"② "苟无研究，便无学术；苟无学术，何有教育；苟无学术，何须教育行政；教育行政而不根据学术为标准，何足以言教育"③，仍然是教育系统内的价值共识。

大学教师的"学术人属性"经由学术共同体的合法性确认和教师个体的价值认同而强化。梅贻琦曾言："一个大学之所以为大学，全在于有没有好教授。孟子说：'所谓故国者，非谓有乔木之谓也，有世臣之谓也。'我现在可以仿照说：'所谓大学者，非谓有大楼之谓也，有大师之谓也。'我们的智识，固有赖于教授的教导指点，就是我们的精神修养，亦全赖有教授的 inspiration。"这种重要性不仅体现在教师在知识传授、启蒙精神以及促进学校发展方面，也体现在教师在高深知识探究和超然的社会地位上。蔡元培也强调，"诸君须知大学，并不是贩卖毕业文凭的机关，也不是灌输固定知识的机关，而是研究学理的机关"④。因而教师不是贩卖知识的贩

---

① 叶菊艳. 教师身份建构的历史社会学考察 [M]. 北京：北京师范大学出版社，2017：120.
② 周邦道. 第一次中国教育年鉴（丙编）教育概况 [M]. 上海：开明书店，1934：24.
③ 金以林. 近代中国大学研究 [M]. 北京：中央文献出版社，2000：166.
④ 蔡元培. 北京大学二十二周年开学式之训词：下册 [M]. 北京：新潮社，1920：301.

子，而是精研高深学问的学人。

不过，连年战乱和物价疯涨已经导致高校入不敷出，难以保障教授的基本生活需要。为维持学术研究而被迫讨生的教师"兼课"现象屡见不鲜。史学家蒋廷黻曾这样描绘当时的教授兼课场景："在我返国时，大多数学校都发不出薪水，国家税收都用于十年内战了。因为学校不能按时照规定发薪，于是老师也就无心授课，大多数老师都尽量兼课，因为薪水是按钟点计算的，某些老师成了兼课专家。"① 当时来华考察的国际教育联盟观摩考察团在短短三个多月的教育考察过程中对教师兼课问题有过较为生动的描述："这样的行为（教师兼课）是商业化的，不仅因为兼课可以赚到大笔钱财以资学术和生活。当然也有崇尚留学生及其学位的风气在里面。那些远渡重洋归国的留学生们所获得之学位足以耸人听闻，则争聘之情形也愈加激烈。"②《战时国立中等以上学校教职员兼课钟点费支给标准》对教师依靠自身学术知识获得收益的兼课行为进行规范，指出："兼课按照小时计算，教授兼课每小时最高 32 元，副教授每小时最高 28 元，讲师则只能拿到每小时最高 24 元的兼课费。"③

除了为学术永续而不得不"兼课"外，"爬格子"也成为大学教授谋求生计的手段。当时知识阶层的生计来源是：①教学研究收入，主要是指授课费、科研费以及学术职务所带来的薪资待遇；②创作（或发明）收入，主要是指专利、版权、稿酬以及编辑工作的劳务费；③演出展览收入，主要是指画展、艺术展、表演费和导演费、编剧等④。不少教授以"爬格子"方式维持自身学术研究和生活所需开支。蔡元培就常以著述翻译、润笔码字和兼职编辑的方式赚取酬劳，当时他和商务印书馆签订协议，为其翻译和编著国外学术著作，按照每翻译千字 3 银圆和每撰写书稿千字 5 银圆的价格按劳索薪⑤。林语堂也常为开明书局等编撰英语读本和国外文学著作，并抽取销售利润的 15% 为薪酬，据悉每年他都能从开明书局拿到约

---

① 金以林. 近代中国大学研究［M］. 北京：中央文献出版社，2000：77.
② 沈云龙. 近代中国史料丛刊三编第十一辑［M］. 台北：中国台北文海出版社，1989：161.
③ 熊明安. 中华民国教育史［M］. 重庆：重庆出版社，1990：295.
④ 陈明远. 文化人与钱［M］. 天津：百花文艺出版社，2001：4.
⑤ 蔡元培"爬格子"［EB/OL］.（2011-04-22）［2020-12-30］. http://news.cntv.cn/20110422/102538.shtml？ptag=vsogou.

6 000 银圆薪酬，这还不包括创办杂志和编撰词典等其他收入①。国立武汉大学苏雪林在抗战初期将自身教书和坚持"爬格子"所得收入变卖成金条（据说 40 两）捐赠给抗日队伍②。

尽管教授们为赚钱谋生和维系学术而参与贩卖知识的行当，但并未丢失学术至上的追求。他们所获的薪酬也多用于学术探究而非生活享乐，始终保持着独立的学术人格。正如北大哲学系金岳霖在《晨报·副镌》上撰文所指出的："大学教师要成为知识分子，而不是政客商人。与其做官，不如开剃头店，与其在部里拍马屁，不如在水果摊上唱歌。"③ 他希望知识分子能够成为"独立进款"的人，即靠自己的才能吃饭，不看政府和商人的脸色过活。任鸿隽也强调，"人不能单靠面包而生活。大学教师的职责不是贩卖知识，而是要培养学生的研究兴趣，让他们明白科学研究的目的不在于物质享受，而在于精神满足"④。

（四）服务人民的"教师"

新中国成立后，党中央确定了"为人民服务，为革命斗争和社会建设服务"的教育方针。特别是在"民族的、科学的和大众的"新民主主义文化观和《共同纲领》"提高人民文化水平，培养国家建设人才，肃清封建的、买办的、法西斯主义的思想，发展为人民服务的思想"⑤ 之规定下，各级各类教师被定位成"人民教师"。

"人民教师"在性质上规定了其是为人民服务而获取身份合法性的，在属性上属于人民群众的范畴，属于人民中的一员。"前者要求教师走出象牙塔而奔赴工农生产实践，以走向基层为价值旨趣和行动指南；后者则要求教师以高度自觉和阶级立场参与到启蒙社会大众和自我革命的历程中"⑥。但大学教师多具有较高的资本主义知识储备和敏感的政治意识，处在"人民"范畴的边缘地带，随时有可能偏向"敌对势力"，因而其建设

---

① 林语堂的两面金钱观 [EB/OL]. (2018-10-25) [2020-12-31]. https://m.sohu.com/a/200646498_100018519/.

② 张发林. 我的武大老师：第二辑 [M]. 武汉：武汉大学出版社，2017.

③ 舒展. 也说教授贬值 [J]. 民主，2001（8）：36-37.

④ 杜涌涛. 民国旧士：过去的那些人 [M]. 福州：福建教育出版社，2009：151.

⑤ 1949 年《中国人民政治协商会议共同纲领》全文 [EB/OL]. (2011-11-16) [2021-08-08]. https://news.qq.com/a/20111116/ 000896_1.htm.

⑥ 刘云杉. 从启蒙者到专业人：中国现代化历程中教师角色演变 [M]. 北京：北京师范大学出版社，2006：136-137.

新社会的思想与行动不够坚决彻底，需要进行思想和劳动改造。毛泽东曾指出："我党对于学生、教员、教授、科学工作者、艺术工作者和一般知识分子，必须采取慎重态度。必须分别情况，加以团结、教育和任用，只对其中极少数坚决的反革命分子，才经过群众路线予以适当的处置。"①

根据解放初期针对北京、天津和青岛等地高校部分教师的调研数据可知：教师群体中的进步分子占 18%，而落后分子占 28%。而在 1956 年《关于知识分子问题的报告》中，周恩来指出，"在高级知识分子群体中，能够积极拥护党和政府、拥护社会主义制度、坚决为人民服务的占 40%；拥护党和政府，在政治上不够坚定的中间派占 40%；缺少政治觉悟和思想觉悟，反对社会主义制度的落后分子和其他反革命分子分别占百分之十几和百分之几"②。

将大学教师塑造成"人民教师"，既有助于为新政权和新制度的确立和巩固夯实文化根基，培育新中国所需的社会人才，也有助于改变知识分子过于清高自傲的文化性格，以及数千年来养成的对下层民众的轻视心理，帮助教师在内心认可和拥护工农阶级的价值规范，并自觉以"人民一员"要求自己。此背景下，不少大学教师自觉认同"人民教师"的身份定位，诚恳而深刻地展开自我批评和自我省思，检视知识系统的错误认知和哲学立场的偏差，坚定地站在人民群众的立场上。

"人民教师"的身份建构，体现出社会对知识分子所应承担角色的期待和要求，试图将大学教师"从旧时代为知识而知识的学者和脱离劳苦大众的社会精英转变成具有为人民服务政治立场和走向民间的工农先锋"③。按照政策话语规定的"人民教师"身份，很大程度上构成了教师如何想象自我和自我所肩负使命的意义空间，对党和国家的热爱所衍生出的职业崇高感占据着重要位置。不过，教师也在与同事、学生的温暖交往中不断塑造着"师者"形象，将有限精力投入关爱学生的教育事业中。

新中国成立初期，国民党留下的烂摊子亟待整改：社会无序化、市场崩溃化、通货膨胀率较高、生产生活资源匮乏而缺乏配置效率。教育系统

---

① 毛泽东. 关于目前党的政策中的几个重要问题 [M] //毛泽东. 毛泽东选集：第四卷. 北京：人民出版社，1991：1269-1270.

② 中国教育年鉴（1949—1981）[Z]. 北京：中国大百科全书出版社，1984：26.

③ 胡金平. 从教师称谓的变迁看教师角色与知识结构的转变 [J]. 南京师大学报（社会科学版），2007（3）：87-91.

也面临经费短缺而难以为继的困境。但当时的"人民教师"并未像民国教授那般为钱奔走。原因在于：政治意识形态对高级知识分子以知识谋利的做法较为敏感，这种做法容易被贴上"资本主义"标签；市场虽然被战乱摧残但整个社会物价水平并不高，教师并不会饱受通货膨胀的影响，经济生活上的相对剥夺感不高；"人民教师"的政治话语塑造了教师崇高形象，道德生活的富足比物质生活的充盈给教师带来了更高的满足感。

（五）又红又专的国家工作人员

1956年，在为人民服务的定位下，教师被规定为"又红又专"的"国家工作人员"。《关于高等学校教师调动暂行规定》规定了教师的"国家工作人员"的制度性身份，以依托单位制度配置教师生活和教学所需的物质资源。"又红又专"成为"教师作为国家工作人员"的基本要求。党和政府一方面向大学教师宣传马列主义思想和毛泽东思想，这种意识形态比传统儒家思想更深刻、系统，体现着"红"的方向；另一方面，党和政府还期望以大学教师为代表的高级知识分子能够为百废待兴的社会提供经济建设所需的科学技术知识，在专业实践领域为新中国的发展提供专业支持，激发其为社会主义现代化进程服务的热情和信心[①]，暗含"专"的要求。

但强大的政治意识形态没有给教师个体预留充足的自我想象空间，并借助单位制度将个体诉求和精神诉求内嵌在"单位结构"中，敦促教师践行"红专结合"的价值定位。"红"要求教师忠诚于党、政治可靠。政治意识形态对大学的要求，导致大学教师"传授知识的定位让位于传达和执行党的意志"[②]。我国转变大学治理结构，明确党委对大学的绝对领导权，设置马列主义系列课程，不断强化教师"红"的知识素养。"红"的精神要求，带来了政治信仰的行动转化。它要求教师放弃私人性的生活追求，将灵魂深处的情感和欲望暴露在公众视野中，并以此推动自己的思想改造。在"专"的层面，教师被委以重任，在社会建设过程中发挥专业特长，为经济建设和社会进步提供技术支持。在民族国家现代化过程中，教师的"专"为技术理性的高昂和知识分子在经济社会中获得更多话语权提供了支持，同时也为自身持续参与社会建设和思想改造提供了合法性庇

---

① 费正清. 剑桥中国史：革命的中国的兴起 [M]. 北京：中国社会科学出版社，1990：228.
② 刘云杉. 从启蒙者到专业人：中国现代化历程中教师角色演变 [M]. 北京：北京师范大学出版社，2006：146.

护。总体而言，"专"是"红"的辅助条件，"红"始终处于统率位置。教师成为凭借专业化知识和坚定政治信仰，将马列主义和毛泽东思想装入自我和学生心灵的国家工作人员，助力中国共产党的政策宣传和文化事业。

同时，为加强对教师的管理，国家实施了单位制。单位制为教师提供了制度性庇护和身份归属感。"单位成为人们借以接近和享受国家所垄断的稀缺资源的唯一通道。"[1] 深处单位之中，享受编制红利，教师才能获得安全感和组织归属，才有了凭借"公家身份"获得物资配给和精神皈依的可能。而单位则为教师提供权利、职责和身份合法性的基础，并以福利、子女教育、卫生、饮食、住房和学术尊严等资源来驱动教师遵从代表国家意志的单位目标、价值追求和行为模式的要求。但"受计划经济体制和严格的中央集权制的影响，教师对自己的专业一直处于无权或少权状态"[2]，并衍生出"单位惯习"和被制度管控的"路径依赖"而缺乏自主意识。

在政治、经济和意识形态高度重合的时代，单位制成为巧妙结合政治权力与财产权利而维系社会稳定的组织策略。大学教师凭借"单位人属性"而获得身份归属及附着于单位身份上的一系列福利与权利，形塑着又红又专的国家工作人员形象。同时，单位制还为大学教师的生活兜底，其"吃喝拉撒"和"生老病死"由单位负责。只要教师不犯原则性错误就能够永久维持这种体制身份，毫无顾虑地投入教育科研事务中。

（六）履行契约的"专家"

随着改革开放的实施，市场经济及其价值观的引入，以及经济体制改革的逐步推进，科学技术及其在经济社会建设过程中的作用被强化。邓小平关于"科学技术是第一生产力"的论断也强化着教师作为专业技术人员的身份优势。在此背景下，重申教师专业性、重视教师自主性、强调教师专业人员定位成为教师研究领域的"共识性环境"。1994 年实施的《中华人民共和国教师法》明确规定："教师是履行教育教学职责的专业人员，承担教书育人，培养社会主义事业建设者和接班人、提高民族素质的使

---

① 刘云杉. 从启蒙者到专业人：中国现代化历程中教师角色演变 [M]. 北京：北京师范大学出版社，2006：124.

② 徐淑琴，郅庭瑾. 教师身份的伦理思考：基于中国教师身份发展过程的分析 [J]. 教育科学研究，2007（11）：9-12.

命。"① 这在立法上确保了教师身份的职业性和专业化。

同时，政策话语的松绑和市场意识的高涨共同塑造了教师学术职业发展的外部情境。"个人主义思想的渗透、对市场经济逻辑的推崇和多元化价值观的引入，使整个社会和教师个体对该如何扮演好教师身份产生了新的想象空间"②，教师对"我是谁"和"我应该做什么"发出了新的声音。教师不再囿于政治话语对自我群像的塑造而在市场经济伦理下不断寻求自我身份突破。市场经济强化了教师身份的世俗性，越来越多的教师将自己定位成从事知识实践的职业人，认为这种职业与其他社会职业并无差别，也不再享有传统意义上知识权威的特权，转而蜕变成特定领域的专业人。知识分子安贫乐道的形象受到市场经济的冲击，学术职业越来越被视作谋生和实现自我价值追求的手段。"作为一种不带有价值褒贬的职业分工，大学教师学术职业和其他社会职业在理论上并无等级差别，学术职业也不比其他职业高贵，知识传播、创新和应用过程也不再被贴上神圣标识，这些都被视为职业分工的基本要求。"③

伴随市场经济改革而来的是教师聘任制的摸索实践。1983 年，国务院提出高校应实行学衔制、学衔与职务聘任"双轨制"、教师职务聘任制三种思路，开启了教师聘任制的探索道路。1986 年《高等学校教师职务试行条例》明确规定，"高校实施职务聘任制，根据学校学科建设需要和教师专业素养实施聘任"④，为聘任制提供了立法和政策保障。"在聘任制改革背景下，计划经济体制下的单位人逐渐转向了市场经济体制下的契约人"⑤，大学教师凭借专业素养胜任学术事务、获得相应待遇、享有社会声望，成为名副其实的"专业人"。

市场经济体制改革强化了学者的社会地位，但与之相匹配的薪资待遇却未能跟进。声望上的满足感与待遇上的失落感导致一些教师"下海"或

① 中华人民共和国教师法 [EB/OL]. (2005-05-25) [2021-08-09]. http://www.gov.cn/banshi/2005%2D05/25/content% 5F937.htm.

② 叶菊艳. 教师身份建构的历史社会学考察 [M]. 北京：北京师范大学出版社，2017：229.

③ 温正胞. 社会变迁与高校教师的角色转换 [J]. 杭州师范学院学报（社会科学版），2006（3）：112-116.

④ 中华人民共和国教育部. 高等学校教师职务试行条例 [EB/OL]. (2010-01-29) [2022-08-10]. http://www.moe.gov.cn/s78/A04/ s7051/201001/t20100129_180698.html.

⑤ 黄亚婷. 聘任制改革背景下我国大学教师的学术身份建构：基于两所研究型大学的个案研究 [J]. 高等教育研究，2017，38（7）：31-38.

参与到知识市场化进程中。聘任制也消解了大学教师的"单位意识"，将"契约精神"融入教师学术事业的信仰中，敦促教师按照知识契约履行职业义务，按照自主意志自由行动。"传统教师文化价值观属于道德理想主义范畴，不关涉物质生活，西方的科学理性主义与教育管理制度则将传统观念逐步蚕食侵占，激活了教师从非精神性维度思考我是谁的想象和行动空间"①。制度叙述的话语体系在强调个人主义和自由精神的新气象下转向了基于自我叙述的话语体系，教师获得了更多想象自我和定位自我的意识。越来越多的教师在遵守国家政策的前提下发挥自主能动性，自主选择身份定位并予以践行。

迈向信息化时代，在经济全球化和科技创新的趋势下，全球范围内的个体均在某种程度上呈现出从原有文化生态情境中脱域（disembedded）而出，重新嵌入（embedded in）经济全球化、市场化和科技消费理性主导的社会文化情境中的倾向②。大学教师则面临着学术资本主义对自我定位的冲击，在捍卫知识公共性和拥抱学术市场化的抉择中调适学术职业的价值界限，理性塑造学术身份。同时，数字化时代和人工智能技术的发展，也要求大学教师具备数字化教育伦理和身份定位，成为具有数字素养的专业人。

对中国大学教师学术身份的演进脉络的梳理归纳，容易造成这样的认识误区：大学教师的学术身份是一个接一个产生的，随着大学职能的不断丰富，大学教师的学术身份亦不断建构③。此观点的错误在于：中国大学教师的多重学术身份在其成为大学教师之日起，就同时兼具了。民国教授的爬格子④和兼课行为、润笔费等就是有力的证据。中国大学教师学术身份并非依序建构，而是在从事学术职业之初就获得了教育者、研究者和服务者身份。这是因为中国近代大学的创建和发展始终借鉴欧美现代大学模式，大学教师身份并不像欧美学术职业演进那般有序。作为舶来品的中国

① 车丽娜. 教师文化的嬗变与建构 [M]. 北京：中国社会科学出版社，2015：41-99.
② GIDDENS A. Modernity and self identity [M]. Cambridge：Polity Press，1991：20-35.
③ 应当说在全球语境下或者说在现代大学诞生发展的语境下，这个判断基本是正确的。但在中国语境下，大学本身就是舶来品，它在中国生根的那一刻起，就已经兼具现代大学所应具备的三大职能了。此外，中国现代大学还具有浓浓的"官办情结"和"致仕情怀"，一度导致大学成为维护封建统治的"左膀右臂"，这也应引起我们注意和思考。
④ 在电脑编辑文字的时代尚未到来之前，人们是以稿纸为载体进行写作或创作作品的，而且彼时计算写作工作量的单位是以千字为单位进行的，因此计算稿纸上的固定格子来估算字数是较为便捷、易操作的。因此，世人皆以"爬格子"来称呼写作。

近现代大学，其教师的身份也带有西方印记①。在此意义上，对中国大学教师学术身份进行基于历史和现实的审视，对理解西方大学如何影响中国大学也大有裨益。

三、大学教师学术身份演进的规律总结

尽管大学教师学术身份演进历程有中西之别，根植于不同文化传统和社会结构，但是从人类社会形态跃迁和社会结构转型的整体性看，不同地区的大学教师学术身份演进仍然有某种共性的规律可言。

（一）学术身份随社会变迁而动态演进

安东尼·吉登斯（Anthony Giddens）强调，"稳定而连贯的身份是一种幻觉"②。"身份承担者表明了社会进步规律的某种符号性标识，任何具有进步意义的行动或社会变革，都可以理解成某种从身份到契约的过渡。"③因而身份是透视时代诉求转换的线索，也是解剖社会变迁的微观抓手。

教育根植于特定的社会政治、经济和文化生态系统。"大学学术发展的重大突破多与社会转型或结构性变迁相关——新制度的建立、新经济的支持、新阶级的诞生等，此时大学的学术研究取向就更多地源自社会政治经济发展的现实需要。"④而教师作为教育目标实施者，其职责使命必然受政治、经济、文化和社会因素制约，体现社会在特定阶段的发展诉求。

学术身份的动态化演进，体现着社会变迁的诉求转向和生产力发展的要求，成为透视社会转型的教育镜像。纽曼眼中的"古典大学"转向弗莱克斯纳口中的"现代大学"，再转向克尔描绘的"多元巨型大学"，表明大学正与政府、市场和某些个人产生更多形式的接触，不断增强自身合法性基础，并根据社会秩序和社会结构转型来自我更新，增强社会适应力⑤。同理，大学教师也需要在不断变化的时代诉求中，依托培育公众心智的教育者身份、探索高深知识的研究者身份和为公共福祉而奔走的服务者身份

---

① 杨东平. 大学精神［M］. 上海：上海文汇出版社，2003：5.

② GIDDENS A. A magna carta for the digital age［J］. New perspectives quarterly，2018，35（3）：6-8.

③ 梅因. 古代法［M］. 沈景一，译. 北京：商务印书馆，1959：97.

④ 刘云杉. 从启蒙者到专业人：中国现代化历程中教师角色演变［M］. 北京师范大学出版社，2006：66.

⑤ 布鲁贝克. 高等教育哲学［M］. 王承绪，郑继伟，张维平，等译. 3版. 杭州：浙江教育出版社，2001：3-4.

来构筑学术职业的合法性。

欧美大学教师学术身份的动态演进暗含着彼时经济社会发展的价值诉求。现代大学诞生于宗教权力与世俗权力角逐话语权的时代，"双方都试图拉拢这个以传授知识为生的组织及其成员"[①] 来增强对社会系统的控制力，并相继赋予大学及其成员以各种特权。此时大学教师的学术身份是传授知识的"教育者"。而随着启蒙运动的开展和资产阶级革命浪潮的兴起，大学及其成员开始为世俗社会和民族国家现代化进程服务，以创新知识来摆脱宗教神学束缚，夯实民族国家发展的知识话语权。大学教师也因此被赋予"学术人"身份，致力于高深知识的创新拓展。随着地域经济社会发展与大学的关系逐渐密切化，向周边社区推广知识、服务于社区繁荣和社会发展的价值共识逐渐内化为大学办学理念，大学逐渐成为"以知识点亮国家和社会发展道路的组织"。"社会行业不断发展，对知识的渴求越来越强烈，高校进一步成为社会的'服务站'。"[②] 大学教师也就无可争议地被定位成"服务者"。这种为社会服务的价值观得到政治、经济和文化上的确认，进而成为富有制度合法性的共识，持续强化着学术职业的知识服务性。而在知识资本化趋势下，当代大学教师则通过回应知识创新以驱动社会发展、知识创业以确保生存境况、知识转化以谋求发展资源的诉求，持续塑造"创业人"形象。

本土语境中，"中国近代大学是欧洲大学的凯旋"[③]，中国现代大学制度和精神传统也是从西式大学中移植而来的。"今日中国之大学教育，溯其源流，实自西洋移植而来"[④]。扎根中国情境的大学及其成员，也随着中国社会形态的变迁和制度的革新而调整办学定位和价值追求。在兼具教书育人、学术研究和为社会服务的身份属性的前提下，中国大学教师在不同历史时期还扮演着特定身份。

近代化之初，列强环伺而内忧不断，封建社会的礼教制度随时面临崩溃。此时大学堂内"官师一体"的教习，就成为"师夷长技以制夷"的文化先锋，其为挽救封建王朝而奔走于知识传播与价值观塑造的形象跃然于

---

① 胡钦晓. 社会资本视角下中世纪大学之源起 [J]. 教育学报, 2010, 6 (1): 117-124.

② 克尔. 大学的功用 [M]. 陈学飞, 译. 南昌: 江西教育出版社, 1993: 102.

③ 许美德. 中国大学, 1895—1995: 一个文化冲突的世纪 [M]. 北京: 教育科学出版社, 2000: 32.

④ 杨东平. 大学精神 [M]. 北京: 文汇出版社, 2003: 46.

封建社会解体与近代化社会形塑的过程中。而随着辛亥革命点燃的革命之火迅速蔓延，整个社会兴起"教育救国""文化救国""民主科学救国"的思潮，政治当局的重视、办学经费的支持和文化价值观上的尊崇，都赋予大学教师崇高的"救亡学人"的身份标识。新中国成立之初，政治、经济和意识形态的高度集中化，则要求大学教师具有较高的政治觉悟和自我改造的品质，成为光荣的"人民教师"。改革开放以来，随着市场经济体制的创建与完善、党和国家对教育事业的重视和现代科技在生产力领域作用的不断凸显，大学教师的自主意识和专业素养不断提升而成为"专业人"。而在以知识促进经济和社会发展成为共识的时代，大学教师的学术身份正逐渐沾染市场化元素而呈现新特征。这表明，中国大学教师学术身份是随着社会变迁而动态演进的。

"未来社会中教育的变革，绝对不是科学技术的深度反思，而是对教育在社会中的角色定位、目标、内容及其价值的深度反思。"[1] 未来社会中大学教师的学术身份也会在不断适切时代发展诉求和教师学术信仰的过程中动态演进。探讨学术市场化语境下大学教师学术身份的转变及其潜在影响，重塑学术职业的身份图景，显得必要且适时。

（二）学术身份在冲突融合过程中调适

大学教师学术身份动态演化的过程，也是其多重身份诉求冲突融合的过程。这种冲突融合既体现在新旧身份更替的价值冲突与定位调适上，也体现在学术身份建构过程中外在要求与内心归属间的博弈上。

纵向上，"教师各类新角色出现的背后，是高等教育与经济社会发展的再平衡甚至再妥协，是大学教师在传统角色扮演失衡中寻找角色突破的关键步骤，具有重要的社会意义"[2]。回顾学术职业发展史，大学教师学术身份的建构与重塑总是伴随着争论。正如大学教师"教育者"身份的建构过程受到宗教人士和世俗行会成员的抵触、大学教师"研究者"身份的建构过程遭到以"纽曼理想"为圭臬的经典大学的反对、大学教师"服务者"身份的建构过程受到"教学与科研并重"的大学办学理念的制约，大学教师在知识与市场联姻语境下的学术身份建构过程，势必会遇到传统学术职业定位的理念与行动上的激烈抵抗。本土境况下的大学教师学术身份

---

① 德鲁克. 后资本主义社会 [M]. 傅振焜, 译. 北京: 东方出版社, 2009: 159.

② 朱书卉, 睦国荣. 大学教师学术创业的角色定位与角色扮演研究 [J]. 河北师范大学学报（教育科学版）, 2018, 20（3）: 110-117.

演进历程也存在着冲突：在晚清大学堂时期，大学教师面临着"庙堂学问"与"传道授业"的身份冲突，进而融合出"亦官亦师"的身份；在民国时期，大学教师则面临着"道德盛名"与"现实窘境"的身份冲突，进而催生出"忧国忧民"的学人形象；在新中国成立后，大学教师则面临"资本主义"与"工农阶层"的身份冲突，进而形塑着"人民教师"的身份定位；改革开放以来，大学教师则面临着"知识分子"与"世俗庸人"的身份拷问，进而调适出"专业学者"的身份标识。

在纵向上的身份冲突与价值调适，更多体现出外部对大学教师该如何践行职责的要求，倾向于要求教师以社会发展需要或国家教育政策为身份定位的主标尺，进而理性调整身份融合的方向与要求。但是，不论外在要求如何，大学教师始终没有丧失身份底色，始终坚持以人才培养为身份合法性的基础。不同的是，不同历史阶段，培育何种规格人才会受到社会变迁和制度转型的影响而表现出身份标识的波动。譬如中世纪培养忠诚于宗教的信徒，近代则转向培养民族国家现代化所需的公民，现代社会则致力于培养具有创新精神的全面发展的人。

横向上，教师成为教师的过程，就是不断建构其身份感的过程，就是不断使身份群体性期望与个体性诉求相协调的过程[①]。大学教师学术身份的冲突融合体现为：如何在外部制度规约与自我学术信念间实现身份诉求的和谐共融。在学术职业的发展历程中，大学教师需要摆正学术身份定位，在知识传授、科学研究和社会服务的诉求冲突中寻找稳定自我定位的平衡点，要在社会发展需要、政治意识诉求和公共生活呼唤的交织中寻找社会身份定位标尺，并在二者的动态平衡中建构学术身份。于是，大学教师面临着"知识权威还是知识雇员""基础研究还是应用研究""学术志业还是学术创业""文化引领还是文化迎合"的价值冲突。而在中国语境下，大学教师同样面临着"官员与师者的冲突""知识分子与庸俗小民的抉择""红与专的兼顾""学术人与市场人的调适"等学术身份的价值冲突，并在这种职业冲突中孕育新的或综合化的身份定位。但学术职业冲突并非不可调和，而是可以在坚守求真育人使命的根基上不断创生转化，不断丰富学术职业的内涵和外延。毕竟，"危机不仅昭示着事物发展进程中的困难险阻，同时也暗含着事物转折和创生的无限可能"[②]。因而大学教师所面临的

---

① 郭丁荧. 教师图像：教师社会学研究 [M]. 高雄：高雄复文图书出版社，2004：24.
② 刘放桐. 马克思主义与西方哲学的现当代走向 [M]. 北京：人民出版社，2001：56.

学术身份危机，同样蕴含着学术身份重塑和内涵重构的无限可能。

在横向上的身份冲突与价值调适，则多体现出教师自主意识和教育信仰是如何影响教师想象和定位自我的。这种身份冲突与调和使教师更倾向于以自我教育信念和对学术事业的忠诚感为身份定位的主标尺，持续调整外部诉求以契合自身教育理想。但这并不意味着教师排斥社会期望和制度要求，完全遵照主观意愿肆意裁定自我身份。相反，社会期望和政策话语提供了教师之为教师的给定性向度和自我身份调适的坐标方位。"政策话语和知识权威在整个教育变革中应当也必须充任辅助位置，真正起决定性作用的是教师的意识觉醒和价值重构。不管这种自我意识有多么脆弱，它都是传导和消化外部因素的关键着力点。"[1] 如果教师深陷社会传统和教育政策编制的意义空间，也就迷失了自我认同的方向。

在现实情境中，大学教师通常会视教育制度为塑造和确认自我身份和认同信念的价值准则，并在教育制度的价值诉求与自我教育信念间的接纳与排斥中，重新诠释和定义自我身份，塑造新的教师形象，并将这种形象付诸教育实践。在某种程度上，教师在具体教育实践中所表现出来的对教育制度所蕴含的价值诉求的践行程度，反映出教师与教育制度间意义协商的深度。

大学教师学术身份在冲突融合中不断调适的经验表明：教师多重身份并不是非此即彼的二元对立关系（遵循"or式逻辑"），而是在"多维共生"视域中的交织共存关系（遵循"and式逻辑"）。当我们用二元思维审视教师身份时，不论倾向何种身份都必然导致对立面身份的消解或批驳。而当我们用共生思维审视教师身份时，就会创造出具有张力的"介质空间"（in-between space）[2]，并在此空间中兼具多重身份特质，生成多重意义归属。这种"介质空间"为教师探索未知、修订完善自我的意义框架和身份边界提供了共契点或中间道路（middle way）[3]。

（三）学术身份的自主建构性不断增强

20世纪60年代以来，社会结构论向社会建构论转向。人出生后便获

---

① 黄腾. 从"角色"到"自我"：论教师改变的历史困境与可能 [J]. 教育研究集刊，2005（4）：89-116.

② MASUDA A M. The teacher study group as a space for agency in an era of accountability and compliance [J]. Teacher development, 2010, 14 (4)：467-481.

③ ANEJA G. (Non) native speakered：rethinking (Non) nativeness and teacher identity in TESOL teacher education [J]. Tesol quarterly, 2016, 50 (3)：572-596.

得固定身份链条上的阶层位置，社会赋予个人以思考和行动的价值参照体系，使个人能够完全遵照公认的格式和固定的价值观生活。在此境遇下，自我人格并不显现，人格是以群体的等级、荣誉、地位或阶层等为标准而显现的，更强调自我人格的社群属性，从"我们"中寻找和参照"自我"。稳定的社会结构将个人如何思考和行动的整套价值规范传递给社会成员，要求成员按照既定的角色行事，甚至无须为"我是谁"费神劳心。在现代社会，一切固定的社会关系和价值秩序都趋向流动化，人的自我意识和独立精神随着现代性的张扬而扩充，将外在于人的制度形构、利益诉求、社群关系等排除在自我确认的过程之外，为自我身份定位提供支持。20世纪80年代以来，认知心理学的发展也更新了关于"人的观念"的认识。传统心理学强调人的观念的转变来自自我认知的冲突，进而为人所感知，而现在则聚焦于情绪、情感和心理在观念转变中的作用①。在此背景下，教师研究也逐渐关注教学信念、情感、智慧，力求唤醒教师的独立意识和自我精神。同时，人本心理学的复兴连同认知心理学的发展，共同倡导教师研究走向"自主建构"方向，注重"教师的声音"在教师专业发展和价值认同过程中的价值。

大学教师的学术职业发展史，就是不断反思建构的历程，就是不断"寻找自我"、逐渐"成为自我"的过程。早期，大学教师在宗教力量和逐渐强盛的世俗力量的角逐中被规定，尽管被赋予诸多所谓的特权，但那不过是预设教师要为授权者效忠、服务而存在的。教师为抽象而强大的社会变革动力而服务，处于不能有自我的阶段。随后，大学教师在世俗力量的加持下摆脱宗教束缚，但又被卷入民族国家现代化进程，成为筑牢民族国家意识的行动者，在政治、经济和文化的转变中被内嵌入民族国家发展历程，处于不知道有自我的阶段。而随着社会结构转型和经济全球化的发展，地域结构和文化秩序对人的束缚效力不断衰减，人具备了"发现自我"的意识与能力，再加上自身知识资本储量和创生优势在知识经济时代的极端重要性的不断凸显，教师成为自主探寻生命意义和教育信仰的能动者。

在本土语境下，"古代教育的鹄的在于维系宗法体系和政治道统，此中之人异化为忘乎自我，剥离个性而抽象为社会共性的人，成为不注重自

---

① JEFFREY B. Feeling deprofessionaliesd: the social construction of emotions during an Ofsted inspection [J]. Cambridge journal of education, 1996, 126 (3): 235-343.

我意识及其觉醒的个性受抑制的人"①。而晚清"官师"对于扮演朝廷代言人的超越，民国"学人"对于知识分子深陷谋财泥淖的坚守，无不体现出教师身份建构的自主性和能动性。在政治语境转换、市场经济引入和大众文化发展的背景下，新中国成立以来的大学教师也在不断强化身份的自主建构性和意识的自我能动性。"新中国的大学教师已经从迫切需要思想改造的资产阶级，转向 20 世纪 80 年代举步维艰的普通劳动人，再到 21 世纪关切自我成长和专业发展的知识人。这都表明他们正逐渐走向自由独立的发展方向，持续关切自身诉求，时刻彰显自我意识。"② 大学教师不再被"耻于谈钱"的圣贤定位所约束，转而成为为自我发展合理争取资源与福利待遇、捍卫自身合法权益的理性人；大学教师不再被"超越道德准则"的理想化人格所限定，转而成为按照世俗规则行事的普通社会成员；大学教师不再被外在力量的要求或期望所规定或塑造，转而成为凭借专业性和自主性探寻自我意义的具有能动性的人。

任何制约或影响教师身份认同的因素都需要回归到教师自身才能够显现出其对现实行动的宰治力，而这些因素能够产生作用的关键是教师所进行的基于自身价值诉求的排序性选择，这种选择才是决定最终行动的关键依据。"当一位教师能追寻、建构自己的认同时，才有可能有负责任的自主行动和不断成长的动力。"③ 当个体的教师叙说"我是谁"时，也涵盖着社会对教师"应如何"的期望，这有助于审视教师身份建构的结构性张力。新时代，大学教师拥有更强的自我意识和能动精神，甚至具有某种学术创业的独立性，并持续建构新身份或在原有身份上发展新特质。但不论新身份还是身份新特质如何指称，都无法回避知识市场化的趋向，身份争论的焦点也无法回避知识资本化的时代诉求。

学术职业的自主化建构历程，深刻体现了大学教师社会身份的规定性与自我认同的能动性之间的动态博弈，也揭示着大学教师用"心灵自我"取代"社会自我"尝试的艰辛与坚毅。这种转向身份本体性的价值建构，暗含着教师在面对改革诉求时对想做什么、不想做什么、做到什么程度的思考与行动，成为探究教师身份变革的有益视角。

---

① 杨启亮. 评古典儒学的人文主义教育观 [J]. 中国社会科学, 1990 (4)：147-158.

② 田友谊, 邓兰. 我国当代教师形象变迁：历程、规律及其启示 [J]. 当代教师教育, 2021, 14 (1)：48-53.

③ 周淑卿. 课程发展与教师专业 [M]. 兰州：甘肃文化出版社, 2005：96.

第二节　当前大学教师学术身份的现实状况

一、教学主导地位的逐渐动摇

在活跃的市场经济环境下，大学教师正在知识与经济的交融中调适自我定位，在教育教学、学术研究和社会服务中探索市场化语境下的生存发展之道。教学服务属性的强化正悄然影响大学教师对自我身份的想象和定位。"那种借助专业知识和服务公众的价值定位来正确行使教学自主权而赋予其自由的传统逐渐消解了"①，教师转而在知识与市场的互动语境中重塑新的身份。

信息技术为知识的获取赋能，提供了知识获取的多重渠道，消解了教师作为知识来源的权威性，借助网络数据平台获取知识的便捷性削弱了教师作为高知识势能方的身份感。"教师的知识结构的局限性、能力结构的定向性和教学技能的有限性等，已经很难自如面对新的学习模式提出的要求，教师无法成为解释和提供知识的唯一权威了。"② 譬如有受访者指出："互联网发达了以后，老师跟学生之间的信息来源和信息差就逐渐减少了，你没有什么知识权威性了，人家也能通过手机学到很多东西，除非你能站在行业尖端或行业深层的立场上，教给学生行业规范和最新知识，否则他们对你的重视程度就要打折。"（FT-04）同时，知识的语境性属性不断强化，知识与生活情境或复杂问题的深度互嵌，知识应用于技术研发和产品服务的趋势逐渐强化，栖居"象牙塔"的大学教师则远离生活现实和市场经济，对语境性知识的敏锐性、掌握度和运用力较为欠缺，也是其知识权威被消解的原因之一。"有了智能手机，学生接触外界信息的可能性变大了，你知道的他也知道，你不知道的他还知道，所以上课就不能端着个架子，因为你没什么能够让学生信服和尊敬的东西了，只能放低身段跟他们相处。"（FT-07）

更重要的是，学术资本化逻辑塑造的知识付费观念已逐步渗透到教育

---

① 张静宁. 美国本科教育中的"教学资本主义"述评 [J]. 现代大学教育, 2013 (5): 87-91.

② 刘霞. 人工智能时代师生关系的伦理审视 [J]. 教师教育研究, 2020, 32 (2): 7-12.

领域。"学者生产知识"的知识付费模式已经成为社会大众获取预期知识和满足求知欲望的重要途径①。在较为成熟的市场化经济体系中，为知识买单就像平台购物、支付劳动报酬、聘任家庭教师那样常态化，它契合市场经济的契约精神和交换逻辑②。教学越来越被定义为知识服务活动，为学生的个性化诉求服务正在重新定义教学和教师身份。

（一）"一切为了学生的未来就业"

教育以培养心智健全的完人为鹄的，旨在培育心智完善的自由公民。但知识资本化的功利诉求正在冲击博雅教育（liberal education）的教育追求，将教育教学异化成为市场和资本单向度提供即时性劳动力的职业性活动，进而将人才培养目标扭曲成职业教育培训定位。当被问及教学目的时，不少被访者在肯定教学之于人的个性发展的价值外，着重谈及教学对学生未来就业的价值，认为"交给学生以谋生技能是教学工作的应有之义，如果教学不能提供从业技能训练和职业素养培训，就会丧失学生、家长的认可"。调查数据也显示：40.54%的人赞同这种定位，更有19.19%的人非常认同这种定位。具体如图 3-1 所示。

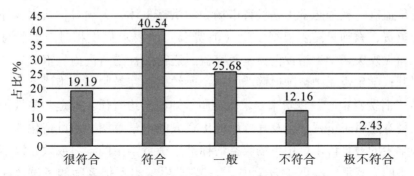

图 3-1 "教学就是要提升学生的就业竞争力"的调查结果

（资料来源：根据问卷数据分析）

教育诉求的职业化转向，不仅是教育目标、内容、方式和评价方式的技能转向，更是育人师者向传技匠人的身份认知的转向，体现了技术理性对教学过程的深刻影响。实际上，培养整全人的定位理应涵盖谋生技能之维，但同样也应涵盖心灵充盈、道德修养、社会正义等价值之维。教学理

---

① 新知榜. 付费知识排行榜 ［EB/OL］. (2020-06-25) ［2023-02-24］. http://www.wingmak-ersunion.com/xinzhibang.html.

② 黄帅. 知识付费时代已经到来 ［J］. 青年记者, 2016 (24): 5.

应关涉职业技能训练的部分，但视线绝不能只盯着职业训练和未来求职问题。如果过分追求教育的世俗价值，就会挤压教育的文化价值，将教学降格为从业技术训练活动，遮蔽教学的完整意蕴。而且，"一切为了学生的未来就业"过于强调市场需求导向、实用技能训练、学生顺利就业，极易导致本应育人的教育被矮化为"技能教育"或"就业培训"，师者形象被矮化为技师形象。"先不管盯着学生就业问题到底对不对，就国家和学校对学生就业问题的关注度和学生自身就业选择的驱动力，就是我们工作（教学）无法回避的事情。而且学校考核中也有关于毕业生高质量就业的部分，根本绕不过去。学生也盯着就业率和就业质量不放，谈教学不谈就业几乎是不现实的"（FT-09；FT-14；FT-16）。部分受访教师坦言，"在学生和家长看来，你不谈学生就业就是耍流氓，没让学生找到好工作就是你工作的失败"（FT-15）。

（二）"学生是不能得罪的金主"

以情感互嵌为逻辑原点的师生关系，正逐渐被资本逻辑消解，转而被市场契约精神所浸染，进而呈现出某种经济性。这种经济性关系预设了这样的价值观：教师与学生是教育市场中的供需主体，无须对付费内容外的部分负责，教师只需要根据学生（消费者）的要求提供相对应的教育服务，而无须关切学生精神世界是否充盈、道德品性是否高尚、审美观念是否提升；学生也无须被师道尊严的道统所约束而在教师面前唯诺不前，而借助"消费者中心"逻辑来要求教师履行知识契约责任。于是一些教师开始用资本逻辑来审视学生及其背后的出资人的求学意图，用世俗化的眼光看待学生的教育诉求，用市场收益的标准来衡量学生的学习成效，以不开罪金主的方式活跃在课堂教学中。"一些学生根本不把老师和考试放在眼里。我们学院有个学生自己不去上课，考试没过拿不到毕业证，重修的时候还趾高气扬的，觉得好像自己出钱了，学校就得让他毕业，就得让他考试过关。结果重修考试还是没过，他就把他爸爸叫来跟我们领导理论，你说这是哪门子道理。"（FT-14）

在本土语境中，师生关系应当是伦理本位的，是以师生间情感互嵌和道德感召为载体的人际关系类型。梁漱溟对此有精辟论断，他认为中国社会属关系本位，即"不把重点固定放在任何一方……重点实在放在关系上了。伦理本位者，关系本位也"①。但消费逻辑的全球化扩散重塑了师生关系的伦理空间，赋予了审视师生关系的经济伦理维度，提供了从经济属性理解学术职业的可行性和必要性②。不可否认，消费者中心主义擢升了学生在师生关系中的经济话语权，赋予了学生以平等协商或超越教师地位的行为权限，进而造成师生关系的伦理失衡和资本捆绑效应。学术资本化放大了师生关系的经济属性，甚至塑造了以经济性关系取代道德性关系的师生观。但过度强化师生关系的契约性，既有悖于师生关系情感交融的本质追求，也背离了师生关系经济性的原初内涵，将师生交往作为理性经济人的社会交往活动异化为追求经济效益最大化的商人式活动。"感觉师生关系有些变味了，像是一种谈钱的交易：一些学生会认为自己交学费了，老师就得为他的毕业和就业负责；一些老师则觉得学生就是自己赚钱的廉价劳动力，随时使唤学生去干这干那的，还不用担心给不给钱的问题。"（FT-01）

（三）"按照顾客预想的方式上课"

教学应当提供学生全面发展所需的内容，而不是满足学生（消费者）的不合理欲望。但在教学缺乏关注度和资源配置优势的背景下，开设或提供学生（消费者）想要的课程，迎合其消费心理，获得学生及其利益相关者的认可、肯定和接纳，才能确保教学活动有序开展。一些教师刻意迎合学生的学习惰性和急于求成的动机，有针对性地挑选认知难度低的知识，按照尽可能不调动学生学习自主性的方式上课，把充满趣味性、挑战性和认知力的课堂转变成了缺乏自主性、想象力和能动性的课堂。甚至一些教师为了帮助学生快速"学有所成"而刻意降低知识考核和技能训练的标准，以取悦的心态对待学生，以敷衍态度对待教学，以不审慎的态度对待自己的职责使命。"现在给学生上课压力不大，因为不用花太多心思备课，只要把知识点讲清楚就好了，不需要再对知识点的来龙去脉和可能产生的影响进行过多思考，走粗犷路线就行。学生也不会刨根问底的，只要别被看出来是直接念 PPT 就行"（FT-03），接受访谈的某位教师坦言。调查数据也显示：超过 88% 的人认为教学必须考虑学生的接受度，这也从侧面表明学生中心主义倾向的影响之大。具体如图 3-2 所示。

---

① 梁漱溟. 中国文化要义 [M]. 上海：学林出版社，1987：44.

② 曲正伟. 教师的"身份"与"身份认同"[J]. 教育发展研究，2007（7）：34-38.

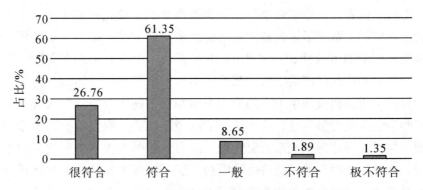

图 3-2　"在设计教学方案时我会考虑学生的接受度"的调查结果

(资料来源：根据问卷数据分析)

　　根据学生个性化诉求开设或提供差异化的课程资源是"以学生为中心"教育理念的题中之义，也是新时代本科教学改革的核心发力点。但学术资本主义引发的"消费者中心主义"价值观是否也以学生个性化发展的诉求为逻辑原点，而非基于付费逻辑的问责效应，是值得怀疑的。换句话说，打着"以学生为中心"的旗号而刻意迎合学生的消费欲求，是否真的契合立德树人的本质要求，契合学生身心发展规律和人才培养定位，是值得深思的。而且，消费群体并不具备检验教育质量的能力，因而宁愿和他们坚信不会利用他们以谋求利益的组织站在一起①。这意味着教学可能会根据消费群体的错误判断进行策略性调整，按照消费群体的欲求来施教而非根据教育本然之属性和规律来施教，其结果就是教学服务了学生的欲望而非理性诉求。"现在开的课都朝着降低内容深度、减小学习难度和减弱测试强度的方向走的，我们现在都得按照学校规定的教学计划和人才培养方案来办。比如我们这边英美文学鉴赏这样的课就被削减了，转而更重视语言技能实训课程，导致那些有点思想和文化意味的东西越来越少了，反而那些纯粹技能性的课程更受学校和学生的重视。我们只好让学生天天去机房刷题库。"（FT-08）

　　（四）"遵守福特主义的知识装配工"

　　生产线上组装零件而快速造出产品的生产模式被称为"福特主义"，这种模式遵循"科学管理"准则而高效运转。"福特主义"在高等教育领

---

　　① WLLTER W P. The nonprofit sector：a research handbook ［M］. New Haven：Yale University Press，1987：27-42.

域的盛行，将教育转变成批量化生产知识载体的活动，以既定的标准化、批量化和速成化人才培养方案培养速成人才。"学校可能没把立德树人贯彻落实好，就是想着自己的学生变成流水线技术工，只要出了校门就能在就业市场上无缝衔接，快速获得就业机会；也有很多老师上课就照着课件念，然后让学生课下再去学习网课，根本不关注学生学得怎么样，反正考试的时候会尽可能把题出得简单些，博一个皆大欢喜的局面。"（FT-09）"有时候不是不想好好教，只是很多时候事情太多了，备课的时间就被压缩了，最后只能把以前用的课件拿来继续用。"（FT-16）

在高等教育精英化阶段，这种知识装配式教学确实增强了知识传播的速率和成效；但在普及化阶段，这种知识组装模式已难适切学习者的个性化学习诉求。而且"福特主义"的立足点是教师施教的"短平快"和效率至上原则，并非立足学生学习的智力与道德的内化和个性发展原则，亟待创新优化。此外，这种装配式模式也暗含了装配工可以随意替换的价值预设，一些学校就选择招聘兼职教师，一些人也选择应聘兼职教师，按照既定方案施教。这既能完成教学任务，又能节省教学成本。"找自己的博士生给本科生上课很普遍，他们很乐于上课，这既能锻炼其从教能力，又能赚到一笔代课费"，一名接受访谈的研究生导师如此说道（FT-05）。

教师本应凭借专业素养和知识储量的优势获得教学自主权，依据立德树人的根本要求自主选择教学内容和方式等，而无须对外在期望或要求负责。但学术资本化对本科教学的冲击，使本科教学被边缘化、商品化、职业化，越来越多的实用主义理念和秉持这种理念的成员涌入大学并日渐获得干预教学活动的权力，越来越多的教师被塑造成产业流水线上的员工，而非独具匠心的"教书艺术匠"①。独立的"艺术匠"在选材、制作、润色产品等环节具有绝对的自主权和掌控力，而流水线上的知识工人却无法对教育过程施加整体而系统化的影响，教学被肢解为学生求知的特定片段，教师只需要在这个片段中将选定好的知识组装到学生的头脑中。

二、学术研究旨趣的无序偏移

学术研究本应是源于闲情逸致和好奇心的探究，学者根据兴趣而选择各自研究的领域，并扎根于该领域探求高深知识。但学术资本主义解构了

---

① SMITH J. Academic work［M］. Buckingham：SRHE and Open University Press，1995：129.

学术研究的价值秩序，塑造了学术职业与世俗生活紧密联系的科研观，扰乱了自我志趣与社会需要间形成的价值秩序，进而造成学术研究旨趣偏移。

（一）"学校评价什么我就深挖什么"

虽然"破五唯"①的声音不绝于耳，也有院校开展了"破五唯"的制度革新②，但长期形成的"五唯"评价惯性仍然占据核心地位。特别是在强调学术成果转化的语境下，学术研究愈加盯着周期短、能转化、见效快的应用领域，而对那些能深刻影响社会变迁和文明进程的基础研究缺乏关注。一项关于中国大学教师最关心什么的调研发现，大学教师最关切的问题，从频次和比例等维度从高到低排名前五的分别是考核评价（31.3%）、行政管理（26.3%）、薪资待遇（23.4%）、专业发展（12.4%）和课堂教学（11.9%）；而最不受重视的议题则包括社会服务（1.1%）、科研质量（1.6%）、教师地位（1.8%）、校园硬件（1.9%）、科研态度（2%）③。科研评价指挥棒的导向作用之强，对教师行动与价值判断的影响之大，可见一斑。

在现实中，几乎所有大学都对教师科研事务提出要求并将其作为考核评价教师是否合格的依据，但较少对教师的教学事务提出实质性的绩效要求。这种做法颇令人感到困惑，但困惑的不是"为何教师们不关心学生"，而是"在这样一个缺乏教学激励和考核权重分配的领域，为何还要求教师们关心学生发展"④。

周鼎也曾在《自白书》中以"教学是公家田，科研是自留地"来形容大学教师对科研奖励的趋之若鹜。"要想获得好的评价结果和晋升空间，就要精准对照学术评价文件的要求，否则一切评奖评优和职称晋升机会就跟你渐行渐远了。换句话说，学校规定什么，咱就准备什么，才能安稳地过好日子"，某位接受访谈的青年教师如此说道。（FT-06）

---

① 教育部 2018 年 11 月颁布的《关于开展清理"唯论文、唯帽子、唯职称、唯学历、唯奖项"专项行动的通知》中提出的概念，其中五唯具体指"唯论文""唯帽子""唯职称""唯学历""唯奖项"。

② 例如，清华大学发布了《关于完善学术评价制度的若干意见》，取消了论文数量、级别、影响因子和引用数量的限制，采取代表性成果评价制度考核学术水平。

③ 李文平，沈红. 大学教师最关注什么：基于"2014 中国大学教师调查"的分析 [J]. 中国高教研究，2016（1）：97-102.

④ 刘易斯. 失去灵魂的卓越：哈佛是如何忘记教育宗旨的 [M]. 侯定凯，译. 上海：华东师范大学出版社，2007：70.

在新管理主义绩效观影响下，绩效考核和教育问责的市场资源配置和竞争机制重新占据主导位置，"指标、量化、帽子"等始终具有学术评价指标体系的核心权重，这无疑加剧了"求知动机"与"求利动机"两种诉求的调和难度，并有意无意地将学术研究引向亲资本逻辑的一侧。在某种程度上，这种来自绩效考核和专业分化式的学术评价范式有摧毁教师生命信念和自我成长历程的潜在危险，毕竟不能契合学术职业自身生长经验的评价结果是无论如何也不可能为教师所悦纳的。

（二）"什么有用我就去研究什么"

除了科研评价政策的制度规定，大学教师科研偏好还受自主动机的驱动。在学术动机功利化浸染下，不少教师抛弃了闲逸化的知识探究初心，放弃了为知识而知识的信念，转而接受资本逻辑的规约，投身于功利主义编织的幻境。针对北京大学教师的实证研究表明，当前大学教师的学术研究呈现某种功利化和虚假化特征，很多被调查教师反映："我们并不反对学术研究，没有学术，大学教师的身份底色都难确保。可是如果我们理性审视自己每天在做的事情，就很难说自己是在做学术，最多只能算是做项目，忙着申请、审查、结项、发文等，但这似乎和我们理想中的学术存在差距，我们可能离真正的学术渐行渐远了。"①

科研动机功利化具体表现为：基础研究应用化，应用研究项目化，课题项目申报化。调查数据表明：大约75%的人认同或非常认同越能产生市场效益的研究越被青睐。具体如图3-3所示。

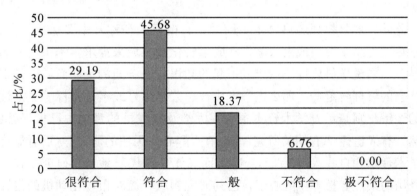

图3-3 "越能产生社会效益的研究越容易获得青睐"的调查结果

（资料来源：根据问卷数据分析）

① 宋鑫，魏戈，游蠡，等. 国内一流大学教师教学现状探究：基于北京大学的实证调查[J]. 高等理科教育，2014（6）：9-19.

一方面，从事基础研究的教师，虽然仍在强调基础研究的原创性、周期性和结果不可预期性，但已经逐渐开始谈钱了。一位扎根基础研究领域的教师坦言："基础研究跟市场不搭边，但是基础研究的发现能够成为技术转化的方法论或价值源头，如何找到二者间的连接点并证明给外部市场，也能够间接获得外部资源的扶持。"（FT-02）另一方面，应用研究领域，"有用即真理"更盛行。大学教师更重视那些"短平快"的技术优化和工艺创新项目，或者企业委托的诸多横向课题，因为这些课题能够提供充足的科研经费和丰厚的科研成果转化收益。这种偏向技术优化改进课题的科研动机，还引发了项目研究申报化的问题，即只注重科研课题的申报而轻视项目开展过程。

在访谈中，就有不少受访教师对"课题三子"的说法表示赞同，即"像疯子一样忙着申报，到处蹭热点、找选题；像傻子一样随意实施，搞不清楚接下来该如何做；像骗子一样应对结项，到处去粘贴拼凑文本内容"。某位受访者说："现在老师们做科研的功利心太强了，每年申请课题的时候都会有人各种打招呼，想加塞个参与人名额到申请书里，因为批下来就意味着他能借着这个立项获得评职称所需要的科研条件。至于课题申请下来了以后谁在做，基本上就是主持人自己了吧。我曾经看过一个厅级课题的调研报告，那水平实在不敢恭维，感觉还是别花时间制造这样的学术垃圾。"（FT-09）这段话虽有戏谑成分，但折射出大学教师科研动机的异化。

此外，部分教师还热衷于借助学术头衔或荣誉称号来置换学术资源，通过转向更易于发表或出版著作和成果转化的领域来谋求学术头衔或名誉称号。如果说学科属性所造成或引起的知识与经济间的关联尚属于知识服务社会的可理解范畴，那么像学术头衔、荣誉称号或名誉指标等象征性奖励的经济化则暗示着学术资本主义在大学及其成员的观念中已根深蒂固。当然，有人追捧"有用的研究"，也有人醉心"无用的研究"。后者始终按照学术理想和自我兴趣，"不合时宜而又无可替代"地从事研究工作。譬如受访的某位老教师就醉心于自己的研究领域，面对市场化动机的侵蚀而不为所动，始终坚守求真育人的信念，也自得其乐[1]。

---

[1] 该教师为"双一流"院校工程技术领域专家，虽然身处研究型大学中，但并未跟风转投市场创业和技术转移，而是潜心求真育人，所发表的论文量小质优，还因为潜心育人而获得省政府教学成果奖。

（三）"忙到忘记为什么要出发了"

在访谈中，受访者们多次表达了被学术评价制度和行政管理事务影响而深陷时间饥渴的担忧和无奈，甚至有受访者以卡里·纪伯伦（Kahlil Gibran）《先知》中的"不要走得太远，而忘记为什么要出发"来描述当下"因为太忙了而忘记为何出发"的境况。已有研究指出："当前大学教师周工作时间为 52.3 小时，远高于劳动法的周工作时间不得超过 44 小时的规定，超过法定时间 18.9%。"[①] 而填写问卷的 370 名大学教师，当被问及用哪个词汇来描述自己的工作状态时，"忙碌""疲惫""焦虑""迷茫"分别占据词频榜的第一、二、五、六位，可见大学教师工作生活之忙碌。具体如图 3-4 所示。

图 3-4 "用哪个词汇来描述自己的工作状态"的调查结果
（资料来源：根据问卷数据分析）

在竞争文化语境下，学者难以协调学术与生活时间的冲突而深陷"时间饥渴"。闲暇时间的规划权利曾是学者们引以为傲的资本，但现在多数大学教师不得不搁置这种追求而奔走于绩效考核的赛场[②]。大学不再像以往那样持有宽容之心悦纳"沉思型学者"了，而更青睐"应用型学者"；大学不再像以往那样为学者提供"诗意栖居"的园地了，而提供了"科研竞争"的绩效平台。"有些教师整天盯着毫无价值的虚假科研、无营养的论文和证书性的专利，很少将注意力放在学生发展和如何优化教学上，敷

① 刘贝妮. 高校教师工作时间研究 [J]. 开放教育研究，2015，21（2）：56-62.

② NIKUNEN M. Changing university work, freedom, flexibility and family [J]. Studies in higher education，2012（6）：713-729.

衍教学、视学生为廉价劳动力的情况较为严重，更遑论人才培养了。"①

当下大学教师所忙之事并不是探索知识或科学的内在意蕴、人性和生命完善性以及客观真理，而是为知识的用途而忙碌。因而被实用诉求和世俗裹挟的忙碌状态并不能触及大学教师学术生命的深处，只能导致其学术生活意义感的消逝。"感觉自己很忙，忙着技术改良，忙着申请课题，忙着开会填表，忙着接洽市场，好像获得了很多的收益。但内心平静以后，还是觉得好像所忙之事并非我心之所向，有种一切都是瞎忙的感觉"（FT-11），某位受访教师说。"就是一个字，忙。忙着传达教务处和研究生院的各种通知，忙着催促学院里的老师填写各种申请表和课程大纲，忙着与本科生的实习单位接洽，忙着学院监考、改试卷和开会，反正就是忙。"（FT-13）相关数据也表明："中国大学教师存在中等偏高程度的工作疏离感，其中又以无规范感和无意义感为重，这种疏离感强化了教师的离职倾向。"②

（四）"搭台唱戏就很难再当主角了"

一方面，学术研究就像学术表演，教师成为为观众们表演学术效能的演员，不能吸引观众眼球的教学事务自然不在节目单中，只有尽其所能地演示自身研究成果在市场上的无限潜能，才能获得掌声和鲜花。更有甚者，一旦被认为在学术表演中不够逼真或卖力，老师还会遭到批评。"学术研究就像个大舞台，以前是学者们制定节目单，自行挑选角色，自行改编剧本。但是当观众数量增加和欲求膨胀了以后，这个戏台子就不是学者自己说了算了，而是成了各方诸侯登台献唱的综合舞台。而身处其中的学者也不再是唯一的导演了，需要接受其他导演（知识生产主体）的表演建议，否则就会因为演技拙劣而被迫领盒饭"（FT-10），接受访谈的某位教师诙谐地调侃道。

另一方面，"政府成员、社会公众、技术员、商业人才等非学术利益相关者均可参与知识创生，共商知识创生类型与价值"③。但知识创生联合体构建的舞台中，教师已不再是唯一主角了，因为搭建舞台和招募观众都离不开市场和资源，而这正是教师所欠缺的。因而拿到手的剧本并不是按

① 沈红，李玉栋. 大学理工科教师的职业发展需要：基于"2014 中国大学教师调查"开放题的分析 [J]. 高等工程教育研究，2016（6）：126-132.

② 于海琴，敬鹏飞，王宗怡，等. 是什么让高校教师产生工作疏离感：基于 5 所大学优势学科实验室的调查研究 [J]. 高等教育研究，2016，37（1）：57-63.

③ KUCIRKOVA N, QUINLAN O. The digitally agile researcher [M]. London: Open University Press, 2017: 88-106.

照学术传统写成的,而是根据市场需要订制的。越能与资本市场同频共振的研究角色就越受观众青睐,越关注产业升级和技术革新的重难点就越有可能被排到主角位置上。在新的知识生产格局中,学者要想获得好的角色和足够多的戏份,就必须挑选那些瞄准市场紧缺问题和技术优化创新的剧本,否则就面临无剧可演的尴尬境地。这种价值观在问卷调查中也表现得较为明显,约有72%的大学教师表明:自己会根据社会发展的趋势动态调整研究方向,根据外部意见调整研究旨趣和航向。具体如图3-5所示。

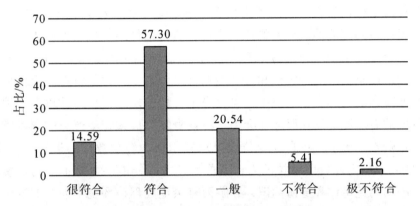

图 3-5 "我会根据社会发展的趋势动态调整研究方向"的调查结果

(资料来源:根据问卷数据分析)

"更令人担心的是,这种调整更多源自社会需求而非求知需求,遵照市场意见而非学术意见,间接造成求用身份强盛和求知身份式微的格局。"正如鲍曼所指出的:假如行动者只是在舞台上扮演着自己的角色,戴着既定的面具与人交往,将真实意图和本真自我隐藏起来,这个社会在很大程度上也就没有实质意义了[①]。而且,当教师无法提供市场需求或产品研发所急需的才智资本时,其在学术舞台上能扮演的角色就相当有限,更遑论主角光环了。

三、社会服务界限的频繁跨越

学术资本消解了知识与市场的清晰边界,也模糊了教师校园人与社会人间的身份感。特别是在强调成果转化和学术创业的现实语境下,大学教

---

① 吉登斯. 社会的构成:结构化理论大纲 [M]. 李康,李猛,译. 北京:生活·读书·新知三联书店,1998:214.

师越来越频繁地在校园与市场交织的场域中穿梭。

（一）"游走在校园内外的变色龙"

变色龙是善于借助环境进行自我伪装和捕捉猎物的爬行类动物，在本书中被受访者引申为"能够在面对市场、校园、政府和企业等不同对象时，自动调整自身角色定位以契合该对象生存发展的语境，并通过这种身份调适获得相应发展空间的大学人"。

大学教师变成在校园、市场、社会和政府构成的"立体化空间"中自由转换身份标识的人，侧面表明大学教师基本掌握了市场化生存的规则，能够根据不同环境的需要调整自我定位，有针对性地回应各方诉求。一些教师频繁穿梭于校园与市场交织的空间中，根据不同空间的权力结构和惯习规则来调整自我身份定位和行动策略。在课堂上，他们将自身定位成传道授业解惑的教师；在研究中，将自身定位成追求知识世俗性价值和浪漫性价值的专业成员；在服务社会中，将自身定位成知识生产力的深度解放者；在资本市场上，将自身定位成谋求知识资本转化效益的学术资本商。"那些在校园内外自由穿梭的人，就像变色龙一样能够根据不同的环境转变自己的角色定位和身份标识，并游刃有余地处理该环境中涉及的复杂人际关系和成果转化事宜。而有些人则不擅长调整身份定位而显得与新环境格格不入，真是同身份不同命运呀"（FT-12），有接受访谈的教师感叹道。

适应环境以转变身份属性和行动策略是教师实践智慧的生动表现，但这种身份色彩的转变需要以学术职业底色为基础。"身份变色龙"绝不能转变学术职业底色，摒弃学术志业初心，刻意逢迎不同环境的诉求，否则"化大众"的责任就会在"大众化"的诉求中褪色。一些受访教师就表示："如果缺少身份底色的庇佑，就会在新环境中丧失学者存在的身份合法性，就会沉溺于身份转换带来的跨界体验和权责划归的模糊性所创造的空间，变成丧失身份底线的异类。"（FT-15；FT-16）

（二）"不管干什么都带着点顾虑"

当自我定位主次分明或身份意义来源较为单一时，人能够妥善安置心灵，识别自身肩负的责任与使命，毫无顾虑地投身于自我认定的事业当中。而当多重身份及其责任诉求相互交织而缺乏主身份调控时，人就容易陷入多重身份诉求失衡的状态，引发身份顾虑而无法全力以赴。

投身学术创业事务，却又担心与资本的关系密切化会消解学术职业的神圣性和崇高感；但坚守象牙塔教书育人，也将经受以学术创业增强社会服务效能的绩效拷问。一些大学教师就表示：自己参与社会服务实践时不可避免地要处理好学术初心与市场效益间的诉求冲突，既要时刻审查成果转化或技术转移是否符合学术职业伦理规范，也要时刻警惕资本市场的霸道介入所引发的社会服务动机异化倾向。心存顾虑表明教师并未在频繁穿越校园与社会界限的过程中放弃身份本色，但在资本冲击下学术信念产生了动摇。笃定创业促进学术、创业助力育人信念的教师是不会带着顾虑参与知识资本转化事务的，而是权责明晰、重点突出，始终以学术创业促进学术研究深度、加大人才培养力度和提升社会服务效能度为圭臬。

这种身份顾虑感有时不是教师自己产生的，而是外部市场强加给教师的。"在参与成果转化的过程中，我们（大学教师）时常会察觉到企业对我们学者身份的矛盾态度：一方面，他们（企业管理人员）会因为大学信誉和学者素质而感到欣喜，因为学者谨慎而缺少欲望的形象很符合他们的投资期望；另一方面，他们也会苦恼于大学及其成员身份定位的公共性对其谋利规划的阻滞。"当教师们察觉到这种矛盾心理时，就无形中被外部力量强化了顾虑感，需要在笃定信念和方式拓展间有所协调。"有时候，出去做事（参与社会服务事务）的身份顾虑不是自己造成的，而是外部力量强加给你的：他们（市场主体）太精明了，跟他们打交道要有所顾虑，因为翻车的例子太多了。完全信任他们绝对不行，但如果一点信任感都没有，好像也行不通。反正就是比较矛盾，就看你个人能力了"（FT-14），在接受访谈时某位青年教师这样说道。还有的教师，出去做项目担心教学科研受影响，担心学生跟着出去荒废了学业。"有项目来找我们，还是要稍微评估一下合不合适。比如会不会特别耽误学生的学业，会不会影响我们正常的教学，会不会对学生身心安全有影响。但是我们对这个项目能不能做好的评估很乐观，一般听完要求之后就能判断团队能不能做出来，主要还是担心教学受影响。"（FT-01）

（三）"第三条道路的大胆探索人"

"第三条道路"本由第257任教皇庇护十一世在1900年提出，意指资本主义和社会主义都有其社会弊病，需要开拓第三条道路来融合其各自优势，互补彼此的不足。其在本书研究中则被接受访谈的教师们解读为：既不完全固守象牙塔传统而坚决不与市场产生丝毫关联，也不作为资本代言人而完全投向市场逻辑的怀抱，而应当在保持学术身份免遭质疑的同时，尽可能地投身资本市场，进而实现学术职业的良性发展。

敢于探索新道路的教师主要包括以下几种类型：

一是青年教师，缺乏学术资本和职业声望，处于考核压力和薪资待遇的双重挤压下，敢于投身学术创业领域，谋求学术职业发展空间。在他们看来，"新教师没有那么多学术资源和话语权，一无所有也就啥都不怕了，也就敢于面对学术创业事宜了。新教师们往往热衷于申请横向课题，这些课题经费充足，不受校内绩效政策束缚，还能获得校内经费匹配制度的青睐。更重要的是，避开学术食物链顶端的资源掌控的同时，拓宽了自己的学术生态位"。

二是学术大咖，他们坐拥优质科研平台和成熟的科研队伍，能够轻易获得市场青睐和资源倾斜，并借助学术创业持续强化自己的影响力。正如亨利·埃茨科维茨（Henry Etzkowitz）等所言："虽然被市场和政府力量推向了学术创业，面临未知的挑战和困难，甚至是生存危机。但是对于具有较高知识资本的群体而言，这仍然是一件令人兴奋或刺激的事情。"[1] 这就像董云川等描述的学术江湖，"大佬们或凭借盖世武功，或凭借弟子众多，或凭借越老越高的江湖资历，拥有着无可比拟的霸权地位"[2]，他们垄断着学术发展的通道，发论文、申项目、评奖项。

三是管理人员，他们获得了作为大学人的制度和道德庇护，还无须向学术志业的伦理负责，倾向于借助市场管理模式和绩效问责手段达成组织目标。相较于学者，他们更熟悉市场管理和资本配置规则，更具有学术创业的管理潜质。"在教育行政系统中担任职务，确实在学术项目申请、学术资源配置上占有某种优势，好像是预设了谁有行政职务谁就比较厉害的价值观。并且在对外事务上，担任行政职务也比单纯的学者身份更有吸引力，因为他们身上的行政属性捆绑了大学信誉和办学声望，更有利于取信于人"（FT-03），某位受访教师坦言。

但不论何种类型的大学教师，都面临一个共性问题：身份合法性拷问。尽管学术创业以增进知识转化为生产力的效能已是共识，但成果转化的价值边界并不易辨别，动机并不易审查，收益并不易划分。如何向理想自我、学术共同体、大学、市场和社会证明创业是为学术而非为创收，是

---

① ETZKOWITZ H, LEYDESDORFF L. The Triple Helix as a model for innovation studies [J]. Science and public policy, 1998, 25（3）: 195-203.

② 董云川，张琪仁. 当大学滑入江湖：学人生态的另一种解析 [J]. 江苏高教，2017（10）: 1-6.

摆在他们面前的难题。

（四）"我还是不是一个大学教师？"

场域差异性影响教师身份内涵的明确性和行为的差异性。台湾学者郭丁荧将教师身份及其负载行为归为特质性和普遍性两类：教师越是接近教育场域，其身份内涵就越明确，其行为就越具有特质性；教师越是远离教育场域，其身份内涵就越模糊，其行为就越具有普遍性①。她将教育场域理解为课堂教学、教学管理、科学研究以及社会服务等，非教育场域则多指家庭环境、社区服务、市场活动、外部社交等。当大学教师在校园与市场间频繁穿梭时，远离教育场域所造成的身份误读和理解偏差很容易塑造出学术资本家的形象。

金钱所带来的影响是产生一种挫败感，巨大财政压力使"大学需要像企业一样经营的事实"②。学术界往往抵制这些商业要求，并对不得不将学生视为客户和将课程视为产品表示担忧。当教师目睹商业行为损害教学、学习和学者身份时，他们可能会表达对市场化价值观的反感和与传统价值观的剥离感。"我们开始像个商人对付出的劳动患得患失，用成本收益的逻辑来审视教学、科研和社会服务工作的得失，尝试用讨价还价的方式与外部资本力量博弈，甚至开始让渡部分专业自决权限给其他利益相关群体。但是我们并不开心，因为我们的眼里好像没有学生了，我们对教育的热情被资本浇灭了，我们立志要坚守的学术底线正被自己的所作所为突破，成为教师的满足感和学术创新带来的成就感正在被消解。我们到底还是不是个教师，所做的事情还是教师应该做的吗？"（FT-12）一位老师接受访谈时感叹道。这些觉察到这种变化的人意识到"非学术性活动已经在学术核心地带生根发芽，商业化的元素在学术场域里无限渗透并逐渐获得发展合法性，摇摆在教学与科研价值诉求间的学术钟摆不得不将成果转化问题纳入其中而造成三维平衡的困境"③。

对大学服务社会的绩效负责还是对高深知识的自在逻辑负责成为不可回避的议题。一些教师的组织忠诚与学科忠诚间的微妙平衡被打破，传统

---

① 郭丁荧. 教师图像：教师社会学研究 [M]. 高雄：高雄复文图书出版社，2004：61.

② SZEKERES J. General staff experiences in the corporate university [J]. Journal of higher education policy and management，2006，28（2）：133-145.

③ 盖格. 大学与市场的悖论 [M]. 郭建如，马林霞，译. 北京：北京大学出版社，2013：269.

上强调学科忠诚或学术共同体归属的价值观，在学术市场化趋势下虽然能固守阵地，但已经无力应对组织使命或期望对个人价值倾向的影响了。越来越多的教师摒弃了学科忠诚，转而将创造社会效益视为一切工作的归宿。他们抛弃了自己的学术理想，将本该被视为理想达成策略的要素转化为新的学术理想。在弗洛姆看来，人如果使自己的理想与目标超脱自身之外，那么任何尝试接近理想或目标的行为都是徒劳的。他所苦苦探求的恰恰是他所忽视的自我①。于是，这些教师就成为丢失学术理想的"没有自我的人"，也就成为名不副实的大学教师了。"我现在的状态就是当一天和尚撞一天钟，没什么雄心壮志了。我也不想评副高了，就想躺平，啥追求都没有了"（FT-14），"别跟我说理想，我戒了，我现在基本上就是逆来顺受的那种状态。随便你们怎么要求，我都是过一天算一天，只要不开除我就行，给我保留教职就行"（FT-01）。

四、知识治理过程的深度参与

在学术治理领域，教师本身受行政体制结构和资源配置权限的约束而较少具有参与知识治理的话语权。但学术资本主义提供了教师凭借自身知识储备和人力资本优势谋求办学资源的可能性与可行性，这就倒逼大学将教师纳入知识治理体系。这在无形中就赋予了教师深度参与知识治理过程的能力。

（一）"我们说话现在也有人听了"

具有越多头衔、"帽子"和奖励的学者越能掌握学术资源的配置权和知识治理的主导权。强大的"吸金能力"削弱了校内资源配置对"牌牌学者"的束缚性，也赋予了"牌牌学者"参与校内学术事务的话语权。他们凭借资源获取优势占据着学术治理空间中的有利位置，以"双肩挑"姿态进入决策系统，借助学术委员会参与学校治理，通过专家咨询或座谈会的方式深度参与知识治理过程。深度参与知识治理主要表现在学校顶层规划拟定、绩效考核制度改革、专业设置与课程设计、评奖评优、学术成果评审等诸多领域。"尽管我们还是学术生态环境中的小虾米，但是学术资本转化确实给我们提供了自由表达学术观点的权力，因为学校不太会放过任何能够创收或扩大社会影响力的机会，因而我们也就间接被强化了学术治

---

① 弗洛姆. 为自己的人［M］. 孙依依，译. 北京：三联书店，1988：224.

理的话语权。虽然我们不能像学术明星那样具有无可比拟的学术权力和社会声望，能够左右甚至决定某些学术议程的方向和主题。但实事求是地讲，我们现在说话确实有人听了，至于听进去多少，就不知道了。"（FT-06）

只有那些有头衔、有"帽子"的"明星学者"说的话才有分量，才能引起管理层的注意；那些没有"牌牌"的普通学者，就鲜有机会参与到决策制定和政策建言过程中。缺乏话语权的他们只能管好自己的"一亩三分地"，努力向外拓展学术生态位。正如接受访谈的青年教师所提及的："看上去是有人愿意听我们的意见了，但实质上只是愿意听我们当中极少数人的意见。这一小撮人才是真正获得学术治理权限的人。"（FT-03）但无论所提意见被采纳与否，都表明了教师参与学术治理和知识转化事宜的深度有所拓展，这无疑值得肯定和期许。

（二）"做事的条框限制被弱化了"

企业家精神的注入和学术创业性活动的开展，为传统高等教育植入了市场化的基因，不断孕育新的大学制度，为市场逻辑与知识逻辑的交融、大学内部治理结构的转型和大学人走向"产业型学者"[①]（industrial scientists）等培育了合法性根基和价值共识。在校园以外，借助自身与产业界所建构的契约化的私有性联系，大学教师一定程度上摆脱了院校"管理审批"权力塑造的制度框架，获得了独立与外部组织洽谈知识资本转化事宜的自决性，也就弱化了学术与资本界限而获得行动自主性。"现在国家政策鼓励大学教师的学术创业和成果转化，自己有什么点子就可以直接跟外面的企业接洽商讨，又不用借助学校的场地、资产和设备，也就不需要跟学校打报告了，省去了不少烦琐的审批环节，明显感觉自己掌控命运的能力加强了"（FT-04），一位接受访谈的教师说道。还有受访者专门就成果转化过程中的自主性问题进行解释："我跟你说，以公司形式跟学校合作比你作为老师跟学校合作更有话语权。第一，你以老师的名义跟学校谈，那些合同审批和签字盖章的事儿就不好办；第二，你要是以外面公司的形式跟学校谈就容易多了，更重要的是你能拿到双份的钱，一份是公司的，另一份是跟学校搞产学研合作的奖励，甚至还能因为这些经费到账获得评职称的优势。"（FT-02）

如果说在外部事务上，所有的大学教师都一定程度上摆脱了院校制度

---

① 张应强，姜远谋. 创业型大学兴起与现代大学制度建设 [J]. 教育研究，2021，42（4）：103-117.

规章的管控，那么在学术系统内，大学教师所面临的制度框架的限定性就存在某种差异性。在组织内部，那些拥有学术资本转化优势的教师也因为内部资源依赖性的降低和资源吸附能力的强化而获得学术治理事务的话语权，进而获得了无须向共同体请示就能依据自身需要便宜行事的行动自主性。而学术资本转化处于非优势地位的教师仍将高度依赖学术资源配置的内在体系，遵循学术制度和行动秩序的框架，谨慎地参与学术治理过程。不少受访教师都表示，除非自己拥有较高的学术资本优势和社会声望，否则仍然无法越过学校规章制度的框架限定而灵活地参与学术议题的协定与践行。

（三）"得和非学术成员共商大事"

但是，连同资源、机遇和平台而来的是市场、社会等非学术成员的涌入。非学术成员以合理有序配置资源的能力而获得大学的接纳，学术成员则以知识的探索、传播和保存为天职获得大学的接纳。但规模与资源的结构性紧张以及行政与学术权力的激烈角逐使得非学术成员凭借资源调配的制度优势而获得宰治学术成员及其知识性事务的"话语权"，冲击着"松散化知识组织"的权力结构。问卷数据也显示：超过69%的人认为，阐明知识及其价值的权限不再专属于学者了；超过62%的人也表示，为社会服务就必须容忍非学术话语的潜在影响。这都表明学术职业的权力结构正在转变，越来越多的非学术成员获得了学术治理的话语权。具体如图3-6所示。

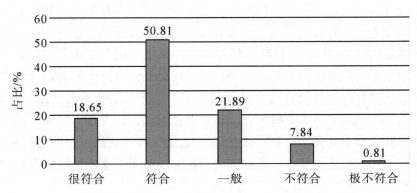

图3-6 "阐明知识及其价值的权限不再专属于学者"的调查结果

（资料来源：根据问卷数据分析）

学术资本主义重塑了院校治理结构，赋予知识管理者（manager-academics）以学术共同体成员身份，使学术共同体逐渐走向学术联合体①。学术职业化潜移默化地使"新的知识阶级"②擢升为高尚而合法的权威典范，并通过专业知识的社会化扩散持续作用于公众心智。"外面的企业管理人员、各种研究机构的研究人员、出资的各类利益相关群体以及负有监管责任的相关部门成员，都是广义上的大学教师了。他们同样被公众所认知和接纳，同样被赋予道德和知识上的光环效应，同样具有协同参与学术治理事务的权限。这意味着学术共同体的外延已经扩大了，扩大到了学术联合体的范畴"，某位教师在访谈中指出。

越来越多的教师深度参与知识创新与转化进程，但也不得不与非学术成员就成果转化问题进行协商洽谈，而这种洽谈是以释放知识作为社会生产力为共识并谋求知识效益最大化的。当教师参与知识治理的价值底线偏向资本市场，就有可能导致知识治理过程异化为学术谋利过程。现实中，一些教师为了谋求经济效益，不惜丢失学术底线，与产业界成员就产品制作与销售事宜达成共识，合谋骗取大学的声誉担保，进而实现学术谋利目的的现象层出不穷。甚至有些教师与资本力量沆瀣一气，自甘堕落为霸道金钱逻辑的"奴仆"。正如某位受访者所指出的："现在就是越能在外面赚钱的老师越吃香，因为他们凭借自己的专业技术获得了外部市场的青睐，同时还能将这种资源引向学校，分走横向经费奖励，最后还能因为经费到账额度获得抵消评职称所需的部分科研成果。譬如超过20万的横向经费到账在评副高时可以代替一篇权威B级别的论文，或者一项厅局级课题。我知道有个老师就是这样，拿自己的钱创办公司，吸引投资的同时把钱引向学校，自己循环吃经费红利，简直是作弊。"（FT-08）

（四）"始终是被管理的专业人员"

大学教师在资源获取灵活度和知识资本势能上的优势辐射到了知识治理空间，但参与知识治理的空间仍然有限。在米歇尔·福柯（Michel Foucault）那里，知识是某种被赋予的权力，谁拥有知识就拥有了审查、监督和评价社会问题的权力。但这种权力极其脆弱，很难像政治权力或经济权

① STERRER S, PREYMANN B, EHRENSTORFER R. High complexity and high autonomy: challenges and requirements of low-level manager-academics at two Austrian higher education institutions [J]. Beiträge zur hochschulforschung, 2017, 39（1）：80-103.

② GOULDNER W. The new class project: I [J]. Theory and society, 1978（6）：153-203.

力那般具有意识自决性和独立存在性。这也就意味着他们虽然身处知识治理权力结构深层，但仍然是"被管理的专业人员"①，在整个院校治理体系中处于边缘化境地。

一方面，行政权限及其资源配置话语体系造成大学教师处于大学内部治理体系的非优势地位。相较于少数拥有行政资本的学者而言，绝大多数教师都面临知识治理权力结构失衡问题，处于权力底层使他们的呐喊声难以传到决策层，他们也就成为名不副实的知识治理专业成员，成为战略上受限和推行上自主的人。"那些甘坐板凳做学问的人获得的尊重、话语权和学术待遇，常常赶不上那些拥有一官半职而学术并不突出的人"（FT-07），这种现象导致院校治理的权力结构失衡，间接造成了"有权教授"和"无权教授"的样态，也导致两种教授在面对学校管理压力时的不同境遇。因为"谁有权力谁就有获得学术资源和评奖评优的话语权，不是院长、书记或者很有料的大咖，其他人是很难在学术生态圈里混的。这就是现实，别说什么当官不管用，要不然为什么那么多人挤破头想当个官呢？"（FT-10）

另一方面，学术声望和学术资本优势的累积也塑造了学术明星对普通学者的权力压制格局。那些具有较高社会声望和较强学术资本的学者确实能够凭借这种优势获得学术议程的裁定和执行权限。但青年教师往往缺乏学术资本积累的时间和人脉支持，只能在大学内部治理体系中"被规定、被要求和被推进"，实难称得上"有话语权的专业人士"。譬如在聊到科研经费报销这个问题上，就有很典型的例子值得关注："学术团队中的青年教师通常得学会给团队大牛报销发票，各种各样的发票，吃饭的、购物的甚至是打车的。对新教师而言，似乎融入团队首先要做的不是寻找学术契合点，而是要学会给团队里的老资格服务。大家都是教师，看似平等却又不平等，看似都有独立性却又独立性不足。"（FT-13）团队大牛的管理权限过于强势而青年教师的话语权偏低，结果就是在学术系统内部人为地造成了权力结构失衡的问题。

此外，教师自身学术资本稀缺性和学术创新能力的差异也间接导致自身话语权式微。当教师的学术资本可替代性较强的时候，该类教师在知识管理议题上就缺乏话语权，因为出资人随时都能找到人替换掉这类教师；当教师学术创新能力薄弱时，同样会因为成果转化的技术瓶颈而被弃置。

---

① KRUCKEN G, BLUMEL A, KLOKE K. The managerial turn in higher education? On the interplay of organizational and occupational change in German Academia [J]. Minerva, 2013, 51 (4): 417-442.

第三节　大学教师学术身份重塑的必要性

一、顺应经济社会发展的必然性选择

经济全球化使人类社会逐渐从资本、生产和市场等要素的集成综合走向了文化和价值观的交融互动。全球化从多维度影响着高等教育：资本流通全球化造成高等教育办学经费紧张问题，资本市场中最具生产效益的技术科学领域变得更具影响力，资本市场中涉及产品研发与推广的产业与政府的关系走向紧张化，资本市场中的知识产权问题的重要性不断上升。高等教育植根于经济社会转型的进程，无法回避经济全球化的影响。"全球经济的增长不再更多地依赖生产效率而是依赖知识创新，知识及其扮演的角色就会在这个时代扮演更关键的角色。作为最核心的知识创新机构，大学在经济全球化时代的作用愈加凸显。"① 全球化所倡导的新管理主义、新自由主义思潮逐渐从经济和政治领域向文化生活领域扩散，强调市场自由、资源配置和绩效指标的价值观也逐渐为公共生活所接纳。"自由放任、依赖市场的新自由主义观持续激发社会成员的想象力，使那些虚幻的事物和实体的事物交织在强调绩效和竞争的场域中"②，而全球化则将这种社会想象力推向世界各地③。

知识或信息在推动经济全球化过程中所扮演的角色愈加重要，知识经济正成为人类社会变革的核心力量。知识经济时代，真正起支配性作用的资源，不再是资本、劳动力或者土地，而是知识。主宰这一时代的不再是传统资本家，而是那些创造知识和运用知识的群体。在这一时代，自由市场必将取代传统资本运作逻辑成为支配性逻辑，因为传统资本运作所依靠的资本、土地、劳动力正在向"生产力"和"创新"转移，这种依托知识创新产出效益的模式应当也必然由知识工作者，即那些可以通过知识投入生产的人来实现。因而德鲁克强调："将来最大的变动一定是知识变动

---

① COWAN R, VAN DE PAAL G. Innovation policy in a knowledge-based economy [M]. Luxembourg: Commission of the European Communities, 2000.

② TAYLOR C. Modern social imaginaries [J]. Public culture, 2004, 14 (1): 91-124.

③ KING R, NAIDOO R, MIRGINSON S. Handbook of globalisation and higher education [J]. Allergy, 2011, 48 (7): 511-518.

——知识的形式与内容。知识的意义，知识的责任，还有'知识人'的定义，都一定会有划时代的变革"①。"在知识经济时代，知识被转换成产品、服务或者提升经济发展水平的基础材料。高等教育作为古老而最可靠的知识来源，是不能摆脱知识经济时代诉求的。正是高等教育将知识原材料进行创新整合，使之成为可以在经济社会发展过程中得以流转和创造市场价值的产品。"②

现代大学在知识掌握、传递和创造等领域的优势，使得自身比社会中任何其他类型的组织更适合和贴近知识领域，维系现代大学的规章制度也远比其他类型的社会组织所制定的规章更适切知识探索的需要③。现代大学不言自明地被赋予传递、创新和应用知识资本以引领社会发展的责任。因而大学不断调整办学定位和内部结构，以顺应知识走向市场化的时代变革。而作为高等教育管理体制变革的实际承接者和理念解读者，大学教师对管理体制变革有着何种理解，如何回应制度期望与自我价值追求间的紧张关系，如何重新解构自身身份边界并重塑新身份的要求与期待，是他们无法回避的核心问题，也是高校管理体制改革最终获得实质性成效的前提④。因而在新管理主义和学术资本化趋势中审视大学教师的生存境遇和身份变革问题，不仅能够使我们悉知大学教师身份体认的实际情形，更暗含着改革可能的完善路径。

在复杂性社会、经济全球化、教育数字化和知识生产模式转向的时代背景下，大学教师很难将自己定义为仅仅出于兴趣爱好或出于学科知识逻辑而拥抱知识的人，也很难用传统教育价值观维系自身身份归属感。个体嵌入社会转型背景中，教师的本体性安全（ontological security）逐渐受侵蚀而面临着自我身份危机。聘任制改革的施行也逐渐消解着"单位人"身份而使教师从被国家体制层层保护的安全区逐渐走向市场化核心区域。不过中国大学教师身份仍不同于欧美国家大学教师身份，因为中国由政府出资办学并以竞争和绩效为控制机制，影响大学及其成员。大学教师不仅需

---

① 德鲁克. 后资本主义社会 [M]. 傅振焜，译. 北京：东方出版社，2009：178.

② SLAUGHTER S, RHOADES G. Academic capitalism and the new economy: markets, state, and higher education [M]. Baltimore and London: The Johns Hopkins University Press, 2004: 15.

③ 凡勃伦. 学与商的博弈：论美国高等教育 [M]. 惠圣，译. 上海：上海人民出版社，2008：59.

④ 张银霞. 大学初任教师学术身份及其建构的质性研究 [M]. 北京：清华大学出版社，2018：91.

要像自由市场经济模式中的商人那般对"顾客（高等教育出资方，通常指学生及其家长）负责"，还需要对文化传统和政策话语的道德性或制度性诉求负责。正如个体脱离群体束缚而表现出自我认同焦虑那样，当教师从传道授业解惑的身份定位转向更市场化的身份定位时，同样面临着外部市场、管理制度、物质基础和学术环境的更迭，以及伴随着这种更迭而来的对"我是谁，我该如何生活"等问题的自我追问。因而自我需要寻求某种适切其思维与行动的意义体系来平衡不断袭来的自我迷茫或焦虑，使自我在动态环境中得以重塑。

二、大学发展与资源短缺的客观需要

任何组织都需要相应资源维持生存与发展。如果组织生存发展所需的资源不能持续或稳定地被输送到组织，其职能践行的力度和成效将大打折扣，甚至面临组织合法性危机。正如资源依赖理论所指出的那样："任何组织体都需要从其生存环境中汲取资源，在物质、能量、信息的动态交互中调整自身对环境的依赖性。"① 一句话，任何组织都需要从其生存发展所处的环境中聚集资源以维持组织运转。在知识经济时代背景下，大学组织也需要获得维系自身结构稳定和用以践行职能的发展资源，否则大学就无法精准而有力地培养人才、创新知识和服务社会，承担知识传承、创新与应用的使命。在知识型社会中，知识创新与经济发展的高度相关性决定了像大学这般从事知识事业的组织将会发挥更重要的作用。社会期望大学在知识领域更有影响力，要求大学肩负起更多的使命。但外部期望和职能拓展意味着大学运转所需资源的激增。作为特殊制度安排的大学必然要接受社会对高等教育的定位，也就意味着大学要接受社会期望并将其作为自身发展存在的关键依据，姑且不说是本质依据，这就要求大学及其成员对这种定位进行审视。

在本土语境中，大学生存发展所需资源很大程度上仍然依赖政府拨款与院校自筹的资源聚集模式。但公共拨款的额度并未紧跟大学发展的节奏，导致大学在规模扩张、师资建设和管理改革过程中肩负的责任所需的资源未能及时得到满足从而造成办学资源短缺。在大学发展迫切需要更多

---

① 马凤岐. 对高等学校的第二轮放权：基于资源依赖理论的视角 [J]. 高等教育研究，2015，36（10）：37-48.

资源和大学接受资源渠道与规模不足的矛盾下，如何拓宽办学资源吸附渠道和提高资源聚集能力成为摆在大学及其成员面前的难题。因而大学逐渐凭借自身知识资本储量和增殖优势而参与到知识资本转化的过程中，以提供专利、人才入股、版权转让、咨询服务等方式参与知识市场，获取维持自身生存发展的资源。高等教育几乎所有的领域（董事会、招生、教学、就业、内部治理、组织变革、学术探索、公共服务、文化传承等）都被嵌入政治经济发展的大格局中，成为紧密联系市场、政府、外部组织的学术综合体。大学成为社会中的组织和市场化的组织已是趋势，仍固守知识生产特性而"我慢我有理"似乎已不适合时代潮流，追求公平与谋求效率需要达成某种平衡①。

办学资源市场化的拉力与公共拨款结构性短缺的推力将大学及其成员推向了靠近市场的一端。不论大学及其成员接纳与否，知识传承、创新与应用的过程都已经沾染了市场逻辑。高等教育领域中强调市场化、竞争意识与自由管理主义的新秩序已经建立，这使得原本就超级复杂的学术工作环境变得更加复杂多变②。大学及其成员只有重新审视知识与资本、学术与市场关系的紧密性和必然性，才能在价值观层面理性审视自身谋求外部资源的"准市场化"思维与行动的合理性与局限性，才能在学与商的博弈中安置心灵，直面知识资本化的现实。

同时，市场逻辑的持续渗透，虽然不是彻底颠覆教师身份的制度性结构，但是导致教师身份制度结构变迁的关键动力。大学内部出现了类市场性的产业研发中心或专利转化办公室以及负责知识市场化模式的管理成员。这些变化消解了大学的传统学术生态和教师学术身份认同的价值边界，引发了大学及其成员应如何想象自身所肩负的使命责任，如何划定自身的价值边界的问题。因而在大学及其成员或主动或被动地参与到谋求外部资源的背景下，对大学教师学术身份所表现出的市场化属性或倾向进行理性审视，澄清学术身份定位的认知误区，探讨学术职业发展的应然向度和实然向度，必要且适时。

① WILLIAM M. Honoring the trust: quality and cost containment in higher education［M］. Bolton, Mass.: Anker, 2003: 29-44.

② BARNETT R. Working knowledge［M］. London: Routledge, 2000: 15-32.

三、知识生产模式转型的应然性要求

就新知识创新的质量而言，现代社会还没有找到能与大学相提并论的组织①。知识创生模式的转型，势必影响大学及其成员的身份定位。知识生产模式在知识属性、生产方式、生产主体、生产场域以及知识评价等方面已呈现出不同于传统知识生产模式的新特征。

第一，知识的属性发生转变。知识越来越被要求为产业和国家的战略性规划服务，解决行业或社会发展中的实际问题，知识生产的航向被引向既定战略或预设目标②。传统的依靠知识象征性属性而获得知识生产合法性的价值观正逐渐转变为依靠知识实用性属性而获得知识生产合法性的价值观。"知识已不完全依托哲思而创生，同时也经由方法、模式和技术手段而建构。不过这种知识的技术性建构将知识连同传承知识的组织及成员嵌入强调快节奏的竞争逻辑中，使知识变得更具绩效性和市场转化性，因而知识工作者可能面临志业或职业的抉择"③。

第二，知识生产方式发生转变。复杂问题的解决要求知识生产综合化和跨学科化，以应对不确定性未来的诸多问题。知识生产方式的集成综合和跨界融合，促成知识创新走向集体化和团队化，独立研究以解决重大科学问题的难度增大。但适切知识生产新模式的制度架构并未形成，新诉求与旧制度间的掣肘弊病已然出现。因而作为知识创生主体的大学教师，是无法回避跨学科知识创新诉求与以学科为建制的知识创新模式规约的，其身份定位也就面临转变。

第三，知识生产主体变得多元化。知识创生早已摆脱单维线性模式而走向多维非线性模式。从知识创生链条的任意环节切入均能创生新知识，并能加快新知识与其他知识创生主体间的融动速率，使知识创生主体呈现多元共存状态。大学教师不得不在知识话语权的消解与形象世俗化的浸润中重新定位自我，调适自我与他者在知识创生中的身份落差感，寻找多元主体共同关切的知识增长点。

---

① 诺沃特尼，斯科特，吉本斯. 反思科学：不确定性时代的知识与公众 [M]. 冷民，徐秋慧，何希志，等译. 上海：上海交通大学出版社，2011：89.

② 李志峰，高慧，张忠家. 知识生产模式的现代转型与大学科学研究的模式创新 [J]. 教育研究，2014，35（3）：55-63.

③ 华勒斯坦. 学科·知识·权力 [M]. 刘健芝，等译. 北京：三联书店，1997：43.

第四，知识生产场域发生转变。"知识创生不再局限于大学或独立研究机构的实验室，而广泛延伸到企业车间、政府智库、大众媒体或其他从事知识相关组织的领域。"① 知识创生情境的多域共存，促使教师必须在多重身份转换和惯习调适中把握身份定位和意义边界，规避惯习混乱造成的认知偏差。但场域间是交叉共生而无法完全彼此剥离的，大学教师必须在多域共存知识创生情境中完成资本转换和惯习调适，探索多域共生的应对规律，在复杂关系中厘清身份定位和价值追求。

第五，知识生产的质量标准也发生了转变。多主体参与意味着多诉求满足，因而知识生产需要不断满足不同知识生产利益相关群体的价值诉求，理性调适不同群体的质量标准，满足不同"客户"的需要。知识生产的质量标准不再由学术共同体自决，而是由涵盖市场和政府的学术联合体"共决"。大学的研究人员不得不调整知识生产的质量标准，容纳非学术性质量诉求，满足知识内在属性的同时服务于社会发展。这就要求教师理性调适自我身份定位，避免沦为市场或资本力量的附庸。

尽管知识生产模式转型存在表征性差异，表现为从"小科学走向大科学"、从"模式1走向模式2"、从"学院科学走向后学院科学"，但究其实质，始终指向"纯粹性知识语境"向"应用性知识语境"的转变，指向学科知识向跨学科乃至超学科知识的转变。这种转变表明知识的性质发生了改变，而这种转变最终将影响学术职业的性质。因为"学术在本质上是知识的呈现形式，而知识的性质直接决定了学术的性质"②。在知识属性向语境化、跨界性、协同化和应用性转变时，学术职业的性质也将面临转型。"教什么、学什么，怎么教、怎么学，教育与学校的消费者是谁，学校和教师在社会中的地位如何？所有这些问题，在未来几十年会有重大变化。"③ 大学及其成员所面临的挑战或变革是前所未有的，也是其他社会组织无可比拟的。正如迈克尔·富兰（Michael Fullan）所言："变革是不能阻挡的，我们能做的只是探寻应对变革的策略。"④ 面对知识属性转变的现实，大学及其成员如何界定自身使命职责，如何划定思维与行动的价值边

---

① 诺沃特尼，斯科特，吉本斯. 反思科学：不确定性时代的知识与公众 [M]. 冷民，徐秋慧，何希志，等译. 上海：上海交通大学出版社，2011：99.

② 温正胞. 创业型大学：比较与启示 [D]. 上海：华东师范大学，2008.

③ 德鲁克. 后资本主义社会 [M]. 傅振焜，译. 北京：东方出版社，2009：170.

④ 富兰. 变革的力量：透视教育改革 [M]. 中央教育科学研究所，加拿大多伦多国际学院，译. 北京：教育科学出版社，2004：158.

界，如何规避知识属性转变引发的身份危机，值得探讨。

四、学术职业正面临本体论层面危机

经济全球化趋势的蔓延与新管理主义理念向高等教育的渗透共同塑造了学术职业发展的市场化图景。大学教师借助办学资源的多维聚集、问题探讨的视野拓展、知识生产的协同联动、学术成果的定向转化等方式提高人才培养和学术研究的质量与效率，丰富着学术价值的实现方式，并在市场化语境下优化身份定位。但知识商品化、学术市场化和创业功利化的思想同时也冲击着高等教育办学使命，腐蚀着大学教师的学术信仰，异化着学术职业发展的信念，最终引发大学及其成员的本体论身份危机。

（一）"立德树人者"形象的式微

当见效快、周期短和易转化的商业思维渗透到人才培养领域时，资本逻辑便可轻易侵蚀教师立德树人者的形象，并将教师群体中缺乏教育理想和学术信仰的人庸俗化为追名逐利的知识资本家。学术自由、学者自治及"传道授业解惑"所带来的愉悦感正遭受消费哲学的侵蚀，一些教师视育人为身份标识的信念在动摇，成为贩卖知识的"知识经理人"[①]。原本被寄希望于通过师生间灵感的碰撞和心灵的对话来育化新人的一些教师，逐渐被功利精神和消费契约所浸染而异化成冰冷的知识供应商。他们变成了只负责提供顾客购买的知识产品而不对其心智和灵魂进行提升的人。学生的个性化发展诉求是否得到重视，学生学习的积极性与体验感是否提高，作为育人师者的自我效能感是否充盈，都被他们抛诸脑后。一些教师"教书不用心，教书不育人"的问题严重，甚至因此被贴上"知识贩子""庸俗凡人"等身份标签。

在重科研轻教学的评价导向下，教学作为一项成本收益率极低的工作被弃置和边缘化，沦为教师维持其身份合法性的工具。"2014 中国大学教师调查"课题组的调查就显示："大学教师的日常工作基本围绕考核要求，对考核之外或考核中处于较低影响的内容，他们普遍缺乏关切，也不会投入过多时间和精力。"[②]另一项针对全国 5 186 位大学教师的问卷数据也显

---

① 毛心怡. 英美大学教师的职业危机 [N]. 社会科学报，2019-05-30（7）.

② 李文平，沈红. 大学教师最关注什么：基于"2014 中国大学教师调查"的分析 [J]. 中国高教研究，2016（1）：97-102.

示："大学教师在教学与科研偏好上的比例为 2：8。"① 越来越多的教师以敷衍心态面对教学，尽可能避免向教学投放时间、精力，甚至不惜以雇人代课的方式来挤时间参与校外讲座、开辅导班、提供考试培训和咨询服务、创办企业等活动。"一些教师将大量时间精力放在科研上，备课、授课、师生互动的时间相应减少，只能以照本宣科的方式念讲义，以机械化的方式传输知识，学生的学习主动性和积极性受到挫伤和压抑。"② 接受光明日报访谈的某高校教师坦言："有些教师对待选修课的态度非常敷衍，完全根据个人需要和节省精力的立场开课，以至于不少内容过于陈旧落后，甚至与现实社会严重脱节。结果就是学生根本不愿意去选修这样的'水课'，甚至还会私下给授课教师冠以'水货'标签。"③

即便大学教师不承认，其作为育人师者的形象式微也已成为事实，严重影响着立德树人教育鹄的的达成。如何规避教学商品化和绩效化观念的影响，划定教书育人的价值界限，理性审视自我身份定位，成为摆在大学教师面前的紧迫议题。

（二）"知识创生者"旨趣的偏失

学者本该依据学术兴趣自由闲逸地追求真理，但过度功利化的科研动机间接导致他们摒弃了为知识而知识的学术信仰，转而投向那些"短平快"的应用研究领域。"应用"成为校园里最闪耀的高频词，自然科学领域的教师被应用逻辑矮化为技术产业工，人文社会科学领域的教师则在应用逻辑的裹挟下沦为政策造势者。那些曾被奉为圭臬的形而上的哲思，正逐渐让位于形而下的技术。一些大学教师逐渐远离公共生活，逃避对社会公众的承诺，成为"追名逐利"的学术资本家。

一方面，被课题立项、论文级别和经费到账锁定的学术评价体系，催生了部分教师粗制滥造科研成果的行为。"用最平庸的方式快速完成科研任务成为他们的首选，但这些成果多是低水平重复、浅尝辄止和新瓶装旧酒的产物，数据亮眼但却难有深度，更遑论成果转化了。"④ 本该"十年磨一剑"的科研实践被硬生生"改造"成批量化生产的制造过程。学术剽

---

① 沈红. 中国大学教师发展状况：基于"2014 中国大学教师调查"的分析 [J]. 高等教育研究，2016，37（2）：37-46.

② 钱莉. 学术资本主义视域下高校教学与科研的管理 [J]. 大学，2021（34）：44-46.

③ 邓晖. 大学课堂该如何消灭"水课" [N]. 光明日报，2018-04-10（11）.

④ 仲彦鹏. 学术锦标赛制下大学教师学术身份的异化与纠偏 [J]. 重庆高教研究，2018，6（4）：109-118.

窃、不当署名、数据篡改等学术不端行为层出不穷也就不足为奇了。另一方面，对基础研究的抛弃和对应用研究的偏爱，也造成了部分大学教师过度强调市场导向型研究的现象。在轻基础研究、重应用研究的理念下，大学教师越来越倾向于产出周期短、见效快、能转化的成果，人为制造"学术泡沫"，这严重制约了原创性成果的创造与转化。本可为应用研究提供思路和灵感的基础研究被弃置后，教师就将陷入技术理性编织的牢笼，丧失学术人格和自主独立性。同时，知识私有化和市场化的推进，尤其是按照知识的市场转化性形塑的知识结构，将近市场端的学科拔高，将远市场端的学科边缘化，间接导致"学科马太效应"，塑造出新的不平等的学科等级体系。这种学术等级秩序最终塑造出知识资本充裕的"学术商人"和知识资本匮乏的"学术民工"共同存在的学术生态，导致部分教师因学科差异而产生较高的相对剥夺感。

大学教师迫切需要在"求真还是求利"的价值博弈中守住学术伦理底线，重塑被学术市场化和绩效主义所异化的学术资本家身份，警惕过于偏向应用研究而丧失学术立场的危险。否则教师求真的学者形象将会在求利的商人定位的冲击下消解殆尽。

（三）"学术创业者"动机的异化

在资源依赖性的现实驱使、行政化与市场化的逻辑叠加、考核评价制度的绩效化牵引和教师学术信念式微等因素作用下，学术资本化与学术价值实现的手段与目的的关系被彻底颠覆。学术资本主义僭越了学术伦理底线，致使一些大学教师不再将人才培养、追求真理和引领社会视为核心追求，变成以知识资本谋利的学术商人。本书研究前期针对大学教师学术身份的相关访谈也表明，当前大学教师学术职业面临冲突[①]，迫切需要在新情境与传统学术身份定位的价值协商中重塑。

一些教师抛弃"学术志业"信仰而投入"学术谋生"怀抱，视学术为创业手段，视自己为兜售知识资本的学术商人，将求真育人和追求真理的使命抛在脑后，肆意套取科研经费或变卖知识产权以谋取经济利益。"创

---

① 这种混乱情况在前期的预研究访谈中反映得十分明显：教师学术身份的矛盾集中在求实还是求利、原创还是转化、教学还是科研等，很多受访者认为自己内心是想保持学术底色的，但是在现实生存压力和科研成果发表的压力下，不得不向市场化转变，有的受访者甚至觉得自己像被迫求生的知识商人。可以说各类身份间的冲突十分明显。

业导向的身份定位有时会冲击教学导向的身份定位，动摇教师育化人才的信念。"① 还有一些教师将学生视为私有财产，随意压榨学生，并以毕业或论文发表等为要挟，强迫学生从事非学术性事务。"这种不对称性的雇佣型师生关系，一定程度上扭曲着学术职业的本质与价值，间接塑造了经济权力的不对称格局"②，进而导致学生在受到不公平对待时，"只能畏惧、服从和隐忍，煎熬并等待着逃出魔爪"③。更有甚者，任意践踏"默顿规范"，出于商业利益考量而延迟或隐藏公共事业进步所需的成果，不惜牺牲知识的客观中立性。知识创生机构的弥散性和主体的异质性间的观念和行为冲突，导致某些教师以僭越知识象征意义的方式与工业伙伴达成知识与金钱间的"契约"，站在绩效最优化的立场上审视成果转化和社会服务事宜。

以学术创业提升人才培养、科学研究和社会服务质量的目的为资本逐利所取代，这样就会培养出唯利是图的学术商人，危及学术职业的合法性。结果就是，本该借助自身知识资本优势，借助学术创业以增益人才培养质量和学术研究深度的目的被遮蔽，通过学术创业增加学校和个人的经济收益与提高社会声望成为核心驱动力。大学教师迫切需要摆脱重"术"轻"学"、以"术"代"学"的学术创业观的侵蚀，打破学术资本家的形象，寻回学术创业本然身份定位。

（四）"价值引领者"取向的偏离

在知识与市场深度互动的背景下，"部分教师自身价值信念的成分和终极价值关怀的根基正逐渐式微"④。知识谋利化的浸染，使教师学术生活存在某种偏重物质价值而弱化精神价值的倾向，致使学术职业平庸化。原本被冠以"化大众的社会良知代言人"，却在消费文化和市场精神的联合绞杀中沦为"大众化的市民社会庸俗人"。大学教师的道德模范形象被淡化，变成"弃道求利"的"功利化实体"，甚至"以谋生为唯一目的，没

---

① LORENZ C. If you're so smart, why are you under surveillance? Universities, neoliberalism, and new public management [J]. Critical inquiry, 2012, 38（3）: 599-629.

② 郭友兵. 研究生师生关系的异化困境及其伦理超越 [J]. 学位与研究生教育, 2019（2）: 6-11.

③ 曾于里. 师生关系何以变味: 文化与权力的症结 [EB/OL].（2018-03-21）[2022-03-05]. https://www.fx361.com/page/2018/0321/ 3255135.shtml.

④ 张济洲."乡野"与"庙堂"之间: 社会变迁中的乡村教师 [M]. 北京: 中国社会科学出版社, 2013: 78.

有内心对话，听不到来自心灵的任何反对之声，像无根的浮萍一样被大众潮流吹来吹去"①。

面对不正之风，一些教师非但不批判庸俗文化和消费主义的弊病，转而成为特定利益群体的支持者，任由公平正义和道德风尚被践踏。"学术职业愈加专业化的背景下，大学教师作为知识分子本该具备的道义责任和批判精神被遮蔽"②，只能做些对既有知识体系的修补，丧失了应有的创造性。大学教师在公共生活中更多扮演知识与技能的"制器师"，却较少引领公众就何以为生进行道德和伦理深度上的思考。而对待学生，许多教师则过于追求没有灵魂的卓越，专注于系统化技术知识的传输，强调知识的逻辑性和完整性，过滤掉了蕴含在知识中的人文精神和家国情怀，"师生间的生命互动被技术传输程序所取代"③，结果就是学生丧失了知识批判和社会担当的意识与能力。

当大学教师以庸俗人形象出现在公众视野中，站在特定利益群体的立场上发声，对公共生活中的不良现象视而不见时，就丧失了引领社会价值观和净化公众心灵的合法性，引发公共社会的信任危机。如何消解消费社会引发的身份庸俗化危机，重新肩负起社会责任，已成为大学教师迫切需要回答的问题。

---

① 高德胜. 我们都是自己的陌生人：兼论教育与人的放逐和"归家" [J]. 高等教育研究，2013，34（2）：9-19.

② 许纪霖. 知识分子十论 [M]. 上海：复旦大学出版社，2003：22.

③ 史密斯. 全球化与后现代教育学 [M]. 郭洋生，译. 北京：教育科学出版社，2000：226.

第四章　学术资本传递：
服务导向型的知识传播者

　　教师因知识而获得安身立命之本，知识构成了学术职业的合法性基础，并为教师理解和践行自身身份所蕴含的使命提供了初始情境和逻辑原点。当知识被产品化时，意味着知识将从科研成果或技术专利的抽象样态转向潜在的人力资本和社会生产力的实践样态。在此背景下，教学被诠释为学术资本传递过程，但这种传递并非以知识产品化或服务化形式创造市场效益，而是指向课程知识向学生素质的内化和知识资本向人力资本的深度转化，并凭借此过程获得学生或其他教育需求者在价值认知、经济保障和伦理道德上的身份感。且大学教师所传递的学术资本也因具备高深性、专业性和系统性而有别于中小学阶段的基础性知识，因为基础性知识的稀缺性和效益度并不明显。通过教学传输的学术资本多以个体性知识或高深知识的方式静态化存储于学生的心智结构中，并弥散性地作用于学生发展过程。"大学场域中知识传承转移的最佳机制就在于人才培养，赋予学生以广博知识和精深专业技能。"① 但在知识爆炸和信息获取便捷化的背景下，大学教师作为高深知识垄断者的身份定位正面临消解，转而建构起学生学习服务者的身份。越来越多的教师开始借助教学目标调适、教学内容遴选、教学方法创新、师生关系转型以及教学空间转换等方式为学生的个性化发展诉求服务，扮演服务导向型的知识传播者身份。

---

　　① MONGRAIN K. John Henry Newman on ecclesial spiritual life [J]. Newman studies journal, 2008（1）：19-34.

第一节 学术资本传递方向的"精准定位"

教学目标是教学活动对学生产生的预期性变化的明确表述，直接指向学生学习的效果和教学策略的针对性与有效性，是教师开展教学实践的方向引领和价值依循。"教学目标是教学的灵魂，支配着教学的全过程，并规定教与学的方向。"① 某种程度上，持有何种教学目标定位，就会践行何种教学行为，产生相对应的教学影响。在知识与经济联系并不直接、紧密的阶段，教育教学的目标更倾向于培育文化意义上的理智人，教学目标定位并不将重点放在学生因为教学而获得社会地位、经济收益上。而在教育逐渐市场化的进程中，教学的市场属性不断强化，教学目标越来越具有经济属性，倾向于培养高素质人力资本。但是，资本逻辑向知识逻辑的渗透，无疑是对文化意义上理智人培养目标的冲击。教育市场化促使高校管理者越加重视潜在的教育消费者的满意度和消费诉求，进而降低知识深度及带来知识撕裂认知结构的阵痛感，反而束缚了知识对思维的塑造，无法培育具有批判性思维的理性人。

追求卓越已经成为衡量人才培养和学术研究之间的最大公约数，但是卓越不过是略带理想色彩的"评判标准"，并非事物比较的固定化限定词。因此，将卓越作为衡量办学目标达成度或学术研究质量的标准，就等于什么标准都没有②。在知识资本化语境下，教育的崇高性被追求个人价值的诉求所解构，个人追求经济效益的欲望不断膨胀。"教育变成了一场物质对于精神、存在对于意义、现实对于理想的颠覆，意义世界被视为隶属于私人化的事务。"③ 教师的注意力从教学的身心愉悦满足感转移到了教学效果的折现性上，教师越来越不关注学生的精神世界是否充盈、文化性格是否健全。功利化心态意味着教师在思考或行动时以能否实现利益最优化为依据。

---

① 崔允漷. 教学目标：不该被遗忘的教学起点 [J]. 人民教育，2004（Z2）：16-18.
② BILL R. The university in ruins [M]. Cambridge：Harvard University Press，1996：24.
③ 默顿. 社会理论和社会结构 [M]. 唐少杰，齐心，译. 南京：译林出版社，2006：296-303.

一、能力本位型向整全育人型转变中教师的身份异化

在实用主义思想和学术市场化的影响下，大学教师正面临育人属性式微与世俗属性强化的双重考验。一些教师未能经受资本诱惑而投入市场怀抱，成为功利化的实体，而内蕴在师者定位中的文化信念和人文情怀等则不断被挤压[①]。在学与商、求知与求利的价值纠葛中，部分教师看待教学及其定位的态度已发生转变，越来越像"实用知识的传输者""技能教育的践行人"和"情感剥离的程序人"。

（一）"实用知识的传输者"

实用主义动摇了教师的育人信念和责任伦理，导致部分教师异化成"精致的利己主义者"[②]，不关心学生人格是否健全、心灵是否充盈，而盯着学生毕业和就业问题，试图通过帮助学生获得理想就业机会而获得认可。"知识的传播，不再是有计划地培育领导民族解放的精英的才能，而是以语用学为目的，为社会体系供应所需要的一定职位的成员。"[③] "学生目标明确，只有那些有利于拿证、考编和读研的课程才能稍微引起他们的重视，一般的课程很难吸引他们的注意力。有时候就会不自觉地教那些他们想学的东西，甚至直接点明这些知识在考教师资格证、考研和考公务员时出题的可能性。"（FT-11）因而教师无暇顾及学生道德的养成和人格的发展，只能根据其偏好和口味重新定义教学目标。教学目标异化成如何将产业化知识完整而高效地传输给学生，帮助学生积累人力资本优势，蕴含在知识传授过程中的真善美元素被削减乃至消灭。教师成为无须倾注教育情感和人文关怀的"实用知识的导体"，学生则在这种实用知识的传输过程中成为"实用知识的受体或容器"。

传递实用知识的身份并无不妥，但绝不能狭隘地侧重实用知识传输而轻视学生个性发展的其他方面。狭隘的以实用知识为核心的教学价值观，不断驱逐蕴含在知识及其传递过程中的情感、态度和心理元素，将师生间知识与情感的交融异化成学生单维度接受知识灌输的过程。某位受访者就

---

① 张济洲."乡野"与"庙堂"之间：社会变迁中的乡村教师［M］.北京：中国社会科学出版社，2013：78.

② 钱理群.北大清华再争状元就没有希望［N］.中国青年报，2012-05-03（3）.

③ 操太圣.符号崇拜：消费主义文化视野中的"水课"批判［J］.江苏高教，2020（5）：35-41.

指出："我们这种类型的院校封闭性强，来的学生对就业的期望高，所以学校比较支持开设那些什么考教师资格证书、考事业单位和考公务员或者考研究生的课程，而且还比较受学生欢迎。并且这些课的上课节点就紧跟考试节点来，基本上保证上完课差不多就快考试了。"（FT-09）就像巴西学者保罗·弗莱雷（Paulo Freire）所批评的那样："教学成了一种储蓄行为，学生是资金管理人，而教师成为银行储户。储户不需要去跟柜台管理人员解释什么，只需要他们认真听清楚储户的要求，这真是储蓄式教育（the concept of banking education）的典范。"①

更令人担忧的是，"实用知识的容器"已经不再是灌输式教育模式的专属了，而是作为出资方的学生所乐于接受的身份定位，或者说师生间基于市场契约而共同认定的事实。这意味着学生接受教育的潜在动机中蕴含着出人头地和获得职业回报的价值预设，他们潜意识里并不期待教师除了交给他们谋生技能之外还会通过文化或道德的方式影响自己。在最短时间内高效率获得用于改造世界和谋求效益的知识成为学生（消费者）不证自明的目的。同时，在忙于应对各种教学改革诉求、非学术性行政事务和科研考核压力的过程中，教师已成为来不及思考、不愿意思考和不知道思考的人。教学就成了按照学生（消费者）要求提供知识服务而无须加以审视的活动。

不过，并非所有受访教师都盯着就业问题，一些研究型院校教师在谈及教学时并未把帮助学生就业视为行动指南，而是强调健全人格的培育、核心素养的塑造和个性诉求的满足。"只要学生素养上去了，就业根本不是问题""盯着就业就会被就业价值观绑架，教什么、怎么教就会围着就业转，这早就不是育人了，这是炼器"等意见均体现了这一点。而教学研究型本科院校、高职院校和教学服务型院校等则对学生就业问题颇为关切，甚至流行教学是为学生更好地就业服务的价值观。

（二）"技能教育的践行人"

日本教育家池田大作认为："现代教育陷入了功利主义，这是可悲的事情。这种风气带来了两个弊端：一个是学问成了政治和经济的工具，失掉了本来应有的主动性，因而也失掉了尊严性。另一个是认为唯有实利的

---

① 弗莱雷. 被压迫者教育学［M］. 顾建新，赵友华，何曙荣，译. 上海：华东师范大学出版社，2001：25.

知识和技术才有价值，所以做这种学问的人都成了知识和技术的奴隶。"①
教育被技术理性支配意味着教师也只能在技术理性制造的枷锁中施教。教
学目标不再是培育具有健全理性的人，为技术世界批量制造操作者变成了
教育的归宿。教师就像产业园区的流水线工人，将能创造市场效益的技术
元素注入即将流向社会的学生的心智结构中，并把技术灌输所表征的重复
性、无效化、简单性和可替代性特质展现到极致，最终这种特征也表征在
作为产品的学生身上。

现实中，操作性技术或程序化知识被奉为圭臬，技术理性以教育目
标、内容、方法的方式"复魅"，而"灵魂的转向和德行的生成等都不再
被重视，如何获得谋生技能、社会适应力和满足个性化消费诉求成为新的
风尚"②。"很多老师上课像是教学生如何认识剑这种兵器，而我的课堂就
是教学生如何正确使用这把剑。举个例子，我讲视听语言，学生不好理解
这个东西，我就用王者荣耀这个手游的角色和游戏机制来解释：视觉就是
游戏里承担核心输出任务的角色，而听觉就是专门配置给这些角色的辅
助，而语言就像游戏策略一样，就是你们采取什么样的战术来快速发育，
打败敌人，这样课堂就有趣了，学生们也愿意参与了。"（FT-01）教师无
法再承载"粉笔、园丁、蜡烛和春蚕"等文化隐喻性形象，转而成为将操
作技术批量化植入学生心智结构的产业技工，而学生则变成了"技术崇拜
的狂热分子"。技术思维和程序逻辑将教学目标锁定在如何培养同质性的
技术工，导致"教学主体生命在充满技术气息的教学场域中暗淡了应有的
光彩，人性的多元、丰富与弹性在技术理性的挤压下变得扁平、空洞与僵
硬"③。师生陷入技术狂热而盲目追求技术性人才培养目标，技术中蕴含的
人伦理性和生命活性被压缩，培养受技术理性支配的员工成为教学唯一的
追求，师生借助教学和教学技术追求幸福生活的可能性大大降低④。

最终，"教学越来越追求技术及技术知识的效率化传递，学生只能在
大脑还未消化或判断技术合理性的过程中潜意识地接受技术理性的影响，

① 汤因比，池田大作. 展望二十一世纪：汤因比与池田大作对话录 [M]. 荀春生，朱继征，
陈国梁，译. 北京：国际文化出版公司，1985：61.
② 翟楠. 从灵魂到身体：柏拉图的"洞穴隐喻"及现代教育的价值倒转 [J]. 西北师大学
报（社会科学版），2011，48（1）：71-75.
③ 朱德全，吕鹏. 大学教学的技术理性及其超越 [J]. 教育研究，2018，39（8）：73-80.
④ 徐继存. 教学技术化及其批判 [J]. 教育理论与实践，2004（3）：48-51.

成为温顺而又内心坚定的技术工人"①。教学需要技术的支撑，但技术是辅助手段，并非目的。技术被运用到培养创新人才的过程中才具有合理性，技术伦理作用于学生的心智结构才具有人文性。

（三）"情感剥离的程序人"

资本逻辑向学术领域的强势侵袭会消解教书育人的崇高价值信念。"经济上被允许，就意味着道德上的无碍。经济成为衡量社会生活的价值标尺，作为文化现象的教育亦难避免这种影响。"② 市场逻辑向教育领域的蔓延将教育的公共性冲散，将课堂变成了完成投资与消费的知识交易所，教师的工作越来越被视为谋求权力、财富、资本和地位的跳板，教室成了"一个道德贫乏的地方"③。不少教师表示：奔波于生计已经消解了教学成就感，教学过程的温度不断下降，师生间的情感互动也被弃置。"我们评教平均分低于 90 就算不及格。我很认真地上课结果有人给我打 70 分，后面我上课'放水'，结果还都给我打了 99 的高分。想想真是讽刺啊，不用心思和精力的课反而获得学生好评，真不敢想象啊。"（FT-08）知识公共性的式微与知识私有化的膨胀，昭示着学术资本主义的凯旋和"为人类完整性而奋斗"文化传统的失落，导致传授"技术知识"在大学大行其道，这不能不说是大学精神的异化和人类创造力的枯竭④。而在问卷调查中，当被问及教学的意义时，超过 48% 的大学教师表示，教学带给自己的幸福感正在逐渐消退。具体如图 4-1 所示。

对实用技术知识的追捧塑造了以技术或技术性知识观主导的人才培养观。这体现在：①课程知识的技术化，将课程知识理解为某种技术性、能够直接传输的内容。因而教学就是将知识或技术一股脑儿地传递给学生的过程，学生在接受知识时无须激活情感、思维和情绪，只需要像机器人一样原封不动地接受外部传输的知识指令。整个教学过程被实用性技术传输过程异化成技术传输与技术接受的状态，教条、权威、程序和顺从充斥在学生学习过程中。正如雅斯贝尔斯所言："什么地方计划和知识独断专行，

---

① 麦克卢汉. 理解媒介：论人的延伸 [M]. 何道宽，译. 北京：商务印书馆，2000：35.

② 刘森林.《启蒙辩证法》对虚无主义的反思批判 [J]. 武汉大学学报（哲学社会科学版），2019，72（1）：27-37.

③ 高德胜. "解放"的剥夺：论教育如何面对个体人的膨胀与公共人的衰落 [J]. 教育研究与实验，2011（1）：14-19.

④ 阿罗诺维兹. 知识工厂：废除企业型大学并创建真正的高等教育 [M]. 周敬敬，郑跃平，译. 北京：高等教育出版社，2012：33.

对精神价值大张挞伐，那么这些计划和知识就必然会变成自身目的，教育就会变成训练机器人，而人也变成单功能的计算之人。在仅仅维持生命力的状况中，人可能会萎缩而无法看见超越之境。"[1] ②教学定位的技术化。教学过程被肢解成能够单独完成的技术性环节，每个环节的评价要求也遵照技术逻辑展开，教学变成预先执行既定计划的程序化活动，技术的控制性压倒了教学的生成性，教学目标定位变为"见技术不见人"。

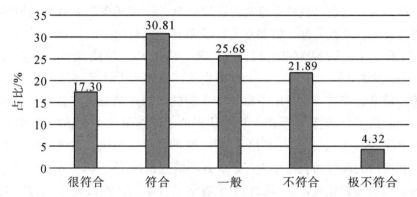

图 4-1　"教学带给我的幸福感正在逐渐被消磨"的调查结果
（资料来源：根据问卷数据分析）

二、自觉践行整全育人型目标定位中教师的身份回归

"教学目标是承起教育目标和衔接课程目标的关键，在教学过程中起纲领性作用。"[2] "知识经济的发展诉求在教学场域的重现，要求教师扮演知识与市场的课堂调节器，用'卓越'这样的词语来定位教学目标。"[3] 在市场化助推下，教师逐渐正视并悦纳知识的经济性，追求知识的情境应用性价值，以培育学生对未来社会的适应力或引领力为鹄的。教师开始冲破固有学科知识体系的系统稳固性，增加蕴含经济性价值追求的情境应用性知识，在统整融合中生成"求是与求利"相结合的辩证性教学目标，成为教学目标的理性重塑人。教学目标重塑的关键在于教师如何划定知识象征

① 雅斯贝尔斯. 什么是教育 [M]. 邹进, 译. 北京：生活·读书·新知三联书店, 1991：35-36.
② 牟延林. 普通本科高校转型进程中课程改革的思考 [J]. 中国高教研究, 2014（9）：84-91.
③ HEANEY C. The teaching excellence framework：perpetual pedagogical control in post-welfare capitalism [J]. Journal of learning and teaching, 2017（2）：1-15.

意义与应用意义的边界，调节两种价值取向的比例，以较高的学术素养和敏锐洞察力，创造性地协调"学与商"间的张力。

（一）"无用知识的辩护人"

按照价值属性的差别，知识分为两种形式：沉思性知识（contemplative knowledge）和表现性知识（performative knowledge）①。前者通过呈现知识的复杂逻辑性和价值意蕴以使人富有理性，但这种知识指向人的生命意蕴的彰显而不具备在世俗社会中的实际效用，因而也被称为"无用知识"；后者则强调通过外部知识表演而获得相应的经济收益，具有强烈的改造物质世界的价值，因而也被称为"有用知识"。

但无用知识更关切人的生命世界和精神空间，对个体的生命成长、价值塑造、情感浸润和道德感召等均有本体性意义②。"无用知识承载着解放和唤醒人性、彰显个体主体性和生命能动性的价值，也是个体生活经验升华到人性高度的基础"③，理应构成知识育人体系的组成部分。正如菲利普·菲尼克斯（Philip Phenix）所强调的："教育最正当的存在价值就是促成意义的生长，知识意义的无边际性也决定了教育的无限可能性。"④ 事实上，大学及其成员应是真理追求者、智慧的传播者和人性的唤醒者，致力于对人性和意义世界进行解读、诠释和践行。毕竟"构筑大学组织基本使命的内容是笃信某些价值信念处于更高地位，知识的某些理性处于更优位置。整个大学的核心使命在于：培育、创新和传递那些指向理性思考、逻辑推理和严谨观察所能触及的合理性的知识"⑤。

对教师而言，为无用知识辩护，捍卫无用知识的尊严，需要培育教师的文化自觉。费孝通将文化自觉界定为"生活在一定文化中的人对其文化有'自知之明'，明白它的来历、形成过程、所具有的特色和它的发展趋势"⑥。教师须对无用知识的来历、形成过程、所具有特质和发展趋势具有清晰的认识，明确无用知识在启迪心灵、育人铸魂和健全人格等方面的育

---

① JENNIFER W. University, Inc.: The corporate corruption of higher education [M]. New York: Basic Books, 2005: 217.

② 钱颖一. "无用"知识的有用性 [J]. 领导文萃, 2013 (5): 101-104.

③ 郑太年. 意义：三个世界的联系与对话 [J]. 全球教育展望, 2002, 31 (11): 25-30.

④ PHENIX P. Realms of meaning [M]. New York: McGraw-Hill, 1964: 232.

⑤ 希尔斯. 学术的秩序 [M]. 李家永, 译. 北京: 商务印书馆, 2007: 213.

⑥ 费孝通. 反思·对话·文化自觉 [J]. 北京大学学报（哲学社会科学版），1997 (3): 15-22.

人价值，把握无用知识作为协调人与人、人与自我关系的"属人"① 规律和以文化人的作用机制。同时，教师要精准把握无用知识之特质来理性施教②。教师需根据无用知识的"价值负载性"采取有别于实用知识的教学策略，避免按照批量化模式生产"有知识、没文化"的人；根据无用知识的"止于至善性"来不断挖掘这类知识的育人内涵；根据无用知识的"无声默会性"来评价教学或学习效果；根据无用知识的"情境显现性"创设契合知识理解与运用的情境。同时，守正不是保守。教师也需要通过增强"有用和无用"知识价值的融合，引导学生对未来社会中什么知识最有价值、谁的知识最有价值等问题进行反思批判，帮助学生树立辩证理性的知识价值观。

（二）"技术知识的批判人"

马克斯·韦伯（Max Weber）从目的与手段的关系视角将人的理性划分为工具理性和价值理性，前者又等同于赫伯特·马尔库塞（Herbert Marcuse）所论述的技术理性③。技术理性关切知识的实用性，将知识视为改造世界或解放生产力的工具，而不关心改造实践中的意义或价值问题。"技术理性是单向度的思维模式，这种思维模式转移到人身上就会阻碍人性的彰显，造成人的工具化。"④ 同样地，知识本来就具有双重价值：实用价值和象征价值，前者指向技术理性而后者指向价值理性。在愈加强调知识效用性的背景下，大学迫切需要改变被技术理性支配的教学目标，扭转被技术理性规训的人才培养定位。正如亨利·吉鲁（Henry Giroux）所指出的："作为知识分子的教师，他们把反思与行动结合起来，不只关心如何获得个人成就，推动学生沿着职业的阶梯进步；还要关心如何赋予学生以权能，从而使他们能够批判性地观察社会，并具有变革社会的行动能力。"⑤

但批判技术知识的弊病和将人异化成机器奴隶的思想，并不意味着消解技术知识的育人性，"像技术理性规训价值理性那样来放逐技术理性并非

---

① 逄增玉. 人文性知识是"属人"的 [J]. 世纪论评，1998（1）：31.

② 张祥云. 人文知识的特性及其教育意蕴 [J]. 教育研究，2004（6）：8-12.

③ 马尔库塞. 工业社会和新左派 [M]. 任立，译. 北京：商务印书馆，1982：82.

④ 马尔库塞. 单向度的人：发达工业社会意识形态研究 [M]. 刘继，译. 11版. 上海：上海译文出版社，2014：136.

⑤ 吉鲁. 教师作为知识分子：迈向批判教育学 [M]. 朱红文，译. 北京：教育科学出版社，2008：4.

明智选择"①。理性态度是确保技术知识回归到合理位置，恰如其分地发挥育人价值。教师需要将学生塑造成技术知识的批判人，理性认识到技术知识的合理性限度，确保技术知识与价值知识各司其职，共同塑造学生的健全人格。

对教师而言，批判技术性知识，首先，要有舍弃技术性知识的勇气，要清楚认识到全盘接受技术知识规训的思维惰性和技术依赖性，回归教学的批判性和生命活性，重新塑造教学主体的价值尺度，扭转"不用技术无法教学"的错误倾向。正如德国哲人伊曼努尔·康德（Immanuel Kant）所言，"学生应该学的是思考活动，而不是思考的结果"②。其次，教师要有敢于使用技术性知识的魄力，充分认识到技术性知识并非造成学生被培育成单向度技术理性人的原因，而是功利化思想将技术性知识推向了技术编织的牢笼，进而遮蔽了教学目标的人文向度。这也印证了马尔库塞的"异化了的主体被其异化了的存在所吞没"③ 的论断。教师要敢于引入技术性知识和教学技术，释放教学效率，拓展育人空间，创设更复杂的问题情境以锤炼学生的能力。最后，教师要紧抓育人为本的教育鹄的，平衡技术性知识的取舍之道，理性认识到技术性知识的缺失会制约健全人格的塑造，技术性知识的捆绑则会造成教学主体的自主性丧失，运用技术性知识培育人才的标准应放在能否促成学生的个性自由和全面发展上。只有厘清技术性知识与价值性知识的辩证关系，在理性把控技术性知识育人向度与限度的前提下超越技术理性的束缚，达成立德树人的根本教育目标。

（三）"生命伦理的寻回人"

技术伦理将教学异化成按照既定程序运行的流程化活动④，蕴含在教学中的生命伦理的整全性被精密预设的技术规范所击溃，控制性文化逐渐占据教学文化生态的主导地位，教学的意义建构性和生命律动性被搁置，最终导致"器的伦理"取代"道的伦理"。如何寻回被技术伦理放逐的生命伦理，成为摆在大学教师面前的课题。

要寻回被技术伦理驱逐的教育的生命关怀性，教师应做到秉持以学生

① 张伟胜. 实践理性论［M］. 杭州：浙江大学出版社，2005：72.
② 雅斯贝尔斯. 什么是教育［M］. 邹进，译. 北京：生活·读书·新知三联书店，1991：159.
③ 朱德全，吕鹏. 大学教学的技术理性及其超越［J］. 教育研究，2018，39（8）：73-80.
④ 程良宏，杨淑芹. 控制性教学文化及其转向［J］. 全球教育展望，2009，38（2）：17-21.

发展为中心的教育伦理观，将师生的个性张扬、情感交融、人格感召和道德完善视为生命伦理的核心旨趣。首先，教师应"必仁且智"，对学生"存仁"，对技术"留智"。既要将技术伦理和技术规范用于塑造心智健全的人，也要对技术伦理消解教学情感和教学激情的危害存有理智，以实现立德树人为厘清"仁与智"伦理边界的依据，规避"仁而不智"和"智而不仁"造成的教育伦理残缺以及这种残缺对整全育人效果的限制。其次，教师应"以技体道"，在运用技术和反思技术伦理的基础上体悟"道"的精神和意义。教师应在"道无常法"和"技有定律"的深度融合中更深刻而系统地理解技术及其伦理规范，做到根据知识内在属性和立德树人追求智慧地选择技术手段，对技术运用的合理性和有限性进行检视，最终"实现教学内容、教学方法和教学技术的灵活交互"[①]，还原教学作为彰显人性完整性的原初面貌。最后，教师应"百工有法"，明确教学技术及技术性知识在塑造健全人过程中的技术准则。"故百工从事，皆有法所度。"[②]教师应对已出现的技术伦理失范问题保持高度警惕，重申教学提升人的道德品性、伦理关怀和导善向善的伦理诉求，关注学生学习的情感体悟，从知识掌握、技能训练层面推动学生发展，更要从生命意义提升的立场关怀学生的学习生命和存在价值，最终促进师生向善，超越物或技术的异化而直达生命价值的本真鹄的。此外，生命伦理内蕴技术伦理的有益成分，在寻回生命伦理的过程中无须对技术伦理采取二元对立的态度，应当预留技术伦理合理性的部分，避免过犹不及的弊病。

第二节　学术资本传递内容的"优化重组"

教学内容的选择或组织看似是教师遴选适切学生身心发展规律的知识的微观行为，但实质上反映的是人类对"什么知识最有价值"的判断。在古典教育时代，能够给人以修养提升和道德完善的人文知识更受重视，更能培育举止优雅且品行端庄的"绅士"[③]，因而文学、艺术、音乐等领域的

---

① 全美教师教育学院协会创新与技术委员会. 整合技术的学科教学知识 [M]. 任友群，詹艺，译. 北京：教育科学出版社，2011：22-25.

② 孙诒让. 墨子间诂 [M]. 孙启治，注释. 北京：中华书局，2001.

③ 王一军. 从"高深学问"到"个人知识" [D]. 南京：南京大学，2012.

知识颇受关注，并成为教育系统优先组织、传递的内容。而在知识源自宗教的时代，教学内容以神学知识体系为主，搭配文法、医学和法律等世俗属性较强的内容，获得关于如何认识和信仰上帝的知识最关键①。随着工业革命的推进，对社会生活更有影响力的科学知识变得更有价值，"科学知识在增进社会民主、改善大众生活和培育科学理性上的作用逐渐凸显"，完善人的心智的知识逐渐让位于"为未来生活做准备的科学知识"②，物理、生物、化学、制造和商业等知识获得了在教育领域无限扩张的合法性。而在后现代社会，能够直接创造经济效益的知识变得愈加重要。弗朗索瓦·利奥塔（Francois Lyotard）认为："后现代时期知识的本质不再是以往主张的事实、信念、真理性的东西以及某些技能，而是信息。"③ "这种在处理事物中就可以得到证明的知识，是那种对实行结果有效用的信息。"④ "信息"一词反映了后现代知识的本质，在"信息"概念下，知识不再以其自身为最高目的，知识作为一个累积体越来越大。而且信息的传递模仿的主要是经济领域的效率原则，即以最小限度的输出来达到最大限度的输入。在教育中，那些能按照信息传递模式转移的、具有现实有效性的知识就显得尤为重要。

"什么知识最有价值"的流变，反映了知识在社会转型阶段的属性变动，集中体现出知识及接受这种知识的人是如何回应社会的变革诉求的。在此意义上，"在教育视野中，真正的问题也许不在知识的内在价值上，而多半在于这种知识对他者的外在性影响"⑤。回到微观语境，哪些知识更能体现经济社会发展的实际需要，更能满足学生谋求优渥生活的诉求，哪些知识就最有可能被组织成课程内容。关键在于：供学生学习的知识是否真的有利于学生个性发展，是否有助于经济社会良性发展，是否能够考虑到"无用知识的有用性问题"⑥。

---

① 伯恩斯坦. 教育、符号控制与认同［M］. 王小凤，译. 北京：中国人民大学出版社，2016：6.

② 袁振国. 什么知识最有价值？［J］. 上海教育，2016（1）：74-76.

③ 李春萍. 学者·知识分子·知识工作者［J］. 学术研究，2006（10）：119-123.

④ 德鲁克. 后资本主义社会［M］. 傅振焜，译. 北京：东方出版社，2009：27.

⑤ 斯宾塞. 斯宾塞教育论著选［M］. 胡毅，王承绪，译. 北京：人民教育出版社，1997：35-56.

⑥ 弗莱克斯纳. 无用知识的有用性［J］. 科学对社会的影响，1999（1）：50-54.

一、失衡性知识向均衡性知识转变中教师的身份异化

知识驱动经济发展的趋势塑造了以经济效益衡量知识效用的价值观。传统商业将钢铁、土地、机器作为内核的发展模式已经逐渐转变为将计算机、大数据、影视产业等作为内核的发展模式，依靠增加生产资料获得更多收益的做法已经不能适应信息时代的需要了，将知识（或信息）运用于实际以提升绩效成为主流趋势。一方面，能在市场竞争中获得较大经济效益的知识变成了麦克·扬（Michael Young）口中的"强有力知识"（Powerful Knowledge），塑造出贴近市场和易于被技术转化的知识最有力量的知识观①。另一方面，事物价值与货币的绑定，使任何事物都具备了以货币形式表达价值量的可能②。万物皆可货币化的思维中，具有高尚性的事物变得世俗化而丧失了在公众心中的美好形象。

在学术市场化语境下，知识的审美价值正逐渐被世俗价值所取代，那些曾经散发着崇高感或使命感的职业（律师、医生、教师以及诗人等）被世俗市场所裹挟而褪去神秘感，相关从业者变成既谈理想也谈钱的人。在此背景下，大学教师不得不在知识象征意义与世俗意义、知识完整性与碎片化、知识学科性与跨界性间做出取舍，重组教学内容。一些教师受教育商品化和知识谋利化思想浸染而沦为"食谱知识的制作人""碎片知识的拼盘工"和"跨界知识的缺位者"，导致教学内容的精神养分缺失、浮于碎片化和局限于学科视野，这些问题制约着人才培养质量。

（一）"食谱知识的制作人"

很多学校的教学深陷"菜单文化"（handout culture）桎梏，"一些教师被迫对功利主义做出让步，调整他们的课程设计，减少课程难度和挑战性，增加与市场联系密切的内容，提供各种方便取阅且容易理解的快餐式知识"③，即不注重"知识食谱"是否"营养均衡"，只关注学生顾客是否满意。在这种强调知识"快买售"、即学即用的消费文化影响下，大学教

---

① YOUNG M. On the powers of powerful knowledge [J]. Review of education, 2013, 1（3）: 229-250.

② 马克思，恩格斯. 马克思恩格斯全集：第三十一卷 [M]. 北京：人民出版社，1998：252.

③ 操太圣. 符号崇拜：消费主义文化视野中的"水课"批判 [J]. 江苏高教，2020（5）: 35-41.

师逐渐沦为"食谱知识的制作人",忙于为学生提供无须思考或努力就能获取并应用于社会生活中的知识。"快餐指预先做好且能够迅速提供给顾客食用的食物,这种食物通常具有制售便捷性、高效率和标准性特质。"①而快餐性知识则是那些无须经过思考而在短期内直接能够获得并应用于实践领域的即学即用型知识,这些知识像食品一样便于购买、学习和运用而无须考虑知识效用背后的精神意蕴。

就像快餐食品制作过程那样简单而标准化,易于消费但缺乏营养一样,快餐性知识同样无须花费精力制作或呈现,易于被学生接受和掌握但停留于知识的世俗价值上,知识可以浸润心灵和涵养道德的部分被抽离,这些知识缺乏精神价值。接受访谈的教师曾谈道:"感觉自己就是个自助餐厅的服务员,学生就像花钱来吃自助餐的消费者。我们只能尽可能根据消费者的口味和偏好提供知识食品,他们就会根据自己的需要自取自拿,和我们没多少交集,也不会产生纠纷,因为他们拿的就是他们想要的,而不去考虑营养搭配问题。"(FT-06)

而在制作"食谱知识"的过程中,教师往往会受消费者中心主义的影响而过多考虑学生的经济发展动机,试图通过提供即学即用的知识来满足学生(消费者)的学习诉求。问卷调查中,超过51%的大学教师认为自己更偏向于传授给学生实践性强的知识。具体如图4-2所示。

这种行为极易丧失教师的知识批判立场,也存在将知识的人文意蕴驱逐出知识体系的危险。"他们到处制售他们的商品,其方式可与现代商业管理课程的自我推销方法媲美——时间短,实用,不会将时间浪费在学习那些不切实用的古典作家的作品上,所学的一切都是新鲜的、时髦的、现实的,随学随用。"②"在他们(大学教师)眼中,真正有意义的事情变得更能够量化和交易,而那些无法量化或抽象性的事物却鲜有人关心。"③

---

① 陈少锋. 现代快餐发展特征及发展思路探索 [J]. 现代商业, 2014 (15): 25-26.
② 哈斯金斯. 大学的兴起 [M]. 梅义征, 译. 上海: 上海三联书店, 2007: 21.
③ 盖格. 大学与市场的悖论 [M]. 郭建如, 马林霞, 译. 北京: 北京大学出版社, 2013: 273.

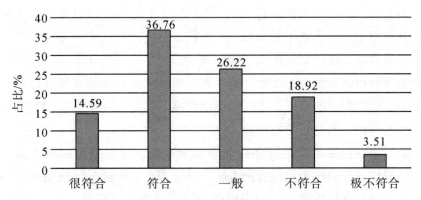

图 4-2　"我讲授的内容偏向实践性较强的知识技能"的调查结果

（资料来源：根据问卷数据分析）

（二）"碎片知识的拼盘工"

经济全球化进程和科学理性的扩张，擢升了知识的世俗价值，压制了知识的意义价值。沿着贴近市场需要和快速实现经济转化的思路，知识被切割成易于掌握、便于应用的碎片化状态。这种价值观施加于教学过程，教师就需要在碎片化状态下的知识体系中遴选出契合知识世俗性效用的内容，并将这些彼此联系并不紧密的知识，人为制作成拼盘化知识，供学生取用。"我发现给学生上课的一个怪现象，就是知识点太多了，那点课时讲不完。还有就是知识点之间的联系不明确，导致要讲一个知识点就必须先给学生铺垫一个前置的知识点，否则课堂上直接讲新知识点，他们根本理解不了。所以上课总是费时费力，效果还很一般。"（FT-15）

但碎片化知识切割了知识存在和运行的原初生境，被技术手段或主体诉求等凝练成原子式的浓缩样态。碎片化知识会令学习者陷入只知其然而不知其所以然的境地，对知识存在和发生作用条件的理解的缺失也容易导致理论与实践的互斥，进而削弱教学的育人性。"碎片化知识解构了知识结构的完整性，导致知识与知识的联系被弱化，进而无法持续而系统地施加于学习者的认知过程。"①

同时，这些碎片化的、致力于改善生活的知识，往往被组织成高度抽象而又程序化的样态，更容易因为缺失知识情境和知识整体性而造成人的认知偏差，学生也无法将这些知识灵活运用于解决复杂社会问题，这限制

---

① 顾小清，冯园园，胡思畅. 超越碎片化学习：语义图示与深度学习 [J]. 中国电化教育，2015（3）：39-48.

了知识迁移和再造的可能性。放任这种片面化的知识观对学生心智施加影响，最终将会导致偏狭知识对知识完整性的侵蚀，造就针对学生认知建构的"心智暴政"。过于重视实用性知识的组织和传递，必然挤压浸润心灵的人文知识的存在空间，学生借助实用知识在社会实践层面的成果经验也会强化这样的价值观：只要掌握了改造世界的科学技术，就能变成全面发展的人，就能清楚地认知自我，寻找到存在的终极意义。

（三）"跨界知识的缺位者"

在传统知识社会学视野中，具有专业性、普遍解释力和知识逻辑结构的学科知识更符合"强有力知识"的特征，"学校课程的内容应聚焦于学科的核心知识、方法乃至特有的学科思维与精神，以揭示不同课程各自的学科本质"①。经济全球化引发的社会问题难以仅由某个学科的知识来解决，跨越学科壁垒而走向融合成为新趋势。但大学教师长期居于"象牙塔"而缺乏与外部环境的对话交流，难以超越学科知识结构的视野局限而为学生提供应对复杂社会问题和不确定性未来的跨界性知识。"其实有些制度问题在阻碍我们的专业发展。学校老是想着如何完成数据或者指标上的要求，不太关心教师教的和学生学的是不是跟社会脱节了。更恶心的是，他们会用课程来锁住教师，规定你必须上多少节课，教哪些内容。但是制定这些教学计划或者人才培养方案的人是外行，根本不知道社会上到底需要什么样的人才，也不知道在课堂上讲什么知识才能帮助学生发展，有点外行指导内行的感觉。你看我们专业的技术，基本每过三四年就会更新换代，但学校教学计划和课程标准就不管这些，还是老一套的东西，学生学了出去根本没有竞争力。"（FT-03）但强调绩效、效率和竞争的商业文化并不允许教师花费时间成本去完成知识异质性在自身知识结构中的融合过程，无法消化这些知识最终导致教师无力提供有深度的跨学科知识而成为"跨界知识的缺位者"。

教师多受学科思维的局限，看待问题的视角较为单一，所建构的知识体系也基本遵循学科逻辑。这种学科思维的路径依赖性，导致教师难以跨越学科壁垒而识别并组织跨学科的知识。正如埃里克·古尔德（Eric Gould）所指出的，"在一个灵活的、以团队为中心的多职能市场型年代，身在高校中的我们对知识的生产和分发仍旧经常保持一种严格划分的因循

---

① 杨加玲.麦克·杨"强有力的知识"及其对课程改革的启示［J］.教育理论与实践，2018，38（32）：46-47.

守旧模式"①。接受访谈的教师也直言："虽然教学改革倡导我们为学生提供更复杂的知识，但绝大多数人都只能按照自己所学内容来拓展知识。不是我们不想做得深入，而是我们不知道怎么才能够深入下去，因为很多时候我们并不了解自己学科以外的知识。"（FT-07）而即便有教师试图为学生提供跨界性知识，也具有某种求快、求量的短视倾向，试图在较短时间内寻找到体量庞大的跨学科知识，但并未对这些知识是否契合学生身心认知水平、知识间的逻辑兼容性与操作衔接性等问题进行检视，结果也是事倍功半。

二、合理优化建构均衡性知识结构中教师的身份回归

"新经济重新界定了大学课堂或实验室中知识的价值，特别是生物医学、信息技术、产业开发等极具市场前景或资本聚集的知识，变得越来越受重视。"② 学术资本主义为教师重新审视知识的价值边界、协调知识的象征与实用价值间的关系、优化知识结构和内容体系创设了条件，使教师成为"全球化语境中知识体系的重组人"③。

（一）知识属性的调和人

"知识不仅有实用性，还有审美性，既不能因为知识具备市场价值而倍加青睐，也不能因某些知识暂时不具备市场价值而置若罔闻。"④ 亨利·纽曼（Henry Newman）在《大学的理念》中就曾指出："持有有用的知识能够获得相应的结果，持有象征性知识能够获得心灵的享受。"在市场经济背景下，这句话可以同义替换成：掌握实用性知识可以带来经济收益，掌握价值性知识则可以带来人的存在意义的思考。

面对市场化趋势，教师既需要传递价值性知识以浸润人的心灵，也需要传递世俗性知识以保障人的生活，这就要求教师扮演知识属性的调和人，在社会发展诉求、立德树人追求和向往田园诗性的交织中理性调和知识属性。理性调和知识属性的关键在于清晰把握知识与市场间的距离。知

① 古尔德. 公司文化中的大学 [M]. 吕博，张鹿，译. 北京：北京大学出版社，2005：67.

② SLAUGHTER S, RHOADES G. Academic capitalism and the new economy：markets, state, and higher education [M]. Baltimore and London：Hopkins University Press, 2004：37.

③ TORRES A. The secrets adventures of order：globalization, education and transformative social justice learning [J]. Asia Pacific journal of educational development, 2012 (1)：1-7.

④ 伯克. 大学何价：高等教育商业化? [M]. 杨振富，译. 台北：天下远见出版社，2004：52.

识与市场间的距离决定着教师重组课程内容方式的差异性：远离市场的课程（如哲学类课程）因不具备市场价值而遭冷遇，教师往往通过补充关于知识经济属性的人伦性反思的相关内容，增强此类课程知识的价值意蕴和现实解释力；靠近市场的课程（如跨学科类课程）因处于知识与市场的交叉地带而同时兼具象征价值和实用价值，但却交织混杂而难以厘清。教师对这类课程知识的结构性优化多表现为对"学与用"知识比例的理性调适，恰当地回应学生个性发展与服务经济社会发展的诉求；源自市场的课程（如技能实训类课程等）则完全遵照市场逻辑建构课程知识，呈现出知识秩序市场化特质。此时，教师则需要聚焦知识秩序市场化向学术化的转型，凝练课程知识背后的科学精神和经验规律，寻找市场化知识转向学生最近发展区的变频输出规律，实质性优化课程内容。正如有学者所指出的："最优秀的大学教授往往是能在不同身份间转换自如并将多元知识和经验融会贯通的人，他们将政府或产业界的经验融入课堂，带给学生生动的体验，又利用大学内部生产的知识创造出更大的社会价值。"①

（二）碎片知识的整合人

当前大学教育的矛盾已经不是查尔斯·斯诺（Charles Snow）在《两种文化与科学革命》中所强调的人文与科学之间的决裂了，而是传统知识人与知识经理人之间的分歧，是知识的整全价值与单向度经济价值间的矛盾。这种分歧蕴含着哲学或教育在未来的价值和方向：努力消解碎片化知识对整全化知识的冲击，寻回被实用逻辑和技术理性过度浸染的知识本源状态。

碎片化知识何以整合？一是还原，二是重构。所谓还原就是将碎片化的知识还原成自身的初始状态和情境，提供模拟化的知识存在情境。所谓重构就是以学生为中心，依据学生个性化学习诉求，对现有知识进行基于兴趣、需要和认知的自主改造，进而建构专属于个人的知识体系。鉴于知识创生过程的长期性和创新条件的实验室化，教师借助现有教育资源直接复制知识从无到有、从有到完善、从完善到应用、从应用到反思的连续化过程并不现实②。但信息技术和智能虚拟技术等提供了在网络空间中高度

---

① 马永斌，刘帆，王孙禺.大学、政府和企业合作视野下高校教师的角色转变：基于美英日中四国的比较 [J].高等工程教育研究，2010（3）：93-96.

② 王竹立，赵师红.碎片化学习如何化弊为利？ [J].中国信息技术教育，2016（12）：4-10.

还原知识创生与转化的完整序列，教师可借助 AR（增强现实）可视化技术等将知识复原到被碎片化前的知识图谱位置上，重新搭建碎片化知识与相近知识的关联性。但碎片化知识的还原不能百分之百将知识复原成原初状态，只能尽可能接近原始状态，故而难免会影响知识整全化的育人成效。

当然，教师也可以走重构碎片化知识以实现知识整全化的道路。这种方式建立在知识具有建构性的理论前提下，认为任何知识都能通过学习者的二次加工而创造出新的知识体系或形态①。教师重构碎片化知识的前提是明确自身知识储备量和知识加工水平，方向是根据自身教育旨趣、特定研究问题对碎片化知识进行搜集、遴选、剔除、再加工和再呈现，进而建构出契合自身专业兴趣或特定问题的完整性、系统化的知识体系。但是，借助重构方式增强知识整全性的做法，会产生这样的隐忧：重构是教师自主能动状态下完成的，重构出的知识体系虽然具有系统连贯性和逻辑顺序性，但仍然掺杂着重构者本人的主观意志。这种整全化知识能否对学生建构个性化知识体系具有同样的效果？这就要求教师充分了解学生的现有认知水准和知识结构，否则容易出现"橘生淮南则为橘，生于淮北则为枳"的现象。

（三）知识壁垒的"创造性破坏者"

"创造性破坏"② 本是经济学家约瑟夫·熊彼得（Joseph Schumpeter）用于经济学问题分析的术语。他将企业家重新组合生产要素以优化旧经济结构而实现经济创新的行为界定为"创造性破坏"。知识创新的过程同样也契合创造性破坏规律。打破旧知识结构，将多样化知识按照问题复杂性或逻辑关联性重新建构出新的知识体系，才能赋能知识资本。教师扮演知识结构的"创造性破坏者"角色，是由知识的内在属性所决定的。马克斯·普朗克（Max Planck）曾言："科学乃内在的统一体，将科学划分成若干不同的领域，与其说是由事物本身的性质所决定的，还不如说是由人的认识能力的局限性造成的。"③ 这意味着知识原本就是跨学科性的，现代知识学科体系日渐精细化的过程，不过是对人的认识能力有限性或社会分工

---

① 王承博，李小平，赵丰年，等. 大数据时代碎片化学习研究 [J]. 电化教育研究，2015，36 (10)：26-30.

② 富勒. 智识生活社会学 [M]. 焦小婷，译. 北京：北京大学出版社，2011：39.

③ HEILBRON L, BADASH L. The dilemmas of an upright man：Max Planck as spokesman for German science [J]. American journal of physics，1987，38 (6)：229-239.

客观需要的某种应对。

　　教师通过打破学科壁垒而重构课程内容，能够提供理解世界的多维镜面。如果说每种学科知识都能各自提供理解世界的视角，那么跨学科知识就能够提供看待世界的多重视角，提供认知和改造世界的全貌化图景。"视角远比概念有力量，它能够远远地观测某个焦点，我们选择站在哪里看制约着我们能够看到哪些风景。这意味着基于焦点的观察都有管中窥豹的局限，每个学科都无法提供窥探真理的全貌。"① 因而课程内容所内蕴的方法、范式、理论和视角越丰富，学生能够借助这种知识理解和改造世界的可能性和潜力就越大。但教师多年耕耘于专属性较强的专业领域，受专业思维影响甚深，跨越自身知识结构的舒适区，探索复杂的、缺乏回报的、充满不确定性的新知识体系，需要极大的勇气和魄力，也有赖于学校提供制度上的支持和允许失败的宽容氛围。

　　就目前大学中的跨学科知识体系而言，这种跨学科知识体系并不是按照学科亲缘性或近缘性的逻辑建构的，而是依据复杂多变的市场需要逻辑建构的。这种跨学科性知识虽然也涉及多学科、视角、方法和理论的交融，但仍非知识跨界化的内生逻辑驱动，具有明显的实用导向。对教师而言，在进行知识结构"创造性破坏"时，需要警惕跨界化知识中实用知识观对审美知识观的僭越。

第三节　学术资本传递方式的"精心雕琢"

　　"教师的教学范式决定课堂的性质、特点和质量。"② 教学范式集中体现着教师对什么是教学、如何实施教学、如何看待师生关系的认识。自夸美纽斯确立了班级授课制的知识传授模式后，这种将一切知识传递给所有人的知识传授模式就始终占据着课堂教学的主导性地位。这种知识灌输的范式要求学生尽快地、尽可能多地掌握知识、原理和规律，谋求最小教学付出的效益最大化。不可否认，这种范式在人类知识未走向大众社会的阶

---

① 林肯，古巴. 自然主义研究：21 世纪社会科学研究范式 [M]. 杨晓波，林捷，译. 北京：科学技术文献出版社，2004：34.

② 别敦荣. 大学课堂革命的主要任务、重点、难点和突破口 [J]. 中国高教研究，2019 (6)：1-7.

段确实发挥了关键作用，在较短的时间内将社会生活所需的知识传递给大众，并加速了教育现代化的进程。

一、效率式教学向效益式教学转变中教师的身份异化

当高等教育越来越接受绩效逻辑、考核思维和成本意识的干预时，教学就越像消费服务活动，教师就越像知识供应商。以何种方式开展教学就成为一种可估计成本收益的活动，教师既有可能投身科研而敷衍教学，将其视为低水平重复劳动而较少在其中倾注心血；也有可能受"消费者中心主义"观念影响而刻意讨好和迎合学生的学习欲求，甚至被技术理性所裹挟而将教学转变成借助技术或机器、为了实现技术价值的程式化或操作化训练，将内蕴于教学过程中的心灵碰撞、情感交融抛诸脑后。在此背景下，教学越来越受资本逻辑侵蚀而走向偏狭化，教师也变得越来越敷衍教学、讨好学生和崇拜技术。

（一）"敷衍式教学的施行人"

在"非升即走"（tenure‐track）和"不发表就灭亡"（publish or perish）的重压下，大学教师普遍采取重视科研、轻视教学的策略[1]。"重科研、轻教学"既有教学成效难以量化测评和影响呈弥散性、间接性的原因，也有科研工作具有较好的量化衡量属性以及科研评价与职称评定、薪资待遇和社会地位具有高相关性的原因。此外，根据财会收支恒等式（Accounting Identity）规律，当某种职能的收入在整个组织收入中的比重下降，践行该职能所支出的数额也将会下降[2]。在教育领域，如果用于教学的支出得不到相应回报而被削减时，那么大学及其成员践行教学职能的时间精力也就会相应缩减。在学术资本化语境中，教学是大学系统中定价最低的：卖方市场中大学扮演着挑选顾客（精英生源）的角色，而出资购买知识产品或服务的学生则处于被挑选的位置。而科研和服务则受制于资源稀缺问题，不像教学方面会接受部分政府资助那样，科研和服务更受市场资源配置规则的支配，是买方市场法则的遵守者而易于倾听和接受市场

---

① 胡钦晓. 从学术资本到学术资本主义：以美国高校为中心 [J]. 南京师大学报（社会科学版），2020（5）：13‐26.

② 斯劳特，莱斯利. 学术资本主义：政治、政策与创业型大学 [M]. 梁骁，黎丽，译. 北京：北京大学出版社，2014：220.

声音①。

投入教学的精力的有限性和教学目标的达成性间的矛盾，驱使教师采用自己熟悉的教材组织授课内容，凭借对内容的熟悉以最小限度地占用时间。这种"用一本书来构成一门课或一所学校"②的方式很难培育复合型创新人才，更遑论立德树人教育追求的达成。不少教师"上课时就照本宣科念 PPT，下课后到点走人而难寻踪迹，试图用一本教材囊括一门课程，一种知识传输策略取代多样化教学手段"，而将大量时间精力投向更有市场效益的科研和成果转化领域。"教学就是敷衍学生，有个老师竟然拿着1998年的例子来讲课，结果很多学生就向教务处投诉。学生们就很生气，说老师拿着1998年的例子讲课也太敷衍了，那时候我们（学生自己）都还没出生，真是搞笑。"（FT-14）

当被问到教学收益率问题时，超过50%的大学教师都明确表示：教学已经成为一个成本收益率较低的事务，因而把时间精力投放到教学事务上显然不是明智之举。某位接受访谈的教授私下指出："我们学院里的很多教授、副教授都不愿意给本科生上课，因为要花大量时间备课、上课、阅卷等。但是教育部规定了不给学生上课就不是合格的教授，所以这些老师们就选择给研究生们上课。一来研究生的课比较少，备课和上课也较为轻松；二来给研究生上课的课时量权重比较高，少上点就顶得上给本科生上课的考核量了。很多人都不想花心思在教学上，眼睛都盯着科研项目和成果转化等。"③（FT-05）

与用敷衍方式教学相伴的是，越来越多的院校正在公开招聘兼职教师以维持教学工作。但兼职教师往往对学校办学价值观和教学的信念缺乏认同，以知识雇员身份参与教学过程的心态更强烈。"很多在外面忙着赚钱、接项目的老师，他根本不想在学校多待一分钟，自己该上的课也宁愿雇外面的兼职教师来上。他们觉得在课堂上花时间精力根本不值得，还不如在外面多赚外快，忙上一个月就等于上两三年课的收入。你说谁不往外跑，谁还想上课。就像一个老师私下抱怨时说的，就上课那点课时费，连给我

---

① 盖格. 大学与市场的悖论 [M]. 郭建如，马林霞，译. 北京：北京大学出版社，2013：11.

② 别敦荣. "一本书"的大学培养不出一流人才 [N]. 文汇报，2019-01-04（8）.

③ 访谈的数据显示，这种情况在"双一流"院校和普通院校中均有所体现，区别在于前者倾向于以科研成绩抵销部分教学任务，后者倾向于以横向经费到账来抵销部分甚至全部教学任务。

们家小孩报个辅导班的钱都不够。"（FT-06）在欧美大学，这种大量招聘兼职教师任教的"沃尔玛化"① 现象更为普遍，即大学大批量招聘兼职教师来补充师资，其原因在于兼职教师廉价而易于接受被管理的专业成员（managed professionals）的身份定位。"他们不但缺少必要的学术忠诚，也缺少必要的院校忠诚。养家糊口成为他们工作的主要目的，朝来夕去成为他们的日常。"诗人雪莱曾在诗歌中自比琴瑟，要为整个宇宙奏响凄美旋律。我们不禁要问：缺少了教育情怀和道德品性的大学教师，是否有能力扮演好教书育人的"琴瑟"角色呢？

（二）"讨好式教学的热衷者"

教师的教学质量与任期、待遇和职称、口碑等切身利益挂钩，因而学生如何看待教师在教学过程中的态度与行为，某种程度上决定了教师教学策略的选取。但教学创业主义文化已悄然成风，潜移默化地影响教师教学策略的选取和学生身份的定位。越来越多的教师变成"迎合学生胃口"和"满足学生欲求"的"讨好式教师"，尽可能让学生"感觉很好"②。"他们（教师）只能以取悦姿态面对学生及其诉求，尽可能让学生感到满意成为衡量彼此关系和谐度的标准。"③ 教学变成师生间的利益博弈，教师往往采取均衡化策略降低标准来讨好学生，方便学生获取预期的"优秀分数"，最终导致"教的质量和学的质量的膨胀贬值"④。"不得不承认，得在上课的时候'放点水'，甚至考试的时候也得'放水'。感觉现在的学生基础没有以前好了，所以只能以'放水'的方式讨好学生了。老实说，不光是某个老师'放水'，其实整个学校都在'放水'，因为我们学校的生源质量相对较差，所以在制定教学大纲和课程目标的时候，标准就相对低了些。所以每个环节都'放水'了，你说教学质量能有多高？"（FT-11）

在欧美大学的课堂上，这种讨好体现在"不费力邀请嘉宾开展学术讲座，不要求学生对知识进行评判，不引入具有争议性的知识，不期待学生

---

① GAPPA M. Managed professionals：unionized faculty and restructuring academic labor ［J］. The journal of higher education, 2016, 71（6）：751-753.

② SLAUGHTER S, LESLIE L. Expanding and elaborating the concept of academic capitalism ［J］. Organization, 2001, 8（2）：154-161.

③ 操太圣. 符号崇拜：消费主义文化视野中的"水课"批判 ［J］. 江苏高教, 2020（5）：35-41.

④ 孙鳌, 孙由之. 学生评教中的博弈与变革 ［J］. 高教发展与评估, 2020, 36（5）：47-56.

自我认知的重塑，以及避免使用重要却不被学生接纳的教学策略"①。而在国内大学课堂上，这种讨好则体现为：①尽可能削弱知识的深度，减少学生接触并理解新知识的认知撕裂，减少解释新知识产生与作用机制的难度。"根本不敢让学生挂科，要是挂了学生压力很大：一方面，学院会找你谈话，给你压力，让你在试卷分析时解释为什么学生会挂科，也不能直接说学生不认真学吧，只能说自己备课不充分，教得不够好；另一方面，学生挂科了他会记恨你，而且还觉得自己花钱了就应该及格，觉得自己像个消费者，这就导致我们做老师的疲于应对。所以现实中尽可能地避免学生挂科，这就导致不敢教得太深，不敢出题太难。"（FT-12）②尽可能缩短知识讲授的时间，为学生预留充裕的闲暇时间的同时压缩自身用于教学的时间成本。③尽可能采取成熟稳定的教学方法，最大限度减少精研教学的成本投入，而这类教学方法往往被学生所熟知而产生"教学耐受性"。④尽可能降低课堂作业的完成难度，试图通过降低作业标准而创造快乐学习的体验。一位接受访谈的教师就诉说了自己无奈地降低考核标准以保证学生及格的情形："下课时，院长找到我，提醒我不该给那些公共课学生设置过难的考卷。否则不但学院绩效受损，还会造成后续补考的麻烦，学生评教的结果也会受到影响。我听到这些就在心里摇头，这样出来的学生怎么能适应社会，这样教的老师又怎么能获得学生爱戴呢？哎，都是'放水'惹的祸。"（FT-13）

讨好降低了教师的道德形象和文化品格。"教学资本主义"比"科研资本主义"更冲击教师的身份定位和道德形象，老师潜意识里预设了教学过程对学生心智结构的塑造价值和"传道授业解惑"的师者形象的道德光芒的影响力。学术功利化滋生的"讨好式教学"看似将学生视为整个教学活动的核心，但实际上是建立在消费逻辑上的对顾客诉求的"无限满足"。以学生为中心并不是要无底线满足学生的欲望，而是在传承、创造和运用知识的过程中，强化学生学习的主体性，主动回应学生个性全面发展的诉求。

（三）"技术式教学的迷恋者"

"在技术时代，知识唯有转译成具有生产价值的信息才能够获得生命力。那些不能被转译为信息的知识面临着被遗弃的危险，新的知识增长点

---

① 张静宁. 美国本科教育中的"教学资本主义"述评 [J]. 现代大学教育，2013（5）：87-91.

将更依赖知识转译成机器语言的可能性或可行性。"① "技术理性遵循实证哲学观,置科学理论与专业技术于核心地位,强调运用科学理论及专业技术解决实践问题。"② 特别是技术科学在全球竞争中的出色表现更加强化了大学及其成员立志传递技术科学知识与技能的认知。"作为科学组成部分的技术科学瓦解了知识和商品的区别,成为校园内外最具话语权和影响力的文化资本。"③

在知识的效率性和收益性不断被强化的背景下,承载这些知识的人反而被科技理性和实用价值观异化成没有价值的客体。教师成了学生眼中零价值的知识供货商,存于学生心间的尊师重道感也被机器及其操作说明取代。"对机器和技术的崇拜导致学生对教师缺乏兴趣,失去与教师灵魂对话和道德交融的可能性。" 与之相伴的是,过于重视知识或技术的社会效益也容易将教学过程矮化成类似智能机器或生产技术运用中的机械传输过程。教师也在此过程中被技术理性和机器思维所控制,失去与学生对话交往的机会。"对技术和机器的迷恋将教学模式塑造成程序化、操作化和效率化的过程,进而把教师的教学束缚在求利求益的牢笼中。"④ 不过,技术迷恋现象更多出现在理工科领域,较少出现在文史哲等人文社科领域。不少接受访谈的人文社科类教师在被问到技术运用时提到最多的词是"课件""PPT""音视频"等,技术运用被理解为更多采用多媒体技术、在线课堂、腾讯会议等,真正将信息技术、人工智能等运用到教学实践中的情况较少。

教师借助新技术手段开展教学并以技术本身作为教学重点的现象并不少见,有些教师甚至将学生视为检验新技术推广性和运用新技术拓展校外教育市场的潜在服务对象。"我们学院就有个老师,上课就是放视频,看电影,美其名曰审美鉴赏,还喜欢用数字化网课来教学,喜欢用二维码点到,智能设备投屏。我感觉他技术玩得贼溜,但技术好不代表教得好。所以他也经常被院长和教学办主任请去喝茶",某位受访者坦言(FT-04)。

---

① LYOTARD J F. The postmodern condition:a report on knowledge [M]. Minneapolis:The University of Minnesota Press,1984:4.

② 周钧. 技术理性与反思性实践:美国两种教师教育观之比较 [J]. 教师教育研究,2005 (6):78-82.

③ 斯劳特,莱斯利. 学术资本主义:政治、政策与创业型大学 [M]. 梁骁,黎丽,译. 北京:北京大学出版社,2014:34.

④ 金生鈜,曹永国. 人工智能时代的教师心灵 [J]. 教师发展研究,2019 (2):27-34.

最终，创造效益的知识以及传输这种知识的模式将教师驱赶到以智能化技术塑造人的能力素养的方向，而育化学生心灵和伦理修养的任务被束之高阁，"成才的教学技术"完成了对"成人的教育价值"的宰制①。

二、持续强化改进效益式教学策略中教师的身份回归

效率式教学向效益式教学转向，意味着教师倾注教学情感和教学专注力，超越既有教学策略的惯性依赖和行动惰性，合理运用技术手段，致力于增进学生核心素养的培育和个性全面发展。

（一）"匠心式教学的坚守者"

"匠心"的内涵由"工匠精神"规定。"工匠精神的内涵指向倾注情感、持续专注、精雕细琢和精益求精"②，故而"匠心式教学"应当也必然是倾注情感、持久专注、精心育人和力求革新的教学方式。恪守"匠心"能有效遏制以功利化教学方式追求"短平快"的教学效益的价值倾向和行动模式，以文化涵养和价值塑造的方式将学生这块璞玉打磨成才。面对教学逐渐被商业文化侵蚀而强调效率意识、短期效果和市场契约的现实，教师更需要培育"匠心精神"，像"独立的艺术匠"③（independent artisans）一样，凭借特性品质或技能来打磨或雕琢学生，倾注心血打造情感丰富、知识完备和能力出众的"作品"，并以此为激励和强化自身教学能力提升的内生动力。如果教学不能在商业文化侵占青年心灵之前促进其身心健康，如果不能为学生个性全面发展预留充足空间，那么整个国家和民族还有什么未来可言④。

"匠心式教学"是对教育商业化的理性回应，是对被资本剥除教育情怀、重科研轻教学的教学敷衍、谋求"短平快"教学效果而丢失教学专注力、缩减教学模式创新而导致教学浮于浅层等问题的有力回应。在教学越来越被市场化思维所侵蚀和异化的背景下，就越要走融情、专注、细琢和创新的"匠心化教学"道路。一是融情。"教学情感是教学主体精神发展

---

① 樊浩，田海平. 教育伦理 [M]. 南京：南京大学出版社，2000：41.

② 闫广芬，张磊. 工匠精神的教育向度及其培育路径 [J]. 高校教育管理，2017，11（6）：67-73.

③ 郭丁荧. 教师图像：教师社会学研究 [M]. 高雄：高雄复文图书出版社，2004：277.

④ 雷丁斯. 废墟中的大学 [M]. 郭军，陈毅平，何卫华，等译. 北京：北京大学出版社，2008：22.

的起点和动力"①，教师需要把对知识公共性的坚持、对学生无私的关爱、对教学事业的热爱和对立德树人教育信念的坚守等注入教学过程，赋予教学以超越物质层面的精神价值，挖掘被科学现代性所掩埋的人的自我存在的意义，才能消解实用哲学编织的教育功利化牢笼。二是专注。教师要专注于教学事务，将教学视为一种需要付出毕生心血和全部精力来完成的事业，赋予教学以道德意义，专心致志地锤炼教学技能，精心"制造"高端人才。三是细琢。教师需要重塑精益求精的精神和追求卓越的品质，削弱僵化机械的教学策略对人才培养质量的影响。细琢教学策略的合理性、针对性、步骤性和整体性，才能在"如切如磋，如琢如磨"中锤炼教学技能，增进教学成效。四是创新。教师需要大胆革新教学方式，将创新思维和卓越理念融入教学实践，回应知识经济时代对人才培养规格的要求，在契合经济社会发展诉求的基础上优化教学设计，培育个性全面发展的潜在人力资本。

（二）"超越式教学的探索者"

如果说迫于学生评价和满足外部利益诉求而导致教师选择"安全教学"② 策略，将预先规定好的、不至于令学生接触起来觉得晦涩生硬的内容传递给"教育的顾客们"是基于消费哲学；那么尝试突破消费哲学创造的教学路径依赖而触及学生认知与情感的深层结构，重塑学生的心智结构，培育中华民族伟大复兴中国梦的践行人便是基于教育"价值自觉"的"勇敢的行为"。爱德华·萨义德（Edward Said）也曾指出："大学教育的核心诉求不是传递知识，而是通过知识传递刺激人那逐渐僵化、定式的思维模式，大学教师的核心诉求不是费尽心机讨好学生，而是要借助教育激荡他们的思维和情感，重塑学生的心智结构。"③ 扭转讨好式教学风气，敢于撕裂学生的认知空间，肩负起潜心育人使命，需要极大的勇气与魄力去面对绩效评价压力，无疑是"冒险行为"。但"教育就是社会改造，教师就是社会改造的领导者，教师的手里操着幼年人的命运，便操着民族和人类的命运"④。对教师而言，冒险式教学既是责无旁贷的，也是难能可贵的。

---

① 赵鑫，李森. 教学情感的基本特征与内在逻辑 [J]. 教育研究，2018，39（6）：129-138.

② PARKER M. The McUniversity：organization，management and academic subjectivity [J]. Organization，1995（2）：319-338.

③ SAID E W. Representations of the intellectual：the 1993 Reith lectures [M]. London：Vintage，1994：9.

④ 华中师范学院教育科学研究所. 陶行知全集：第二卷 [M]. 长沙：湖南教育出版社，1984：128.

要跨越教育消费主义陷阱，将学生从虚幻的消费文化中拯救出来，需要教学更具有批判性以培育学生的批判性品质；需要教学更具有深层性以培养学生的高阶化思维；需要教学更具赋能性，以激活学生的能动性。首先，教师教学应更具批判性，赋予教学以"参与主动挑战问题解决活动的意涵"①，协调知识象征性价值与实用性价值的矛盾，反思教学模式路径依赖的潜在影响，检视"以教促学"教学设计步骤的合理性，以大胆质疑的意识、敢于突破的精神和自我矫正的魄力扭转"安全却无生机的教学乱局"。其次，教师教学应更具深层性，不能局限于"只知其然而不知其所以然"的知识传授，也不能满足于以高分表征教学成效的假象，而需要培育学生运用抽象思维和逻辑推理重新检视世界和知识的能力，进而实现深度教学。最后，教师教学应更具赋能性。使教学赋予学生能动性，要求教师将教学满足学生（消费者）购买知识产品的服务属性转变成通过唤醒学生自主进步意识和个性彰显诉求来赋予学生学习能动性的育人属性。当然，为学生学习赋能并不意味着完全遵照学生的欲求。"以学生的个性全面发展为归旨，并非要将学生置于小皇帝那样的专制地位"②，而是需要站在促进学生个性发展的立场，基于对"人性"的理解，更新学生的"个性"，发挥其"理性"，激发其上进心、求知欲、自尊心、创造欲，将学生塑造成"能动的人"。

（三）"技术合理化运用者"

教学策略的实施需要技术手段介入以拓宽知识传输渠道，提升知识体认深度，延展教育时空③。但效率与技术至上的"技术崇拜"却将教学技术异化为教学本身的目的。越来越多的教师似乎陷入了"不用多媒体就不叫上课，不制作PPT就不叫教学，不借助眼花缭乱的技术手段就不能吸引学生注意力"的唯技术化泥淖。面对"效率优先、崇尚计算、精准评估和技术规训"④的教育商业化诉求，大学教师需要理性审视教学技术化的向

---

① 楠见孝，道田泰司. 批判性思维：21世纪生存的素养基础 [M]. 东京：新曜社，2015：4.

② 王卉，周序. "教师中心"和"学生中心"的对峙与建构 [J]. 贵州师范大学学报（社会科学版），2018（3）：54-62.

③ 潘新民，王本陆. 教学："技术化"还是"去技术化"？ [J]. 课程·教材·教法，2017，37（4）：27-34.

④ 沈骑. 唯技术化·麦当劳化·去技术化：课堂教学技术化倾向的反思 [J]. 教育理论与实践，2009，29（22）：61-64.

度与限度，扮演"合理技术化教学"的实施者，协调技术理性与价值理性间的矛盾，释放被程序化教学模式所遮蔽的教学生命意蕴。

"合理技术化教学"意味着教师需要理性处理教学与技术的辩证关系，意味着将技术运用到关照学生生命完整性的过程中，意味着推动技术化教学向艺术化教学的转变，意味着唤醒教师突破技术规训的自主意识。首先，要辩证理解教学与技术的关系。"技术是为教学目的服务的手段，不具备自成体系的资格。"① 技术是辅助、修饰和载体，而教学是主导、被修饰和本体。在实际教学中，教师需要关注的是如何确保教学技术契合师生认知规律和知识自身属性，而不是教学如何削足适履地适应技术的特性。其次，强化技术对学生生命完整性的关照。教学不是撰写一本书，而是塑造一个人。教师应借助教学技术扩充教育之真善美价值的渗透空间，彰显人在运用技术过程中情感的丰富、精神的充盈、人格的魅力和道德的完善。故而教师需要思考教学技术与非认知性因素（人的兴趣、注意力、性格、感情、意志力等）的融通机制，探讨技术何以能够立体化、非线性和复杂化地施加于教学过程，如何关照学生生命的生成性和未完成性。再次，推动教学技术的艺术化。教学有法，但无定法，运用之妙，存乎于心。教师需要对教学设计和实施方案进行艺术化处理，增强技术的审美性、人文性和灵动性，规避单线式技术范式对教学过程的严格把控，创设师生间生命交互、情感交织和人性交融的"诗意空间"，借助教学程序或教学技术的拟人化完成教学技术的艺术化转变。最后，唤醒教师突破技术规训的自主意识。雅斯贝尔斯（Karl Jaspers）曾言："技术在本质上并无优劣之别，它为善还是作恶，全凭实施者而定——人才是技术被赋予伦理意义的关键。"② 教师需要基于主体生命的发展诉求和教育求真育人的本真使命，理性检视技术应用于教学所能发挥的正向作用，也需要对教学技术化倾向予以警惕和批判，明确技术在教学过程中的局限性，抵制技术理性对生命对话过程的侵蚀。这要求教师警惕微观技术对教学生命力的扼杀和教学程式化对师生生命灵动性的束缚，重新寻回被技术理性所驱逐的精神教化作用。

---

① 朱文辉. 翻转课堂过度技术化的反思 [J]. 课程·教材·教法, 2020, 40 (6)：59-65.

② JASPERS K. Origin and goal of history [M]. New Haven：Yale University Press, 1953：115.

第四节 学术资本传递主体的"关系重建"

在历史上，大学师生关系较为和谐稳定。"心甘情愿地传授知识和心情愉快地求学，翻山越岭地来到博洛尼亚，汇集成教师和学生组成的行会，这就是最准确的关于大学的定义。"① 此时，教师和学生共同生活在市镇中，在辩论和讨论中精研知识，谋求进步。教师和学生的生活和学术都融合在辩论和交谈中，并未完全割裂开来。师生间的辩论总是洋溢着激情和求知的欲望，甚至创造出比掌握知识更深刻和久远的价值。"教师凭借自身的知识优势和道德先贤的形象赢得学生的尊敬，进而能够实现师生间的心灵融动，滋养彼此的精神和理智。"② 尽管很多史料表明，中世纪大学师生关系存在知识交易属性，但这并不影响师生共同谋求知识创新和思想进步的本质追求。特别是当大学面临外部力量的侵蚀或压迫时，师生总能同心协力共同抵御外部因素的袭扰。"譬如 1229 年巴黎大学学生在与警察的冲突中丧生后，师生同仇敌忾向政府抗议，并和学生一同迁徙，最终为巴黎大学赢得特权。"③

而在本土视野中，师生关系也依循着"师道尊严"的传统和"一日为师，终身为父"的价值观。譬如民国时期的大学，其校长和教师均坚信良好的师生关系是培育学生优秀人格和道德品性的基础。"当时的大学普遍认为：只有亲其师，才能信其道。教育最需要做的是育化学生的品性。"④ 学生不被视为"外在的人"而成为梅贻琦等人眼中的备受师长呵护的"子女"。师生间的交往处于宽松民主的氛围中，学生可以不赞同教师的观点而争相辩论，教师也能虚心接受学生的建议，彼此能够在和谐自由的关系中进步。曾在西南联大就读的哈佛教授王浩曾回忆道："尽管昆明的求学生涯艰辛，但师生们仍能安贫乐道。教师尽职尽责为学生传道授业解惑，

① CHARLES H. The rise of universities [M]. New York: The Cornell University Press, 1957: 5.
② 刘晓雪，魏可营. 中世纪大学师生关系探究：基于教学方法的视角 [J]. 煤炭高等教育，2012, 30 (5): 40-44.
③ 陈桂香. 中世纪大学从兴起到"背离"中教师职业的变迁 [J]. 教育评论，2015 (3): 77-79.
④ 高伟强，余启咏，何卓恩. 民国著名大学校长 [M]. 武汉：湖北人民出版社，2007: 255-258.

学生则尊敬师长，学生间则是友爱无间，共同构筑了知识的民主堡垒。师生间并无等级优劣之分。"[①] 在燕京任教的冰心也很珍视燕京师生交往的点滴，她曾指出："最令人难忘的是我和学生们像知心朋友那般亲密无间，师生彼此信任，共同治学。"[②] 教会大学中的师生关系同样是"充满温存"的。教师通过担任学生生活和学习导师、营造民主平等的对话氛围、全方位关切学生的身心成长等方式呵护学生的心灵。像为患病学生免除治病钱的圣约翰大学校长卜舫济，设立学生救助委员会（Student Welfare Committee）的燕京大学，将校长理解成母亲、教师理解成姑妈、毕业生理解为姐姐、在校生理解为小女儿的金陵大学，均是明证。

时代变迁，高等教育类型与使命的拓展、规模与质量的提升，都未曾冲击师生关系的"从游"本质，都未能否定"春风化雨般"的师生关系在增进学生心智和塑造学生灵魂中的作用。

一、紧张式关系向和谐式关系转变中教师的身份异化

在育人师者权威旁落、市场化逻辑渗透和身份污名化报道的多重绞杀下，情感交融式的师生伦理关系正面临消解。首先，技术理性的盛行呼唤教学融入更多指向实际效用和技术转化的知识，而长期从事基础研究而缺乏与社会需求对接能力的大学教师往往成为"理论的巨人，实践的矮子"。同时，在重科研、轻教学的考核评价体系中，教师因面临科研压力而将时间精力投向研究工作，无暇顾及学生的学习及其情感变化，"通常是上完课就走，很少有时间为学生答疑"[③]。再加上知识的裂变增长和信息技术的快速发展导致教师无法精准解读新知识和成为获取知识的关键渠道，教师专业权威旁落成为事实。其次，市场化逻辑向教育系统的渗透，也滋生了教师的功利化动机，强化了教师出售知识以获取收益的价值观，并无形中将学生理解成教育市场的消费者，按照商品交易的逻辑对待学生。如此行径只能将师生情感与知识的融动异化成充满金钱喧嚣的交易行为，更遑论以学术人格引领学生道德发展了。最后，在新闻报道中，一些大学教师被

---

① 赵瑞蕻. 离乱弦歌忆旧游：从西南联大到金色的晚秋 [M]. 上海：文汇出版社，2000：20.

② 罗义贤. 司徒雷登与燕京大学 [M]. 贵阳：贵州人民出版社，2005：160-162.

③ 姚叶，黄俊伟. 过去大学的师生关系与现在大学的师生关系 [J]. 大学教育科学，2010，2（2）：65-69.

贴上"学术资本家""道德败类""收礼俗人""只教书不育人的教书匠"等标签。这些标签很可能会被扩散到整个教师群体，进而影响社会成员对其身份形象的判定。

在新自由主义逻辑助推下，大学与社会间的契约关系逐渐从公共性转向私人性，师生间的关系也逐渐从情感互欠的逻辑向情感互欠与服务消费逻辑并存的状态转变。知识获取的便捷性和多端性消解了教师作为知识权威和知识立法者的形象，"亲师信道"的师生关系正被"消费服务"的师生关系所冲击，进而造成师生关系在生活、学术和伦理层面出现不同程度异化，主要表现为生活关系离场化、学术关系雇佣化和伦理关系契约化。

（一）生活关系的离场化

在科研导向的学术评价制度和越来越多非学术性事务侵占教师时间的背景下，通过教学获得发展空间和生存资源的可能性远低于从事科研和社会服务所带来的收益。教师用在精琢教学、育化学生上的时间精力的相对比例不断缩减，师生交往的时间被压缩。强调科研产出的效率价值观所塑造的"忙文化"使得大学教师成为奔走在"学术跑马场"上的运动员，他们无暇顾及自己的教学事务，将更多精力放在如何缩短知识转化周期和增强成果转化效益上，甚至成为来不及思考的"飞机学者"[①]。"一些教师就像养鸡场的小工一样给学生喂食，到点了就来上课，下课了就拎包走人，完全没有预留师生生活交往和学习答疑的时间，最终致使双方逐渐远离、互不信任，成为熟悉的陌生人。"[②] 教师成为忙于填表格的"表格教授"、忙于开会的"开会教授"和忙于交材料的"材料教授"，却唯独没有时间和学生深度互动。"动不动就开会、填表，动不动就整理材料，把时间规定得死死的，哪有时间去精心备课，哪有时间去关心学生，都是瞎忙，不知道在忙什么，反正就是忙忙忙"，一位接受访谈的大学教师如是说（FT-10）。还有兼任着行政职务的教师表示："我跟学生基本课下零交流，因为我还兼任行政职务，负责学院研究生管理事务，现在每上一节课都算超课时量。所以我很少跟学生交流，只有他们私下找我咨询考研或者创新创业项目的时候，才有点交流，不过频率也不高。"（FT-13）

学生认识和理解世界的方式需要借助师生间的富有生命性的交往体

---

① 郝广龙，黄培森. 论大学时间资本 [J]. 四川文理学院学报，2021，31（4）：109-116.
② 刘立平，刘明涛. 哈贝马斯交往行为理论视域下高校师生关系的异化与重建 [J]. 传承，2011（14）：54-55.

验。但现实中教师往往受技术理性和功利思维影响而将师生交往抽象成符号性和技术性的活动，将学生置于单向度信息接收者境地，消解着生命交往的生活意蕴。这种脱离生活情境的交往最终将学生塑造成缺乏生命感知能力和心灵智慧的"单向度的人"。物理距离上的偏离最终将导致心理距离的扩大，丢失师生心理情感交融的前提，教师"为了教而教"，学生"为了学而学"，将"主体间灵魂交流活动"① 异化成了单向度的知识传输活动。"本应被视为精神整体性的人的理解诉求被遮蔽，师生关系的教育意义被驱逐，只被当成完成教学任务的必要条件而加以考量。"② 当师生间心灵对话和情感交融的生活情境被剥离，教育的道德浸润和人格引领价值就丧失了情感基础，阻碍立德树人根本目标的实现。

（二）学术关系的雇佣化

在高等教育的市场化生存语境下，大学教师和学生的关系受功利主义思潮的渗透。就像唐纳德·肯尼迪（Donald Kennedy）所说的："师生在联系更紧密的同时，也面临着署名权争论、利益配置权协调、工作量核定权、毕业审核权等方面的矛盾冲突。特别是在学术创业背景下，越来越多的教师将学生视为私有财产和廉价劳动力，学生的完整人格和求学诉求被压缩成为谋求学位的学术民工。"③ "越来越多的大学教师将学生视为廉价小工，以老板的姿态要求学生申请课题、做实验项目，俨然一副学术包租公的样子。"④ 但是这种学术雇佣性质的身份定位，会弱化教育的伦理意蕴，削弱教师的学术责任感和职业道德感。同时，作为学术雇工的学生也不能像真正的打工人一样，凭借劳动法谋求合理权利或选择愤然离职，甚至丧失了抗争的机会。"大学成为学术车间，教师成为剥削学生的知识资本家，师生关系的伦理性就将被资本所摧毁而转向主仆性或附庸性，这将是高等教育的灾难。"⑤ "学生对我们来说就是免费劳动力，他们参与项目本来是有学校和学院两级补贴的。但是很多老师都觉得参与项目能拿学

① 史密斯，韦伯斯特.后现代大学来临？[M].侯定凯，译.北京：北京大学出版社，2010：3-12.

② 弗莱雷.被压迫者教育学 [M].顾建新，赵友华，何曙荣，译.上海：华东师范大学出版社，2001：124-129.

③ 肯尼迪.学术责任 [M].阎凤桥，等译.北京：新华出版社，2002：120.

④ 田华.从教师视角审视现代大学师生关系 [J].当代教育论坛（综合研究），2011（6）：10-12.

⑤ 李波.老师，千万别把自己当老板 [N].光明日报，2018-01-29（2）.

分、刷绩点、增加简历厚度，已经很好了，不用再给学生发钱了，结果就是这些老师把学生当免费劳动力用。关键很多学生也觉得自己再拿钱好像不太好，容易得罪老师"。（FT-01）

不过这种情况存在院校、学科差异：办学实力强、师资队伍壮的院校比办学层次和水平偏低的院校更容易出现学术压榨问题，这是因为"办学实力越强的学校才会越强调学术产出。像高职院校就几乎不谈学术问题，也就不存在学术压榨问题"（FT-09；FT-15）。在学术关系上，理工类学科教师提及科研团队、项目协作、经费报销和成果署名等问题的频率高于人文社科类教师，在看待师生关系存在某种雇佣属性的问题上也较为舒缓，并未过多表现出人文社科类教师所表现出的担忧情绪。

共同开展知识创新和社会服务等学术工作意味着师生关系也表现出生产劳动关系的属性，这种生产劳动关系由于导师占据学术资本优势地位和学术事务中的绝对话语权，学生处于被压榨和被雇佣的位置。于是就出现了个别学生举报导师学术压榨、个别学生不堪导师压榨而自杀、个别导师利用毕业决定权威胁学生、个别导师向学生索要贵重礼品、熬夜科研导致个别学生猝死等乱象。一位接受访谈的教师在谈到近年来研究生被导师压榨而抑郁自杀的事件时，痛心疾首地指出，"以学术权威来压榨学生，无异于摧残学生的心灵，耗尽学生的热情，枯竭学生的生命，只能将师生关系异化成敌我关系"（FT-05）。

（三）伦理关系的失范化

师生交往本质上表现为伦理性交往[①]，教育追求的达成体现为师生间的伦理有序，教育目标的旁落则体现为师生间的伦理失调。在全球化趋势和多元价值观的冲击下，师生伦理正面临失范危机。"感觉现在的师生关系正走向 detach 的境地：课堂上和学生互动的频率和效果已经大不如前，他们对我提出的问题不予回应，对话题讨论缺乏兴趣，对老师的感情好像也冷漠了。后来我看明白了，他们现在是属于自己想干什么就干什么，不太关注你讲什么，就是各人做各人的事儿，相互间谁也别干涉谁，有种皆大欢喜的感觉。"（FT-08）问卷数据也显示：超过23%的大学教师将自己视为知识资本商，而将学生视为出资购买文化服务的消费者，且这种趋势还在强化。具体如图4-3所示。

---

① 宋晔，刘光彩. 师生共同体的伦理审视 [J]. 东北师大学报（哲学社会科学版），2020（2）：175-181.

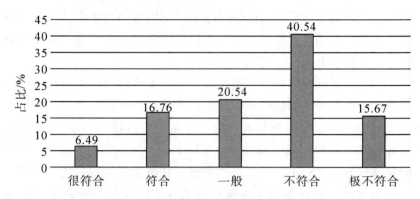

图4-3 "我能够接受大学教师被形容为知识销售商"的调查结果

(资料来源：根据问卷数据分析)

首先，师生伦理关系的问责性不断强化。师生交往应涵盖生活、学习、做人等多个维度，但往往受消费主义文化和学术商业化价值观的影响而只聚焦经济维度。这种问责性的伦理关系消解着师生间的情感基础，将教师塑造成"如何在完成基本教学任务的前提下谋求更多学术发展空间和资源的精致的利己主义者"，而将学生塑造成"如何让教育或教师为自己购买的教育服务提供预期的价值的知识购买商"。其次，师生伦理关系的越轨化现象较为严重。伦理是协调人与人之间次序、关系和权责性的关系以及这种关系的特定化体认与治理，它折射的是道德性的人伦意蕴[①]。师生间的伦理关系则是建立在亲师信道和关爱学生的情感结构中的，体现师生心灵契合和价值认同的稳定道德关系、态度及其行为模式。但现在这种情感互嵌的交往模式却被升学、排名、指标和推荐就业等各种功利化行为冲击，导致师生交往成为滋生不正当性的利益往来的污秽之地，进而造成师生间辈分和人伦次序的失范。最后，师生伦理关系的权责性被曲解误用。虽然《中华人民共和国教师法》等对师生交往的权责问题进行了规定，明确了教与被教、管与被管、服务与被服务的权利义务关系。但现实中这种关系由于受到商业精神和实用哲学的影响而异化，成为师生彼此谋求非理性化目标的策略。譬如"老师要求学生去接送孩子、帮助打扫家庭卫生、控制学生求职就业的选择、对学生发展漠不关心、剽窃学生的成果

[①] 宋希仁. 西方伦理思想史 [M]. 北京：中国人民大学出版社，2010：3.

或在学生成果上署名、学生威胁老师让自己毕业等问题"①。

二、聚力全面重建和谐型师生关系中教师的身份回归

在强调知识商品属性和学生作为教育服务诉求方的背景下,师生交往所面临的生活关系离场化、学术关系雇佣化和伦理关系失范化引发的大学教师身份危机迫切需要扭转。理性重建师生交往过程,需要教师做到师生生活交往从离场到在场、学术关系从雇佣到对话、伦理关系从市场契约到道德自觉的转型。

(一)师生交往的生活关系在场化

教育家约翰·杜威(John Dewey)认为"教育即生活"②,教育就是通过现实经验的感知凝练和自我内化,培育民主社会所需的公民。现象学大师胡塞尔(Edmund Husserl)曾强调:"在实际情境中与学生相处才是教育的精要所在。"③ 同样,师生间的交往过程也是生活性的,既需要生活情境作为师生交往的现实背景,也需要生活情境作为掌握和验证知识科学性的场景与条件④。在学术资本化趋势愈加强调科研和成果转化的背景下,教师只顾到点上课,无暇关心学生的生活和课后答疑,蕴含在生活交往中的情感体验和心理认同等便无法触及师生心灵。因而教师需要警惕生活关系离场化的危机,重新寻回被效率意识和竞争问责所弃置的生活情境,重新回归师生间奇妙而充满人文意蕴的生命体验。

生活关系在场化意味着教师参与学生学习、生活和人际交往的生命过程,并站在个体立场上审视学生的求学生活,借助自己曾经求学的生命体验和学习经验设身处地地关照当下学生的学习和生活体验,去挖掘隐匿在师生交往过程中的情绪情感和心理变化,并最终依据对学生生活体验的"再造"采取富有生命意蕴的教育行动。按照生活在场的形态区别,可以将生活关系在场划分成物理在场、精神在场和借助信息技术手段的混合式在场。

---

① 刘志. 研究生导师和学生关系问题何在:基于深度访谈的分析 [J]. 教育研究,2020,41 (9):104-116.

② DEWEY J. The child and the curriculum and, the school and society [J]. Archaeology ireland, 1956, 190 (2):143-153.

③ 胡塞尔. 纯粹现象学通论 [M]. 李幼蒸,译. 北京:商务印书馆,1992:80.

④ 张琼,胡炳仙. 知识的情境性与情境化课程设计 [J]. 课程·教材·教法,2016,36 (6):26-32.

物理在场要求师生交往处于现实场景，并在现实场景中及时捕捉学生的心理变化、情绪转变和思想波动，全方位地"关心学生接受大学教育后，情感是否丰富、视野是否宽广、身心是否健康、思维是否活跃、意志力是否增强"①。同时，物理在场还意味着教师全面把控学生的学习过程，以对话的方式获知学生学习动机、内容、方式、资源、平台等信息，进而为学生能够高质量学习提供服务。精神在场要求师生交往处于精神领域，要求教师以身作则地践行"学高为师、身正为范"的道德准则，并注重将蕴含在教育中的知识之真、道德之善、文化之美潜移默化地渗透到学生心灵中，不断敞亮学生的心灵，丰富学生的精神世界。如果说物理在场要求教师身体力行为学生着想，那么精神在场就是要求教师倾注情怀塑造学生心灵。借助信息技术手段的混合式在场，将师生交往的影像、声音、文化和互动虚拟再现，将对学生的关爱和饱含深情的教育情怀融合在在线课堂生态中。在信息技术和人工智能时代，混合式在场将成为不可忽视的师生交往形态，但目前这种交往场域的变化仍然缺乏理性的规律总结和模式创新。

（二）师生交往的学术关系对话性

学术话语和资源支配的权威性将学生塑造成了师生交往中的弱势群体。当这种权威僭越教育民主时，师生间民主对话的可能性就被无限消解了。在师生学术关系雇佣化趋势下，学生被塑造成听凭老板安排的"学术民工"。但学术生活理应也必然是参与式民主对话的样态。正如德国人弗里德里希·包尔生（Friedrich Paulsen）所指出的："学术事业需要学生的参与，否则知识就丧失了被体验和修正的可能性。"② 尤尔根·哈贝马斯（Jürgen Habermas）同样认为："在理想化的教育语境中，每个学生都有权参与对话，独立而不受压制地表达观点，并以此来彰显民主意蕴和社会正义。"③ 在学术职业深陷资本泥淖的时代，师生交往更应回归民主对话，为创新灵感的碰撞和伦理情感的交融构筑厚实的根基。

首先，师生学术交往对话性的达成，需要教师明确学生具有完整人格和平等地位。这种平等既指向师生作为社会公民所拥有的法律意义上的平

---

① 汪明义. 论大学教师的使命责任与基本标准 [J]. 中国高等教育, 2020 (Z1)：18-20.
② 包尔生. 德国大学与大学学习 [M]. 张弛, 郄海霞, 耿益群, 译. 北京：人民教育出版社, 2009：185.
③ 胡军良. 哈贝马斯对话伦理学研究 [M]. 北京：中国社会科学出版社, 2010：137.

等，也指向教育活动中师生主体间性意义上的平等。把学生视为拥有自主意识和独立精神的人而非缺乏学术积淀且处于弱势地位的人，才能实现师生间心理层面的相互接纳和知识层面的切磋琢磨。其次，需要教师理解学生。"理解的价值在于搭建理解与被理解者内心体验和情感融汇的桥梁，推动彼此的共情性，实现视界融合。"① 在这个意义上，教育就是一场理解之旅，一场实现人与人在信念、行为、情感等方面价值交融的旅程。师生的学术交往需要理解，这种理解既指向知识本身所蕴含的价值，也指向在知识创新和传承过程中人际互动的情感转变和价值认同。最后，需要创设敢于质疑的学术氛围。教师的权威并不来自师道尊严的传统，也不来自法律赋予的教育权，而在于自身人格魅力和渊博学识，来自宽以待人和严于律己的职业道德和直面学术争鸣的开放胸襟。教师的学术资本储备优势和学术资源配置权限不应成为压制学术对话和挑战权威的手段，应允许学术质疑声音的存在，在平等对话和敢于质疑中革故鼎新。

（三）师生交往的伦理关系契约性

师生间伦理关系的非对称性决定了师生间的交往并非等价的利益交换②。"非对称性师生关系意味着我对他者所肩负的责任或义务并不要求我从他者那里获得物质或心灵的回报。"③ 教师不计回报地对学生负责，这无关法律规定和制度约束，而是内化于心的道德责任，是"我对他者负责而不要求他者为我负责"④ 的价值自觉。但这种借助"类血缘"关系而建构的兼具亲情性的师生伦理正在被资本全球化所浸染而表现出"路人伦理契约样态"⑤。面对经济全球化大势，大学教师不但要以人文关怀促成学生知识掌握、能力养成和价值培育，还要以绩效问责的效率意识等市场契约性意识关切学生的学习体验感及成效。

伦理关系的契约性要求教师具有权责意识，合理运用规章制度和法律法规抵御来自学生的功利化要求和消费逻辑对教师作为知识雇员属性的极

① 哈贝马斯. 交往与社会进化 [M]. 张博树，译. 重庆：重庆出版社，1989：32.
② 冯建军. 他者性：超越主体间性的师生关系 [J]. 高等教育研究，2016，37（8）：1-8.
③ 孙向晨. 面向他者：列维纳斯哲学思想研究 [M]. 上海：上海三联书店，2008：154.
④ 刘要悟，柴楠. 从主体性、主体间性到他者性：教学交往的范式转型 [J]. 教育研究，2015，36（2）：102-109.
⑤ 李森，兰珍莉. 全球化背景下师生冲突及其调适 [J]. 教育研究与实验，2017（2）：62-66.

端强化，规避诸如学生为获得更好的成绩排名或其他发展机会而采取的送礼行为，为达到毕业条件而伤害自我或诋毁教师声誉的胁迫行为等。同时，逐渐多发的师生诉讼纠纷或伤害事件也表明，仅依靠道德伦理来调节师生交往存在缺陷，"市场经济的发展和法治社会的建设都要求用契约性伦理来调节师生关系，弥补人情伦理在权责规定上的模糊性所造成的损失"①。如果过度依赖契约伦理来调节师生交往，完全根据彼此所应承担的责任和享有的权利来审视二者的界限，就会导致师生关系庸俗化，用服务与被服务、管理与被管理、雇佣与被雇佣的契约关系取代师生交往的其他关系的倾向，最终削弱教师的道德感召力和人格引领性。同样，伦理关系的契约性能够强化教师为学生学习质量服务的责任精神和效益意识，以高度负责的态度探究影响学生学习动机和学习成效的主客观因素，进而为学生高质量学习提供尽可能多的支持。

当然，师生伦理关系的契约性与伦理关系的道德性并不矛盾。"教育需要以伦理道德为基础调节知识、情感和价值观的交融，也需要借助权责意识和契约精神来规范师生交往的理念与行为。"② 企业家身上都流淌着道德关怀的血液，何况人师。因而师生交往既需要契约伦理的规范，也需要道德伦理的引领。只有二者相得益彰，才能实现道德育化和契约规范的教育合力，塑造感性与理性和谐共生的师生关系。譬如，欧美大学就秉持"师生关系兼容道德伦理性和经济契约性"③ 的价值共识，通过制度优化、环境创设和师生对话等方式对师生关系二重性进行规定，有助于塑造新型师生关系，将紧张对抗化的师生关系转向共同关切的教育本真诉求上。这些经验表明：明确师生关系的多元属性并予以规范化，有助于培养个性化发展的人才，有利于消解对抗化的师生紧张感。只是传统语境下师道尊严的价值惯性过于强大，需要以缓慢方式渗透师生关系的契约性价值观。

① 冯必扬. 人情社会与契约社会：基于社会交换理论的视角 [J]. 社会科学, 2011 (9)：67-75.

② 张昌波. 谈当前对高校师生关系认识的几个误区 [J]. 教育探索, 2012 (8)：20-22.

③ MEARA K, JONES J. The role of emotional competencies in faculty-doctoral student relationship [J]. The review of higher education, 2013, 36 (3)：315-347.

第五节　学术资本传递场所的"理性贯通"

知识资本传递场所已不再局限于物理课堂空间，校外课堂和虚拟课堂、数字课堂等重新定义了知识资本传递的时空范围。但在"传统课堂教学惯习的沿袭化、师生教学适应的被动化、教学空间的结构失衡化以及技术条件的赢弱化"① 的现实语境中，大学教师学术身份定位走向偏差化，导致学术身份异化。

一、封闭式课堂向开放式课堂转变中教师的身份异化

当知识被视为创造社会效益的生产资本而频繁跨越校园界限时，不同场域中的文化传统、价值标准和行为规范等会造成大学教师教学信念和行动模式上的紊乱。由于缺乏对市场话语、资本逻辑和社会环境等外部诉求合理限度的认识，大学教师也极易在时空转换和语境差异中迷失自我，引发身份错位和认知割裂问题，成为虚实共存的"同堂异梦的陌路人"、校园内外的"市场资本的共谋人"、学与商"囚徒困境的挣扎者"。

（一）"同堂异梦的陌路人"

学术资本化催生了知识付费产业发展，助推了在线课程和虚拟课堂的发展。"虚拟化的课堂和学习资源比实体化课堂和学习资源成本更低、学习更具自由度，学生只需要付出极少金钱甚至无须付钱就能获取优质而丰富的学习资源以及对这种学习结果的认可。"② 但当教学场域从实体走向虚拟、从封闭走向开放时，作为传统课堂施教人的教师，却面临师生情感撕裂和教师权威消解等困境。

一方面，课堂教学已不再囿于封闭空间中的教室，以信息技术为载体的在线课程和虚拟课堂为课堂教学提供了更为开放化的空间。传统的在密闭空间中习得知识、交流情感和文化对话的模式以及夹杂在这种模式中的情感体验、故事回忆和心灵触动等内容共同塑造的"业缘性空间"，正在

---

① 朱德全，罗开文. "双线融合教学"：高等教育未来教学的新形态 [J]. 现代教育管理，2022，383（2）：1-8.

② 刘垚玥. 信息时代"学校消亡论"的省思 [J]. 教学与管理，2016（3）：5-8.

被开放化和共享式的在线学习网络所冲击①。师生间基于固定物理空间的强关联性在网络化、数字化和虚拟化的新环境中被削弱，作为实体化育人空间的课堂及现实境遇中的教学正面临着空间危机②。"现在上课就跟上班一样，老师讲课是打卡，学生坐在下面听课也是打卡。你讲你的，我做我的，都很有默契。但是你要妨碍学生做自己想做的事儿，可能就会激怒他们。有时候想想也没必要跟他们生气，反正该说的都说了，他不想学就不是你的问题了。"（FT-15）教师与学生"类血缘性"关系被解构，依托实体空间建构的"亲师信道"传统受到冲击，教师和学生越来越像同堂异梦的陌路人，知识的售与买重新定义了教学的性质。正如一些学者所指出的："以往课堂上、教室里，如饥似渴、平静而兴奋的听众，从此变成不再那么乖巧听话、不再对老师讲的知识毕恭毕敬的低头族。"③

另一方面，在线教育资源借助虚拟空间进入教学场域，确实提升了课程资源配置效率和学习者的满意度，但这种引入也不可避免地将资本带进教育系统。"相较于增进人才培养质量和创新人类文明，提供虚拟化教学资源的主体更关心如何获取市场份额和经济效益，用最小投入换取最佳效益，具有资本运作追求补偿即时性的特点。"④ 教学权威性被消解殆尽，取而代之的是将教师视为资本欲求的共谋人，学生不再将教师视为道德模范而将其视为世俗社会的从业者，教学成为冰冷的知识交易行为。"教员权力的传统表现被迅速打破，因为知识越来越被新的关于卓越的说辞、分权的预算系统、数字通信网络及知识产权合作伙伴所操纵。"⑤ 正如某位受访者指出的："我觉得现在学生上课就跟在菜市场买菜一样，你讲的东西对他们以后考编制、考研或者考其他证书有用的时候，他们才会听听。否则你在上面费力地讲，他们一句也不会听的。而且他们还会拿你跟初高中教过他们的老师对比，如果你不够细心专业，他们就觉得你'太水了'，还不如以前的老师厉害。而且你讲的东西手机百度一下就能获得，根本谈不上教学威信。"（FT-11）

① 吴冠军. 后人类状况与中国教育实践：教育终结抑或终身教育：人工智能时代的教育哲学思考 [J]. 华东师范大学学报（教育科学版），2019, 37 (1)：1-15.

② 朱永新. 未来学校：重新定义教育 [M]. 北京：中信出版集团股份有限公司，2019：2.

③ 张磊，徐继存. 数字化时代教学变革的问题与思考 [J]. 山西大学学报（哲学社会科学版），2019, 42 (2)：77-85.

④ 娄立志. 关于教育决策的代价思考 [J]. 教育理论与实践，2005 (21)：18-21.

⑤ 古尔德. 公司文化中的大学 [M]. 吕博，张鹿，译. 北京：北京大学出版社，2005：71.

（二）"市场资本的共谋人"

资源短缺的现实与市场趋势的强化已无力阻止校外教育力量向校内渗透，秉持潜心育人信念的教师越来越难抵挡知识谋利化的价值观，而缺乏坚定教学理想的人就会在资本浪潮中异化为"校外资本的共谋人"。在资本力量加持下，校外课程很少受教育制度约束和教育本质规律的引领，多以娱乐化或消费化手段迎合学生（消费者）的偏好，用劣质在线教学产品驱逐优质产品，营造出"劣币驱逐良币"的教育文化生态。面对校外资本的强势入侵，教师只有招架之力而无还手之力，原本稳定而系统化的教学秩序被消解，教学被校外教育资本绑架而变成传输知识资本的准商业化活动。究竟是拥抱市场资本以谋求效益还是坚守育人底线以立德树人，成为摆在教师面前的难题。但受限于消费者中心主义的影响和虚拟化学习空间对实体化学习空间的侵占，教师越来越无法回避校外教育资本的发展诉求，逐渐异化成"资本诉求的共谋人"。更严重的是，这种异化并非全部由校外资本的强势侵袭所致，"一些教师缺乏教学话语权和可观收入，又处在相对封闭的教学空间，实难保持育人初心"，最终教学信念坍塌而沦为市场资本的代言人。"凡是能赚钱的事都被老师们开发完了。比如在群里推送就业信息就有补贴，介绍学生去特定单位实习会有奖励，甚至有些会把学生吸纳到自己创办的企业里，在赚取就业补贴的同时还提升了学生就业率。只要学生真的签了合同，到最后去不去都无所谓了。"（FT-08）

教学需要信念感和使命感，但在市场逻辑冲击下，这种信念正逐渐丧失根基。越来越多的教师转而迎合消费市场的教育诉求，向功利价值观靠近，抛弃文化引领的道义感。就像一些学者所指出的："他们的立场发生了彻底的动摇，他们缺少一种框架或视野，在其中事物能够获得一种稳定的意义。"[1] "关于利他主义，从事学术资本主义的教授态度矛盾。尽管他们仍然希望自己的研究会造福人类，但却开始谈永不赔钱的研究。"[2] 于是竞争思维、契约精神、实效理念和学以致用的资本逻辑得以借助教师教学信念的动摇而悄无声息地潜藏在教育教学中，以不易察觉的方式作用于师生求知过程，甚至内化为部分教师的思维与行动指南。部分接受访谈的教

① 蔡辰梅，刘岩. 变革社会中教师自我认同的资本困境及其突破 [J]. 教师教育研究，2014，26（4）：9-15.
② 斯劳特，莱斯利. 学术资本主义：政治、政策与创业型大学 [M]. 梁骁，黎丽，译. 北京：北京大学出版社，2008：19.

师也多次强调，"好好教书换不来好待遇、好职称、好项目，要想办法让教书更有'钱途'，最好能借助校企合作办学或其他产学研平台来置换资源，否则教书就真是越教越穷了"。（FT-03；FT-10；FT-11）

在学术自决的生境中，教师能理性、自主和学理化地进行知识传递、创新和转化，根据研究需要和个人旨趣选择和实施科学研究，具有高度的自主意识和"自我属性"；而在学术自决权部分甚至整体让渡给资本的生境中，教师不得不向资方、客户和企业的发展诉求倾斜，将谋求收益和缩减成本等视为核心，存在某种程度上"自我"的"他者"转向，按照资方立场和逻辑来引导和规范自身知识创生的理念与实践。这种"自我"的"他者"转向，从表面上看是教师身份或教师主体性的位移，但本质上是知识与市场距离的缩进以及伴随着这种距离感的消失而带来的市场逻辑的全面渗透。当教师还能够"维持自我"的时候，尚且能够按照知识逻辑创造和传播知识；但当他成为产业界的雇员或知识合同的责任方时，就成为知识产品购买者的"客服"或"被他者化的人"。

（三）"囚徒困境的挣扎者"

博弈论认为，每个参与博弈的人都是理性的，都会借助已有信息和现有条件做出最符合自我利益诉求的选择[1]。按照这种理论，当教师的薪酬不能满足其生存发展需要时，教师选择收益最佳或损失最小的策略便是理性的。换句话说，教师频繁接触校外资本并谋求知识资本的市场效益具有某种合理性。但"知识传递不是教育的要义，教育之为教育，关键在于其是唤醒人的人格品性和理智心灵"[2]。教师需要扮演社会良心人，贯彻立德树人根本任务。于是，服从资本的引领和听从责任的感召就成为摆在教师面前的两难选择。

学术资本在校内外场域的流转，将教师塑造成了"囚徒困境中的挣扎者"。教师逐渐变成"一仆二主"的典型代表：既需要在教学中回应市场化力量对教学目标、内容、方式和成效的诉求，也需要遵循教育求真育人的本质价值准则，忠诚于立德树人的根本教育使命。"没办法，我们也想安心教书，当好灵魂工程师。但现实就是这样，光靠教书根本活不下去。但是变成眼里只有钱没有学生的人，又觉得自己配不上'老师'这个称

---

① BENTHEM V. Rational dynamics and epistemic logic in games [J]. International game theory review, 2007 (1)：13-45.

② 赵祥麟. 外国教育家评传：3 [M]. 上海：上海教育出版社，1992：60.

号，太难了。"（FT-09）

课堂本是独立而具有乌托邦属性的理想化育人场域，但"缺乏学术传统和精神滋养的中国大学并未建构起这种场域"①，越来越多指向市场场域的规则、文化和传统正跨越校园藩篱涌入课堂，解构学术伦理和教育理想构筑的教育底线。具体而言，教师的道德两难表现为：一方面，在教学时间配置上，部分教师虽心系学生发展，但却迫于生计或考核压力，忙于拓展校外教育服务或投身于科研，本该配置给课堂教学和师生交往的时间被无限挤压而面临枯竭，便多采用敷衍式、重复性和程序化策略对待教学。"天天忙着外面的项目，教学肯定会受影响；精力跟不上，以后教学质量肯定要打折。比如，有的老师就直接把一门课的主题和教材一换，就直接包装成了另外一门专业课，这样就不用备课了；有的老师上课就照本宣科地念课件，根本不跟学生交流；甚至有些老师直接从校外找个兼职的人来替他上课。"（FT-07）另一方面，在教学空间转换上，部分教师无力协调市场思维与教育思维的冲突，或任由资本逻辑对教育逻辑进行改造，经常导致"身在曹营心在汉"的现象，以至于教学场域常被资本惯习所支配。"在外面开公司久了，有时候在学校都会不自觉地把学生当成自己的员工使唤，结果话说出后才意识到这是学校，不是公司。但是长时间用商人的身份和思维做事，改不过来了，甚至不想改了，因为老师的身份不如商人的身份自由。"（FT-04）正如有学者所担忧的："只要教师参与知识的市场交易，他们就会越来越意识到，知识在他们心中的主观含义和在学生和公众心中分裂的价值之间存在着很深的鸿沟。"②

二、科学探索开放式课堂育人规律中教师的身份回归

学术资本主义打破了教学的时空固定性，缩短了资本市场与校园课堂的距离，降低了求利动机和求知动机的互斥性。崇尚实学的信条已融入公共生活领域，任何试图冲击这种信条的行为都被排斥在外，除非能够找出追求实学的完美替代品，否则这种信条将持续而深刻地发挥作用。但教师并非对教学资本主义化趋势束手无策，他们在虚拟教育市场和实体化校园课堂间扮演"殊途同归的筑梦人"，在职业世俗性与教育伦理性的交织中

---

① 刘爱生."求是"还是"求利"：学术资本主义语境下中国大学的学术研究 [J]. 现代教育管理，2012（1）：45-49.

② 古尔德. 公司文化中的大学 [M]. 吕博，张鹿，译. 北京：北京大学出版社，2005：77.

扮演"教育初心的坚守者",在资本力量与教育初心的博弈中扮演"资本侵袭的吹哨人"。

（一）"殊途同归的筑梦人"

数字化教学空间和实体化课堂都是人才育化的场所，既不能因为虚拟空间在教学实施上的超时空性和教学流程上的智能化而轻视实体课堂的育人价值，忽视实体课堂对情感交融和价值律动的作用，也不能因为在实体空间开展教学的传统所形成的路径依赖而担忧数字技术的引入所造成的场域空心化和惯习缺失化，无视数字化教学的趋势。对教师而言，空间转换虽然重新塑造了教学文化生态，但不能动摇为实现中国梦而培育"筑梦人"的价值信仰。虚拟与现实的转换也许会引起教学思维转变和教学模式创新，但绝不能动摇育才初心。对教师而言，扮演好"殊途同归的筑梦人"，才能抓住虚实转变的矛盾焦点，避免"误入歧途"而丧失筑梦信念。

对教师而言，扮演好"殊途同归的筑梦人"，须规避在线教育市场的逐利化倾向。首先，教师要理性审视在线教育资本的属性。在线教育资本兼具市场谋利性和知识育人性，偏执地强调谋利属性或只关注其育人价值均非在线教育资本得以良性运转的基础。教师需要精准理解在线教育资本的二重属性，最大限度释放优质在线课程资源的育人价值，警惕市场动机对知识动机的袭扰。其次，教师要整合教育市场上的优质课程资源。"数字化课程资源有其特定的存储方式、传播模式和评价方法，这套方法不同于实体化课堂空间中的教学程序和施教规律。"教师应着力整合教育市场上的优质课程资源，在密切关注产业生产的前沿领域、掌握相关知识动态的前提下，及时修订完善现有课程的知识架构和实施策略，增强课程资源的边际效应，实现课程资源的自我统整；凭借自身课程资源开发的优势地位，主动消解横亘在校际互动机制中的制度壁垒，创造性地采用"学分银行"实现校际学分认证，将校际优质课程资源予以整合；依托课程资本持有者和开发者身份，向社会寻求课程资源整合所需的人力、财力和物力资源，并承诺将课程资本归属权部分让渡给社会资本，在课程资本的供需契约中完成整合。最后，教师应灵活创新教学空间协同育人的方式。教学并非"某种事先预想好的、理性化或艺术化地掌控人的心智的技术，或者确保人们服从特定要求的文化机制"①，教师也并非按照理性化逻辑掌控人的

---

① 金生鈜. 规训与教化 [M]. 北京：教育科学出版社，2004：2-5.

心智的技术官僚，而是根据现有教育条件灵活创新育人模式的灵动的人，把虚实之劣势转化为协同育人之优势。

（二）"教育初心的坚守者"

教师职业兼具职业现实性和伦理道德性，需要将高尚而不以个人意志为转移的道德观念或价值信条作为指引。这种"至善境界"要求教师坚守教育初心，赋予教育以理想主义和浪漫主义甚至个人英雄主义的色彩，消解世俗的功利教育目的观。教育道义要求教师勇担道德责任，引领社会价值观走向，对公共生活中存在的问题进行反思批判，为社会变革和文化转型培育思想的火种。要从资本束缚的空间中走出来，教师就要认识到自身身份的道义之维，坚守社会道德的理想高地，超越物欲横流和有悖教育初心的思想或行为，扮演好资本市场的"逆行者"。教师要做的就是持有这种信念和责任意识，净化学生的心灵空间，洗涤被资本所浸染的诗性田园。"即便在最糟糕的环境中，人仍须有所担当。时代无所谓好坏，重要的是人自己有担当有坚守，用自己有限的自由，去改变可以改变的，不哀怨不软弱。执此一念，择善固执，各尽本分。"①

扮演"教育初心坚守者"要求教师不断追问教育使命。夏普祥认为教学的价值追求分为三个层次，分别是"为生存而教、为发展而教、为享受而教"②。面对教育市场化洪流和商业文化对教育领域的浸染，教师迫切需要回答"为何而教"，并依据答案指导和规范教学活动。教师需要为生计和职业发展而教，但更需要为学生生命价值的彰显而教，为培育学生健全的心灵而教。正如朱小蔓所强调的："正由于教学是积极的正向性的情感行为，这才赋予了教学以传递人类文明的作用，才赋予了教学以育化人的个性精神的价值。"③ 教师要警惕个人主义价值倾向。"倘若人只从自我的目的和立场来思考问题和采取行动，那他便会提出基于自身价值实现的策略。因而道德的问题就会被束之高阁。因为在这些人眼中，道德问题不过是充当满足自我需要或彰显价值的外在辅助手段或工具。"④ 如果教师从成本收益的立场看待校外教育资本向课堂的拓展，任由个人主义价值观生

① 朱桂英. 我们时代的学术生态 [N]. 新京报, 2012-11-10 (1).

② 夏晋祥. 论生命课堂及其价值追求 [J]. 课程·教材·教法, 2016, 36 (12): 91-97.

③ 朱小蔓. 情感教育论纲 [M]. 北京: 人民出版社, 2007: 117.

④ 哈贝马斯. 对话伦理学与真理的问题 [M]. 沈清楷, 译. 北京: 中国人民大学出版社, 2005: 70.

长，就将丧失师者的道德合法性和职业的神圣性，进而造成教学的意义枯竭。教师须重申潜心育人的价值规范。"人的认同感的获得有赖于所处场域提供的框架或视界的承诺和身份要求。在这种框架和视界内，人可以在复杂多变的情境中理性判断何为好的或有价值的，或者我应当做什么，禁止做什么，我赞同什么，反对什么。换言之，框架或视界提供了自我体认的立场。"① 对什么是好的教育或应培养什么样的人的认识进行强化，有助于重塑潜心育人的教学伦理和群体价值共识，为教师理性审视自我身份提供价值参照框架。

(三)"资本侵袭的吹哨人"

宁静淡雅地追求学问，不受世俗困扰的时代已不复存在。知识资本化已是不可回避的现实，完全抵制资本对教学活动的改造并不理性，教师需要抵制的是资本越过育人底线而侵扰教育事业中人才培养根基的思想与行为。当资本与教育的深度融合偏向资本逐利时，教师就需要扮演好"资本侵袭的吹哨人"，警惕教学资本主义对人才培养根本使命的冲击，守好教书育人的道德底线。"吹哨人（whistleblower）源自英国警察在办案时吹哨以引起同僚和周边民众注意的行为。"② 后"吹哨人"被广泛应用于公共生活领域，成为指出或预警社会问题并试图采取措施予以纠正的人的代名词。教师要成为资本侵袭的预警纠偏人，既需要对校外教育资本的属性与运行模式有较为清晰的认知，也需要社会提供鼓励和保护教育吹哨人的制度支持和文化氛围，更需要教师深刻检视自身教学行为是否越界，是否被资本力量所裹挟。

首先，教师需要对校外教育资本的属性和运转模式有理性认知，及时了解校外企业行业对人才和技术的需求度，精准把握教育资方的诉求和校企合作的模式，在市场出资方和办学育人方之间寻求培养高素质人力资本的共识，将劳资双方的焦点聚焦于如何培育高素质创新人才上。其次，社会和学校理应为教育吹哨人提供制度支撑和文化支持。社会应营造"快资本与慢教育的互动需要谨慎而缓慢"的文化共识，规避资本强势入侵对育人空间的挤压，提供教育吹哨人敢于批评资本力量和资本力量裹挟教育事

---

① RUSHTON E. Building teacher identity in environmental and sustainability education: the perspectives of preservice secondary school geography teachers [J]. Sustainability, 2021, 13 (9): 1-18.

② SAWYER K. The necessary illegitimacy of the whistleblower [J]. Business & professional ethics journal, 2010, 29 (4): 85-107.

业的社会环境，确保教育吹哨人受到社会主流文化庇护。同时，学校也应制定保护和鼓励教育吹哨人的学术职业动机审查机制，在规范教育吹哨人教学理念与行为的同时，保护教育吹哨人对资本力量强势冲击教育信念做出警示和批判的行为，使其能够在消除后顾之忧的前提下审查资本动机异化的危害，监督资本向教育领域的渗透过程。最后，教师应立足教学实践，检视自我教学信念与行动是否越界。"只有教师深刻检视自身专业实践并具有相应价值自觉，才有可能对教育变革充满期待，才称得上是具有反思批判精神的人，也才能在现实情境中改进和完善自身专业实践。"① 教师需要立足教学实际，生成以育人为志业的价值自觉，警惕人才培养市场化和本科教育商品化的危害，纠正资本越界造成的教学资本主义倾向，确保教学回归育人轨道。

在学术资本主义时代语境中，教学越来越被视为传递学术资本以满足学生个性化发展诉求的文化资本传递实践。作为教学实践的实际执行人和贯彻者，大学教师的身份定位也超越了单纯的知识传递，转而被赋予了培育潜在人力资本的使命职责。根据社会发展需要和学生个性化诉求而调整教学目标、重组教学内容、创新教学方式、优化师生关系和重塑教学空间，是大学教师的当为之举。但这也增加了教师以知识谋利和异化师生关系的潜在风险，甚至可能造成教师形象的庸俗化和污名化。但学术资本传递并不应按照资本的逻辑传递消费欲望所指向的知识产品或服务，而是按照人性的整全逻辑传递生命完善所需的永恒知识。只有保持为学生的个性全面发展服务的教学初心，才能理性应对学术资本传递过程中教师身份异化的问题，规避资本动机对教学过程的侵蚀。

---

① 王建军. 学校转型中的教师发展 [M]. 北京：教育科学出版社，2008：168.

第五章 学术资本增殖：
复杂性知识的统整创新者

在市场经济语境中，产品的价值及其使用价值均凝结在产品自身中。消费者通过产品交易获得该产品的使用价值，而产品生产者则获得产品价值，即钱货两清。但作为某种特殊商品，知识不会因交易行为而导致知识供应者丧失这种知识的价值及使用价值，相关价值继续内蕴于知识供应者心智结构中，为新知识的创造与转化提供理论或实践支撑，进而完成知识资本的无限增殖。"资本是一种天然而固有的优势，它巧妙地将得到它的人和渴望得到它的人区分开来。对于那些借助争取工资、版权、专利、资格证书等而因此在文化领域具有相当资本的人来说，他们所获得的上述回报就是文化资本的馈赠。当这种资本转向学校教育时，这些投资在教育领域的资本并没有被一次性消费完，而是以剩余价值的形式被保存下来，并不断产生新的价值。"① 在学术与市场紧密结合、科学研究立足复杂情境的背景下，大学教师凭借自身知识储备与知识创新优势而成为学术资本增殖人，通过创造契合认知需要和社会发展的创新性知识，扮演多重知识属性的融合人。他们通过知识创生的动机矫正、内容重组、方式重整、话语重塑和场域重建等方式，推动学术资本增殖。

第一节 学术资本增殖动机的"能动矫正"

在学术市场化语境下，科研人员的研究动机悄然转变：虽然他们不断

---

① 古德纳. 知识分子的未来与新阶级的兴起 [M]. 顾晓辉, 译. 南京：江苏人民出版社，2002：19–28.

强调希望用所学知识造福人类社会，但也开始谈回报问题。求是性研究虽然仍被视为学术研究的基石，但求利性研究也不再被批驳。对他们而言，"知识正在融入社会，其商业潜能和资源筹措效能正像发现的才智一样受到重视。"① 大学教师从事科研工作的驱动力不再局限于探求真知了，推动经济社会发展和释放知识生产效能的动机同样获得了合法性空间。

一、求知性动机向求用性动机转变中教师的身份异化

办学资源的结构性短缺与学术共同体内部资源竞争激烈的现实，导致学者无法从容栖居于象牙塔内从事知识生产活动。他们不得不接受外部资源，并顾及出资方对研究立场、目标、内容和方向的要求，产出契合预期规定的成果，进而强化知识创生应用化的价值观。新自由主义和新管理主义将绩效价值观和理性谋求经济效益的合法性引入教育领域，凭借知识资本优势理性化地追求经济效益已经逐渐获得了价值合法性。这种合法性不仅为大学所倡导并用于拓展办学市场空间，还为大学教师所认可而强化了开展面向市场的研究能最大限度获取发展资源的认知。同时，学科逻辑差异性限定了办学资源配置的初始方案，导致学科间办学资源配置的两极分化，再加上学科应用性差异或学科社会适应性的差异，也拉近了办学与市场的距离，将这种两极分化再度强化，致使学科生态出现"富裕学科"和"贫穷学科"的分化。此外，高等教育领域内，聚焦绩效、考核、竞争、效率等新公共管理理念也促使大学关切投资（当然涵盖时间成本）收益比②。评价教师优秀与否的标准正在被市场规则所更改，谋求成果转化和促进经济发展的评价权重倒逼大学人改变研究兴趣，聚焦于知识的私有性和应用性。"政策和法规将一种把公共利益限定为由保护公共实体不参与市场来达到最优服务的思想，转向一种把公共利益看成由公共组织参与商业活动来达到最优服务的思想。"③

越来越多的高校通过开展面向市场需求的研究，产出更具市场转化效

---

① 斯劳特，莱斯利. 学术资本主义：政治、政策和创业型大学 [M]. 梁骁，黎丽，译. 北京：北京大学出版社，2008：210.

② DEEM R. New Managerialism and higher education: the management of performances and cultures in universities in the United Kingdom [J]. International studies in sociology of education, 2011, 8 (1): 47-70.

③ 斯劳特，莱斯利. 学术资本主义：政治、政策与创业型大学 [M]. 梁骁，黎丽，译. 北京：北京大学出版社，2014：66.

益的成果来积累办学声誉，传统的按照学科逻辑开展的研究则出现了被边缘化的危险。"通过强行建立各学科间的关系来创造大学的知名度，比通过现在常常和学生就业的企业相联系的重大社会主题来打出知名度要困难。"① 同样，"虽然探求真理的价值观仍然备受推崇，但教授们越来越开始谈不赔钱的事情了"②。在资源短缺的现实推力和求利动机的价值拉力双重作用下，大学教师的研究旨趣已悄然偏移，为市场应用而创新知识的动机持续强化，基础研究与应用研究各安其位的科研观逐渐松动。在求知与求利科研动机界限模糊化的背景下，部分大学教师的科研动机出现了不同程度的异化，成为"基金忠诚的拥护者""有用即真理的信徒"和"市场欲求的取悦者"。

（一）"基金忠诚的拥护者"

学术职业（academic profession）是某种蕴含精神特性并以精神满足为回报的职业③，它忠诚于知识本身的价值，而非知识的世俗效用。但"知识的指数性增长和社会发展对知识依赖性的增强，大学已沦为知识加工厂（knowledge industry）。知识与市场的联动将大学推向资本的核心地带，教师更偏向应用研究而非基础研究，学科忠诚已经转向基金忠诚"④。就像某个受访者所说："现在我们学校的科研导向几乎是一边倒，全都盯着应用类项目。这么跟你说吧，每年立项的基金，绝大部分都是应用型的，经常一个理论研究的项目都没有。大家为了评职称和生存，肯定要把精力投给应用研究。"（FT-12）

按照学术兴趣自主开展研究的空间被压缩，根据各类基金项目的选题指南拟定研究方向成为教师从事学术研究的重要动机。"只有聚焦于解决基金出资方关切的经济社会发展的实际问题，才有可能获得立项资助。"⑤申请基金并不损害学术信念，只注重立项而轻视研究过程才是问题。将时间精力投注到如何获得立项审批而非如何精琢研究内容上，无异于自毁长城。接受访谈的教师也指出："要想在学校活下去，就必须申请国家级和

---

① 古尔德. 公司文化中的大学 [M]. 吕博，张鹿，译. 北京：北京大学出版社，2005：12.

② 阿罗诺维兹. 知识工厂：废除企业型大学并创建真正的高等教育 [M]. 周敬敬，郑跃平，译. 北京：高等教育出版社，2012：56.

③ 韦伯. 学术与政治：韦伯的两篇演说 [M]. 冯克利，译. 北京：生活·读书·新知三联书店，2005：155.

④ 金耀基. 大学之理念 [M]. 北京：生活·读书·新知三联书店，2008：7.

⑤ 冯之浚. 知识经济与中国发展 [M]. 北京：中央党校出版社，1998：51-53.

省部级自然科学基金等。这不但是补贴工资不足的好办法，更是以后评职称、评奖的硬通货。相较于要研究什么，我们更关心的是基金类别与资助额度，这远比研究本身更来得有吸引力。"（FT-10）超过四分之三的大学教师就在问卷中坦言，越能创造效益的研究项目越能引起他们的重视，越能驱动他们去展开研究。更有甚至，一些教师通过拉关系的方式为立项评奖提供便利。有研究指出：凭借人际关系的"便捷性"来谋求课题申报与评奖收益的现象确实存在。"派去北京的科研处工作人员，在北京一待就是三四个月，通过同学关系和专家结交的方式为本校甚至合作院校争取获奖名额。"① 不少受访教师也表示："申请课题确实需要人情关系，否则根本轮不到你。都是看脸的时代，你不去打招呼、托关系、找师门，就没你的份儿。就算有几个确实凭本事申请到了课题，但你就这么自信地认为自己也可以吗？"（FT-09）

当然，并非所有教师都追着基金走，那些从教时间较长、职称较高的教师在访谈时就没有流露出对基金项目的狂热和痴迷。"年轻人可能缺钱、缺文章、缺职称，就很需要基金项目的支持。但我们这个年纪，对物质和头衔都没有兴趣，只想做点感兴趣的研究，多做几台手术，多救几个病人"（FT-05）；"申请项目是体现教师学术素养与能力的标准，但不是唯一的标准。写调研报告和政策建言、好好指导学生学习、认真备课上课，都是好老师的标准"（FT-16）。

而且，基金立项也面临"规定动作"的选题束缚，限制"自选动作"的灵活空间。正如欧内斯特·博耶（Ernest Boyer）所指出的："具有讽刺意味的是，正当高等教育的社会责任不断扩展的时候，对大学教授的激励机制却变得更为狭窄；正当高等教育的任务多样化的时候，学术却朝着单一化的方向发展。"② 两位中国学者在《科学》（Science）杂志上也发文指出："国家科学基金项目的选题范围是相对固定的，或者说相对狭隘的。排除国家战略发展需要以外，留下的选题空间极其有限。"③

（二）"有用即真理的信徒"

贴近市场需要的研究所产生的经济效益强化了生物技术、计算机、材

① 张峰. 社会资本与教师科研发展 [D]. 武汉：华中科技大学，2005.

② 博耶. 关于美国教育改革的演讲 [M]. 涂艳国，方彤，译. 北京：教育科学出版社，2002：72.

③ HI Y, RAO Y. China's research culture [J]. Science, 2010, 329 (5996)：1228.

料学、化学、工程科学等领域研究成果的重要性。能否快速投放市场并取得转化效益开始成为许多学者从事研究工作的关键动机，这种"有用即真理"的价值观逐渐内化为部分大学教师的价值信条和行为指南。"以好奇和探究高深知识为旨趣的研究动机正逐渐被更有市场效益和世俗价值的研究动机取代"①，教师逐渐变成"有用即真理的信徒"。在现实中，超过76%的大学教师就认为追求知识的实际效用令人着迷和振奋，可见将有用性作为研究动力的趋势之强。具体如图5-1所示。

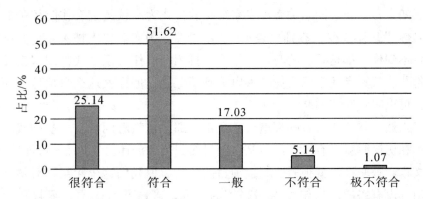

图 5-1 "让知识变得更有实际效用令人感到振奋无比"的调查结果

(资料来源：根据问卷数据分析)

问题是，闲暇自决、追求真理的基础研究的时间被资本导向、追求效用的应用研究所侵占，这将原本因学科内在属性造成的差异无限放大，最终造成两种模式在研究地位和资源配置上的差别。教师越来越强调研究的实用性、商业性和明确性，青睐贴近市场的应用领域，而对基础性研究缺乏兴趣。正如美国学者艾伦·布卢姆（Allan Bloom）在《美国精神的封闭》中尖锐指出的那样："人文科学就像巴黎古老的大跳蚤市场，在纷然杂陈的破烂中，眼力好的人才能淘到被丢弃的宝贝，使自己发财。或者，人文科学就像一座难民营，所有那些被敌对政权砸了饭碗、赶出家园的天才们在这里闲荡，要么无事可干，要么干些粗活。"② 当学术文化生态被外部市场化趋势湮没时，当经济主义或绩效质量观影响学术文化价值观时，那些坚守在人文领域、苦守着象征性知识价值的教师们的自我成就感和学

---

① ROSEMARY D. New Managerialism, academic captialism and entrepreneurialism in universities: is the local dimension still important？[J]. Comparative education，2001（37）：7-20.

② 布卢姆. 美国精神的封闭 [M]. 战旭英，冯克利，译. 南京：译林出版社，2007：321.

术自尊心无疑将受到打击。

资本求利性对学术求知性的放逐，还不断塑造着凭借生产有用知识获得学术声望和发展资源的价值观，不断解构着传统意义上"学术志业"的理想信念，消解着传统学术研究的责任体系，将教师塑造成信奉市场经济规律和商业文化规范的典范。

"在他们（大学教师）眼中，真正有意义的事情变得更能够量化和交易，而那些无法量化或抽象性的事物却鲜有人关心。"① 越来越多的教师投身于应用研究领域，追求周期短、见效快、能转化的研究，但这种研究很多都停留在低水平重复层面，难以创造出有影响力的成果。"其实也不是理论研究不好，只是偏应用的研究来钱快。车子房子、孩子上学、家里生活，随时都需要钱，这是摆在面前的现实，而且是必须立刻解决的问题。所以说只能选择来钱快的研究，要不然你饭都吃不起了。另外就是我觉得研究就是要解决现实社会中的问题，提一大堆理论但实际没什么用，不如实际上解决某个社会问题来得有成就感。"（FT-07）如此看来，丘成桐所言非虚，"中国大学缺少甘坐科研冷板凳的人，少有为学问而学问的人，往往稍有成绩就沾沾自喜而不知奋进，扎进金钱堆砌的头衔竞赛中去了"②。

（三）"市场欲求的取悦者"

经济发展的周期性波动和教育财政支出的有限性，导致投向基础研究领域的资金远少于技术创新和市场竞争领域，结果就是教师需要在知识市场化语境中重新界定自我身份，与产业出资方协商知识创生的目标、内容、方式以及质量标准等，以符合各自发展逻辑的方式审视知识生产过程。但以效益最大化为根本诉求的市场，更倾向于要求大学供给有利于技术创新和产业升级的应用知识，特别是在市场提供了知识创新所需的教育资源的情况下，大学教师越来越难拒绝"阅听人"③ 对知识创新的诸多要求，逐渐偏向于研究见效快、能转化和资源足的产业市场急需的领域，逐渐成为取悦市场欲求的一方。"市场导向的知识创生，将会遵循'谁付费，

---

① 盖格. 大学与市场的悖论 [M]. 郭建如，马林霞，译. 北京：北京大学出版社，2013：273.

② 雷辉. 丘成桐卓以和把脉：中国为何还没获诺贝尔奖 [EB/OL].（2010-07-23）[2022-07-05]. http://news.sciencenet.cn/htmlnews/ 2010/7/235204-1.shtm.

③ "阅听人"出自理查德·惠特利（Richard Whitley）的《科学的智力组织和社会组织》。它是指包括大学研究人员在内的校内外知识生产的群体、组织或个人，是知识生产所需资源的供给者。

谁点唱'的契约逻辑，按照付费方的意图来完成知识生产，并将知识产权或成果转让给付费方。"① 当然，紧贴应用领域的前沿和热点，确实提升了知识效用度，缩短了知识转化周期，但过度沾染商业气息容易被资本逻辑同化而动摇知识创生初心②。在一些学者看来，基础研究受制于时间或绩效因素而无力长期实施，只能选择风险系数小和回报率高、成果转化周期较短的应用性项目，因而只能舍弃成果原创性和学术影响力等③。

取悦市场欲求意味着学术研究重心向应用领域偏移，"也间接滋生了大学教师入商言商、以经济利益为导向的价值理性"④。更糟糕的是，偏向市场欲求所属的应用研究还会导致"求是与求利"学术信念的冲突，冲击为知识而知识的学术伦理。资本市场在资源供给上的优势地位向承接项目的学术成员提出了研究目标、内容、方式等的预期规定。学术人员需要履行知识创生契约规定的义务才能获得相应资助，因而无法根据自我兴趣决定研究方向、内容和周期。研究本是学者自决的事情，但市场资本的注入动摇了这种学术自决传统，根据好奇心和自我兴趣自主选择研究什么而不研究什么的权限逐渐被资本市场的应用诉求绑定，教师越来越像"戴着资本镣铐的学术人"。"现在说研究自主性不现实，谁出钱你就得听谁的。当然你可以选择不申请基金项目或企业课题，但这样很难有成果发表，也赚不到钱。只要你想清楚了，就安静做个讲师也行。但就怕学校考核，你没成果就尴尬了"（FT-06），接受访谈的教师如是说。

在产业资本模式驱动下，大学俨然成为市场逻辑完美绽放的场域和某些大学教师的价值自觉⑤。一些教师在知识创生中面临出资方与承接方的利益纠纷时，往往会放弃同行判断的价值准则，在资本力量驱使下向出资方妥协，逐渐脱离教师队伍而转变成职业学术商人。"没办法，指望那点工资根本养不活一家老小，只能想办法赚钱，什么能赚钱就干什么，谁能给钱就听谁的。"（FT-08）不过赚钱也并不是大学教师的全部追求，一些

① 叶晖，吴洪涛. 论学术资本主义与大学核心使命的冲突：知识论的视角［J］. 高教探索，2012（2）：25-29.

② HOFFMAN S. The new tools of the science trade：contested knowledge production and the conceptual vocabularies of academic capitalism［J］. Social anthropology，2011，19（4）：439-462.

③ AZOULAY P，ZIVIN G，MANSO G. Incentives and creativity：evidence from the academic life sciences［J］. Journal of economics，2011，42（3）：527-554.

④ 胡潇. 教师理致的悖论：基于学术资本主义的审视［J］. 马克思主义研究，2016（6）：91-101.

⑤ 黄万盛. 革命不是原罪［M］. 桂林：广西师范大学出版社，2007：169.

教师就明确表示，只要没有生存压力，还是可以谈理想的。"一般就是哪种研究能带来经济或者名声上的收益，就去研究哪种问题。唯一的区别在于当你有钱的时候，才会考虑研究本身是否有价值，否则赚钱就是排在第一位的。"（FT-03；FT-06；FT-09；FT-11）

资本市场之所以青睐应用研究是有其原因的①。首先，在风险性问题上，产业界向基础研究投资的预期成果具有不确定性和市场转化率偏低的风险，即便能够实现市场转化，其转化过程所需的时间成本也很难估量，甚至可能在转化过程中被其他产业竞争对手的产品取代；其次，知识具有专有性，经过产业与大学联动合作生产的知识能够轻松为契约方之外的人所获取，出资方甚至无法完全在某期限内享有知识控制权。在不考虑其他因素变动的情况下，企业很难做出向大学基础研究投资的决定，毕竟这种行为从收益率来看实在谈不上最优化选择。

二、能动协调求用性动机合理诉求中教师的身份回归

在学术资本化现实语境中，大学教师理应扮演好"学术忠诚的坚定捍卫者""道器并重的价值协调人"和"超越市场欲求的冷静人"，及时调适研究旨趣，在守住学术初心的基础上回应经济社会发展的合理诉求。

（一）"学术忠诚的坚定捍卫者"

大学及其成员在约千年的社会变迁中始终保持稳定而崇高的地位，是仰仗对高深知识的追求以及借助高深知识育化人才的实践。正如洪堡所言："高等学术机构，乃是民族道德文化荟萃之所，其立身之本在于探究博大之学术并使之用于精神和道德的教育。"② 忠于好奇心和求知欲而探索新知识，自主独立地开展学术研究，摒弃功利化思维对学术生活的影响，致力于知识真善美属性的挖掘与彰显，才能为大学教师凝练智慧结晶和促进人类文明进步增能赋权。教师之为师，需要以育化新人为天然使命，如果抛弃教学工作，无异于自毁根基；学者之为学，需要以潜心科研为本真追求，如果为物欲所遮蔽，无异于杀鸡取卵。

忠诚于学术即忠诚于自我定位。忠于自我意味着忠于自我个性，在彰

---

① ROSENBERG N. Why do firms do basic research（with their own money）？[J]. Research policy, 1990, 19（2）：165-174.

② 陈洪捷，施晓光，蒋凯. 国外高等教育学基本文献讲读 [M]. 北京：北京大学出版社，2014：132.

显自我个性的过程中塑造和完善自己，释放自我发展的潜能，寻找自我价值实现的路径。教师需要谨慎审查自己的学术动机，是否僭越学术伦理底线，是否有助于增益知识的美好性，是否能够达成自我价值与社会责任的双向共进。忠诚于学术即恪守学术道德原则，不为金钱或权势等因素的干扰而改变初心。"道德感召和伦理指引是由人的责任感所规定的，这种责任感并不指向自我，而指向他者和社会。某种意义上，放弃责任感和责任感所运载的道德追求，就等于放弃自我意识，向外部力量示弱。"①

当然，忠诚于学术并不是排斥基金项目的资助。基金项目不过是促成知识创新的催化剂，并非知识创新的终极目标。教师做学问不应避讳谈钱，应避讳的是眼里只有钱而没有学问。对教师而言，基金资助并非洪水猛兽，而是缺乏自主意识的工具性或条件性事务，其效果全凭申请人的学术动机而定。忠诚于学术还意味着大学教师身份应当具有某种业余性。大学教师身份应当具有一定的业余性，"不为利益与奖励所动，只是为了喜爱和不可抹杀的兴趣。而这些喜爱和兴趣在于更远大的景象，越过界限和障碍达成联系，拒绝被某个专长所束缚，不顾一个行业的限制而喜好众多的观念和价值"②。

（二）"道器并重的价值协调人"

曾几何时，知识指向完善人性和追求真善美的"道"（being）的层面，现在却越来越强调世俗价值和技术操作的"器"（doing）的层面，变成谋求经济效益或技术转化的利器。但追求学术纯粹性的基础研究与追求学术效用性的应用研究均有其价值，不可因外部经济效益的强化而有所偏废。这就要求教师摒弃非此即彼的零和思维，站在互促共生的立场上调适身份定位，做好道器之间的协调，既保持知识浪漫性的一面，也展现知识的世俗性价值。

教师扮演"道器并重的价值协调人"的首要前提是明晰基础研究与应用研究的辩证关系。"基础研究作为应用研究的前提与基础，能够提供应用研究所需的知识基础和理论框架。缺少原创性和基础性的研究成果，应用研究所需的科技资本也就无从谈起。"③ 同时，应用研究也提供了令基础

① 科恩. 自我论 [M]. 佟景韩，译. 北京：生活·读书·新知三联书店，1986：460.
② 萨义德. 知识分子论 [M]. 单德兴，译. 北京：生活·读书·新知三联书店，2002：67.
③ 杨兴林. 学术资本主义对大学基础研究影响的论争与思考 [J]. 扬州大学学报（高教研究版），2016, 20（1）：3-8.

研究拓展新领域和聚焦新议题的可能，以及检验理论研究观点正确性的可能。可见，"求知"的研究与"求用"的研究均有各自的价值，用学术资本主义对应用研究的强化来驱逐基础研究或过度强调基础研究的价值都是不可取的。而且，基础研究和应用研究的差别可能不在于学科属性本身，而在于资助方的声誉和评审过程的性质。一般来自公共拨款和同行评议的资助往往具有较高的被认可度和在职称评定与声誉积累上的优势。

对教师而言，扮演"道器并重的价值协调人"，既需要"以道驭器"，借助基础研究夯实应用研究的知识、理论和方法基础，也需要"以器铸道"，借助应用研究过程中出现的研究点或问题域凝练新的基础研究增长点，最终使二者共同致力于高深知识的创新和人类社会的进步。一方面，教师要具有市场敏锐度和效率意识，紧跟学术前沿和社会热点问题，用效率意识来驱赶长期以来遭人诟病的学术职业的慵懒定位，通过产学研一体化平台实现知识生产、检验和应用的系统性，不断缩短知识生产力向社会生产力转化的周期和提高速率，并借助外部市场提供问题研究视野和充裕的平台与资源，产出综合性知识以满足解决复杂性问题的需要。另一方面，教师也应当注重以应用研究领域的技术创新、模式转换和模型修正等观照基础研究中的重点难点议题，寻求借助新思维、新方法和新经验来挖掘知识增长点，并尝试以应用研究的范式来优化原创性研究成果向应用领域深度扩散转化的路径，实现"求用"与"求是"的优势互补。

而且，过度强调知识创新的"道器之分"已经无法适应知识创新边界越来越模糊和知识属性越来越综合化的现实情境。教师需要"脚踏实地"地关注经济社会发展过程中亟待解决的重难点问题。这就要求教师回应现实问题需要，开展应用导向的研究。教师可以精准匹配国家重大战略问题，以打破国家间的技术封锁、增强国家科技竞争力为目的。大学教师的学科体系知识应被鼓励用于实际情境中的问题解决，尤其是国家现代化进程和创新驱动发展战略的"定向"研究；为聚焦经济全球化市场中亟待破解的技术革新，市场应以课题项目招标的方式，吸引大学教师参与产品研发创新；通过在高等教育国际化和知识流动全球化以及新兴经济体的交叉融合中催生的研究整合项目①（research framework program）、国际化科研探险（international university research ventures，IURV）等，探讨复杂性问题

———————

① SLAUGHTER S, CANTWELL B. Transatlantic moves to the market: the United States and the European Union [J]. Higher education, 2012 (5): 583-606.

的解决路径。

（三）"超越市场欲求的冷静人"

大学应满足经济社会发展的合理需要，而非人们无休止的欲望。同样，大学教师也应在知识创新过程中回应产业转型和技术革新的合理诉求，警惕资本市场逐利的欲望，成为超越市场欲望的冷静人。

一方面，超越市场欲求要求教师理性审视自身"学术经济人"的身份属性。在学术市场化的时代语境中，大学教师既不是单纯追求经济效益的"经济人"，也不是固守知识传统的"学术人"，而是兼具逐利性与公共性的"学术经济人"①。事实上，知识创新不仅是实验室或象牙塔里的抽象性精神活动，还是产业园区和社会实践中的生产性活动。大学教师需要在回应市场发展的合理化诉求和追求知识内在逻辑的融汇互动中增益知识创生效用。例如，很多欧美大学教师就善于平衡学术价值和商业价值间的身份冲突，在将商业价值的彰显视为为公众生活谋福利的同时，仍然关切公众个性发展和兴趣所在。那些大学禁止技术发明人或衍生公司创始者担任教职，大学教师则最多以衍生公司或技术专利的顾问身份出现②。但是"学术经济人"是以守住学术底线和学术伦理为价值前提的，否则就会被经济逻辑所浸染而异化为"知识资本商"，通过不断满足资本扩张的欲望而获得经济效益，最终深陷资本编织的虚幻梦境而无法自拔。

另一方面，超越市场欲求要求教师精准判断市场合理化需求和无限性欲望之间的价值界限。教师要深入市场发展的实际情境，整体把握当前经济市场转型发展的技术瓶颈和路径困扰等合理化需求，对限制经济活力和生产结构优化的问题进行针对性突破；同时也要警惕生产技术创新和产业结构优化过程中的价值扭曲倾向，警惕借助知识创新完成产业升级和技术革新后的经济资本再增殖问题。但是上述描述仍过于抽象而难以作为衡量标准，因而需要在理性辨别欲望与需求的区别的基础上划定其价值界限。

相关研究表明③：①需求通常指向刚性的、一般的和抽象的内容的需要，而欲望则借助特殊性和实体化的满足物来达成；②需求往往源自需求

---

① 庞岚，沈红. 基于教师行为选择的大学教学与科研关系研究 [J]. 高等教育研究，2011，32（3）：75.

② KENNEDY D. Editorial: enclosing the research common [J]. Science, 2002, 294（5550）：2249.

③ 刘传广. 从人的欲望与需要的关系引起的反思 [J]. 社会科学，2001（10）：57-61.

方本身而不涉及需求方与外部环境的交互性，而欲望则是需求方的需求与外部环境相交互的产物；③需求是内隐化的，需要借助理性审视和智慧反思才能捕捉确认，而欲望则是外显化的，能够被轻而易举地识别；④需求的满足是较为容易的，但欲望是难以一次性满足的，总会在某种欲求得到满足的同时衍生出新的欲望。因而我们可以从抽象化、交互性、内隐化和衍生性等特点来判断市场合理化需求与欲望的价值界限。此外，马克思对人的需要的论述也有助于我们划清需求与欲望的价值界限。他认为"当社会生产为人的个性全面发展服务，而非借助资本逻辑服务于虚伪的口号和剥削的本质时，才能实现社会主义"①。同样，当知识创生通过促成市场转型和技术创新而服务于人的个性发展和自我价值的实现，而非单纯地服务于经济资本扩张与增殖时，才能称得上是合理的目的。

第二节　学术资本增殖主体的"资格共享"

知识创生的主体多元性不断增强，"以学者为中心主体解决问题的价值观正逐渐向借助多主体共同参与以解决问题的价值观转变"②。越来越多的校园外研究员、政府成员、企业研发人员、智库成员、咨询机构服务人员参与到知识创新过程中。结果就是大学教师需要与其他校外主体共享知识生产资格，共议知识生产议程，进而不断调适自我身份定位。

一、共同体成员向联合体成员转变中教师的身份异化

学者被理所当然地赋予知识生产与阐释权限的时代正逐步转向多主体共同参与知识生产与传递的时代。"'知识'产业的增长，不仅带来'知识'员工的增加和'知识'生产场所的涌现……新兴的'知识'机构正在兴起。"③ 面对知识生产主体多元化的现实，大学教师已不能独享知识生产过程，而需要与其他社会成员共享知识创生权限。但外部机构及其成员

① 弗罗姆. 精神分析的危机：论弗洛伊德、马克思和社会心理学 [M]. 许俊达，许俊农，译. 北京：国际文化出版公司，1988：73.
② 吉本斯，利摩日，诺沃提尼，等. 知识生产的新模式：当代社会科学与研究的动力学 [M]. 陈洪捷，沈文钦，译. 北京：北京大学出版社，2011：6.
③ 诺沃特尼，斯科特，吉本斯. 反思科学：不确定性时代的知识与公众 [M]. 冷民，徐秋慧，何希志，等译. 上海：上海交通大学出版社，2011：17.

在资源供给上的强势，削弱了教师的学术话语权，为资本逻辑和商业精神渗透到知识创新过程提供了空间，导致部分教师成为"以资本为纽带的知识联合体成员""被资本逻辑同化的知识人""丧失知识治理权限的边缘人"。

（一）"以资本为纽带的知识联合体成员"

在组织社会学视野中，联合体"以创造经济效益的产品或服务为航向，以生产资本为联结成员的纽带，以产品或服务的获利配置为驱动力，以产品或服务提供链条上的成员间的紧密协作为行动模式"[①]。而在学术视野中，知识联合体同样以创造市场效益的知识产品或知识服务为导向，以学术研究所需的发展资源为联动成员的桥梁，以知识产品或知识服务的利润配置为行为驱动，以知识创生链条上各成员间的协同联动为行为指南。

知识联合体成员的维系纽带是用以谋利的资本，如何获取更多的资本以及借助现有资本实现知识产品的效益最大化是摆在知识联合体成员面前的最核心议题。这意味着学者之为学者的初心和使命被资本逻辑取代，学者转而成为资本链条上的共谋人。"为天地立心"的公共身份逐渐沾染世俗气息而变成"为解决特定问题"的专业身份，大学教师在公共性退隐和经济性凸显的过程中完成身份转变，像其他主体一样共享知识生产成员资格。"除了要带学生之外，我们跟第三方医学研究中心或其他医疗产业相关人员没有太大区别，只是平台和研发点不同。但是如果能找到共同关注的点，就能快速组建一个团队，围绕问题进行步骤化分解，大家也就是同一个知识链条上的合作人"（FT-05），接受访谈的教师说道。现实中，理工科教师通过与企业合作创办衍生公司或产学研转化中心，与其他科研院所成员联合署名发表研究成果，致力于成果的市场转化和效益评估；人文学科教师则通过加强与市场的联系而广泛兼职，消耗大量时间精力为其他组织或成员提供咨询服务[②]。问卷调查的数据也显示：接近一半的受访者认为自己不得不容忍非学术成员对学术问题的指手画脚，这无疑是市场主体深刻影响学术主体的生动表现。具体如图5-2所示。

---

① 于显祥. 组织社会学 [J]. 现代外国哲学社会科学文摘，1986（1）：59-63.

② 杨超，张桂春."学术资本主义"与大学教师学术职业角色的转换 [J]. 教育科学，2016，32（5）：47-52.

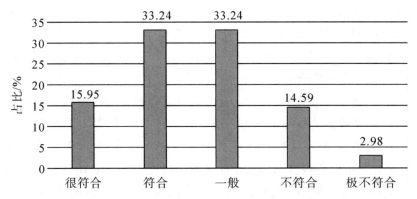

图 5-2 "我不得不容忍非学术成员对学术问题的指手画脚"的调查结果

(资料来源：根据问卷数据分析)

越来越多的产业界、政界、市场和其他研究机构的成员介入知识创生实践，但这些知识生产利益相关者并不关心知识创生的深度与进度，更关心知识改良所带来的潜在收益，"提升知识效用而非创生知识内在价值是产业界在学术合作中最重要的获利点"①。当这种价值观转向教育领域，大学教师就面临学术信念动摇和学术人格异化的困境，成为被商业利益和政治诉求乃至消费文化所浸染的学术资本家，变得浮躁、功利、世俗②。"为了知识而知识的学术志趣逐渐消解，导致大学教师不再对真理持有持久热情，对现实问题进行深刻理解，而是逐渐向市场靠拢，以学术谋求经济收益、管理权力和技术专利的行为屡见不鲜"③。

(二)"被资本逻辑同化的知识人"

经济发展带来一种力量，万物皆可被经济化、交易化、测量化，这种力量给学术传统的公共性和自主性带来冲击。象牙塔里的学者并没有生成与经济趋势相一致的惯习，因而被冲击得七零八落，在怀旧中抱怨现今的情况。这种经济惯习在高等教育中随处可见：譬如将成本增加等同于质量提升、以资源投入驱动学术创新、以谋求经济效益为评价导向等。人们的潜意识认为，高等教育领域中"更多的投入意味着更优质的服务，代表着

① SALTER A J, MARTIN B. The economic benefits of publicly funded basic research: a critical review [J]. Research policy, 2001 (30)：520-522.

② 陈金凤，杨德广. 当代大学教师学术人格探析 [J]. 高等教育研究, 2009 (11)：51-56.

③ 向东春. 论当代大学组织中的信任：基于关系判断的视角 [J]. 教师教育研究, 2010 (5)：14-17.

更高的质量诉求"①。

"大学与社会之间的潜在契约已经从根植于公共利益，转变为服务于私人的利益与利润。"② 这种转变是新自由主义逻辑推动的：假如高等教育在市场化的过程中拥有经济收益上的激励，或者能够为市场化经济发展提供人力资本商品（或发明专利），高等教育就能够更加迅速而有效地运转。对校内成员来说，从事知识创生活动虽然仍具有愉悦感和成就感，一些教师仍然坚守着知识公共性的堡垒，但越来越多的学者已经开始谈钱了。"追求效益"的价值观渗透到大学使命践行过程中，并依托空间超地域性、时间无边界性和强调绩效评估来改变大学教师对学术身份的认知，将其塑造成追求外部发展资源和外在价值肯定的"资源生成器"（resource generators）③。最终教师变为"粗放的人"（rugged individuals），即需要面对资源稀缺、睡眠不足和放弃家庭生活的单向度资源驱动的知识商④。"在外面接项目，接的就是签合同那种项目。只要钱到位了，基本没什么问题，肯定会按照合同要求弄出东西来，所有环节按照市场要求来就行。走学校流程的话太费劲了，审批就能拖死人，不如直接按照商业模式来，还能算作横向课题走学校的快速审批通道"（FT-04），某位受访者坦言。

对校外成员来说，他们并不关心教育质量问题，或者说不太关心教育质量问题，他们更希望大学提供能在资本竞争中获得有利位置的技术。"大学不能（或不愿）解释他们究竟要实施怎样的教育，大学教育的顾客们便取而代之，按照自己的想法行事了。"⑤ 他们希望"花更少的钱，办更多的事"，即便要花钱，也是花在最能产出经济效益的地方。这种经济价值观也影响着院校管理层。"学校领导都很聪明，他们觉得经费给那些市场前景好和应用价值高的学院更有用，能换来更多的办学资源、社会声望和就业排名，而那些人文性的学院得不到足够的经费支持。可能换成我当领导也会这样，想着能少花钱多办事，或者把钱花在刀刃上"（FT-06），

① JAMES P. Tax policy and the economy [M]. Cambridge, Mass: MIT Press, 1998: 60.

② 尼尔逊，张怡真. 学生、知识和大学的商品化：20世纪70年代以来美国的高等教育资助 [J]. 北京大学教育评论，2018，16（1）：55-71.

③ LESLIE D. Exploring faculty experiences in a striving university through the lens of academic capitalism [J]. Studies in higher education, 2013（5）：1097-1115.

④ NIKUNEN M. Changing university work, freedom, flexibility and family [J]. Studies in higher education, 2012, 37（6）：713-729.

⑤ 刘易斯. 失去灵魂的卓越 [M]. 侯定凯，译. 上海：华东师范大学出版社，2007：128.

某位具有行政任职经历的教师说道。

全球范围内高等教育系统的"转变"已经足以佐证这种价值观的巨大影响力了：更高的学费、更实用的研究、更廉价的兼职教师和更商业化的治理体系等。"在某些方面，他们得到了想要的东西，但也得到了不想要的东西——一个收取高昂学费的机构，一群把他们视为寻求证书而非知识的途径的消费者，一群大规模招生但已将博雅教育抛诸脑后而热衷于产生收入的研究员。"①

（三）"丧失知识治理权限的边缘人"

随着知识生产方式的演化，大学教师作为知识生产主导力量的定位正被消解，来自各种工业实验室、研究中心、智囊团和咨询培训机构的知识员工已经参与到知识创生环节中，成为角逐知识创生垄断权限的有力竞争者。校外成员及其背后的利益诉求的强势介入，使知识治理由学者自治转向了市场共治②。更令人担忧的是：新自由主义和学术资本化冲击着教师之于大学治理主体的合法性，为教育管理人员和资本运作人员甚至行业出资人提供了共治大学的主体合法性。

"知识体系正在沦为自身取得成功的牺牲品。随着参与有组织的科研活动的人数不断增多，以及他们所创造的知识在更大的社会再生产中表现得越来越显著，知识创新的可能性被挤到了边缘。"③ 很多教授在创业型学者的出现、衍生知识产业的创立、院系学术治理能力的式微以及教师学术事务的边缘化等冲击下而变得缺乏学术自治权，甚至开始质疑知识普遍性和学术公共性的价值。于是，教师被外部力量挤压到知识治理的边缘地带，从知识治理主导人异化成"知识治理的失语人"。一些接受访谈的教师就表示："和外面的人共事会有某种莫名的压迫感，感觉我们人微言轻。我们和他们很难就研究问题坐下来好好聊聊，都是按照合同要求来。不管是周期、预期结果还是资金管理，我们处处受制于人。"（FT-10；FT-12）正如布迪厄所言："知识分子不过是整个统治阶层中被统治的那部分，虽然他们凭借知识的掌握和批判而被赋予某种文化资本占有特权，具有某种统治属性。但对于那些把持政治或经济权力的人而言，他们却又是弱势群

---

① 尼尔逊，张怡真. 学生、知识和大学的商品化：20 世纪 70 年代以来美国的高等教育资助 [J]. 北京大学教育评论，2018，16（1）：55-71.

② 马金森. 教育市场论 [M]. 金楠，高莹，译. 杭州：浙江大学出版社，2008：190.

③ 富勒. 智识生活社会学 [M]. 焦小婷，译. 北京：北京大学出版社，2011：58.

体而被辖制。"①

不过对于科研型院校教师，他们的知识治理权限并未受到致命削弱，他们仍然凭借自身学术资本和学校平台优势获得学术治理话语权，而普通本科院校和高职院校教师就缺少相应的"发声权"。"越是声望足、实力强的学者就越能获得学术话语权，就越能影响学术决策。而像我们这种普通学校的普通教师，根本没有学术话语权，毕竟我们愁经费而大牛们从来不为经费犯愁。"（FT-03；FT-11）

为何这群商人或准市场成员能够渗透到高等教育领域中，并一度占据发号施令的位置？原因在于学术资源的结构性紧张，迫使校园人不得不听命于资源供给方。"谁资助谁就有话语权，因为他可以决定资助你还是其他人，但是我们老师很少有机会去挑资助项目吧。所以说没办法，你想不想做这个研究不重要，重要的是这个研究有经费，你不做其他人就随时能替代你。所以你在整个学术研究经费供需关系中是处于弱势地位的。"（FT-08）此外，现代文明似乎更愿意将严肃而重要的事务委托给那些占有巨额财富而能够证明自己颇具智慧与能力的人。访谈中也出现了这种声音："这么说吧，像我们这些工科或者某些材料学科的教授，如果没创办个公司或者担任个顾问啥的，都不好意思见人，会被业界人士鄙视。而且你没有公司或者企业任职的资历，科研团队里的技术成果也很难找到人投资。外面的人他就喜欢用这个标准来衡量你们团队的能力。"（FT-04）这种偏好基于这种假设：拥有巨额财富的人普遍享有较高的社会声望，这些人的商业领域的成功经验被放大到知识领域，成为判断其具有管理大学的智慧的根本依据。因而在普遍奉行商业准则的社会生态中，在商业领域表现不俗的人顺理成章地入主大学，成为实现其目标和保障其运转的不二人选。

二、坦荡接纳学术联合体成员定位中教师的身份回归

知识创生早已摆脱单维线性模式而走向多维非线性模式。教师已从知识创生的"轴心"走向"周边"，与其他主体共享知识创生过程，变成知识资本增殖链的共建者，与其他群体共享知识创生主体资格，寻找多元主体共同关切的知识增长点。面对身份异化危机，教师理应成为"具有共同

---

① 布尔迪厄. 文化资本与社会炼金术：布尔迪厄访谈录［M］. 包亚明，译. 上海：上海人民出版社，1997：168.

体意识的联合体成员"，成为为利益驱动的联合体注入学术信仰、"保持个性化学术风格的人"，成为避免被外部期望塑造成同质化技术员的"捍卫知识治理权限的学者"，争取到知识资本创生应有的自主权。

（一）"具有共同体意识的联合体成员"

知识生产的书斋模式已不适应知识爆炸性增长和知识经济时代的发展诉求了，学者需要接受其他知识创生主体的参与，共享知识创生的过程与结果，适度接受学术共同体成员向学术联合体成员的转变。但这种转变不是放弃学术共同体成员身份，丢失学术共同体的群体价值规范，而是对学术联合体与共同体成员身份进行兼容性调整，将自身定位成"具有共同体意识的联合体成员"。

要成为"具有共同体意识的联合体成员"，首要前提是教师具备学术共同体所遵循的价值共识。视学校为依据专门知识而建构成的知识共同体，根本价值在于营造"顺其自然的归家感"和"真情流露的归依感"。"学校被暗喻为专业性共同体，共同体内成员的联结类似于家庭成员彼此信任的关系或者邻里间的和睦互助关系，这种联结往往重情感归属，而非物化目标。"① 学术共同体能够凝聚指导和统摄成员思想与行动的价值体系，原因在于它能够提供全体成员都感同身受和内心认可的思维逻辑，使这种观念或规则渗透到成员的生活工作中，形构成员头脑中的同类价值意识②。学术共同体的价值体系对外部诱惑或袭扰的"屏蔽性机制"始终发挥着作用，维持着教师作为学术共同体成员的内在稳定性。这也是为何每当大学及其成员面临诸多问题时，学术传统或学术伦理常被提及和强调的原因所在。

"现代意义上的学术联合体并不意味着全部成员都须成为渊博学者，而是意味着成员能够借助简约化的术语，在不丢失知识完整度的前提下对话互动；意味着需要倾听不同的声音；意味着严谨地审视知识创新；意味着接纳其他成员在知识实践过程中的卓越贡献；意味着悦纳曾被视为异类的成员；意味着成员有意愿主动改变联合体的文化氛围。"③ 而这种新型联

---

① SERGIOVANNI T J. Educational governance and administration [M]. Englewood cliffs：Prentice-Hall，2008.

② 魏玲，赵卫平. 美国大学的道德教育：博克的道德教育观浅析 [J]. 外国教育研究，2005（8）：61-64.

③ 沃德. 令人骄傲的传统与充满挑战的未来：威斯康星大学150年 [M]. 李曼丽，译. 北京：清华大学出版社，2007：35-36.

合体身份定位，需要以学术共同体的价值追求为底色，需要实现价值层面统一的行动联合。

教师从共同体成员向联合体成员转变，需要为联合体成员身份安装价值调节器，确保知识生产方向和性质的学术性。在知识生产从"学科内"转向"跨学科"和"超学科"的背景下，学术共同体已经无法单独赋予知识以增进人的全面发展和解决复杂社会问题的价值，必须联合政府、市场、公民和专业知识协会等主体进行"跨学科或超学科"的知识生产，赋予知识以综合性和复杂性。因而学术共同体必然走向学术联合体，尊重不同主体的个性差异性、自主独立性和思维活跃性，以"共同精神"和"联合形式"相结合的方式增进知识创生质量。

（二）"保持个性化学术风格的人"

教师群体具有明显异质性，而且这种异质性是由于人类文明精华的传承创新而广泛容纳不同阶层成员导致的。不过教师群体并不具有像其他群体那般的利益领域，因为知识是共有的，知识传承的对象是全部人，并不具有特殊利益纠葛。当然，这种学术人格异质化并不是指学术人格上的排他性，而是强调从事知识创生的成员具有不同的学术兴趣、研究范式、立场角度和个性诉求。越是具有学术风格上的异质性，不同群体间知识交融和思维碰撞的灵感也就越活跃，能够催生的新思维或新方式也就越多。实证研究也表明：学术人格异质性对科研工作具有相当的正向作用[1]。

事实上，当学者和其他知识生产主体一样具有相似的动机和行动模式时，反而不利于复杂性知识和综合化知识的创生，因为知识创生过程所需的灵感被最大限度削减了。而且，当教师遵照外部制度约束的"社会自我"来取代"心灵自我"，成为社会大众所熟知或期待的"模样"时，就容易陷入"同质机制"泥淖而造成自我的"断裂"。在此情景中，"教师将不再是具有能动性的人，而是社会文化模式所形塑的文化机器，放弃本色而成为像动物那般借助伪装的保护色以获得环境稳定性的人类机器"[2]。这意味着教师不能将外部成员及其诉求作为想象和定位自我的参照依据，否则就会被这种经济主义思维浸染而变成同质化的知识资本家。

扮演好"学术风格异质化的人"，需要具有学术气度，尊重和接纳不同学科、不同立场和不同视野的知识创生主体的学术习惯和研究风格，避

---

① 陈睿. 科研团队异质性对创新绩效的影响研究 [D]. 成都：电子科技大学，2013.

② 弗罗姆. 逃避自由 [M]. 刘林海，译. 北京：国际文化出版公司，2002：132.

免以自我学术认知判定他者学术水准的主观倾向，以平等对话和协商交流的方式参与到复杂性知识生产过程中；扮演好"学术风格异质化的人"，需要以共同体学术旨趣为价值引领。学者和其他主体在知识创新方式上的差异不能扩散到知识创新动机上，至少以学术为业的学人不能放逐学术生产的精神动机。对学者而言，要成为具有异质化学术风格的人，就需要警惕其他动机对学术动机的侵蚀，时刻以学术共同体的价值规范要求自己。英国哲人迈克尔·奥卡肖特（Michael Oakeshott）曾言："共同体能够将其成员凝结起来，承认彼此的伙伴身份，并通过共同目标或理念的践行来满足自我认同上的需要。"① 作为学者，理应以学术共同体的价值承诺为思维和行动的指南，实现知识生产方式差异化和目标一致性的统一，将知识生产统摄于为全球利益和公共福祉服务的过程中。

（三）"捍卫知识治理权限的学者"

大学自诞生起就与各方势力斡旋，与其说要与经济逻辑划清界限，还不如说要理性审视二者的边界。同样，大学教师自从事学术职业起就与其他社会职业相区别，并不是要与其他职业划出优劣等级之分，而是要理性划定学术职业连同学术权力与世俗社会的边界。因而在多主体共同参与知识创新的过程中，大学教师既要悦纳知识生产的资格共享人身份，也要捍卫知识治理权限，谨防其他利益诉求的过度渗透。

"捍卫知识治理权限的学者"能够成为现实，关键在于唤醒学者的学术自主意识和能动精神。知识工作者是未来社会的引领者，他们既拥有生产资料——能够依靠自身掌握或创造的知识获得经济资本，也拥有生产工具——自身就是携带知识的人，理应获得知识生产主导话语权。正如埃里克·古尔德（Eric Gould）在《公司文化中的大学》中所描述的："大学正在经历一场管理层与劳动层之间的新式权力革命，这种革命的特殊之处在于，劳动者同时掌控生产工具和生产结果。"② 那些经营高等教育的管理人员，拥有知识的物质生产工具（如学校建筑、土地资源和办学资金等），但却不能拥有或控制作为知识的精神生产工具的大学教师。"除非所有人都愿意回归远古的奴隶制度时代，否则的话，人力资本的核心特征就是不

---

① OAKESHOTT M. On human conduct [M]. Oxford: Charendon Press, 1975: 320.

② 古尔德. 公司文化中的大学 [M]. 吕博，张鹿，译. 北京: 北京大学出版社，2005: 70.

能被雇主所拥有，人力资本具有行为主动性和意识自主性。"①

当然，这种自主意识和能动精神能否在学术事务中得以发挥，还有赖于相应制度支撑和学校文化的营造。因而院校学术制度制定要在确保外部合理化权益的基础上捍卫学术自治权。通常，想要制度发挥作用，有两个前提：一是制度合乎法理，二是教师具有求变觉悟。合乎法意味着所制定的学术制度不会与国家根本法和教育上行法冲突而保持贯通性；而合乎理则意味着学术制度不会与教育内部的规律相违背。这要求学术制度顺应和承接知识创新与应用的国家政策法规，充分彰显学术职业的自由自治属性。同时，教师应具有冲破当前不平等学术秩序的决心和勇气，方能发挥学术制度的应有作用。同时，院校层面应创设鼓励学术交流和自主对话的文化氛围，重塑学术自由的文化价值观，警惕经济思维和政治权力等外部力量对学术职业的干扰，捍卫学术自由和学者自治的精神高地。

此外，还可通过增强学术职业的声望来强化学术自治的象征性根基。"享有较高声望的抽象性知识也意味着更有效的职业工作。因此，职业工作中所包含的抽象性专业知识越多，其诊断、推理与治疗过程中所面对的非职业性因素越少，这类工作的职业纯洁性就越高，其职业地位也就越高。"② 对学者而言，提升学术职业的社会声望，更有利于构建学术独立和知识治理的社会文化生态，进而为学者在知识创生过程中掌握话语权提供支持。

第三节　学术资本增殖方式的"协同整合"

现代社会不仅加深了公众对大学的认知，也敦促大学融入日渐紧密的社会关系中③。知识的特定性被削弱，大学将在知识型社会中扮演更一般性的角色，从而越来越倾向于成为"社会中的组织"。作为"社会中的组织"，大学要么抵制学术资本主义，要么贯彻学术资本主义，但绝不会与

①　GAVETT T. Employment and unemployment in the United States: a study of the American labor force by Seymour L. Wolfbein [J]. The journal of human resources, 1966, 1 (1): 102-104.

②　刘思达. 职业自主性与国家干预: 西方职业社会学研究述评 [J]. 社会学研究, 2006 (1): 197-221.

③　王卓君. 现代大学理念的反思与大学使命 [J]. 学术界, 2011 (7): 134-143.

之无关。因而大学教师也无法回避学术资本化的现实，无法将学术资本主义思潮隔绝开。虽然无视学术资本主义现实语境，保持知识与市场间的安全距离并无不妥，但这种隔绝现实语境的行为也拒绝了借助市场力量提高知识创新效率和质量的可能性。

事实上，以兴趣为驱动力、以学科为基础、追求知识纯粹性的知识生产模式已不能完全适应当前社会发展和知识创新的需要了，如何提升知识的社会辐射性已成为不可回避的现实。米兰·昆德拉（Milan Kundera）就曾言："假如某人没有身着现代化所要求的制服（uniform），在某种程度上也就脱离了现实生活的要求。"① 因而大学教师应当适度接受学术资本主义语境，借鉴知识市场化的模式经验，将自身塑造成具有产业属性的学者。当然，融合产业属性并不意味着以产业逻辑取代学术逻辑，将知识生产转换成产品制作，将教师塑造成"批量制造知识产品的技术工"；而是要求教师在固守学术伦理规范的基础上，不断吸收借鉴来自外部市场、产业行业等领域的经验，进而以此为手段，提升知识创新过程的质量和效率，提高人才培养质量和社会服务水平。

一、学科内创生向跨学科创生转变中教师的身份异化

在外部成员介入与外部诉求需要兼顾的语境下，产业思维、技术力量和行业诉求等开始融入知识生产进程，导致大学教师无法完全遵照默顿规范而行动。他们需要考虑其他知识生产主体的利益诉求和行动逻辑，达成知识协同生产的价值共识。但在知识生产的资源依赖性与科研工作的考核绩效化的双重挤压下，大学教师不得不调整知识生产方式，采纳产业界关于技术革新和产品优化的设想与策略。一些教师为了学术资源和考核成绩，转而站在行业立场审视知识生产活动，甚至以产业型学者自居，将自身异化成"沉思知识的终结者""默顿规范的逆行人"和"知识生产的内卷人"。

（一）"沉思知识的终结者"

知识兼具浪漫性和实用性：前者追求闲情逸致下的精神享受和真善美的伦理之美，关切诗性的意境和理智的生活。这种用来描述世界、揭示世界规律，促成人的理性完善和心智健全的知识被称为"沉思性知识"（con-

---

① 昆德拉. 小说的艺术 [M]. 孟湄，译. 上海：三联书店，1995：149.

templative knowledge)①。后者追求世俗生活的物质享受和借助理性谋求财富的可能，关切知识的生产价值。这种用来赚取钱财或吸附资源的知识被称为"表现性知识"（performative knowledge）。

在知识市场化语境下，知识创生的周期、深度、转化率和市场前景越来越受到重视，学者们越来越担忧创造沉思性知识的周期不可预期性、转化不可估量性、深度不可测定性的后果，转而致力于生产表现性知识，谋求学术职业发展的资源、空间和地位，最终"高等教育领域内的沉思性知识面临终结"②，兴盛的则是能够创造市场效益的表现性知识。越来越多的教师将生产更有市场价值的知识视为学术信条，转而将为人性完善服务的承诺抛诸脑后，一股脑儿地钻到应用研究领域中。"说实话，我们这种应用导向的专业基本不做科研，我觉得有两个原因：一个是我们这种技术性很强的专业没多少理论深度，最多也就是给学生讲讲自己的情感体验和人生感悟，可是这种鸡汤一样的东西现在学生不太'感冒'，真正能够反思技术对人或者技术本身的影响的东西少之又少；二是我们需要跟外面的市场对接，永远保持行业追踪敏感度，及时更新技术和设备，制作更精美的产品。说白了，跟行业标准保持一致才能获得竞争力，否则你教给学生的东西落伍了，他们一毕业就等于失业了。"（FT-01）

长此以往，必然造成基础研究的萎缩以及知识美好性在公共生活中的坍塌，最终结果就是重视技术创新与方法优化的价值观不断驱逐重视知识育化心灵的价值观，塑造学术达尔文主义的次序化研究格局。社会控制论专家诺伯特·维纳尔（Norbert Weiner）就曾指出："如果视思想为一种财产，将经营收益视为专利技术的驱动力而非纯粹出于对学术研究的热爱，那将会导致大学这一人类智慧土壤沦为不毛之地。"③

很多大学教师的思想境界被拉低，良知感被削弱，学术职业的伦理性和人文性被解构，越来越考虑得失问题而丢掉了道义担当。"学者的学术风气浮躁、难以静心科研，所产出的成果也较为浅薄，具有典型的'短平快'特点。对知识创生的数量、效益和转化率的关注取代了对知识创生质

---

① WASHBURN J. University, Inc.: the corporate corruption of higher education [J]. Academe, 2005, 91 (5): 120-123.

② SIMONITE T. The end of knowledge [J]. The new scientist, 2010, 205 (2): 36-39.

③ BOK D. Universities in the marketplace: the commercialization of higher education [M]. Princeton: Princeton University Press, 2003: 140.

量、深度和育人性的关注，一切研究都以能否获得实际经济效益为出发点和最终归宿。"① "在很短的时间内完成某项研究，实际上很难兼顾所谓的质量。你想想，本来研究应该是静下心来搞的，但你短时间内就搞出来了，你自己觉得质量能有多高？我们有个老师今年竟然一下子申请了四个课题，每个课题关注的内容都是一样的，就是换换研究对象，就这样套出来四个课题。他还兼任学院行政职务，还要给学生上课，还在职读博士。他有多少时间做呢，他能做成什么样呢，你敢相信他做出来的东西有分量？"（FT-02），某位受访者坦言。更令人担心的是：当教师从事科研活动的动机世俗化以后，将会人为地造就"富裕教授"和"贫穷教授"间的收入差距，而这种差距又反过来持续异化学人的研究信念，进而将消费社会下大学教师仅存的对知识崇高性的幻想击碎。"偶然听到办公室有人聊天说，宁愿自己少花时间精力搞教学改革，少去做行政性事务，去换取在外面兼职或者做项目的时间，这样能获得更大的收益。谁会笑话你没教好学生呢，大家只会笑话你没本事赚钱。"（FT-14）

（二）"默顿规范的逆行人"

罗伯特·默顿（Robert Merton）在《科学的规范结构》中提出了以"普遍主义"（universalism）、"公共性"（communism）、"无私利性"（disinterestedness）和"合理怀疑"（organized skepticism）② 为核心观点的默顿规范，用以捍卫学术职业的崇高性和规范学术生产活动。但随着知识与经济相融合且知识扮演经济社会发展核心驱动力的时代的来临，"普遍主义"难以阻止个人倾向或个体因素越来越强化，"公共性"的社会共享理念面临私有化观念冲击，"无私利性"正被知识资本逻辑渗透，"合理怀疑"则面临知识生产话语权落差而沉寂。本该以"默顿规范"为价值标尺和行动指南的大学教师，转而成了"默顿规范的逆行人"。数据分析的结果也表明：超过63%的人认为，追求纯粹真理已不再是唯一的学术理想，侧面佐证了"默顿规范"正在动摇。具体如图5-3所示。

---

① 贾永堂. 大学教师考评制度对教师角色行为的影响 [J]. 高等教育研究，2012，33 (12)：57-62.

② 默顿，林聚任. 科学的规范结构 [J]. 哲学译丛，2000 (3)：56-60.

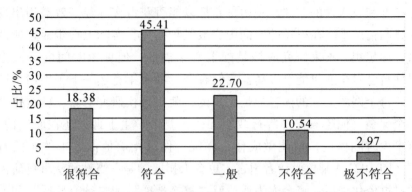

图5-3 "追求纯粹真理已不再是唯一的学术理想"的调查结果

（资料来源：根据问卷数据分析）

知识创生中个人声望、头衔和行政优势越来越成为学术共同体成员民主平等地探讨真理的阻碍，于是出现了"教授争着当处长""学者争着抢头衔"和"教师争着占山头"的现象。家庭教育、学缘关系、学术资源和行政权力等关系性网络成为横跨在知识创新民主化进程中的阻碍①。参与访谈的教师也坦言，"学术头衔或者'学术帽子'太关键了，你有头衔就有市场，你说的话就有人听，你做的事就有人愿意资助。如果你只是个'学术小老百姓'，那你的处境就很艰难了，不仅养家糊口难，而且说话都没人听。"（FT-15）"你要是'杰青'、长江学者或者国家'万人计划'人选，你就很有话语权了，你说的话就有用，你的经费和团队也会得到相应的照顾。只是苦了我们这种出身低微的'青椒'了。"（FT-13）

知识创生越来越个人化和私密化，学者像保守商业机密一样保守着自己的科研成果，原本借助同行间灵感碰撞和方法融会以推动知识创新发展的旨趣被搁浅。越来越多的学者凭借知识专利或版权优势获得学术声望、社会地位和金钱资本，而这种知识私有化是否有利于人才培养、真理探究、文化引领等则鲜有人关心。"感觉老师之间的学术交流很少，都是藏着掖着的，自己找到个好点子，生怕被别人知道。我曾经想学习成功申请到国家自然科学基金的老师写的东西，结果他始终拖着不给我看，最后只给我发了个删减版，感觉像防贼一样。"（FT-07）为了谋求私利，一些学者不惜以粗制滥造方式制造学术成果，以灌水式课题、造假式论文和拼

---

① HARGENS L L, HAGSTROM O. Scientific consensus and academic status attachment patterns [J]. Sociology of education, 1982, 55（4）：183-196.

凑式著作来谋求在绩效考核中有优异表现，"借助具有通俗性质的、几乎完全是为了提高自己身价的、不乏私利性的出版物的数量"① 来谋求个人利益最大化。而有条理地质疑则被学术权威、外部资本和行政权力联合绞杀，导致部分教师成为按照特定权威或利益主体诉求而完成知识创生的人，丧失了作为学者的独立人格和自主品性。

更令人担忧的是：几乎所有教师都谈到学术传统与市场诉求间的紧张关系，尽管有些教师不赞同学术传统肢解化，但也坦言市场诉求是不得不面对的现实问题。"做学术根本无法回避项目、经费、申奖、评优等因素影响，因为纯粹的象牙塔科研环境并不存在，总归要与现实世界打交道。"（FT-02；FT-06；FT-16）这从侧面表明：资本逻辑已经无差别地影响到大学教师的学术职业定位，已经成为学术身份定位无法回避的问题。问题似乎不是忧心这种现象，而是寻找破解之道。相较而言，国外学者尚有学术传统以抵御这种冲击，国内大学不但缺乏学术传统的浸润，更受行政化逻辑的束缚，导致国内学者更难抵御外部利益诉求对自我学术人格的侵占。

（三）"知识生产的内卷人"

"内卷化"（involution）本意为"转动卷起"，用以描述文化模式或行为范式在达到某种程度和状态后，难以自我创新发展到更高层次或水平，只能停留在当前水平进行无意义地精细化复刻的文化现象②。内卷化具有三个特征③：一是内卷化的效用锁定。当事物发展到某种状态后就无法再向前发展，转而以停滞化的自我复制、自我创造维持现有状态，难以发挥事务创新发展所带来的新效用。当事物发展陷入效用锁定状态时，事物本身的结构和属性就趋于稳定而丧失动态发展的可能。二是内卷化具有路径依赖性。内卷意味着按照以往有效而稳定的方式持续事物发展的方向与模式，依靠惯性的力量推动事物发展，但容易陷入固定轨道化和滋生发展惰性的泥淖。三是内卷化倾向于以手段置换目的。由于价值偏离和定位失准，内卷化将导致预先设定的目标被内卷过程所干扰而将手段异化成目的

① 欧阳锋，徐梦秋. 无私利性规范的内涵、合理性和适用范围 [J]. 自然辩证法研究，2004（6）：36-39.

② 刘世定，邱泽奇. "内卷化" 概念辨析 [J]. 社会学研究，2004（5）：96-110.

③ 朱文辉. 学术治理的内卷化：内涵表征、生成机理与破解之道 [J]. 高等教育研究，2020，41（6）：26-33.

本身，最终导致手段或方式成为新的发展目标。

　　学术内卷化则表现为学术研究始终停留在特定范式与路径而停滞不前，始终以缺乏创新性的模式复制来生产新知识的文化现象。学术内卷化意味着学术极权化的生成、学术流派的同质化、学术标准的统一化、专业术语的标准化以及学术争鸣的终结化。

　　首先，知识生产出现效用锁定，倾向于以传统学科生产模式追求知识深度与层次的拓展，按照既定成熟的理论和实践模式创造知识，忽略知识生态的复杂性和多元化现实。正如某位受访者所指出的："感觉历史学不像其他学科，研究历史只能论从史出，很难融合其他学科的研究范式和方法模型，有点守旧。这可能是历史研究的优点，也可能是缺陷。"（FT-16）其次，知识生产的路径依赖性较强，一些教师缺乏动态视野和前沿意识，始终按照自身专业结构和既有学术素养来面对知识生产活动，用过时的眼光和方式对待当前学术问题，实难产出有质量的成果。"我算是躺平了，不想花心思搞科研了，基本上就是把之前做的东西翻出来，挂上新的'帽子'，看看能不能整出点东西。基本上现在主流的研究方法和数据分析软件我都不怎么了解，所以感觉现在发文章什么的也很难中了。"（FT-02）最后，知识生产内卷化还将追求发展资源和谋求学术声望塑造成新的学术研究追求，而知识创新所内蕴的喜悦感、知识用于引领社会文化发展的作用以及知识的育人价值等均被抛诸脑后。一些教师为谋求学术声望和经济效益，多采取粗制滥造、虚假科研和学术剽窃等手段增加论文、书籍的数量，人为制造学术泡沫，置知识创新的本源价值于不顾，深陷追逐声望与金钱的漩涡中①。有教师就指出："炒剩饭、吃老本就是目前学术内卷化的真实写照，都是靠拆解以前的学位论文的章节来发文章，或者直接将既有的成熟模板套用在论文写作中，简单来说就是以最省劲的方式快速获得科研成果。但这种成果都是'水货'，是上不得台面的。"（FT-13）

二、协同整合跨学科知识生产方式中教师的身份回归

　　具有不确定性的未来社会中，复杂问题的解决所依据的知识必然是综合性的，任何试图通过特定知识解决复杂问题的尝试都将失败。在知识被视为最有价值的生产资本的时代，如何生产更具创新性和解决复杂问题的

---

① 杨东平. 教育内卷化的底层逻辑及其破解 [J]. 中小学校长，2021（9）：3-8.

知识成为摆在大学及其成员面前的重要课题。在知识创生模式已从依托个人闲逸的学科模式转向以问题为导向的跨界协同模式①的背景下，如何摆脱知识创生对沉思型知识的挤压，逐利性流动对学术初心的动摇，知识创新的路径依赖困境，是当代学人的应负之责。但知识创生的方式从封闭走向开放，从孤立走向协同，从单一学科走向跨界，始终不能丢掉知识创新的底线和初心，绝不能假借知识跨界之名以谋求物质富裕之实。因而教师需要为知识属性优化升级，为学术流动画定红线，为知识创新拓域开疆，扮演好"表现性知识的改造者""后科学范式的适应人"和"跨界知识生产的拓域者"。

（一）"表现性知识的改造者"

尽管大学及其成员凭借沉思性知识创造获得崇高社会地位和职业合法性的时代已经终结了，但是大学并没有终结。大学及其成员现在需要对更富挑战性的社会问题和更强调知识世俗效用的时代诉求进行回应，通过理性认知和改造表现性知识，重新获得立足于学术资本主义现实语境和时代诉求的身份合法性。

首先，要成为"表现性知识的改造者"，教师应理性把握知识属性的二重性。知识不仅以经济的理由，更以象征性的（地位的）理由互相竞争②。知识不但能重塑人的心灵结构，还能扮演人类社会生产力解放的动力。"知识本身就是某种商品，某种被剥夺了意识形态，被通信媒介和有关卓越绩效的动人辞藻所承载的商品。知识作为商品的模糊样态，使知识的劳动价值和交易价值间的裂隙更加明显，也持续异化着大学教师的生存状态。"③ 理性认识知识的经济性，才能准确把握知识的整全属性，协调知识象征性价值与世俗性价值的比例。

其次，教师应增强表现性知识的沉思性，在开发知识世俗效用的过程中挖掘知识内蕴的人文价值，将对人类社会的深切关怀、人性伦理的深度关切、人伦品性的深层内涵等融入知识生产力的释放过程。表现性知识能够成为承载沉思性要素的原因在于表现性知识的世俗化效用所塑造的强大价值观，能够最大限度地减少公众接受沉思性知识的认知阻力，以较为温

---

① 卓泽林. 大学知识生产范式的转向 [J]. 教育学报, 2016, 12 (2): 9-17.

② BRINT S. Higher education in "The Age of Money": paper to a ford foundation meeting on markets in higher education [D]. Riverside: University of California, 2002: 2-4.

③ 古尔德. 公司文化中的大学 [M]. 吕博, 张鹿, 译. 北京: 北京大学出版社, 2005: 69.

和的方式接受知识的古典性的一面。相较于学术身份直接向学术创业看齐的行为所造成的过激性反应，那些将市场诉求融入课程、咨询或师生关系的行为则隐秘而缺少阻抗，大学及其成员似乎对这种"温柔地变革"表现出某种异乎寻常而难以察觉的宽容。

最后，教师还应当借助表现性知识的创新策略优化沉思性知识的深度与质量，借助表现性知识创造与传播的理论经验和实践策略来优化改进沉思性知识的创造过程。表现性知识虽不能转变成沉思性知识，但表现性知识的载体多样化、传播多端性和高度受重视的优势却能为沉思性知识所用，成为彰显知识育人性和道德性的有力载体或平台。因而教师应当充分把握表现性知识的存在规律和作用机制，并将这种规律或经验横向迁移到沉思性知识的创新与应用过程中，提升沉思性知识的创新效率和传播速率。

（二）"后科学范式的适应人"

基于学科逻辑和个人好奇心的知识创生"默顿范式"已经难以满足知识跨界性和综合性的要求了①，罗伯特·默顿（Robert Merton）所倡导的"共有（communalism）、普遍（universalism）、无私（disinterested）和有理由地质疑（scepticism）"② 学科知识创新原则也逐渐不适应时代要求，这也是造成教师身份认知偏差的重要原因之一。在知识与社会联系更加紧密的不确定性时代，知识创生更强调集成综合的跨学科性，具有约翰·齐曼（John Ziman）的后科学范式属性。教师也要改造传统知识生产范式以适应社会变革需要，重塑学术职业自主权和合法性。

教师需要理性审视"有条件的共有原则"，看到商业或政治力量在促进尖端技术创新和创造社会效益上的作用，并承认"共有的科研成果在绝对数量上不减反增的事实"③，进而接纳市场诉求或社会需要对知识创生目标、内容、方式和环境的合理化期望。教师需要谨慎看待科学结论的普遍性，认识到科学结论会因个人境遇和宗族文化差异等产生分歧，能够理性看待不同群体和个人合理质疑科学结论的行为，不以绝对性的知识谋求全

① 龚放. 知识生产模式Ⅱ方兴未艾：建设一流大学切勿错失良机 [J]. 江苏高教，2018（9）：1-8.

② FLECK L. Genesis and development of a scientific fact [M]. Chicago：University of Chicago Press，1981：220-224.

③ 苏湛. 让科学回归真实：对两种科学模型的一些思考 [J]. 科学学研究，2005（3）：304-309.

体的认同，而是尊重不同群体表达意见、互动协商和谋求共识的普遍权益。同时，教师应认识到应用商业精神的融入并不会削弱基础研究的可信度，反而那些可靠的结论才能被市场识别并转而投入生产领域。因为"追求研究的诚实并不意味着拒绝研究的功利性，因为市场诱惑并不能影响整个学术事业，科学争论也可以借助公众监督和市场检验而更具有可信度"①。因而不论是基础研究还是应用研究都需要相互借鉴其范式优势，推动理论指导实践和实践修正理论的双向互动，而非绝对排斥应用研究或基础研究应用化的合理性。

此外，教师应接纳"广泛的怀疑主义"共识，将怀疑从聚焦具体科学理论拓展到知识创新的组织结构、创新方式、市场干预和科学文化传统等领域，把原本借助学术共同体自律性完成的学术监督和道德审查，部分交付给纳税人和公共社会，开放不同群体、个人和阶层遵照各自立场审查和监督学术事业的空间。这意味着教师知识生产的权威性弱化和自主性受限，但也缩短了知识与公众间的距离，提供了在与社会群体对话协商中建构新的研究自主性的可能。

(三)"跨界知识生产的拓域者"

知识原本就是跨学科性的，现代学科知识体系逐渐专业细化的过程，不过是对人的认知能力有限性的某种无奈应对。"知识生产的跨界融合是新时期科学研究的典范，知识创新从来都不是某个具体学科的使命，而是涉及诸多学科的共同参与。"② "在追求跨界融合、集成综合的大科学时代"③，"新知识的生产已经不再局限于学科内部，而是同样发生在已有学科分野的缝隙之中，产生于不同学科的交互过程中"④。

"对个人和整个社会来说，知识资本在生产、传播和使用过程中有不断被丰富、被发展、被充实的可能性，因而具有无限增殖的可能性。"⑤ 知识创生跨越的界限越多，参与的主体越多元，所采用的方式越综合，知识

① 齐曼. 真科学：它是什么，它指什么 [M]. 曾国屏，译. 上海：上海科技教育出版社，2008：2-5.

② GODIN B. Writing performance history：the new new Atlantis？ [J]. Social studies of science，1998 (3)：465-483.

③ 普赖斯. 小科学·大科学 [M]. 宋剑耕，戴振飞，译. 北京：世界知识出版社，1982：80.

④ 吉本斯，利摩日，诺沃提尼，等. 知识生产的新模式：当代社会科学与研究的动力学 [M]. 陈洪捷，沈文钦，译. 北京：北京大学出版社，2011：130-131.

⑤ 陈则孚. 知识资本：理论、运行与知识产业化 [M]. 北京：经济管理出版社，2003：84.

资本增殖的可能性就越大，新生知识能够解决复杂性问题和创造经济社会发展效益的潜在价值就越高。在高等教育市场化的宏大叙事中，知识生产不再是学科内部成员的责任，而是跨学科研究人员的共同责任。如何生产综合性、复杂化和创新性较强的知识，是摆在学者面前的时代重托。

大学教师理应成为复杂性知识的统整融合者，通过集成、综合、跨界及协同的方式实现知识资本增殖①。教师可通过知识创生物质要素和人才要素的汇集，改变知识创生资源与人员相对孤立的状态，实现学科资源、市场资源和管理资源的统整联合，不断提升知识跨界生产的资源配置效率，避免跨界知识生产的资源与主体相分离；教师可通过对学科内部知识结构和不同学科知识结构的持续综合，增进学科内知识的深度和学科间知识的交叉渗透性，扮演好把控复杂知识创新逻辑的关联性，尝试从学科边界的交叉地带寻找新知识创生点；教师可通过促成不同类型知识创生组织间的多边互动和不同属性学科知识体系间的交叉渗透，推动知识创生跨界融合，实现不同知识创新主体在理念与方式上的交融互动，进而产生彼此相互联结、合作共生的"高峰体验"；教师可通过知识创生在资源、成员、管理、转化及智能化技术的协同统筹，搭建知识创生的社会协同系统，实现知识与自我、知识与市场、知识与社会间关系的精准对接，增强社会弥散性知识的协同创新可能性。

当然，教师在充分享受知识跨界甚至知识超界带来的视野开阔和心灵满足的同时，也不可避免地经受"新知识分娩"所引发的阵痛。譬如，教师需要协调知识跨界带来的"跨界就业"②（cross-employment）角色伦理冲突，需要平衡真理代言人和"产业科学人"的价值分歧，需要在学术法典和商业法典的博弈中做出抉择，需要承受公众不假思索地贴上的逐利身份标签等③。

---

① 劳凯声. 智能时代的大学知识生产 [J]. 首都师范大学学报（社会科学版），2019（2）：1-6.

② CARAYANNIS G. Encyclopedia of creativity, invention, innovation and entrepreneurship [M]. New York：Springer, 2013：503-508.

③ 温珂，毛梦雪，苏宏宇，等. 科学家与产业合作的矛盾心理及其影响 [J]. 科学学研究，2016，34（7）：967-976.

第四节　学术资本增殖话语的"秩序重建"

社会公众的潜意识里，认为不计得失地追求真理是伟大而崇高的，因而知识分子的文化权威地位得以塑造和巩固。但随着经济全球化的发展，理性谋求经济效益的价值观被不断强化，知识的公共性和确定性则被不断削弱。知识的绝对性被质疑，真理被降格成主观判断而不再成为确证知识及其掌握者合法性的依据，也就无法在公共生活中扮演决定性角色。强调知识组织和知识人在社会生活中的文化宰治性变得令人厌烦。在知识论意义上，高等教育的根基被相对主义价值观所消解，文化的高雅与平庸之分已变得没有意义。在麦克·扬（Michael Young）看来，后现代视野中的知识不再是客观实在的本质主义产物，而是某种有目的性的安排，这种安排超越客观实在的先赋性而具有鲜明的生成建构性；因而教育场域中的知识逐渐成为具备交易价值的文化资本，为教育领导者及体现其教育意志的制度形态所把持①。

"公共知识的产品化转向以及伴随着这种转向而来的科层化知识生产联合体逐渐沾染产业性和谋利性的特性。这种理智事业的产业化始于19世纪的大学，但在二战后，大学的这种产业倾向更显著，也更能随着政府、市场和企业的共同律动而动。"② 大学场域中知识公共性的理念逐渐消退，"大学开始不掩饰俗气，为自身在谋求效益的道路上所取得的成就而沾沾自喜。教师变成知识工作者，而学生则被视为人力资本。知识不再仅指向道德或文化价值，而是夹杂着成果转化和产业孵化的意蕴，成为知识经济最重要的生产原料"③。

一、学术自决型向学术共决型转变中教师的身份异化

传统上，教师为知识的永恒性做出承诺，但是消费者只想为自我发展

---

① KING R D. The automation of science [J]. Science, 2009, 324 (5923): 85-89.

② 惠特利. 科学的智力组织和社会组织 [M]. 赵万里，陈玉林，薛晓斌，译. 2版. 北京：北京大学出版社，2011：248.

③ 古尔德. 公司文化中的大学 [M]. 吕博，张鹿，译. 北京：北京大学出版社，2005：26.

的需要负责。在市场化语境中，教师需要坚定履行承诺才能获得支持和认同，而大学教师离满足消费者需求还有距离，其慵懒闲适的形象还不足以使当前公众完全信任。而大学作为松散组织，也无力对社会要求的人才培养质量做出精确评估，一切都是在想象中完成的。也许在知识与市场距离远、知识美好性和权威性强的时代，这种想象力还能维系教师作为知识权威的形象。但在强调知识私有性和知识不确定性的时代，教师的知识话语权、社会声望和道德神圣性不断被商业精神和效率原则消解。学术自决转向学术共决引发的知识权威弱化，导致一些教师窄化了对学术责任的认知，转而成为"为世俗生活代言的人""专业知识分子"和"道德平庸之辈"。

（一）"为世俗生活代言的人"

齐格蒙·鲍曼（Zygmunt Bauman）用为公共生活代言的"立法者"和为世俗生活代言的"阐释者"概念来解释知识分子与社会间的关系转变过程，以"立法者"暗喻现代社会中知识分子在知识创造、解释和评判领域上的权威性，进而对社会或国家的精神、价值观等进行文化立法。教师"凭借知识权威性和道德圣洁性而被赋予为公共生活立法的权限"①，通过思想引领、道德规范和价值塑造等方式统整公共文化秩序。鲍曼以"阐释者"暗喻后现代社会中知识分子无力扮演知识仲裁人，通过阐明知识的意义及其后果而获得身份感。

知识获取的渠道多元化与消费文化的盛行，使得大学教师作为知识权威的形象式微。这强化了学术职业的世俗和专业属性，教师越来越被视为世俗社会中的普通人，教师职业也越来越成为世俗职业的构成元素。在问卷中，超过32%的人在被问及是否"学者与社会其他专业人员并无本质区别"时坦言，大学教师和其他社会职业没什么区别，都是社会劳动分工的产物，不存在孰优孰劣的问题。具体如图5-4所示。

---

① 鲍曼. 立法者与阐释者：论现代性、后现代性与知识分子［M］. 洪涛，译. 上海：上海人民出版社，2000：216.

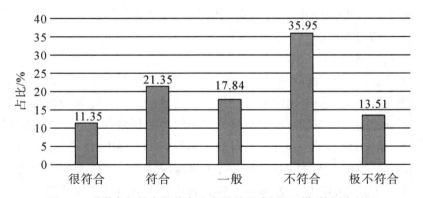

图 5-4 "学者与社会其他专业人员并无本质区别"的调查结果

（资料来源：根据问卷数据分析）

部分教师出于私利考量而延迟或隐藏公共事业进步所需的成果，不惜牺牲知识的客观中立性，甚至沦为特定利益群体的代言人。"我们学院有个老师，为了能拿到推广金，见人就说他参与研发的产品有多好多好，还损别人的产品出现各种问题，好像就只有他们公司生产的那种产品没有问题一样。"（FT-01）

作为世俗生活代言人，大学教师越来越受到专业思维和世俗文化的影响，越来越难保持批判品质和独立人格了。他们开始忠诚于提升专业素养和从业能力，转而对高等教育的组织忠诚有所松懈，眼里就剩下"谁能为我"而丢掉了"我能为谁"（FT-16），弱化了引领公共生活方向的使命。正如罗杰·盖格（Roger Geiger）所说："市场带来的办学资源极大地提升了知识的经济效益，但是市场与知识的交织也在侵蚀着大学办学自主权，遮蔽了服务社会的使命，至少持续不断增加的经济纠纷正消解着大学作为知识仲裁者和保有者的身份定位。"① 这种转变的危害随处可见：一些教师不假思索地接受产业界的邀请，任意践踏知识公共性的承诺，用学术职业积累的声望掩护学术功利化的动机，变成不折不扣的"精致的利己主义者"；一些教师丧失了批判社会问题和澄清价值问题的立场，变成被资本力量所支配的雇员，再也无法凭借知识权威影响公众的心灵。"现在的专家说话都不负责任了，谁是大金主他就替谁说话。以前老百姓还相信专家，现在'专家'早就是个带有贬义性质的调侃词了。"（FT-05）正如比

① 盖格. 大学与市场的悖论 [M]. 郭建如，马林霞，译. 北京：北京大学出版社，2013：273.

尔·雷丁斯（Bill Readings）所担忧的："文化的大学正让位于卓越的大学，文化的教师正让位于卓越的教师。"①

（二）"专业知识分子"

传统上，教师肩负着公共领域的社会责任，凭借普遍性知识的持有和道德性实践而获得整全化影响并获得社会公众的认可。鲍曼曾指出，真正的知识分子的价值在于：超脱专业性知识门类的局限和对人的发展的局部性关怀，转而对真理（truth）、判断（judgement）和时代之品味（taste）等具有全球性或人类性属性的问题予以深切关怀②。但随着知识分野细化和技术保护主义的影响，教师越来越脱离公共生活而转变成特定知识领域的专业人员，以为特定群体及其诉求发声而获得发展资源，成为丧失"超专业整合性视野与批判性立场"③的专业主义者。

具有公共精神的知识分子被挤出公共生活，淡出大众视线，成为凭借知识获得社会地位和生存空间的专业人，其学术道德性和知识公共性的承诺被不断践踏④。"跟外面的人合作，别人才不会因为你是个大学老师就高看你。大家都是打工人，大家都是来赚钱的。既然都是奔着钱来的，就按俗人的那一套来办就好了，就不要说什么吃相难看了，因为合作就是等价交换嘛，不用扭扭捏捏的。"（FT-12）"普遍认可机制的专业化"意味着知识创新放弃了知识公共性而走向知识私密性。增加知识保密性确实能最大化发挥专利的效用，但也存在制约知识创新速度与深度的可能，将知识公之于众并造福于社会大众的学术判断标准也正向市场和利益诉求倾斜。研究成为私人事务，保密性随之增强。正如博克所说："这种保密性增强的后果就是教授们不能自由地与院系同事们交流学术进展，商业信息的隐瞒或延迟公布也进一步削弱了学术共同体的信任体系。更严重的是，这种保密还会阻碍科学研究本身，因为所有的科学进步都是依靠科学家们站在前人的肩膀上完成的。"⑤

---

① 雷丁斯. 废墟中的大学 [M]. 郭军，陈毅平，何卫华，等译. 北京：北京大学出版社，2008：35-38.

② 鲍曼. 立法者与阐释者 [M]. 洪涛，译. 上海：上海人民出版社，2000：2.

③ 尤西林. "知识分子"：专业与超专业矛盾及其改善之道 [J]. 探索与争鸣，2019（1）：100-108.

④ GU E, GOLDMAN M. Chinese intellectuals between state and market [M]. New York：Routledge Curzon，2004：1.

⑤ BOK D. Universities in the marketplace：the commercialization of higher education [M]. Princeton：Princeton University Press，2003：112.

同样，"普遍认可机制的专业化"还强化了"凭借知识创生与技术转化获得社会效益和身份合法性与传统意义上凭借知识传播、创造与应用获得身份合法性同样重要"的价值认识。学术信念不稳固、学术理想不坚定的教师极易受这种价值观影响而深陷学术资本化泥淖。"为了赚取科研经费，很多人都会学术造假、学术贿赂，一点都不爱惜自己的羽毛。结果就是一粒老鼠屎坏了满锅汤，弄得社会对大学教师这个职业有了偏见和误解。"（FT-02）他们不再以引领社会风尚、净化社会风气和传播人文情怀为己任，转而成为忽视社会责任、国家利益、弱势群体和公共舆论的人，"一味追逐私有性利益，迷失在特定立场和特定利益所编织的梦境中"①。

（三）"道德平庸之辈"

苏格拉底（Socrates）"知识即美德"的论断，中国传统社会生活中"天地君亲师"的定位，都在无形中强化了知识的道德性以及拥有知识的人的道德模范形象。掌握高深知识的教师凭借道德和"圣人化身"的伦理形象获得了宰治社会价值观和塑造公众心灵的精神力量。但学术资本主义不断冲击着教师身份的道德性，强化教师身份的经济性，削弱其道德形象，将学术职业世俗化乃至庸俗化。

尽管有人强调："很多政府性质的翻译项目都会倾向于找我们做，而不去找那些翻译公司。除了我们会更看重质量而不是效率以外，还可能是潜意识里政府部门认为大学老师有追求，不会只为钱而忙。"（FT-08）但更多的情况是："残存在我们身上的光环正在逐渐褪去，新的以市场契约为驱动的身份光环正在生成。以后公众对大学老师的道德要求和行为期待会有所下降，随之而来的是把我们当成普通人看待，认为我们一样有私心，一样要赚钱，一样要生活。"（FT-15）这从侧面表明教师追求高深学问的学术信念已经动摇，追求学术的世俗价值逐渐被教师接纳。

"越来越多的大学教师感到本体论上的意义危机：自身从事的事业正丧失意义感，取而代之的则是厚重的金钱压迫感。"② 以学术自由、学者自治及"传道授业解惑"所带来的愉悦感为根基的知识哲学正逐渐受"消费哲学"渗透，视育人为身份标识的信念正在动摇，教师成为夹在"教育领

---

① 王金娜. 超越忠实执行与盲目抵制：教育改革中教师作为转化性知识分子的角色担当 [J]. 中国教育学刊, 2016（1）：78-83.

② BALL S. Performativity, commodification and commitment：an I-Spy guide to the Neoliberal University [J]. British journal of educational studies, 2012（1）：17-28.

导"和"教育顾客"间的"知识经理人"①。这种"误入歧途的知识哲学"② 正导致教师"社会形象庸俗化、角色定位边缘化、专业权力虚无化以及建构基础碎片化"③。从事学术事业成为某些教师获取身份合法性庇护或塑造知识资本家的手段而非志趣；"服务市场"的价值观则强化了教师的知识雇员身份属性，将蕴含在知识创生与传递过程中的喜悦、兴奋、失落和闲逸等情感因素驱逐，转而注入绩效、指标、量化和效率的基因。"现在的老师就是个俗人，别人尊敬你不是因为你在道德意义上的社会地位，而是你手里有能够换取学位和求职能力的知识。特别是跟其他行业的人打交道，更明显地感觉到他们对教师职业的态度转变了：他们越来越倾向于用社会那一套标准来看待教师了"（FT-02；FT-06；FT-16），接受访谈的某些教师指出。

那些试图为大学增添"实用色彩"的人很有商业头脑，学会为"资本谋利"制作标签，借助"大学"这块金字招牌以及这块招牌背后蕴含的指向知识高贵性和学术神圣性的价值来对冲知识资本谋利的世俗性④。一些教师变得心态浮躁、急功近利、过分追求经济利益，整天醉心于如何赚取金钱，而丢掉了伦理感召和道德引领的责任，最终从"受敬仰的师者"变成了"唯利是图的商人"。教师本该是化大众的社会良知，现在却被学术资本化趋势异化成了大众化的知识贩子，沦为弃道求利的功利实体，任由社会风尚和道德伦理被践踏，走向庸俗物化的窠臼。

二、适度调适学术共决型话语体系中教师的身份回归

具备不惧艰辛、淡泊名利、甘于奉献的献身真理精神的人才能攀登科学高峰并体验到探求真理的境界之妙。但现实中普遍存在的科研契约合同却将教师置于不得不遵循资方诉求的境地，以符合"他者意志"的方式规定着科研人的权责，为本就需要自由闲暇的学术生活平添紧凑感和考核危机。面对现实，大学教师理应扮演"为自我立心的阐释者"以充盈自我心

---

① 毛心怡. 英美大学教师的职业危机 [N]. 社会科学报，2019-05-30 (7).

② LUCAL B. 2014 Hans O. Mauksch address：Neoliberalism and higher education how a misguided philosophy undermines teaching sociology [J]. Teaching sociology, 2015, 43 (1): 3-14.

③ 靳玉乐，王磊. 消费社会境遇下教师身份的异化与重构 [J]. 全球教育展望，2018，47 (1): 83-92.

④ 凡勃伦. 学与商的博弈：论美国高等教育 [M]. 惠圣，译. 上海：上海人民出版社，2008：77.

灵，扮演"专业认可机制的打破人"以摆脱特定立场束缚，扮演"接纳现实道德人定位的人"以协调理想与实现的张力。

（一）"为自我立心的阐释者"

知识的价值随着社会变革而转变：在当前强调知识与经济紧密性的时代，知识的效用性价值被无限强化，知识的绝对性也被语境主义知识观和地方性知识观等消解而转向非绝对性。这些都决定了作为知识分子的教师无法回到现代社会所推崇的"立法者"高度，只能成为后现代社会中的、颇具世俗性的"阐释者"。但是教师不能放弃公共立场，放弃教育民主，放弃以教育实现人性完善的崇高理想。虽然教师已无法为确定知识的价值"立法"，但可以将这种价值诉求存于心间，以自我立心的方式阐释知识的当代意蕴。正如金生鈜所言："如果教育改革弱化了自身民主性，就丧失了教育正义，也就无力为公共生活和社会实践培育具有正义感的人。"① 这既是教育作为"公共性民主空间"的应然要求，也是教师作为"为自我立心的阐释者"之本质规定。

成为"为自我立心的阐释者"，要求教师立心要基于学术伦理。宋代张载以"为天地立心，为生民立命，为往圣继绝学，为万世开太平"② 为治学求理的根本追求，成为中国古代知识分子标榜自我理想的指南。对当前大学教师而言，应当也必须肩负"横渠四句"的责任担当，树立求学治学的鸿鹄之志。正如托马斯·本德（Thomas Bender）所强调的："公共领域的消解和支离破碎的教授群体所面临的问题相当严峻，大学应当竭力恢复学术研究的崇高地位，引领公共文化发展走向，这应该是大学人的首要责任。"③ 大学教师应以学术理想净化心灵、学术道德规约思维、学术信念支撑行为，"成为为思想而活，而非依靠思想而活的人"④。

教师要摆正作为"阐释者"的价值立场。为公共生活立法的权限不在于知识高深或专精程度，而在于对民众的影响力；为公共生活阐释的权限也不在于知识的高深或专精程度，而在于站在有益于公共福祉的立场上。

---

① 金生鈜. 教育正义与教育改革的转向 [J]. 当代教育科学，2004（20）：3-7.

② 徐晔，杨建辉. 为天地立心 为生民立命 为往圣继绝学 为万世开太平 [N]. 光明日报，2015-12-21（6）.

③ BENDER T. American academic culture in transformation [M]. Princeton：Princeton University Press，1998：9-47.

④ 富里迪. 知识分子都到哪里去了：对抗21世纪的庸人主义 [M]. 戴从容，译. 南京：江苏人民出版社，2012：25.

对教师而言，"立法者"和"阐释者"并无本质上的区别，两种身份定位不过是形式上的差异，在本质上都指向人性的彰显，指向人的生命完整性的绽放。"两者在高深知识的传播、发现与应用过程中只是实现方式和发挥的作用有所差异，不代表两者的地位甚至身份等级有差异。"[1] 正如塔尔科特·帕森斯（Talcott Parsons）等所言："知识分子通常不忙于个人利益的争取，而是忙于利他性和公共性的社会事务，致力于真理的探讨和人性的解放。"[2] 因而教师无须纠结"立法者的权力式微"和"阐释者招致的批评"，而应当站在完善人性的立场上，不再扮演技术性知识的培训师或狭隘的民族价值观灌输者，越过政治或经济话语而直接与公民社会互动。此外，教师应当具有拒绝成为特定利益群体代言人的勇气和决心。不可否认，任何试图为公共福祉而行动的学人，都必须下定被指责为沾染精英主义气息的决心和勇气。过于迁就民众和市场的口味，是很难帮助他们思考自我存在和完善的可能性的。

（二）"专业认可机制的打破人"

"专业认可机制的打破人"，是指不全盘拒绝作为专业领域权威的身份定位，而是拒绝将这种专业权威合法性建构在为特定利益群体摇旗呐喊的基础上的破壁人。不论普遍认可机制还是专业认可机制，最终目的都指向社会责任的落实。有经验表明：学术资本化与坚守公共信仰并不冲突，知识在公与私、学与商的碰撞中不断强化改造实践和塑造心智的属性。譬如被称为"公益性创业"[3]（social entrepreneurialism）的知识转化中心，在赋予私有资本合法性的同时也为欠发达国家或地区的公民提供高薪职业，借助学术资本服务社会发展。同时，相较于知识在学科内的传播与创新，学术资本化实现了知识传播、创新和转化的链条完整性，并促成知识生产与应用的全域化和协同化，加快了知识向社会扩散以及知识向市场转化的速度，最终指向"知识的社会责任性的强化"[4]。而且，从事知识市场化事务

---

① 徐天伟，杨超. 从"立法者"到"阐释者"：大学教师职业角色的生成逻辑及现代转变 [J]. 云南师范大学学报（哲学社会科学版），2017，49（2）：65-71.

② PARSONS T, TURNER B S. The social system [J]. American sociological review, 1953, 18 (1): 103-106.

③ RHOADES G. Socially oriented student entrepreneurship: a study of student change agency in the academic capitalism context [J]. The journal of higher education, 2012, 83 (3): 435-459.

④ GIBBONS M. Context-sensitive science: Mode 2 society and the emergence of context-sensitive science [J]. Science and public policy, 2000, 27 (3): 159-163.

的学者并不都是基于市场获益的，而是基于对自我所拥有的知识专利的控制权的需要，出于对科研成果的保护①。可以说，当前对普遍认可机制向专业认可机制转向的担忧，不过是知识从制度私有性向个体私有性转变时的观念冲突和价值调和的表现。以前是民族国家所有的制度私有，而现在则是超民族性全球公民的个体私有。

首先，对教师而言，扮演好"专业认可机制的打破人"，需要具有独立自主意识。"表现人的思维创造性的权利，只有在人拥有自我意识时才具有意义。"② 丧失自主意识就意味着沦为外部约束的傀儡，教师"一旦以角色期望作为规约人的方式，这种角色所承载的使命就会遮蔽或压制人的真实自我。因而规约性的角色定位往往致使人丧失声音和呐喊的权力，进而造成自身在工作或生活中的认同危机"③。因而教师需要具有自主独立意识，按照心灵的指引和学术的感召来从事知识实践。

其次，教师需要跨越专业壁垒或特定权威划定的价值边界，在依托外部资源或权威赋予的资源的同时，保持学术研究初心。用布迪厄的话说，知识分子需要超越专业领域和特定权威的界限，超越特定职业范围和学术兴趣，持续而深刻地影响公共生活领域，凭借自由意志对社会生活中的问题进行批判、纠偏和引导④。大学教师并非完全按照市场需要开展成果预期明确的研究，而是可以在履行资助契约后，凭借资源和器材基础继续按照研究兴趣和科学逻辑持续探讨。通过搭乘外部资源"便车"，大学教师能够将热情和希望投入无限的科研事业中，推动人类认识的增长。同时，教师需要谨慎评估定向化研究资助或特定权威提供的研究舞台背后所潜藏着的危机，警惕被资本或强权的力量所裹挟而丧失学术立场。"最直接的方式就是在大学决策前，理性审查商业投资的利与弊，对商业元素融入办学过程的风险进行评估，并将评估结果与潜在既得利益间的落差进行对比，最终得出符合大学本质诉求的结论。"⑤

---

① ANDERSON M, RONNING E, DE VRIES, et al. Extending the Mertonian norms: scientists' subscription to norms of research [J]. The journal of higher education, 2010, 81 (3): 366-393.

② 弗洛姆. 逃避自由 [M]. 刘林海，译. 北京：国际文化出版公司，2002：171.

③ 周淑卿. 课程发展与教师专业 [M]. 北京：九州出版社，2006：89.

④ BOURDIEU P. Distinction: a social critique of the judgement of taste [M]. Cambridge: Harvard University Press, 1986: 107-111.

⑤ 胡钦晓. 从学术资本到学术资本主义：以美国高校为中心 [J]. 南京师大学报（社会科学版），2020 (5): 13-26.

最后，教师需要增强学术职业的业余性。在爱德华·萨义德（Edward Said）眼中，学术职业的业余性并不是指知识分子以外行身份和认知能力介入某种行业性或社会性事件中，也不是指在其他非体制性场所从事知识生产与应用的事务，而是那些不为钱、权、名利所驱使，只为自我兴趣和闲情逸致，不顾整个行业的规则局限而喜好众多的观念和价值①。对教师而言，这种业余性要求自身思想与行为不是出于自我利益或自我保护的私人目的，而是出于对真理的渴望、人性的关怀和自由的呼唤，凭借着对真理和社会正义的深切关怀，才能"成为不受打赏的、有独立人格的、业余的良心"②。

（三）"接纳现实道德人定位的人"

约翰·布鲁贝克（John Brubacher）曾言："知识的合理性主要从政治论、道德论和认识论的角度予以辩护。其中认识论是最核心的，也是不言自明的。"③但知识也植根于实践语境，应当也必须建构出基于实践的合法性，满足经济社会发展诉求。换言之，如果说认识论哲学是不证自明的知识存在的合法性基础，那么大学与市场相结合的哲学就是需要我们证明的合法性基础。

这就要求教师转变思维，接纳现实道德人的身份定位，既将为师之道德融入学术研究和教书育人过程，也将为师之生计纳入学术职业的合理范畴。教师不应该被绝对道德化的枷锁绑架，因为泛道德主义的定位往往违背人性，违背人之为人的生存和发展需要。教师首先是人，然后才是公民，最后才是教师。这意味着教师首先是具有经济发展诉求的人，然后是承担社会责任的公共知识分子，最后才是以教书育人为归旨的师者④。因而对教师的道德要求不能超越教师作为活生生的人的生存和发展的需要，更不能以道德楷模的标准来观照其现实生活。应该说，"用神圣化、绝对性、抽象性的道德来期待教师的道德，不可避免地会给教师带来不必要的道德冲突与负重"⑤，毕竟这个世界上不存在道德主义的道德，也不存在绝对神圣化和绝对化的道德实体。

---

① 萨义德. 知识分子论 [M]. 单德兴，译. 北京：生活·读书·新知三联书店，2016：84.
② 曹红. 知识分子的界定和特性：以萨义德为研究视域 [J]. 知与行，2020（3）：135-140.
③ 布鲁贝克. 高等教育哲学 [M]. 王承绪，郑继伟，张维平，等译. 3版. 杭州：浙江教育出版社，2001：125.
④ 郝广龙. 大学艺术类教师的三重身份形态 [J]. 四川戏剧，2021（5）：155-157.
⑤ 康洁，熊和平. 教师：道德身份与道德教育 [J]. 高教探索，2005（5）：69-71.

最好的办法是将教师的道德形象归结为能够在实践理性观照下，按照立德树人的根本要求和德行教育精神，自觉地做出有益于自我发展行为和践行社会责任的人，"是人道的活动的人格化和道德主体的普遍化"①。这种接纳现实道德人定位的人应当具备以下几种品质：首先是道德自律性。"现实道德人"的思维与行动应当来自个体的主观意愿和发展诉求，绝不能向外在压力或强权势力低头，始终以自觉自律的姿态对待学术职业。其次是兼容性。"现实道德人"在面临多重利益诉求纠葛时，需要兼顾自我道德规约与他者德行的诉求，绝不能将自我利益凌驾于社会群体的合理利益诉求之上，以侵害和妨碍他者利益的合伦理性作为兼容他者的价值根基。最后是社会性。"现实道德人"绝非心中只有自我而无社会公共福祉的人，而应是家事国事天下事事事关心的人，是在民族大义和国家富强面前"舍弃小我而成全大我"的人，立志为追求真理而奋进一生的人。"倘若肩负社会制度和价值秩序正当性责任的知识人，都对公共社会的自由性、国家制度的正义性、公序良俗的至善性视若无睹，那谁还能肩负起社会良心的职责？"②

第五节　学术资本增殖场域的"惯习调适"

知识生产模式的现代化转型意味着知识生产场所的多元共存成为趋势，知识不再专属于校园或实验室，而是在产业园区、政府智库、公共机构、其他知识型组织中被生产和传播。"大学、产业、政府和公民社会重新建构了知识创生的链条"，知识创生跨界化已成共识。面对知识生产场所的散点化、多边化和多端化现实，教师无法固守"象牙塔"而开展书斋式研究，迫切需要在知识创生场域转变中调整身份定位。

皮埃尔·布迪厄（Pierre Bourdieu）将场域界定为"形构的事物间客观关系的网络集合，具有内生力量和发展潜力"③。场域由专属于该空间的

　　① 闫建璋，郭赟嘉. 道德人：大学教师身份的伦理旨归 [J]. 高等教育研究，2013，34（11）：60-65.

　　② 刘小枫. 现代性社会理论绪论 [M]. 上海：上海三联书店，1998：291-292.

　　③ WACQUANT L. Towards a reflexive sociology: a workshop with Pierre Bourdieu [J]. Sociological theory, 1989 (7): 26-39.

逻辑要求所架构，并以此规范进入场域的行动者，使之思想与行为契合该场域的逻辑规范。场域广泛存在于人类社会，如教育场域、经济场域、音乐场域、政治场域、宗教场域等，每个场域都遵循各自空间结构中起主导作用的符号权力或象征资本的规定和要求。在布迪厄看来，场域具有自主独立性，"每个场域都是在不断摆脱政治、经济等外在因素侵扰的过程中建构自我逻辑并获得自主生存空间的过程中生成的"①，教育场域自然也有其存在的内在逻辑和相对独立性。同时，场域也是持续谋求权力的空间，"身处其中的成员试图占据该场域中起主导性作用的符号产品，进而获得支配行为权限和资源流向的权力"②。对教育场域而言，成员如果掌握知识生产话语权和令知识资本增殖的技术，就能掌握教育场域的核心符号资本。

为解释场域中的逻辑体系，布迪厄引入"惯习"概念，并将其界定为"持久而具有深刻影响力的禀性系统或按照某种倾向性思考、行动和反思的思维模式"③。惯习一经形成就具有稳定性，根植于成员心智结构深处，并在场域转换或情境转变时抗拒新的惯习的影响；惯习同时也具有建构性，主要由成员的实践活动动态建构而生成，赋予某种行为模式以持续性与连贯性；惯习往往在无意识层面起作用，甚至不经过理性审查就能做出相应判断并以此为行动依据。"资本"则是解释场域中权力角逐的概念，被理解为"在场域中最活跃的力量，这种力量以物化方式为成员所占有"④。资本是场域中用以谋求权力的手段，也是权力斗争的目标，成员凭借资本优势能够自主获得场域中的话语权和配置资源的能力，并使文化资本、社会资本、经济资本和象征资本互相转化。

一、书斋式场域向车间式场域转换中教师的身份异化

在学术资本化趋势下，知识生产空间突破了阶层、性别、民族和文化、

---

① BOURDIEU P, WACQUANT L. An invitation to reflexive sociology [M]. Chicago：The University of Chicago Press，1992：127.

② 华康德. 论符号权力的轨迹 [J]. 国外社会学，1995（4）：28-29.

③ 柯尔库夫. 新社会学 [M]. 钱翰，译. 北京：社会科学文献出版社，2000：36.

④ 李全生. 布迪厄场域理论简析 [J]. 烟台大学学报（哲学社会科学版），2002（2）：146-150.

时间和空间的束缚，转而表现出扩张主义倾向和流动性特征①。知识生产的场域转换，引发了不同惯习的冲突和资本诉求的差异，进而造成了教师对自我定位的认知偏差。频繁在象牙塔与生产车间中穿梭，引发了学术惯习与资本惯习的界限松动，结果导致部分学术信念不甚坚定的教师在强势性资本惯习的束缚下，变成被市场逻辑和商业思维所侵蚀的"惯习失衡的迷途人""资本竞逐的让权人"和"时间饥渴的忙碌人"。

（一）"惯习失衡的迷途人"

当学术场域与外部场域的关系失衡后，学术场域中的规则和逻辑也就面临外在规则和逻辑的冲击、侵占和异化，曾经引领和安置学者心灵与价值诉求的学术规范正逐渐丧失价值秩序感，转而被外部场域的话语体系影响。教师成为场域转换过程中"惯习失衡的迷途人"。

首先，"惯习失衡"表现为一些大学教师以外部市场的逻辑诉求与价值规范取代传统学术生产的内在逻辑，抛弃学术事务的自主性和自由意志，驱逐学术兴趣和好奇心。如何取悦外部诉求、按照市场需要产出成果、迎合学术评价指标体系的要求成为一些大学教师首先考虑的问题。"目前我工作状态充满了疲倦感和无力感。疲倦是因为总有你想不到的事情等着你去忙，无力是因为人微言轻无法完成合同规定的内容。只能说学校和外面还是有很大区别的：学校能容忍你把事情搞砸了，但是外面绝对不允许你把事情搞砸了，因为人家觉得你拿钱办事是最起码的规矩。"（FT-10）"遵循知识生产内在诉求的价值观正逐渐被学术场域外的市场规则所把控，对学术产出的效率、周期、投产性和成本的关注远超知识本身的价值，教师正逐渐被异化成植入商业基因的机器人。"②

其次，当教师秉持学术场域自有规范和逻辑准则而对外部场域的规范或要求置若罔闻时，意味着他在知识创生多域化趋势下放弃了动态建构复杂场域惯习的可能性，进而面临被新规则或秩序所排斥的危险。尽管他们仍然在学术象牙塔中从事知识创新活动，但却越来越不适应知识创新多域化现实而变成"学术世界的异乡人"，找不到安置自我的方向。"我跟外面合作的时候就感受到：自己不管是说话还是做事情都有些学院派，好像不够灵活，似乎很难放开手脚一样。后来我自己反思了一下，应该是我还把

① KIM T. Academic mobility, transnational identity capital, and stratification under conditions of academic capitalism [J]. Higher education, 2017, 73（6）：981-997.

② 冉隆锋. 大学学术资本生成的实践逻辑研究 [D]. 重庆：西南大学, 2015.

自己当个学者，没融入这个合作伙伴关系的原因。"（FT-12）

　　最后，当教师游走在学术场域和外部场域间，游离在学术惯习与外部惯习的界限上时，往往会陷入知识创新内外合法性抉择的矛盾。一些教师在遵照学术逻辑以获得内在合法性与遵照服务社会的逻辑以获得外在合法性的零和博弈中丧失了判断的理性，变成缺乏知识创生基本立场的摇摆人。"有时候技术有小瑕疵，但是企业急于量产上市去抢占份额，我就很纠结，不知道要不要告诉企业那边，还有些小地方可以再完善。但就怕跟企业说这些，自己费时耗力不说，还有可能被批一顿。但是万一产品量产后出了问题，也不好办。反正很苦恼，说也不是，不说也不是。"（FT-01）"在外面开讲座的时候我是领域内的专家，在校外研究机构的时候我是专业顾问，在学校里我就是个普通老师，专家、顾问和教师的转变还挺费劲的。外面给我叠加的身份光环和我在学校的普通人形象还是让我有心理落差的，甚至好久回不过神儿来。"（FT-16）

　　（二）"资本竞逐的让权人"

　　在学术场域与外部场域多维交织的背景下，竞争学术资本以谋求社会地位、发展空间和职业晋升的行为越来越普遍。在办学经费结构性紧缺和市场资本强势介入的过程中，参与学术资本竞逐的大学教师已经无法完全按照自我意志和自主兴趣掌控知识创生的环节与标准，转而需要让渡部分知识创新权限给其他场域主体，建构出共享知识创生权限的文化生态。但市场资本塑造的经济秩序和金钱话语体系以不可阻挡之势裹挟教师学术生活，将教师异化成放弃知识创生权的"资本逐利人"。这种资本既可能是物质的，也可能是精神的，还有可能是权力的。

　　在学术共同体内部，青年教师往往缺乏象征资本和学术话语权而被迫接受学术场域内的既定规则，只能在竞逐学术发展空间的过程中处于劣势地位，接受学术场域内既得利益者的管控，沦落为学术民工而缺乏维权能力。"都是论资排辈的，要参考谁是谁的学生、谁和谁是同学、谁跟校领导关系好、谁拿过国家级项目，都是这样排的。我给你举个简单的例子，新老师来了，你首先得上大家都不想上的课，因为这种课多半备课难度大，新知识多，耗费的时间和精力多；其次你作为新老师基本要找个人带你吧，这个人就会给你布置各种学术跑腿事务，甚至还会把你在团队里的成果拿出去以自己署名的成果发表。你也没办法，只能忍气吞声，因为还要借助团队实验室的平台和设备。你只能韬光养晦，慢慢变强。"（FT-13）

与此同时，那些在学术组织中持有或能够吸引大量学术资源的"学术资本家"则成为整个学术权力体系的核心成员，他们的声音越来越受到重视，他们在院校决策过程中的话语权也不断上升，最终演变成掌握文化资本配置权的人对缺乏这种权力的人施加"象征性暴力"（symbolic violence）的局面①。

在学者与院校管理人员间，也存在资本竞逐的权力让渡问题②。院校管理人员凭借行政结构赋予的资源配置权限而先赋性获得话语权，而学者则迫于资源短缺问题而做出某种学术权力的让步甚至屈服，这也能解释为何那么多教授愿意竞争处长岗位。而在大学与外部社会的互动过程中，商业文化和契约精神等逐步渗透到学术领域，并重塑了教育制度体系，使之更契合市场精神。"如果你是院长书记，别的不说，在分配科研经费和其他事务的时候，肯定会有所偏向。不信你就看我们学院，好像领导的课都集中一天上完了，普通老师就得周一、周三和周五分开上课，让你没有连续大片的时间；还有在划定重点资助项目的时候，领导也会朝自己擅长的领域倾斜。"（FT-06）

但是，"日渐规范化的现代教育制度正生成新的危机：迫使教师不得不面对来自教育以外的规约而沦为外部力量的侍从。学术职业中蕴含的惊喜、兴奋、失落和挣扎等，都只能在硬性制度规约面前无声退场"③。作为知识权威和价值仲裁人的教师已经无法再保持这种身份感了，知识创生多元化和知识属性的语境性以及学术职业走向庸俗化的趋势剥夺了教师知识权威和道德模范的社会形象，转而变成从事知识产业的、缺乏维权意识与能力的市井小民。

（三）"时间饥渴的忙碌人"

在学术资本主义话语体系中，时间已成为可以物化测量的单位和具有交易价值的"商品"④，成为表征计时绩效或利润率的标识。这种情况下，时间成为衡量管理效率、规划水准、绩效指标、资财审计以及劳动者雇用

---

① SUE C. Academic identities under threat？ ［J］. British educational research journal，2008，34（3）：329-345.

② 陈磊. 关系、结构与惯习：场域理论对于学术失范的诠释 ［J］. 高教探索，2016（2）：5-10.

③ 吴惠青. 论教师个体的生存方式 ［J］. 教育研究，2003（6）：42-45.

④ 埃里克森. 时间：快与慢 ［M］. 周云水，何小荣，译. 北京：北京联合出版公司，2013：9.

标准及劳动价值的尺度①。当教师频繁穿梭于实验室与厂房间，就不可避免地削减了用于科研、教学的时间，变成"时间饥渴的忙碌人"。"光上课就已经很忙了，根本没时间去搞科研。有个老师就自嘲，自己忙得连自家客厅里放的垃圾都忘了拎到楼下去，一天到晚都在学校里转，根本没时间干别的。还有就是我们专业属于技术操作型的专业，科研基本深入不下去的。"（FT-09）

当教师作为外部机构成员而需要履行必要的企业责任时，就必须接受企业管理思维，将时间细化成可供量化和精准计算的要素，并严格按照绩效考核的要求逐一对照，将原本需要沉浸于学术生活中的连续性物理时间碎片化为可以计算成效的"金钱时间"（money-time）②。最终，教师变成忙于应付各种企业事务的"开会人""填表人"和"材料人"，根本无暇顾及学术事务，更遑论产出杰作或潜心育人了。

访谈结果表明：那些担任行政职务或兼任学院行政岗位的教师多被事务性活动缠身而感觉时间饥渴，那些专业教师岗的教师则需要同时面对部分行政管理事务和教育教学事务上的时间冲突，造成更严重的时间饥渴问题。譬如兼具行政性与教学性任务的辅导员岗位，最容易成为"时间饥渴的人"。"我们既不能像行政岗上的管理者一样到点下班、偶尔加班，也不能像教学岗上的教师一样，按课表上课、耗时备课。我们既需要做好管理事务，又要上课，于是天天加班。特别是疫情影响下，每天光是收发的各类防疫通知就数不胜数。"（FT-09；FT-14；FT-15）

同时，当教师忙于厂房内的事务时，就倾向于雇佣非学术成员和兼职教师，分别从事准企业性质（招生、引资、规划、转化）的实践活动和代替教师授课的实践活动。这种举动无疑会削弱学术职业的纯洁性和人才培养质量，甚至会引发各界"污名化"教师形象。正如接受访谈的部分教师所提到的："很多老师忙得飞起，不是在产业园区，就是在去产业园区的路上，整天跟企业走得近，估计都快忘了自己是个人民教师了。"（FT-04；FT-10；FT-11）而当教师作为学术共同体成员履行必要的学术责任时，又往往受到绩效考核和行政事务的侵扰而难以获得稳定而整片的学术时

---

① 王英杰. 大学文化传统的失落：学术资本主义与大学行政化的叠加作用 [J]. 比较教育研究，2012（1）：5-7.

② NOONAN J. Thought-time, money-time, and the temporal conditions of academic freedom [J]. Time and society, 2014, 24（1）：109-128.

间，"只能在时间优先性冲突的过程中，优先调整或削减自由度较高而优先性较弱的科研时间"①。于是本该闲暇充裕的学术时间被接待校外成员、洽谈校企合作事宜、协商协同育人平台建设等问题所侵占。正如接受访谈的教师所感叹的那样："假期就像一块大肥肉，谁都盯着。平时根本没时间做科研，就指望着假期能赶赶进度，不然拿什么评职称、申课题。"（FT-03；FT-13）

二、调适车间式场域内多惯习冲突中教师的身份回归

现实中各场域交织融合难以彼此剥离，更加剧了知识创生多域共生的复杂性。教师需要在场域转换中完成惯习调适和身份定位，在复杂化情境中厘定身份界限，适应知识创生时空转变的规律。

（一）"平衡惯习的学术人"

惯习一经形成就具有抗拒变革的倾向，特别是经过实践检验而广泛获得合法性共识的禀性系统，更容易获得群体认同。但惯习也具有建构性，会随场域结构转变而缓慢建构新特性。"惯习变与不变都根植于既有禀性倾向，以此为价值参照。"② 对教师而言，知识生产场所的转变所带来的不同惯习的交锋，同样以既有学术惯习为价值参照，重新定位自我形象，并将这种定位辐射到学术活动中。通常，"教师先按预设价值观获得身份感，在遭到他者因素干预并借助与他者因素的博弈而选择符合预期的认同，并将其付诸实践。进而将实践结果与个体秉持的身份观相比对，再次做出身份取舍并回归实践"③。

教师需要平衡学术惯习与外部惯习的关系，既要守住传统学术惯习的根本性地位，也要尝试在学术惯习中融入外部惯习有益元素，进而建构更具生命力的禀性系统，应对复杂多变的教育问题和社会现实。但学人的身份合法性规定了学术惯习应当也必须具有根固性，扮演好学术职业的"价值基壤"。无论外部场域及其禀性系统如何强势或庞大，都不能摒弃传统学术惯习的价值引领，否则学者就会异化成被外部惯习支配的"学术世界

---

① 李琳琳. 时不我待：中国大学教师学术工作的时间观研究 [J]. 北京大学教育评论，2017，15（1）：107-119.

② 周作宇. 教育改革的逻辑：主体意图与行动路线 [J]. 北京师范大学学报（社会科学版），2020（1）：5-29.

③ 容中逵. 教师身份认同构建的理论阐释 [J]. 教育研究，2019，40（12）：135-144.

的异乡客"。

但学术职业始终扎根于现实语境，无法忽视经济社会发展诉求。因而教师需要适度接纳非学术场域中的禀性系统或价值诉求，避免学术职业陷入故步自封式的绝境。面对知识生产场所逐渐开放化和多元化的趋势，学者需要理性调节多维惯习的关系。在大学场域内，教师仍然是"独守象牙塔的学人"，扮演"求知学者"身份，遵循学术传统和知识逻辑，呈现着为知识而存在的样态。然而在现实中，教师既需要回应经济社会发展的需要，构建契合商业属性的"商业伙伴"身份，精准匹配知识资本的市场供求关系，为企业产品创新寻求技术支撑，遵循行业传统和经济逻辑；也需要回应国家发展战略规划需要，扮演好"技术专家"，为破解国家发展困境和增强国家科技竞争力而提供智力支撑，遵循国家传统和政治逻辑；更需要在知识生产过程中融入企业意识和绩效逻辑，培育学生运用经济思维或绩效理念审视学术创新的价值观，拓宽学术职业价值解读的视野和空间。

（二）"文化资本的掌权人"

尽管学术场域中存在经济资本、社会资本、文化资本和象征资本，但起决定性作用的仍然是文化资本[①]。在知识生产场所转换中，教师既需要适应经济资本的金钱惯习、社会资本的权力惯习、象征资本的声望惯习，协调这些惯习内蕴的权力逻辑，厘清文化资本所承载学术权力的外延，也需要借助文化资本所内蕴的知识惯习来获取学术职业合法性以及学术决策话语权。

"大学场域中的行为决策主要取决于行为决策者在场中的位置，即文化资本数量和质量上的分布位置，取决于行为决策者对场之为场的理解，这种理解则取决于行为决策者对场的本质性规定的认识。"[②] 某种意义上，高深知识是大学同其他场域资本博弈的砝码和组织融动的核心逻辑。换言之，大学教师对文化资本数量和质量的掌握情况及其对文化资本内蕴价值的定位，决定了学术权力的强度与作用范围。当教师具有知识资本创生与转化自主权的时候，他们连同作为实体法人的大学组织有理由和能力与市场力量斡旋，使得自身能够免受外部思维干扰而独立地完成知识创生，即

---

① 金元平. 大学场域资本的结构、位置与关系 [J]. 经济学家，2013（2）：102-104.

② 布尔迪厄. 文化资本与社会炼金术：布尔迪厄访谈录 [M]. 包亚明，译. 上海：上海人民出版社，1997：147.

便是专利成果等被市场购买，也不影响大学人遵照研究兴趣和知识逻辑探讨学术问题。不过在学术资本化蔚然成风、办学资源持续性短缺的背景下，大学和大学教师都必须寻求政府资助以外的教学或科研经费，维持组织运行和知识传承、创生的稳定性和持续性，就无法回避市场资源对学术承诺的冲击，成为被资本宰治的知识雇员，如何协调知识创生主体和知识资本市场雇员身份的冲突成为摆在教师面前的难题。

但学者之为学者，贵在以学术为志业。"凭借文化资本数量与质量的优势探求高深学问，致力于人类文明风尚的传播，赋予了学者以学术权力的崇高合法性。"① 面对市场权力、行政权力和声望权力等外在力量的介入，教师理应捍卫文化资本掌权人的身份定位，规避外在力量内在化导致的学术权力式微倾向。但坚守文化资本的知识逻辑，并非一味拒绝外在权力的合理诉求，而是守住文化资本所承载的研究底线。教师不能无视来自产业园区、政府部门、其他科研机构或民间组织的知识创生诉求，需要在保持学术独立与学术自由的前提下，协商知识创生的内容、方式、产权归属和利益分配等问题。"无法想象没有独立法人资格、没有自主经营管理权和没有良好共治模式的大学及其成员能够在外部利益相关者的多维价值诉求中自如地保持身份底色"②，抵御外部权力逻辑对学术话语权的宰治。

（三）"时间秩序的优化人"

时间超越物理刻度而被视为兼具稀缺性与增殖性的一种学术资本。当知识生产机构对时间投入与产出的成本极度重视时，教师就被塑造成缺乏时间资本的"追时人"。面对时间饥渴的现实，教师理应合理规划时间，对学术职业的各项工作的时间顺序进行组合排列，对被精细化管理制度所切割的碎片化学术时间进行灵活性整合，对被资本诉求和市场力量所强化的"快时间"与学术生产所需要的"慢时间"进行节奏调整。

要规避学术商业化所导致的"忙文化"的影响，将教师从"时间饥渴"的状态中拯救出来，就需要教师合理配置学术时间，"通过对时间的掌控来优化学术职业的秩序"③。首先，教师应扮演好学术时间的次序规划者，根据学术职业的内在要求和学校管理制度的外在约束，科学规划学术

---

① 宫留记. 资本：社会实践工具：布迪厄的资本理论 [M]. 开封：河南大学出版社，2011：177.

② 谢艳娟. 学术资本主义与大学治理结构变革 [J]. 现代教育管理，2014（6）：59-62.

③ 桑志坚. 社会学视野中的现代教育时间 [J]. 教育理论与实践，2015，35（16）：8-11.

时间的配置方案，并按照重要程度优化刚性教学时间、可压缩性科研时间和不确定性社会服务时间的次序。例如，可借鉴斯蒂芬·科维（Stephen Covey）的"时间管理矩阵"模型，按照紧急性和重要度依次解决紧急且重要、紧急不重要、重要不紧急、不重要不紧急的事务①。其次，教师还应扮演好场域转换过程中的时间权益抗争人，特别是在虚拟技术对学术时间边界进行消解以及绩效时间诉求对学术职业闲暇传统有所僭越的背景下，更应该对被资本异化的时间观念和时间制度进行辩证性审视，自觉抵御资本时间观对学术时间观的侵占。再次，教师还应扮演好碎片化时间的串联者，理性统整被绩效考核、企业问责、学术评价以及非学术性事务所切割的碎片化时间，恪守学术时间配置的合伦理性原则，在确保学术效益最大化原则的基础上兼顾其他知识创生利益相关群体的诉求。最后，教师还需成为学术时间的节奏掌控人，警惕商业惯习和效率价值观塑造的"快时间"对知识惯习所内蕴的"慢时间"的挤压，确保在学术场域外能够加快成果产出与转化节奏，在学术场域内能够放缓教书育人和潜心科研的节奏，在张弛有度中成为时间的主人。

当然，优化时间秩序还需要院校的制度支持和环境创设。一方面，院校应采取学术时间评价的双线制度，对知识活动跨界采取人性化评价，避免场域转换过程中学术时间评价的错位现象；另一方面，院校要营造惜时奋进、科学规划时间的人文环境，扭转被"忙文化"所扭曲的"飞机上的学者"② 形象。譬如以斯坦福大学、麻省理工学院等为首的欧美院校就根据教师任职特点，有针对性地限制其创业时间③，规定全职教师每学期学术创业时间不超过 13 天，每学年不超过 39 天；兼职教师每学年不超过 ［13×F］+［（1-F）×6×13］ 天④；任职短于 9 个月的教师在不接受第四季度

① COVEY S. Seven habits of highly effective people ［J］. The national medical legal journal, 1992, 2（2）: 8-19.

② MENZIES H, NEWSON J. No time to think: academics' life in the globally wired university ［J］. Time & society, 2007, 16（1）: 83-98.

③ Stanford University. Consulting and other outside professional activities by members of the academic council and medical center line faculty ［EB/OL］. （2015-02-23）［2021-12-21］. https://doresearch.stanford.edu/policies/research-policy-handbook/conflicts-commitment-and-interest/consulting-and-other-outsideprofessional-activities-members-academic-council-and-medical-center-line-faculty.

④ ［13×F］+［（1-F）×6×13］ 中，F 代表全职工作时长占比，13 代表每个季度平均 13 周，6 代表非工作时间每周允许的最大咨询时间。一个教师如果 75% 的时间是全职工作，那么他得到允许的咨询天数是 13×0.75+0.25×6×13，为 29+1/4 天。

薪资补贴的情况下不受 13 天限制；任职短于 4 个月的教师则需要限定在学校规定的值班期限内；而按照小时计算课时量的教师则需要保证每季度不超过 130 个小时，约每 10 小时等于一天的课时工作量。这种制度性规定在消解职业忠诚与市场忠诚之间的价值冲突和身份危机上作用显著，能够帮助教师妥善处理学术事务与创业事务间的价值冲突。我国大学完全可以借鉴这种学术创业时间限定制度的思路，探索适切本土化情境的学术创业时间制度体系，确保学术创业合理有序。

知识在人类社会进步、公共理智培育和科学技术创新中的作用愈加凸显。在这一时代，如何为知识创新的浪漫性价值和世俗性价值增能赋权，增加知识创新的价值负载度，赋予知识以更深刻的审美效用和更彻底的世俗效用，成为大学教师从事知识生产的题中之义。在学术资本主义现实语境下，大学教师需要辩证审视知识生产模式转型和大学与社会良性互动的现实需要，生产兼具审美性价值和实用性价值的知识，借助知识创新目标重塑、内容重组、方式重整、话语重构和场域重建等实现学术资本增殖。这意味着大学从游离于社会之外的象牙塔逐渐转变为社会结构的核心地带，进而为社会进步注入知识动能。这意味着大学教师要重新检视学术研究的旨趣、内容、方式和空间，重新构想自我身份。但是，通过知识创新提升知识本身的效用不能以偏概全，用知识的世俗效用遮蔽其审美效用，更不能本末倒置，将具有真善美意蕴的基础研究边缘化。学术职业的崇高使命和捍卫永恒真理的信条不能摒弃，大学教师以学术为志业的身份底色不能褪去，否则学术道统便会在资本逻辑的霸道攻势下走向式微。

第六章　学术资本转化：
知识生产力的深度解放者

后资本主义时代的知识及知识所蕴含之价值，使大学在 21 世纪的前 20 年里，获得了比以往任何时候都多的关注。借助知识传递和知识创新间接推动经济社会发展的办学共识正在逐渐被直接参与成果转化和学术创业以扮演社会进步动力源的办学共识所取代。"当知识获得快速和完全自由流通时，科研及其应用的创造性潜力——特别是协同性的创造力——将得以最大化。"[①] 在以成果转化助推社会发展的语境下，大学教师直接参与到科研成果转化为社会生产力的实践活动已成为共识。越来越多的大学教师通过科研成果的效益性转换、技术在时空场域中的位移、新企业或衍生企业创建等方式释放知识生产效能，扮演学术资本转化人。他们在捕捉学术资本转化机遇、评估学术资本转化风险、协商学术资本转化权责、维护学术资本转化权益和贯通学术资本转化空间的过程中，能动地建构起了知识生产力的深度解放者身份。

第一节　学术资本转化机遇的"主动捕捉"

资源的结构性紧张和市场机遇的择优偏好都决定了坐在书斋中被动对接市场需要的模式已然落后，大学教师需要主动捕捉市场机遇以推动知识向社会生产力的深度转化。

---

① Organization For Economic Cooperation And Development. Tertiary education for the knowledge society [M]. Paris：Organization for Economic Cooperation and Development，2008：2.

一、被动化对接向主动化捕捉转变中教师的身份异化

市场化办学带来了大学发展急需的资源，更优质的学生和更强大的知识创新力以及对大学角色重要性的认知，但也引发了大学办学自主权、超然性办学声望和学术责任定位的式微，间接导致大学教师作为知识仲裁者的形象没落。特别是当大学教师试图走出校园，通过多种方式争取科研机会和经费资助时，就愈发表现得更像个创业者一样。部分教师由于受到资本诱惑而丧失学术创业的身份底色，异化为"经营人设的流量明星""欲拒还迎的挣扎学人"和"两头赚差价的学术中间商"。

（一）"经营人设的流量明星"

在消费社会语境下，中国社会已经进入流量经济时代。"如何抓住消费者的消费心理，培育粉丝经济的群众基础，成为资本运作的主流模式。"[①]在数字化技术的裂变式传播视野中，流量明星的曝光度越高，越能催生粉丝的追捧度，也就越能增强市场资本出资包装的意愿。借助明星流量实现产品推销和资本聚集的模式被引入学术领域，参与学术创业的教师就倾向于借鉴"流量模式"，将自身塑造成"学术网红"，以此扩大影响力，谋求外部资源和创业机遇。消费社会不会允许学术声望的缓慢积累，任由学者们坚韧而持久地追求真理，消费社会擅长借助媒体打造学术明星，以曝光率来将其塑造成与职业运动员、影视明星、彩票贩子或者穷凶极恶的歹徒无二致的"流量明星"，学术品性在商业炒作中沦为俗物而被社会金主所摆弄批评[②]。数据显示：超过 36% 的人明确认为花时间精力自我宣传很有必要，否则很难获得市场资本的青睐。具体如图 6-1 所示。

追求知识的动因应回归人的求知天性，但这不意味着教育机构或教育家的商业精神一无是处。大学及其成员"企业形象的成功，或者说借助这种形象的成功塑造，激起的潜在消费群体的信任感和依赖感已成为自身声誉资本中最具吸引力和市场价值的内容"[③]。当前创业型大学的经验也表明："大学与市场间的亲密关系能否保持，完全依赖教师与企业管理者之

---

① 蒋淑媛. 粉丝·舆论·流量：资本驱动下的电视剧生产逻辑研究 [J]. 北京联合大学学报（人文社会科学版），2018，16（4）：67-75.

② 史密斯，韦伯斯特. 后现代大学来临？ [M]. 侯定凯，等译. 北京：北京大学出版社，2010：37-39.

③ 凡勃伦. 学与商的博弈：论美国高等教育 [M]. 惠圣，译. 上海：上海人民出版社，2008：116.

间的信任关系，依赖教师组建的学术队伍能否以真诚态度和扎实能力获得利益相关群体的认可"①。当前大学教师依托现代大学聘任契约制度的灵活性，释放身份活动空间，积极向教育市场的需求方推销知识产品（如学位产品或在线课程等），主动肩负起"拉赞助，管理团队，引领研究方向，充当新闻发言人"等营销属性的市场责任，热衷于参与市场兼职和服务咨询等社会服务性事务，为知识产品的推广营销与"学术明星"的人设经营提供市场曝光度，进而为知识资本转化成现实生产力争取市场机遇。很多受访教师亦表示：我们不是那些"长江"或者"杰青"，会有大把的学术资源和科研平台，像我们这些小角色，如果不主动宣传自己，就更没有机会获得发展空间了。即便是这样拼命地往前冲，卖力地宣传自我人设，也未见得比大咖们动个嘴皮子管用（FT-03）。

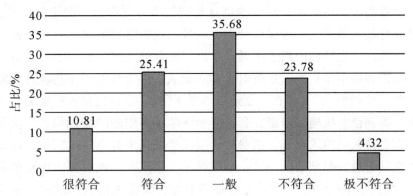

图 6-1 "个人会花费精力宣传自己的研究成果和学者形象"的调查结果
（资料来源：根据问卷数据分析）

不过也有不少教师甘愿坐"冷板凳"，不想通过这种抛头露面的方式博得关注。"做学术不是卖唱，没有必要包装自己，那些都是虚的，真正有实力的都不需要这样做，只要能搞出高质量成果，很快就能在学术领域获得好评，后面的事情就很简单"（FT-05），某位接受访谈的教授认为。"聚光灯可能会让你忘记了自己是谁，毕竟资本包装太闪耀了，要是没有足够的定力，越出名越麻烦"（FT-16），另一位教授坦言。甚至青年教师也未见得都愿意做自我宣传，"走流量宣传和自我包装会给人以名不副实的错觉，但是越这样争做'学术网红'，可能你就离学术越远了，静不下

---

① MALFROY J. The impact of university-industry research on doctoral programs and practices [J]. Studies in Higher Education, 2011, 36 (5): 571-584.

来是做不好学问的"（FT-03）。

争做"流量学者"的危害显而易见。对大学而言，"造出来的学术明星"有可能名不副实而造成大学人才引进的"性价比失衡"，并塑造出学术明星的话语权威和"学术明星中心化"的格局。同时，即便大学能够通过签约的方式"求偶成功"，但并不能代表下一阶段能够顺利续约，学术明星可能会继续"逐利化流动"。"感觉学校现在签来的'大牛'像个宣传噱头，就是用来吸纳学术资源和提高办学声望的，譬如你挖来个院士或者杰青，你就能搭建学科平台，转而收割一大波有才华但没名气的'青椒'，最后大咖合同到期走了，剩下这些精英就归学校了"（FT-11）。克拉克·克尔（Clark Kerr）在《大学之用》（*The Uses of the University*）中也曾描绘过美国大学追求学术明星的实况："那些尝试攀登学术阶梯的新型大学往往青睐于新型市场性专业创建和招揽体育明星以及学术大师，这为他们带来更多曝光度和经费支持。那些颇具野心的大学，总是奔走在追逐橄榄球巨星和学术大师的路上，不过可惜的是前者不学习，后者则不教书，真是讽刺性的肌肉与知识的完美结合"①。

对大学教师而言，成为学术明星意味着将时间用于维持人设和市场拓展上，难免压缩用于人才培养和科学研究的时间精力，进而削弱育才质量和成果深度，以迎合"资本东家"或学校考核需要的姿态对待学术和教学，急功近利甚至铤而走险，走向学术不端和学术腐败。"我们学校影视传媒学院有个老师就基本放弃学校的事务了，他说只要能保留教职就行，发不发钱的不重要，因为在外面接视频剪辑订单和网红带货订单带来的收益很高，但他需要一个教师的身份来缓冲。我感觉这个人已经不能算是老师了，是个商人，是个靠流量赚钱的学术网红。"（FT-02）同时，从认知负荷理论看，人通常只能同时处理两到三项信息②，即便流量明星处理能力强，也无法面对越来越多的资讯轰炸。流量学者面临的信息超负荷状态，也会降低学术研究的效率，钳制学术想象力的发挥，最终导致自身被无数繁杂的信息资讯所淹没。而且，流量明星的资源聚集性也吸附本该用于更多学者的学术资源，加剧普通学者的学术资源被剥夺感，堵塞普通学者攀爬学术阶梯的通道，引发普通学者向上晋升的动机受挫，成为"平庸

---

① 克尔. 大学之用 [M]. 高铦，等译. 北京：北京大学出版社，2008：52.

② SWELLER J. Cognitive Load During Problem Solving：Effects on Learning [J]. Cognitive Science, 2010, 12 (2)：257-285.

时代的俗人"①。

（二）"欲拒还迎的挣扎学人"

大学人在学术创业问题的态度上具有暧昧性：学术在不涉及个人生活或自我晋升等实际利益问题时所表现出的超然地位广为大学人所认可和践行，而当情况反转时，实用哲学就获得了生存和发展的空间。担忧学术创业被经济逻辑过度浸染的人，认为学术拥抱市场、知识与经济联姻，将会削弱大学在公众或社会中的神圣形象，最终导致学术大厦的倾覆和象牙塔的陨落。对学术创业充满期待的人，则指出："学术与市场的联动将会掀起高等教育的变革，促使大学从缺乏效率意识的庸散组织转向注重绩效问责的效率化知识组织"②，大学及其成员需要拥抱知识经济的社会诉求，以企业家精神来引领自我发展。

传统学术价值观预设了学术职业的认同框架，为学者之为学者提供了价值依循。但市场力量正冲击这种价值观，将捍卫知识的纯粹性与彰显知识的世俗性等量齐观，进而塑造了"以学术为志业"和"以学术为创业"的紧张样态。但在学术资本化趋势下，"经济发展的任务和收益的诱惑以及从技术转让、专利、授权中获得的威望已成为世界各地的研究型大学从事学术资本主义的最主要驱动因素"③。

对学术创业态度的暧昧性某种程度上表明：捍卫学术公共性的城墙已经出现裂隙，为经济效益而奔走的价值观有了扎根的土壤。现实中，普通学者缺乏学术资源、薪酬待遇难以满足其生存发展需要以及持续不断的学术考核压力，共同凝结成无形的力量，催促着学者奔向市场化洪流。但高职称的教师在面对市场化冲击时表现得更为从容，而低职称的教师则难以抗拒资本洪流。"教授们通常有稳定的收入和较低的考核压力，不像讲师或助理研究员那样为了生计和考核而向市场低头，因为他们处于学术资本市场的底部，没有讨价还价的余地。"（FT-08；FT-13）"学校现在提供了专职科研岗，不用授课，只要完成相应的科研任务就行，但是如果不能满足合同规定就得'卷铺盖走人'；另一种有编制的教学岗，需要教学、科

① 马君. 高校应警惕"学术明星"近视症 [N]. 经济观察报，2020-07-27（5）.

② 埃茨科维茨，王平聚，李平. 创业型大学与创新的三螺旋模型 [J]. 科学学研究，2009（4）：481-488.

③ 坎特维尔，科皮仑. 全球化时代的学术资本主义 [M]. 殷朝晖，译. 北京：中国社会科学出版社，2018：79.

研双肩挑，但是赚钱没有科研岗多，胜在稳定，不过也就是温饱水平，想要体面点，还是要出去做事儿。"（FT-07）

于是，一些教师在学术信仰和市场呼唤的交织中，逐渐变成"内心抗拒"但"行动妥协"的学术创业人。他们曾经为是否接受资本逻辑的诱惑而挣扎过，但却由于各种原因接受了学术创业的资本属性，并表现出和其他行业创业人员相似的创业行为，拉赞助、跑关系、组酒局、做外联。接受访谈的教师也坦诚这种内心挣扎确实存在："在决定是否创业前，我内心挣扎过，但车贷房贷和孩子的辅导班的钱都不允许我有过多的犹豫，没有钱这些都搞不定，那就只能向现实妥协，出去赚外快了"（FT-10）；"我知道多跟企业打交道会变得更世俗，但是不跟企业打交道的话就会变得更贫穷，非得在世俗和贫穷之间做出选择，我宁愿选择世俗，世俗最多被批评几句，但贫穷的话就没人看得起你了"（FT-11）；"我有机会出去成立公司，但我没有那样做，我还想保留作为教师的尊严，但我在外面还是有不少业务，论文不好发就只能靠这种横向资金的流动来代替了"（FT-14）。

更令人担忧的是，资本逻辑正借助金钱上的获益，逐渐消磨学人心中的挣扎痕迹，将其转变为彻头彻尾追名逐利的学术商人。正如某个受访者所言："以前我挺看不上为了赚钱出去跑项目的老师，结果发现人家混得很好，有车有房有地位，自己慢慢就动摇了，心想要是自己有机会，肯定得抓住，不然就只能干瞪眼看人家潇洒了。"（FT-15）长此以往，必将把这种学术谋利化的挣扎异化成学术金钱化的主动出击，动摇学术职业的根基。

（三）"两头赚差价的学术中间商"

在学术创业过程中，大学教师常能利用产业界对学术研究领域的信息掌握不足、学术研究潜在风险难以预期，以及大学成员对资本经营中产权、运作和权责问题的不清晰，获得信息不对称性（asymmetric information）优势。"按照信息不对称性理论的观点：在市场经济模式中，越是掌握更丰富、更全面的信息，就越能在市场交易中占据主导话语权，而具有这些信息优势的人就倾向于为自我利益最大化服务。"①

大学教师能够获得信息不对称性优势的一个重要原因在于：他们既掌握着用于市场交易的知识产品，也掌握着生产这种产品的生产方式，同时

---

① 周宏，林晚发，李国平. 信息不确定、信息不对称与债券信用利差 [J]. 统计研究，2014，31（5）：66-72.

兼具生产资料和生产工具。通常，"企业竞争优势并不是专利技术，而是技术背后的缄默知识，前者易于移植模仿，而后者则隐匿于掌握此类知识的人的心智结构中，因而人力资本远比专利技术更重要"①。反观学术领域，大学教师在知识创新过程中仍然占据主导地位，仍然凭借知识资本优势获得独立或合作完成知识探索的话语权，以及匹配这种话语权的文化领袖的道德形象。这种优势，决定了他们能够在产业界和学术界间自由穿梭，扮演赚学术创业差价的中间商。

一方面，大学教师参与学术创业，摇身一变而成为学术资本家，他们凭借知识创新的绝对话语权而获得和产业界就知识创生目的、内容、方式和收益等问题上的协商谈判权限，并凭借这种话语权不断谋求学术资源配置和创业收益分配的份额。"某些教师会以知识创新的黑箱化为借口，向产业界索取各种以知识创新为名目的经济资源、收益回报率以及技术入股的条件等"，在产业领域塑造学术专家的形象以谋求利益。"有些人的做法就是：从校外找到投资企业，以他自己的名义立项横向课题，然后由他自己、企业和学校签订三方合作协议，先把钱打到学校账户上，然后他的经费到账奖励就有了，然后他还能从企业那里拿到成果转化经费与报酬，最后如果产品做得好或者出成果获奖了，还能再分一杯羹。有点空手套白狼的意思。"（FT-01）

另一方面，随着消费社会和学习型社会逐步到来，以学生或消费者为中心的价值观仍然未能完全落地。大学教师仍然在学生学业成绩判定、学术水准判定和核心素养评价等方面具有权威性，并凭借这种权威性获得学术资源校内配置的权限。而且，由于直接参与学术创业而越过学校法人，创业型教师还能够凭借和产业界的直接联系而获得高校内部治理的话语权，进而为获得经费争取和课题申请优势提供便利。"你跟企业签合同，企业能吃到产学研一体化的政策红利，如果在项目申请、实施和转化过程中得到相应的政策照顾，项目顺利了，企业也不会亏待你的。"（FT-02）但是随着知识创新从神秘化走向非神秘化、从独享式生产走向协作式生产，知识生产力转向社会生产力的界限将愈加清晰化，进而带来学术创业的信息不对称性的逐渐弱化，最终将压缩"学术中间商"赚差价的生存空间。

---

① 吉本斯. 知识生产的新模式：当代社会科学与研究的动力学 [M]. 陈洪捷，等译. 北京：北京大学出版社，2011：22.

二、冷静出击以主动捕捉创业机遇中教师的身份回归

面对寻求学术曝光和创业资源过程中的身份异化，大学教师应当牢固树立学术创业增益知识创新和人才培养为核心的创业观，而非以学术创业谋求经济和声望资本为核心的创业观。大学教师需要在学术创业过程中重构自我身份定位，转变成"专注学术质量的实力之星""创业项目属性的审查人"和"求同存异的诉求融合器"。

（一）"专注学术质量的实力之星"

如果说流量明星是依靠曝光度和明星光环来博得资本青睐，获得学术创业所需的资源、环境、制度和文化优势的"学者人设为导向"的流量型学者，那么实力之星就是依靠扎实而深刻的成果质量来积累学术声望，获得学术创业相关资源的"学术质量为导向"的创业型学者。

成为专注学术质量的"创业明星"的前提是大学教师苦修"内功"，而不是粉饰包装学者形象，用网红学者的噱头来获取资本关注。教师要确立学术创业兼顾人才培养和社会服务的使命，决不能以谋求经济收益和自我职务的升迁为出发点，而应当以扎实的学问稳步推进知识从校园到市场的转化应用，以为社会育才的立场推动知识资本向人力资本的转移扩散。同时，要理性审视学术创业过程中自我专业知识结构与经济社会发展现实问题间的契合度，避免学术创业过程中供给方与需求方的知识资本的供需错位现象，增强知识资本转化的市场针对性；要依据学科差异性，科学选择创业方式，对理工科等教师而言，可适当扩大学术创业参与度，以技术入股、兼任管理岗位、获得股东席位等方式深度创业，对人文科教师而言，则更多需要提供咨询服务、教师培训等方式参与学术创业。科学区分离岗性创业和在岗性创业的价值诉求和参与程度[1]，采取与之相应的创业方式和评价模式。但任何学术创业都不能背离人才培养初衷，都不能将学生发展排除在学术创业之外。与此同时，大学教师应当合理利用流量学者经营明星人设的模式，适当增强学术创业知名度和社会影响力，为知识资本转化和高素质人才培养提供更多的资源和环境支持。

当然，大学教师不但要扮演好强化学术创业质量的实力之星，还应当扮演好学术创业的启明星。学术创业启明星要求教师将学术创业所需的创

---

① 付八军，王佳桐.大学教师学术创业校本政策的顶层设计与落地策略［J］.高校教育管理，2020，14（6）：68-76.

造精神、问题意识、风险意识和执行能力等素养以帮扶带动的方式传递给学生，培育学术创业的潜在人力资本，在学生心中播撒创新创业的意识种子，强化学生参与创新创业的行动能力，育化学生的创造性思维和创新性精神。例如，爆红网络的普法先锋罗翔，就因在"B 站"等直播平台普及刑法知识，培养听众法治意识而走红，并且他将直播全部收入捐给公益慈善事业，更赢得广大听众的尊重敬仰，引领了普法事业的发展趋势。扮演好学术创业启明星，并不意味着要求教师和学生真正将学术创业落到实践层面，而是重在培育师生用科研成果为经济社会发展服务的价值观和参与学术创业的潜质，鼓励他们将个人的"青春梦"融入伟大的"中国梦"的实现过程中，同时，将培养创新精神和创造能力的教育理念渗透到学生个性化发展的全过程。

要扮演好学术创业启明星，既需要学校制度层面的支撑，也需要创业文化的营造。一方面，要通过院校层面顶层设计政策优化来完善学术创业制度体系，确保学术创业始终不脱离人才培养和追求真理的核心使命，规范学术创业的行为模式，制定合理化的基于社会效益的学术评价指标体系，激活教师参与学术创业以反哺教学和科研的热情和使命。例如，斯坦福大学设立的技术许可办公室（office of technology licensing）、哥伦比亚大学创办的创业指导中心（entrepreneurship guidance center）、剑桥大学建立的创业学习能力培训中心（entrepreneurship learning ability training center）等，都致力于培养师生的创业素养和创业信念。另一方面，高校理应创设"以学术成果转化作为科学研究终点的学术追求，那种积极主动尝试新事物、敢于冒险挑战新情况、贯彻理论与实践零距离结合"[①] 的创业文化，培育敢于探索、勇于创新、不怕失败、宽容和谐的校园创业文化生态。

（二）"创业项目属性的审查人"

学术创业项目繁多，内藏动机复杂，如果不能以知识内在标准为基准，谨慎审查各类创业资助项目的性质，就会造成非学术逻辑对学术逻辑的侵占、消解和取代，进而将学术创业异化为追逐资本谋利的商业化行为。"任何脱离公共性的利他主义要求的行为毫无疑问会破坏专业性共同体的公信力，甚至会造成对超越专业性共同体行为规范的行为的真实程度

---

① 付八军. 创业型大学教师育人信念的培育与实现 [J]. 绍兴文理学院学报（教育版），2019，39（3）：9-15.

产生普遍性误读。"①

对大学教师而言，在进行学术创业前，应当也必须对创业项目属性进行全面细致地审查，将学术创业视为社会服务无可争议的延伸部分来看待，而非拓展新的学术使命之举动。如果要将学术资本主义视为社会服务的某个方面，那么判断的标准就不能是行为是否营利，而是看看这些行为是否关切自己专业领域。博耶等在《重新检视学术事业》（*Scholarship Reconsidered*）中就曾指出："应用的学术和探索的学术并无优劣之分，将知识运用到经济社会发展中和完成知识的创造生产都是学术工作的组成部分。只要确保校外服务的核心仍建立在专业知识的基础上，就不会丧失判断教师工作成效的敏锐洞察力。"②

巴里·切科维（Barry Checkoway）对博耶的观点颇为赞同，并继续探究学术资本主义纳入"社会服务"范畴的可行性。在他看来，学术资本主义要成为考核评价教师的指标，要遵循以下四个原则："一是新知识的创生原则，即学术资本主义能贡献新知识或新思想；二是同学科领域受益原则，即学术资本主义能带来专业领域内其他成员在思想或行为上的提升；三是知识得到合理解释原则，即学术资本主义带来审视知识属性及使用方式的变革性或学术资本主义促使知识的交叉融合性增强；四是知识扩散原则，即学术资本主义是否有助于向其他相关成员分享或传递知识。"③ 大学教师只要满足上述原则中的任意一个标准，这种行为及行为所引发的影响就可以被纳入考核评价体系的范畴中④。例如，在大学教师与产业合作过程中，鼓励学生积极参与产学研实践，帮助学生巩固知识体系，锻炼实际操作能力和人际关系维持能力，就能被视为考核教师工作成效的内容。

对有志于参与学术创业的大学教师而言，理性审查创业资助的价值诉求、论证创业项目的育人性潜能、评估创业项目对创生新知识的推动性，是必要的，也是应该的。如果来者不拒，势必为因缺乏理性审查而丧失知

---

① 默顿. 社会研究和社会政策 [M]. 林聚任，译. 上海：知识·读书·新知三联书店，2001：143.

② POSTON L，BOYER L. Scholarship Reconsidered：Priorities of the Professoriate [J]. Academe，1992，78（4）：43-44.

③ CHECKOWAY B. Reinventing the Research University for Public Service [J]. Journal of Planning Literature，1997，11（3）：307-319.

④ NEUMANN A，TEROSKY L. To give and to receive：Recently tenured professors' experiences of service in major research university [J]. The Journal of Higher Education，2007（78）：282-310.

识分子的应然立场，沦为为特定利益群体发声的狭隘的专业人，沦为丧失灵魂的技术专家。

（三）"求同存异的诉求融合器"

任何组织及组织成员都有自身的使命和目标。在学术组织中，学者的学术研究秉持非功利性价值观，追求严谨而客观的因果逻辑，而在产业组织中，经济生产成员则秉持功利化价值观，强调谋求效益的策略搭配选用①。对学者来说，学术创业中最关切的可能是技术上的可能性，而市场技术人员则关切问世产品的可行性，抢占市场份额的潜力。

在当前"成果写在祖国大地上"的时代背景下，大学教师需要借助学术资源的拓展来实现学术理想，扮演好多元价值诉求的融合器，以人才培养为价值共识，回应不同利益相关群体的个性化诉求，在求同存异中推动学术创业良性发展。实际应用情境中的知识创生始终是在各知识相关者的利益诉求的协商和兼顾中完成的，而且这些知识从创生之时就被期望于推动经济发展和社会进步。这既是增进经济社会发展的客观需要，也是赋能知识跨界化生产转化的应然要求，更是培育具有创新精神和创造能力的高素质人才的必然选择。当然，协调多元价值诉求可能会引发学者对学术价值观式微的担忧，但经验表明：学术资本化并未实质性消融传统学术价值观，而是增加了教师的参与感②（sense of engagement），也增加了知识的生境性和人际互动的亲和性。

问题的关键在于产业界是否对培养人才感兴趣，或者说愿意为培育潜在人力资本买单。事实上，企业负有促进社会和谐稳定、经济健康发展、人民幸福生活的社会责任③。这种责任观能够在"长期利益理论（theory of long-term interests）""利益相关者理论（theory of stakeholders）""协作生产理论（theory of team production）"以及"企业公民理论（theory of corporate citizenship）"中体现出来。企业是能为人才培养出资的，这也是多元诉求能够求同的基础。

在理论层面，大学教师应当充当多元价值诉求的"调解器"。他们需

---

① 凡勃伦. 学与商的博弈：论美国高等教育 [M]. 惠圣，译. 上海：上海人民出版社，2008：98.

② NEARY M, MORRIS A. Teaching in public：reshaping the university [J]. Continuum, 2012 (1)：4-15.

③ 杨力. 企业社会责任的制度化 [J]. 法学研究, 2014, 36 (5)：131-158.

要将产业界对高新技术、高素质人才和高成果转化效率的要求，与学术界对高质量成果、高质量人才培养和高质量学术创业目标进行对接，围绕着潜在人力资本培育，协商多重利益相关者的价值诉求，旨在帮助企业以最小成本获得最优投资效果，同时帮助自身借助知识资本转化最大化人才培养和知识创新的目标，实现资本、人才和知识的良性融合。在实践层面，大学教师应当更好地吸引和整合社会零星化资源和集成性资源，并将其转换成学术创新和人才培养的学术资源，"采取从实践需要出发开展研究的逆线性创新模式"①，紧抓行业发展趋势，并将市场资源及时转化成旨在培养学生创新能力的课程资源，推动创业资源与人才培育的互促共生。

多元诉求的求同存异并不是完全排斥异质性诉求，这样将会丧失求同的对话基础，也不能过度满足异质性诉求，否则就会削弱求同的价值共识性。"事实上，大学及其成员对市场化的选择不是非此即彼的选择，而是通过协调政府、市场和大学自身要求三种力量，表现出对纯粹市场化的超越。"②

第二节 学术资本转化风险的"谨慎评估"

西方哲学家苏格拉底曾言："未经审视的人生不值一过。"同样地，学术资本转化进程中，未经评估的成果转化项目，亦不值一做。学术资本转化过程充满不确定性，这要求大学教师扮演好成果转化风险的谨慎评估人，谨慎评估学术资本转化为社会生产力过程中的多重风险。

一、轻率式评估向谨慎式评估转变中教师的身份异化

学术资本转化兼具学术性和创业性，但二者在思维模式、价值取向、行动范式和知识结构上存在明显差异，引发学术身份冲突。这种冲突表征为创业行为的商业化，创业过程把控松懈化、创业成本分摊的转嫁化，内隐为创业伦理和创业动机异化等。"面对差异如此巨大的利益，学术研究的本质和方向可能会发生变化，会变得颇不同于长期以来鼓励大学教师无

---

① 付八军. 大学教师学术创业：背景、使命与轨迹：学术资本三元论 [J]. 教育发展研究，2020，40（Z1）：98-104.

② 戴晓霞，莫家豪，谢安邦. 高等教育市场化 [M]. 北京：北京大学出版社，2005：55.

私探索知识的精神。总之，技术转让领域新出现的问题之所以令人不安，不仅仅是因为它可能会改变大学内学术研究的惯例，而且还因为它对学术研究的中心价值观念和理想构成了威胁。"① 当大学教师科研动机异化，对来自市场或产业的经费资助不加审思时，就容易异化为"创业动机动摇的学术人""过程把控松懈的监督人"和"创业风险转嫁的投资人"。

（一）"创业动机动摇的学术人"

"人们奋斗所争取的一切，都同他们的利益有关。"② 同理，学者创业也与他们的利益有关。这种利益，按照动机分类，大致可分成：①物质性动机，即通过学术创业获得物质利益上的满足。物质利益对学术创业意愿具有正向驱动性③，能够内化成学术创业动机进而指引学术创业的行为。而当学者面临物质利益的负面性期望时，他们也会采取紧缩策略以抑制创业意愿。②科研性动机，即通过学术创业拓宽知识生产与应用的效果、质量，实现学术创新之目的。③成就性动机，即基于学术创业能够多大程度上实现自我满足的动机。

学术创业动机应兼具多重动机，但知识与金钱的捆绑所造就的万物皆可物化的价值观已经逐渐渗透到学校和教师学术生活中。于是，基于科研的创业动机和基于自我成就的创业动机被挤压到边缘地带，但基于物质的创业动机则不断强化。相关调查发现：大学教师从事学术创业的动机排序依次为：赚取更多的金钱（57.2%），强化学术成就感（57.0%），不想闲置被创造出来的成果（50.8%），掌握更多的行业经验（49.4%）以及拓宽职业选择的可能（27.7%）④。虽然不能否认基于物质的创业动机中仍然掺杂着科研和自我成就动机的成分，但日益增强的金钱动机在影响力上的强大无疑占据整个创业动机的有利位置。那些学术信念稍有破损的学者，顷刻间便会被金钱力量所裹挟而逐渐走向以创业谋生计的道路，沦为奔走在学术创业场上的商人。

学术创业动机动摇，某种程度上折射出了学术创业伦理的失范和学术

① 蔡辰梅，刘刚. 论学术资本化及其边界 [J]. 高等教育研究，2013，34（9）：8-14.
② 马克思，恩格斯. 马克思恩格斯全集：第一卷 [M]. 中共中央马克思恩格斯列宁斯大林著作编译局，译. 北京：人民出版社，2001：82.
③ GOETHNER M. Scientists' transition to academic entrepreneurship: economic and psychological determinants [J]. Journal of economic psychology, 2012, 33（3）: 628-641.
④ 陈耀，李远煦. 大学教师的学术创业意向及其影响因素：基于浙江省高校的实证研究 [J]. 浙江工业大学学报（社会科学版），2019，18（2）：204-209.

信仰的坍塌。这种学术创业伦理失范，在宏观层面表现为："威斯康星理念"正在发生形变，从高尚化的实用主义（为国家发展和社会进步服务）异化成恶俗化的实用主义（为市场和资本的逐利性服务），整个高等教育领域为经济社会发展的需要服务的价值定位正受到为市场资本的欲望服务的价值观冲击而面临分崩离析；在中观层面表现为：学术创业在学校层面获得了制度合法性，并被列为评价学者学术生活和学术水准的核心的评价指标，进而具有了促进或抑制学者学术理念和研究行动的能力；在微观层面表现为：在日渐强调创新创业的微观语境中，学者已经开始谈不赔钱的事情，并对学术创业的丰厚性物质回报具有浓厚兴趣，逐渐接纳了自己的学术经济人身份定位。这种价值观在现实语境中随处可见，在填写问卷的370名大学教师中，就有约80%的人认为谈钱并不可耻，通过成果转化或咨询服务创收是合理行为。具体如图6-2所示。

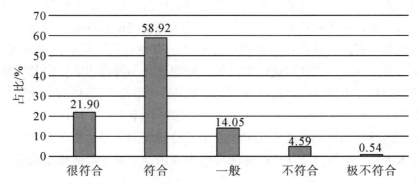

图6-2 "通过成果转化或咨询服务创收是合理行为"的调查结果

（资料来源：根据问卷数据分析）

　　用于市场转化的成果受到公共资源的支持，就需要肩负起相应的社会责任。而在现实中，这种公共职责却受到逐利思维的牵引而走向潜沉，导致部分教师在决断时放弃学术底线而向利益群体妥协，将学术创业视为获取金钱、声望和社会地位的阶梯，而忘记了学术创业增益人才培养和真理探求的初心①。学术创业物质动机对其他动机的侵占、裹挟和压制，最终将增强物质动机的影响力，塑造充满金钱动机的学术创业文化生态。但同时也有些教师不认可学术创业的合理性，认为"学术与创业的简单拼接未

---

① 博克. 大学何价：高等教育商业化 ［M］. 台北：天下远见出版股份有限公司，2006：92-98.

改变学术创业的商业属性"（FT-04；FT-12），因而持有较低的创业意愿。这种学术观存在无视知识与经济社会发展良性共生的时代趋势之倾向，某种程度上也可以被视为学术资本转化动机异化的表现。

（二）"过程把控松懈的监督人"

无论是以技术入股、创办公司、提供技术指导等直接形式参与学术创业，还是以提供咨询服务、教育培训、创意设计等间接形式参与学术创业，都决定了教师参与到学术创业的各个环节中，整体把握创业进程，评估创业过程中可能面临的风险。但实际中，由于"对科技成果产业化前景判断不清、惧怕市场风险、缺乏企业运作经验、不了解相关扶持政策"[1]，或由于时间精力配置的不均衡性导致的忙碌状态、受到特定利益群体的价值规约等原因，大学教师缺乏对创业诸环节进行全域化、整体性的风险审查和过程监督，变成创业风险把控的"短板"。"跟企业合作的时候，我们还是太天真了，想着只要把他们想要的产品所需的技术或者程序给设计出来，或者进行优化就算是完成任务了，但随着时间推移你就会发现，你想要拿到那些资助，就得接着解决产品生产的其他问题，比如产品环保性、产品可替代性、生产线的优化布局等，好像什么事都得出力，但其实签合同的时候根本没完全读懂这些条款，所以你不干的话还是违约，非常恶心的事儿。"（FT-04）事实上，当前学术成果转化率低，市场风险性较高的很大原因就在于，在成果转化阶段并未进行深度而全面地转化性评估，盲目投入市场，导致概念化产品无法转化为应用性产品，最终被市场竞争所淘汰。

从事学术职业意味着学者与社会缔结契约，他们通过服务社会来获得相应的地位、收入和自主独立性，进而增强社会的美好性和知识的育人性，为塑造心智健全的未来社会所需的人才作出贡献。但学术创业则要求学者与市场签订契约，为知识的市场效益负责。于是，越来越多的大学教师学会了拥抱市场法则，"在短时间内就学会了填写标书，学会了经济谈判，学会了签订合同，学会了投入产出的资本运作，学会了出纳会计的验单报账……"[2]。他们普遍接受了经济规则，并学会了用经济规则引领学术创业。但经济规则并不强调知识美好性，而对知识的市场转化可能性、可行性和收益性倍加青睐。因此，那些以经济思维统摄学术创业的人就必然

---

① 汪怿. 学术创业：内涵、瓶颈与推进策略［J］. 教育发展研究，2013，33（17）：15-23.

② 胡潇，缪燚晶. 大学教师价值理性的困惑［J］. 伦理学研究，2015（5）：117-122.

丧失对知识育人性价值的审视立场，转而只关注知识在市场竞争中的表现。

不论对成果转化过程中潜在风险的审查评估所表现出的松懈，是由于缺乏相关专业素养的无心之过，还是深谙市场规则的刻意之举，都客观上加剧了学术创业风险，不利于知识的社会效益的扩大化。首先，很多教师不顾实验室发现到市场投产的周期性和可行性论证的要求，强行推动知识向产品转化，致使新产品越过中试环节而面临诸多不确定性风险挑战，对新技术或产品是否成熟、合乎伦理、安全稳定性、可替代性等缺乏科学理性的论证分析；其次，教师缺乏对市场性风险的评估，在未深刻全面地评估新产品或新技术的市场接纳度、产品竞争力、营销宣传度、可持续性等问题之前，就急于求成而参与到市场份额竞争中，结果只能因为风险评估非理性化而败北；最后，部分教师尽管对学术创业的技术性风险、市场性风险有较为理性的评估，但却囿于自身学者属性而较少涉及商业投资领域，缺乏合同拟定、对话风险、信息风险、环境风险（政策、舆论、法律、自然等因素）等商业化风险的认知和评估能力，也无形中导致创业失败。"我们基本不懂商业模式运作规律，有时候遇到商业纠纷就不知道提前保存好证据。有一次我们团队接了个创意策划单子，我们根据客户要求做好了，他们基层主管也觉得没有问题，表示可以支付尾款了，但是他们上层领导不同意，说做得很差，让我们重新设计，要不就不给尾款了。我们很气愤地理论，还打了维权热线，但是我们口说无凭，当时基层主管来看的时候也没有拍照录音，最后还是我们'哑巴吃黄连'，'打碎了牙往肚子里咽'"（FT-03），某位受访者坦言。

（三）"创业风险转嫁的投资人"

学术创业具有商业属性，参与学术创业就意味着承担创业风险，对创业失败的后果负责。但大学作为社会信托代理抽象性主体，赋予了实际履行代理契约的成员以规避风险的制度优势，使成员凭借身份标识搭乘免于或较少遭受创业风险影响的"便车"。"大学教师这个身份就像个'护身符'，别人为什么会信任你，就是因为你借助了大学在社会生活中的公共信誉，就算你项目搞砸了，也能凭借学术研究的不确定性和创业风险大学承担的优势免受或较少受到追责和惩罚。"（FT-02）以大学作为创业法人的传统决定了对学术创业风险承担的责任划分无法略过大学组织而直接聚焦于个体的学术创业教师。相较于信任个体的学者，商业机构更倾向于信赖研究所或院校的信誉。这其中就有人钻空子，"打着大学授权的幌子出去揽项目，比如前段时间落马的原××师范大学党委书记刘××，未经学校同意，擅自授权其子女以××师范大学名义在外地违规合作办学，通过消耗××师范大学办学声誉来谋求投资方的信任，就是典型的风险转移，只是这个事情超越了道德底线，就成了违法事件了"（FT-05）。按照既有传统，教师学术创业风险能够借助整个大学组织的社会声誉和社会公信力来均担：某些学科专业、专业人员从事学术资本主义，但是造成后果的时候，却要整个大学组织的成员来承担，这种后果可能是名誉损失，可能是办学资源流失，甚至可能导致人员流动或调整。这些风险可能是：生意失败、产品责任、无法满足社会对经济改善和工作机会的创造的期望，以及最为重要的，忽视学生①。

根据《中华人民共和国民法典》规定，"公立高等院校不是政府机关，也不是一般社会团体，而是事业单位法人"②，事业单位法人的定位以及受到《中华人民共和国教育法》和《中华人民共和国高等教育法》等上行行政法律的辖制，都决定了高等院校受到民商法和行政法的双重管辖，这有可能带来的影响就是：面对学术创业的知识产权问题或责任问题，高等院校可能会因为民商法和行政法规定的交叉性而面临自律不足和他律过度的问题，进而滋生学术创业的市场寻租问题，丧失作为公法人的公共性和非私利性。同时，高校作为社会信托的受托人，是承载着国家或社会（在中国语境中主要指为办学提供资金并对高等院校人才培养、科学研究和社会服务等功能发挥提出要求的政府）信托期望的信托责任，以促进教育事业发展为根本目的而能够自主独立地进行管辖和治理院校内部教育事宜，并将所得收益全都归为非特定化的受教育人共同享有的组织③。

所以在学术创业风险承担或责任归属问题上，当学术创业失败后，社会信托责任会毫不犹豫地落在大学组织上，因为大学组织被视为承载信托责任的行为主体，而作为大学成员的大学教师的行为也就在这种信托模式中将原本应当自我肩负的失败后果转嫁给了大学，转嫁给了抽象化的受教

---

① 斯劳特，莱斯利. 学术资本主义：政治、政策和创业型大学 [M]. 梁骁，黎丽，译. 北京：北京大学出版社，2008：192.

② 王利明. 论建立高等学校法人制度 [M]. 北京：中国人民大学出版社，1999：89.

③ 文杰，文鹏. 教育信托制度：公立高校管理机制的创新 [J]. 中国行政管理，2012（3）：61-64.

育者共同体，转嫁给了学术共同体。于是，高校就面临着创业失败后办学资源的损失、办学声誉的损坏、办学质量的下降等问题。如发明创造的设计者和出资人在发明专利产权归属问题上产生纠纷时，容易造成作为实际设计者的大学教师私自变更产权归属，从而导致院校作为出资人的合法权益受损。这不仅使大学出钱得不到任何收益，反而会因为出资并占有专利而被新的专利拥有者提起专利诉讼。

《中华人民共和国专利法》明确规定："两个以上单位或者个人合作完成的发明创造、一个单位或者个人接受其他单位或者个人委托所完成的发明创造，除另有协议的以外，申请专利的权利属于完成或者共同完成的单位或者个人。"[①] 如果在拟定合同时，未对专利归属进行特别说明，大学教师就会面临"出力不讨好"的局面。"我记得有个老师自己申请了知识产权保护的商标，结果自己由于各种原因没使用，结果被其合作方拿来使用了，原因在于企业在签订合同时以比较隐秘的方式隐藏了商标三年不用可以申请注销的条款，在期满三年后私下申请注销并以自己为主体重新申请到了该商标和使用该商标的权限。这个老师就是吃了这个亏，没有事先审查好合同条款。"（FT-05）

二、走向谨慎式评估学术创业风险中教师的身份回归

大学教师在享受学术创业红利的同时，也时刻警惕学术创业风险，逐渐生成学术创业风险评估人身份。这种风险评估始终伴随着学术创业全过程，不论是创业前的动机审查、创业过程中的风险规避，还是对创业后的衍生性风险的面对，都要求大学教师转变身份定位，成为"创业伦理的理性审查人""创业过程风险的鉴别人"和"创业衍生风险的正视人"。

（一）"创业伦理的理性审查人"

"创业者的伦理水平将直接影响其做出创业决策的能力，进而制约着创业成效的达成。"[②] 如何规避创业伦理风险，走出学术创业的"金钱陷阱"，是创业活动不偏离正轨的关键。对大学教师来说，如何规避学术创业中的伦理风险，摆脱学术创业"为钱所困"的价值陷阱，是学术创业不偏离本真价值的关键。

---

① 中华人民共和国中央人民政府. 中华人民共和国专利 ［EB/OL］. (2008-12-28) ［2023-11-12］. http://www.gov.cn/flfg/2008-12/28/content 1189755.htm.

② 刘志. 大学生创业伦理培育的价值、内涵及进路 ［J］. 中国高教研究, 2019 (5)：64-69.

首先，志在参与学术创业的大学教师，应当谨记人才培养的创业价值观，将如何培养创造性人才摆在一切创业活动的中心位置。人才培养和学术创新是大学的核心使命。尽管学术创业已经成为知识经济时代大学解决办学经费紧张的有效手段，但绝不能被创业致富的价值观所支配而丧失人才培养和学术创新的初心，偏离大学之为大学的轨道。"大学只有一个中心，也只能有一个中心，无论是传统院校的学术研究，还是创业型院校的技术转化，都只是围绕人才培养中心目标的手段。"① 因而教师应当也必须把创造性人才培养置于主导地位，把培养学生的创造思维和创业精神置于主导地位，把有利于培养心智健全、人格完整的个性化发展的人置于主导地位，用人才培养初心，规避学术创业的伦理风险。这意味着，教师不能放弃自我完善和完善学生生命价值的终极追求。"这种追求根植于自我认同的土壤中，只有发现它并拥抱它，生命完善的种子才能在教育教学中生根发芽、茁壮成长并最终结出硕果。"②

其次，大学教师应当对学术创业动机进行自我审查，反思学术创业的重点在学术还是创业，对能够侵害学术伦理的市场化或准市场化行为保持高度警惕，杜绝学术道德衰败而丧失身份底色。对学术创业的经济伦理进行审视，确保学术创业不跨越"利己底线"，审视创业是否走向拜金化，是否以谋求金钱为主要甚至唯一的准则，是否以物化思维取舍社会关系，是否忽视人际交往中的真善美品质，是否将自己塑造成资源吸附器等。对学术创业的道德伦理进行审查，为经济社会良性发展和他人的合理诉求而服务，彰显教师职业的利他性，肩负起社会责任和社会道义，不断询问自己参与学术创业究竟想实现何种目标，为了实现这个目标所选择的行动策略是否合理③。对学术创业的经济伦理与道德伦理的兼容度进行审查，根据知识与市场间的心理排斥度，在咨询服务、产权转让及企业创办等方面做出合适的身份选择。在确保学术创业本真使命和伦理诉求的前提下，扩大学术成果转化的范围和效能。大学服务社会的方式和层次是多元的，如果仅停留在知识资本化的创造物质财富的表层，大学将与企业无异。如果

---

① 夏清华. 学术创业：中国研究型大学"第三使命"的认知与实现机制 [M]. 武汉：武汉大学出版社，2013：99-103.

② 窦桂梅. 激情与思想：我永远的追求：特级教师专业成长研究 [J]. 课程·教材·教法，2004（5）：3-13.

③ BHIDE A. The questions every entrepreneur must answer [J]. Harvard business review, 1996, 74（6）：113-132.

学者不能在精神层面引领社会，肩负起批判社会和引领风尚的责任，学者存在的合法性就不复存在。

最后，消解学术创业组织伦理风险。既要警惕自由主义组织伦理所强化的参与学术创业的自由度和个体性，谨防学术创业转变成缺乏协同精神和整体规划的散碎化行为，以及个人主义价值观异化的危险，也要警惕发展主义组织伦理所强调的学术创业遵循效率至上原则，以及模式同质化的价值观，杜绝工具理性和资本逻辑对大学组织根本使命的侵蚀。这要求大学"超越自我中心主义的创业价值观，将利益共容的规范作为学术创业计划和行动的价值依据"①，创设学术创业良性化发展的组织伦理环境。

（二）"创业过程风险的鉴别人"

"当学术成员对学术创业潜在的结果有相对清晰的预期时，其创业意愿或态度就会较为明确。"② 在创业进程中，大学教师面临知识资本市场化运作机制与基本规律生疏化、知识逻辑的论证严密性与知识产品的技术转化性间的冲突等风险，常以"自我充能"方式学习市场运作、资本运转及产权经营方面的内容，规避可能的创业风险。在排除创业动机异化的前提下，如何规避学术创业过程中的技术风险、产权风险和经营风险，成为规避创业风险的理性创业人，已成为摆在大学教师面前的核心问题。

大学教师要理性评估成果转化的技术性风险，理性把握知识可能性和转化可行性间的区别。通常，科研成果向社会生产力的转化需要同时满足三个标准："科学上的可行性、生产中的可行性以及市场效益的可行性。"③但学术创业者往往受学科专业知识的思维限定，而较少具备判定知识的生产可行性和市场效益的收益性的意识和能力。对于志在创业的学者来说，增强生产风险和市场风险的评估素养，论证"实验室知识"转化成"产业性知识"的思路、模式和策略可行性，探讨学术创业的边际成本效应的向度与限度，划定知识转化成生产力的行为边界和作用空间已迫在眉睫。

大学教师要重视知识向生产力转化的中试环节。在学术资本向市场资本的转化中，高校及其成员面临着"毁灭峡谷"（the valley of death）的考

① 罗泽意，刘璐珠.学术创业的组织伦理：障碍与突破 [J].创新与创业教育，2021，12（4）：21-29.

② 王季，耿健男，肖宇佳.从意愿到行为：基于计划行为理论的学术创业行为整合模型 [J].外国经济与管理，2020，42（7）：64-81.

③ 韦华.中试"瓶颈"的成因及其对策 [J].科学与管理，1994（5）：41-42.

验，科研成果能否扛住风险侵袭，在其生命周期中跨越"毁灭峡谷"而产生市场效益，是成果转化的关键。"中试是成果转化的中间性实验阶段，经过中试的成果转化成功率至少高出未经过中试阶段的 1.5 倍。"① 因此，教师需要借助学校科技园或产业孵化平台，对还未投产的潜在市场性知识进行验证、修订、补充和完善，逐步确定产品质量标准和产品工艺的流程规范性，在小范围内验证科学知识转化成市场生产力的技术性风险，"将原理性、概念性、基础性的学术成果转化为实用性、应用性、产业性的学术资本"②。可借鉴美国高校学术创业经验，设置专门评估创业可行性和风险度的专门化机构，为规避学者创业风险提供支持。例如，美国高校已经出现以降低转化风险、增强转化效率为目标的专业服务性组织——"概念化产品验证中心"③（Proof of Concept Centers，PoCCs），它们致力于为潜在商业价值的科研创意提供专项孵化基金，对预计投入市场转化的科研成果实施市场风险评估，为已经付诸转化的科研成果提供商业协议与安全维权服务。这类组织"关注实验室知识转化成生产技术的早期阶段风险，侧重商业潜力评估、模型概念化难度、量产优势和缺陷客服等问题，提供产品中试的平台，进而缩减学术创业的风险"④。对于国内教师来说，既要紧密依托成果转化办公室或技术孵化园区等类似概念证明中心以减少创业风险，也要不断强化自身风险评估的意识与能力，以内外兼修的方式赋能风险评估。

同时，大学教师要理性评估学术创业的经营风险和产权纠纷风险。要不断借助产学研平台和轮岗交换制度的优势深入市场内部，借助自我学习和专业咨询等方式掌握商业风险判定与规避的意识与能力，避免因不熟悉商业风险评鉴和市场化运作模式而人为制造创业风险。同时还要不断学习相关法律法规，既要根据《中华人民共和国教育法》《中华人民共和国教师法》和《中华人民共和国高等教育法》等教育法律规范和指导自身学术

① 苏洋. 我国研究型大学教师学术创业影响因素及激励政策研究 [D]. 上海：上海交通大学，2019.

② 毛笛，宣勇，姚威. 我国高校学术资本转化：模式、障碍与策略 [J]. 高教探索，2020（11）：12-18.

③ MARCOLONGO M. Academic Entrepreneurship：How to Bring Your Scientific Discovery to a Successful Commercial Product [M]. New York：John Wiley & Sons，2017：73-86.

④ BRADLEY R. HAYTER S. Proof of Center in the United States：An Exploratory Look [J]. Journal of technology transfer，2013，38（4）：349-381.

创业理念与行为，也要熟知《中华人民共和国知识产权法》《中华人民共和国专利法》和《中华人民共和国民法典》等民商法的规定和要求，努力成为依据法律法规创业、规避违法风险、合理适度创业的学术人。譬如教师通过学习相关法律法规，规避专利侵权风险、出资属性和比例归属风险、合同条款是否有遗漏风险、知识产品的专利侵权或商标侵权风险以及技术入股中的有限合伙与普通合伙风险等。

（三）"创业衍生风险的正视人"

学术创业涉及大学教师、知识资本、市场主体和商业环境、舆论导向、政策支持等多重要素，任何环节都有可能衍生出新的创业风险。例如，参与学术创业带来的教师角色冲突、学术创业收益带来的教师群体间的相对剥夺感以及学术创业对教师专业发展的冲击等均属于创业衍生风险。学术创业无法回避这些衍生风险，大学教师不应以逃避或转嫁风险的方式对待，而应积极面对并寻求解决方案。大学教师理应正视创业衍生风险、澄清学术创业的价值定位、对是否参与学术创业进行重要性排序、以学术创业反哺教师专业发展。

要借助学术创业的价值定位消解"学者与资本家的身份冲突"。在知识转变为核心生产力的时代，知识的产业属性将更为凸显，从事知识传递、生产和转化的大学教师本身具有的产业属性也就被强化。参与学术创业也就不是"不务正业"，而是"顺应潮流"。"拓展和传递知识同等重要，尤其是两种活动在同一组织中，经由同样的人来完成时。"[1] 凭借知识传递、创造和应用过程获得身份合法性和发展空间被视为大学教师安身立命的根本。而跨越校园从事的知识传递、创造和转化则会被贴上谋求私利的标签，给大学教师学术身份带来污名化。但走出校园并不意味着总是抱着谋利心态的，也有可能基于自我兴趣、社会责任和家国情怀。例如，主动参与国家创新战略实施过程，将高新技术从实验室转移到经济社会发展实际就是对社会责任的践行[2]。问题可能不在于所参与的事务是否会产生经济效益，而在于这些成果所带来的收益是否会按照资本逻辑配置给参与者本人。因此，不以谋利为目的，志在推动知识创新和人才培养质量提升

---

① ROBERT M. Rosenzweig and Barbara Turlington: The Research Universities and Their Patterns [M]. Berkeley: University of California Press, 1982: 1.

② 方炜，郑立明，王莉丽. 改革开放40年：中国技术转移体系建设之路 [J]. 中国科技论坛，2019（4）：17-27.

的学术创业观，将有效规避学术创业带来的"学者与资本家的身份冲突"。

要对自我定位的重要性进行排序，以消解学术创业带来的相对剥夺感。那些获得较少收益与声望、未参与学术创业的教师和参与创业获得较高收益和声望的教师相比，可能会产生更强烈的被剥夺感。这种被剥夺感可能加剧教师间的"贫富差距和声望差距"，导致对学术创业产生极度推崇或过度排斥等非理性化心理认知，最终影响其正常学术生活。大学教师要对自我定位进行合理排序，肯定教书育人和创造知识的身份优先性。"不必为了肯定某种身份的优先性而否定另一种身份的存在。相反，当发生冲突时，我们必须要做的是，确定不同身份在所涉及问题上的相对重要性。"① 我们知道，资助研究对大学教师的行为动机和行动模式具有较强的驱动力，能够激发其参与研究的热情和信念。这种价值观根植于这样的前提：学术研究是大学教师的本分和天职，参与研究是获得身份认同和归属的关键。但是，如果营造出专注教学的制度环境和社会环境，并强化教书育人之于学术职业的根本性，这将能够提升大学教师潜心育人的驱动力，激发其传道授业解惑的热情。

要借助学术创业所蕴含的竞争意识和效率观念反哺教师专业发展。较为主流的观点认为："参与学术创业将会冲击教师专业发展的育人初心和自我完善的信念。"不可否认，新管理主义和新自由主义的价值观确实消解了教师专业发展的某些价值定位。但这种强调绩效、效率和竞争的价值观也拓展了教师专业发展的视野。新管理主义哲学强化竞争意识，强调个人成败系于自我选择和奋斗，因而尽其所能争取资源和空间的价值观被强化渗透到学术共同体中，特别是那些从竞争环境中毕业而刚刚踏入教师行业的青年教师，更是对这套竞争话语体系及其验证自身价值的规则表示认可。可以借助创业价值观反哺教师专业发展，通过探索基于企业社会责任反思的教师批判反思模式，用具有绩效倾向和服务逻辑的企业社会责任关照教师专业发展，强调前期风险评估和后期经验反思的价值②。

此外，还应当培养教师学术创业失败的自我修复意识与能力，避免创

---

① 森. 身份与暴力：命运的幻象 [M]. 李风华，等译. 北京：中国人民大学出版社，2009：25.

② Macquarie University Research – Online. University teachers engaged in critical self – regulation：how may they influence their students? Macquarie University Research Online [M]. New York：USA Springer，2010：427–444.

业失败导致的学术萎靡性持续影响教师学术职业发展。要直面学术创业失败的现实，理性归因学术创业失败的内外部因素，积极协调和平衡自我角色，乐观认识到学术创业失败后自身仍然具有大学教师身份，仍然具备学术创业的较高起点，仍然能够捕捉创业机遇。要主动采取双环学习策略，"利用自身学术优势，多开展双环学习，多参与行业发起、创办和推广的市场研讨活动，深入创客空间、产业园区实地调研，建构自身市场运作、风险评估、产品管理等方面的知识与能力"①。要理性判断创业环境的复杂性，根据环境变化灵活调整创业思路，精准捕捉商业机会，理性再创业。

第三节　学术资本转化洽谈的"底线恪守"

"任何谈判共识的达成均建立在彼此恪守立场和求同存异的基础上。"②产业诉求与学术诉求的对话磋商，同样需要在恪守彼此价值立场的基础上，否则创业洽谈就异化成多方利益分配的活动。这要求大学教师在成果转化事宜的洽谈中，始终恪守学术职业底线，在保持育人初心和身份底色的基础上服务经济社会发展。

一、无底线逐利向有底线洽谈转变中教师的身份异化

大学教师投身学术创业时，本该恪守"以学促术、学术共进"的法则，但功利思维和实用主义的强势入侵，导致部分教师背离学术创业和人才育化的初心，在协调知识与市场价值排序、协调学术与资本诉求冲突的过程中迷失了方向。结果造成学术创业手段与目的颠倒化，将大学教师异化成"转借行政权力优势的逐利人""转达外部市场诉求的传声筒"和"将学生筹码化的谈判议价者"。

（一）"转借行政权力优势的逐利人"

"行政权力在谋求发展资源上的便利性驱使大学人偏爱行政岗位。"③

---

① 易高峰. 学术创业失败修复过程释意的多案例研究 [J]. 南通大学学报（社会科学版），2020，36（5）：123-131.

② 李力刚. 谈判博弈 [M]. 北京：中国商业出版社，2021：15.

③ 王英杰. 大学文化传统的失落：学术资本主义与大学行政化的叠加作用 [J]. 比较教育研究，2012，34（1）：1-7.

他们能凭借手中权力为自己或自己所属的学科争取经费，在学科建设和专业发展上获得和管理层协商的筹码。行政性优势在学术领域体现无疑：只要沾上行政级别或被行政部门认可的项目或成果，就能在教师考核中获得较高的分值，而那些来自"同行评议"的项目或成果的分值则偏低。相关调查显示："超过80%的接受调研的大学教师完全或基本认同担任行政职务后更有利于评职称；而在谁具有评职称过程的决定权的时候，有38%的大学教师认为是学术权威，有7%的大学教师认为是行政力量与学术权威的综合作用，而超过46.6%的大学教师则认为行政力量更具有决定性作用。"①

接受访谈的教师也直言："只能说，不当官不知道当官好，以前我没觉得有啥，自从自己兼任了行政职务后，才发现能接触到的学术资源要比普通老师多，简单联系个实习单位，就有可能给公司带来不少'廉价劳动力'，学校方肯定会好好感谢你的；再比如你是课程负责人，你就有权力选择用什么教材，买你推荐的教材就意味着你能拿到供货商的提成，你说有权和没权能一样吗？"（FT-11）教授热衷于竞聘处长的热潮说明，凭借行政权力上的资源配置便利性，能为学术创业谋求权限和空间的有利位置。本该借助教育行政力量为学术创业和人才培养服务的初心，在资本与行政力量的联合冲击下转向了行政工具论立场，将行政管理权限转变成了对接校外学术资源平台和校内学术资源重新配置的议价筹码，并最终塑造出以权谋利的学术行政人。

行政话语权被部分教师所把持，将大部分缺乏行政管理权的教师"驱赶"到学术创业机会寻觅、市场接洽等事务的边缘地带，只能凭借自身声望或既有知识资本优势，零星化地谋求学术创业的空间。但缺乏大学信托责任的庇佑和创业责任的组织均担，必然增加了大多数教师参与学术创业的难度。而且，"行政资本的累加也间接导致学术资本的累加效应"②，那么持有较高行政资本的人能够借助权力优势获得资源优先权，而这种权限又能反过来强化其学术创业过程中的知识资本优势，这种行政资本与学术资本的双向强化，正在将行政权限上的不公平秩序无限复制到学术创业领域。某位接受访谈的教师直言："好点的项目都让院长和副院长占了，我

① 阎光才. 学术共同体内外的权力博弈与同行评议制度 [J]. 北京大学教育评论，2009（1）：124-138.

② 汪永贵. 高校学术行为异化及对策研究：基于布尔迪厄场域理论视角 [J]. 信阳师范学院学报（哲学社会科学版），2020，40（5）：66-72.

们这些无权派只能在小夹缝里啄食，而他们就能凭借各种行政便利获得外部资源，更可气的是他们只负责捞钱，干活的事往往会以任务形式摊派给下面的人，真是苦不堪言。"（FT-06）

这种情况被很多学者描述为行政权力对学术创业的内嵌性影响，但实际上，从行政权力在学术创业领域的运行状态看，与其说权力是以嵌入方式作用于知识及其配置机制的，还不如说是这种权力在知识领域中的微循环。在学术资本流向失衡化和学术身份等级化的背景下，原本寄希望于借助大学消除或缩减阶层固化和疏通流动渠道的目的被搁置，反而在知识等级化序列和知识资本化运转的过程中塑造着新的不平等格局。就像伯顿·克拉克（Burton Clark）所指："学术事务中鲜有提及却又逐渐重要的行政文化，正逐渐脱离教师和学生构成的学术环境。管理型专家正在逐步取代学者型专家而占据学术治理的核心位置，这些群体与学术团体的关系也就随之紧张起来，往好处说是将师生视为缺乏现实敏感度的人，而往坏处说是将师生视为麻烦制造者或潜在对手。"①

不过，并非所有院校中拥有行政管理权的教师都能借助这种优势兑换学术资源或学术声望。在高职院校和普通本科院校中拥有行政权限的教师往往比双一流院校中拥有行政权限的教师更容易获得便利。不少受访教师均表示："这种情况跟大学办学价值观或制度环境有很大关系，在强调学术性的组织生态与制度环境下，学术成员的话语权往往高于行政成员，行政成员的服务属性较为明显。而在学术生态环境不甚健全和强大的院校中，行政成员则远比普通教师更具优势，也更容易获得资源配置的话语权，其管理属性较为明显"（FT-02；FT-04；FT-07），部分拥有行政职务的教师坦言。

与此同时，那些没有获得行政权力加持的创业型学者将面临"优胜劣汰"的生存压力。"学术委员会及其下属行政部门、教师群体、学生及校友、外部市场、国家层面的教育管理部门、外部企业或公司等"② 均是大学权力游戏场中的参与者，这些权力很难以某种协调的方式在大学共存，任何权力的凸显都会对大学办学产生实质性干扰。缺乏行政优势的大学教师缺少对接外部市场的行政筹码，缺少风险担责的组织庇护，缺少资源配

---

① CLARK B. The Higher Education System：Academic Organization in Cross-nation Perspectives [M]. Berkeley：University of California Press，1983：89.

② 古尔德. 公司文化中的大学 [M]. 吕博，张鹿，译. 北京：北京大学出版社，2005：54.

置的话语权限，缺乏保护学术创意的能力，只能沦为学术创业领域的"被放逐者"和"议价筹码"。

（二）"转达外部市场诉求的传声筒"

大学已经逐渐从由政府支付办学成本和向社会公众利益服务的状态转向了政府部分支付办学成本、市场或社会参与其中，以知识资本买断的方式获得知识资本增殖的状态。该过程中，教师要么向潜在知识消费者提供课程资本以帮助其获得适应未来社会发展需要的知识资本和核心素养，要么出售知识产品以谋求外部科研经费而成为知识资本创生与运转者，要么以契约方式为资方提供预期的知识或智力服务而成为知识劳工。对于教师而言，这三种关系彼此交织而难以厘清。在国家资助而赋予教师以知识创生独立性与非替代性的背景下，教师并不会丧失作为知识资本创生与转化的主体性，仍然维持着知识资本持有者、创造者和增殖者的身份，他们与资方的关系属于知识资本与货币资本的等价范畴；而在寻求外部资金投入并签订知识资本转化契约的条件下，受制于资方在契约拟定上的优先性和科研项目的定向性，教师不再具有对等的主体性而沦为资方雇员，无力与资方就知识资本创生与转化问题保持平等对话的关系，缺乏游戏规则的解释和制定权限。

曾被视为行会组织而颇具独立性的大学，现在已经无力抵御外部世界的侵袭，传统的学术规则也不断被经济、竞争、问责的新规则所取代。越来越多的大学开始悦纳市场逻辑对知识内部治理的介入。"教师的各项工作被纳入货币化管理、考核和兑现，按照经济收益或免遭经济损失的观念就在教师头脑中生成、强化，进而成为合乎思维与行动的价值取向。"[1] 在组织层面，大学教师作为创业主体的自主性容易被这种市场化思维的"有害的意识形态"[2]（pernicious ideologies）所侵蚀，丧失和市场平等对话和民主协商的自主权，或被动或主动地卷入市场化漩涡中，并学会用市场化的逻辑和话语体系来指导自我行为。这其中既有主动对接市场诉求的："在汇报产学研平台建设过程中，我觉得企业管理模式更有效果，也更简单直接，不需要说些客套话，直接说我这个事情的目的是什么，需要哪些

---

① 容中逵. 即体即用：一种不容忽视的中小学教师身份认同趋向 [J]. 全球教育展望，2019，48（4）：74-80.

② BARNETT R. Beyond all reason：living with ideology in the university [M]. Buckingham：Society for Research into Higher Education and Open University Press，2003.

支持，现在问题在哪，怎么办才能最高效地完成既定任务，感觉参照这种管理模式就很有效果，比学校自带的管理模式有用多了"（FT-12）；也有被动接受市场诉求的情况："比如根据合同的节点来重新定义学术生活，在规定的时间点完成合同规定的内容，压缩其他学术事宜的空间。"（FT-11）

掌握和运用商业洽谈技能成为大学教师参与学术创业的"必修课程"，而是否坚守学术伦理底线和育人初心则不被市场关切而变成"鸡肋课程"。他们对掌握和外部人士打交道的意愿正在强化。数据分析显示：超过72%的人强调学习跟外界人士打交道的技能很必要，具体如图 6-3 所示。

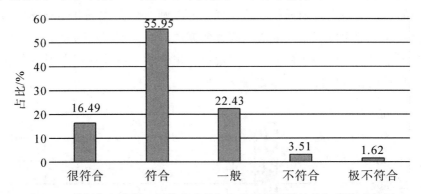

图 6-3　"个人尝试学习与社会成员打交道所需要的技能"的调查结果

（资料来源：根据问卷数据分析）

他们不再只为增益知识对人的心灵世界的充盈感而奋斗，不再只以化身为真善美的代表而骄傲，转而以市场资本的"传声筒"的形象活跃于社会生活中。传统的健全人的心智的教育目标，正逐渐转向满足人的世俗欲求的价值观，最终导致学术成果转化过程走向物化、异化和非人性。醉心于技术转化、醉心于最大收益，过分抬高高新技术的价值而弱化人才培养初心，正在悄无声息地毁掉学术立业的根基。毕竟，科学技术充其量是作为吸引或者提升我们接受新鲜事物的能力，却无力使旧知识变得更加美好。

大学教师沦为市场话语体系的"传声筒"是学术创业领域的买方市场性质决定的。"买方市场带来的是双方关系的不平等性，市场具有决定产品价格、交易条件的主导性，而卖方则处于劣势地位，需要满足买主诉求来获得稀缺资源。"① 在学术创业领域，市场资本的稀缺性和选择空间的多

① 范勇，刘聪. 卖方市场下知识型人才价值取向、心理契约与组织承诺［J］. 南昌航空大学学报（社会科学版），2018，20（1）：27-31.

样化都决定了参与创业的大学人无力成为成果转化活动中的平等主体，必须在转化主题、内容、方式、期限和收益问题上向市场资本做出某种妥协。但学术创业者也无须过度苦恼，因为他们既是知识资本的持有人，也是知识资本增殖的手段，只要确保新技术或新成果经得起市场检验、具有较大市场潜力，仍然能够凭借这种核心技术的掌控而获得话语权。真正的问题可能在于：他们能否坚守学术底线，拒绝和资本逐利性同流合污。

（三）"将学生筹码化的谈判议价者"

经典教育语境中尊师爱生的融洽关系面临消解，基于市场契约和雇佣属性的师生关系正逐渐强化。越来越多的教师意识到鼓励和引导学生参与社会实践对学生发展大有裨益。调查数据也显示：超过77%的人认可学生参与服务性事务以积累社会经验的观点，也侧面表明学生参与学术创业实践的必要性和重要性。具体如图6-4所示。

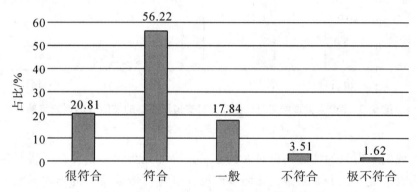

图6-4 "鼓励学生参与服务性事务以积累社会经验"的调查结果

（资料来源：根据问卷数据分析）

但学生往往缺乏自主性和判断力而依附于教师的判断和主观倾向。当教师成了到处捞项目、拿课题、办企业的知识资本家，成为学生眼中的"老板"和学商兼容的资本家时，学生就很容易被视为"教师的私人财产"，成为缺乏自主意识和抗争精神的"议价筹码"。这种现象在全球高等教育领域中普遍存在。在欧美大学，教师往往将学生视为和资本市场讨价还价的筹码，成为"送给工业伙伴赠礼"[①]，转变成无须花费较高成本就能获得的"廉价民工"。

---

① SLAUGHTER S. The "raffic" in graduate students：Graduate students as tokens of exchange between academe and industry［J］. Science, technology & human values，2002（2）：282-312.

在国内，这种现象也较为常见，学生作为潜在人力资本的"劳动属性"无限强化，而作为尚未完全发展健全的人的"生命属性"则无限式微，"最为常见的情况就是教师申请到项目或接洽了企业后，就会将学生按照项目计划要求进行分工，并给予学生以一定数额的劳动报酬，负责完成老板安排的任务，努力做好'搬砖人'的角色"①。"能提供学生以适量报酬的老师还算有良心的，很多老师直接扣掉本该发放给学生的劳务费，连学校发的学生补贴也要贪污，学生基本上敢怒不敢言，生怕毕业论文被卡，生怕老师到时候不签字，也就助长了这种不良师生关系。"（FT-14）很多学生直言："每天都要按时打卡考勤，如果迟到或者早退还会被扣掉补贴，他们（导师们）就像是工地上的老板，而我们就是'搬砖一族'，跟真实工地上的打工仔没什么区别。"② 于是，学生存在的价值就被压缩作为"学术民工"的存在价值，沦为权衡知识资本转化过程中成本收益率的砝码。

成为资本洽谈的筹码，学生也就丧失了和教师民主对话的基础，学术资源的倾斜性把控、学术话语权的绝对掌握、创业成果的绝对支配权，都塑造了师生关系中教师的主导性。长此以往，学生将承受来自导师和科研的双重心理压力，极易导致学生敷衍化的学术态度和消极化的生活观念。一方面，一些教师借助尊师传统文化心理和知识传授过程中的主导地位，刻意压榨学生时间精力，近乎不劳而获地谋求学术权益，在学术署名或发表过程中侵占学生成果，强迫学生无偿从事非学术性私人事务，将学生视作"生活助理"或"学术管家"③；另一方面，某些受功利主义影响的学生，试图通过学历证书换取社会地位和理想职业的筹码，转而迎合了部分教师的"无理要求"，甘愿成为"背靠大树的人"，将自己塑造成"精致的利己主义者"。诚如某位受访者所指出的："有些学生本身就很社会，他从来就没把老师当老师，而是可以依仗的大树，能给他带来学分绩点、考研推荐、评优树先的大腿，也滋生了部分老师拿学生当自己的私人财产的认识。"（FT-15）

---

① 房婉萍. 我国研究生教育中师生关系的异化及其重构：基于学术资本主义理论的分析 [J]. 煤炭高等教育, 2020, 38（3）：54-58.

② 田豆豆. 导师与研究生，的确是"雇佣"关系 [EB/OL]. (2005-03-22) [2023-12-02]. http://edu.people.com.cn/GB/1055/3261062.html.

③ 陈恒敏. 导师、研究生关系的内在属性冲突及其超越：兼论一元主义雇佣关系的建构 [J]. 江苏高教, 2018 (1)：69-72.

还有受访者担忧资本入侵导致师生关系异化："我没把公司经营权限交给学生运营的时候，感觉师生关系还是很融洽的，我基本上有什么建议或者要求，他们都会虚心接受。但是我把财政大权交给他们以后，就有些同学觉得自己应该拿更多的钱，甚至会对接到的项目挑三拣四。比如有个专门运营短视频账号的学生，现在已经有接近90万粉丝了，连罗永浩直播平台都想签他，他就有点'飘'了，课都不上了，整天就钻到运营号的事情里，感觉都不像个学生了，我说什么他也不太愿意听了，资本力量是真的恐怖。"（FT-01）

而在学术创业的外部市场中，作为筹码的学生更无力为自我存在和发展诉求辩解。相较于学生的个性发展和能力提升，资本逻辑更关切这些潜在廉价而高质量的人力资本能够创造的效益总额和创造效益的效率值等问题。于是，作为议价筹码的学生在教师那里得不到重视，在市场中则被成本收益思维挤压到边缘地带，成为学术剥削和经济剥削交界地带的"边缘人"。即便有学生敢于挑战雇佣关系，也有可能导致"囚徒困境"：本该借助学术创业实现学术共赢，但却因为权责划分失衡、契约规定混乱、师生关系物化和价值诉求冲突等共赢性前提的丧失而走向失败。

二、学术创业相关事宜有底线洽谈中教师的身份回归

学术传统与自我信念的融通，维持着大学教师自我身份定位与制度期望间的动态平衡。在保持以创业促学术的价值导向和固守人才培养初心的基础上，大学教师正成为"为学术谋发展的权力行使者""坚守以术促学信念的独行侠"和"学生全面发展诉求的充能人"。

（一）"为学术谋发展的权力行使者"

"在所有关于大学权力斗争的议题中，学术自由是最具争议性和关注度的。学术自由并不能简单理解为大学组织内部成员的某种组织福利，而是某种基于知识神圣性的哲学奖励，大学凭借学术自由得以良性运转，也会因为丧失学术自由而变得更具效率。任何对大学是什么，应然如何的讨论都必须基于学术自由的合法性根基；相反，大学如果拥抱竞争机制和契约化合同，就必须将课程设置、办学资金、组织管理、办学质量等权力交付市场，实现其为绩效负责的转向。"[①] 学术资本主义对学术权力的异化，

---

① LOUIS M. The Future of Academic Freedom [M]. Chicago: University of Chicago Press, 1996: 4.

迫切要求大学教师理性审视其权力向度和效用限度，消解学术权力异化导致的身份危机，回归学术权力为学术创新和人才培养服务的正轨。

大学教师能够凭借学术权力抵制资本力量的侵蚀的原因在于"知识资本既能充当斗争利器，也能作为斗争的最终目的，使其拥有者能在大学场域内应对来自制度规约和学科体系的压力，进而被视作实质性力量而非虚无缥缈的东西"①。"按照发生学理论的观点，知识与权力是相伴而生的，任何权力都源自复杂性或稀有性知识的掌控，那些最初把持权力的人总是具备这样或那样的知识；知识成为塑造权力的手段，而权力本身就蕴含着某种知识的高深性或稀缺性。"② 福柯亦指出："权力制造了知识，权力与知识相互关联；缺乏相应的知识建构就无法生成权力关系，同样地，假如没有预设相应的权力关系，也就不会存在任何意义上的知识"，"权力总是与知识相伴而生，缺少相应的知识领域就无法审视领域中交织的权力关系，而缺少预设的权力关系就难产生相应的知识领域"③。

对大学教师而言，他们需要对学术资本赋予的知识生产和转化的话语权进行理性审查，避免借助学术资本增殖流转而为自我谋求私利的"权力泛滥行为"，将学术权力收归学术伦理和育人初心构筑的"学术制度的笼子里"，形成学术创业权力不敢利益化的价值共识、学术创业目标不能逐利化的理性认知、学术创业权限不滥用的行动信念，将学术创业自主权用于反哺教学、科研等工作。他们也需要在市场领域凭借学术创业自主权有效抵制资本权力的触角，警惕学术权力沦为资本权力的仆从，合理利用学术权力就知识转化的方向、性质、内容、方式等进行基于学术性和道德性的审查，用学术权力自赋性的学术使命感和责任感抵制资本力量造成的学术创业动机挫败感。

此外，大学人创业自主权运转需要象牙塔式的哲学自觉的价值引领和行为规范。在金钱喧嚣的时代，大学人似乎更需要"象牙塔式"的哲学自觉来规范学术权力，慎思明辨学术权力是否为心怀梦想的年轻人提供了塑造身心的帮助，是否为调节人与社会的秩序提供判别依据及方式，是否为

---

① 布迪厄，华康德. 实践与反思：反思社会学导引 [M]. 李猛，等译. 北京：中央编译出版社，2004：135-136.

② 何历宁. 现代化进程中的知识与权力 [J]. 复旦教育论坛，2004 (1)：20-25.

③ MICHEL F. Discipline and Punish: The Birth of the Prison [M]. New York: Vintage Books, 1979: 27.

人的个性全面发展创设宽容和谐的环境。中世纪大学的这种哲学自觉就是远离宗教束缚，而在知识资本语境中则体现为大学极力挣脱民族国家现代化进程的过度束缚。某种程度上，大学能够多大程度上抵御世俗世界的金钱诱惑，大学人的哲学性格就能在多大程度上发挥作用。大学人越具有这种哲学性格，就越能培育自己的个性特色，就越能划清知识与资本的价值界限，越能构筑起以资本服务学术发展和人才培养的价值共识。

（二）"坚守以术促学信念的独行侠"

学术创业不是灾难，而是大学教师需要面临的现实，完全抵制或过度迎合学术创业都非理性行为，也不利于大学职能的发挥。大学教师应当成为具有"独行侠"精神的学术创业人，恪守学术伦理底线，在知识从校园走向市场的实践中始终保持清醒的头脑和独立的人格，用"独行侠"式的学术精神来引导和转化知识生产力为社会生产力，同时秉持共享化的理念来推广知识。

扮演好具有"独行侠"精神的学术创业人，是建立在高等教育"准市场性"前提下的，否则"独行侠"精神就会因完全市场化规则而枯萎。高等教育市场本质上是"准市场或类市场"的，高等教育市场以增进人的完善性为核心追求。这种价值追求具有稀缺性和零和性，难以达到市场发展的要求和条件。高等教育市场中的竞争关系远比知识交换更普遍化，且教育生产也并非完全属于市场化的行为（教育及其产品的公共属性）。毕竟，完全竞争市场总是预设产业和消费者具有信息对称性（消费行为发生在信息充分认识的基础上），但高等教育的"产品质量"评价是个棘手问题；学生选择某种知识产品也并非完全受理性支配，地域偏好性或兴趣驱动性因素亦影响其选择；政府也不会允许高等教育像市场经济环境那般自负盈亏，必定要对产出公共性产品的大学负责。因此，高等教育市场绝不可能是完全市场化的，只能算准市场或类市场性的。市场原则或价值观在高等教育领域的失灵是常态，而市场规则或秩序的完全主导则是非常态的。也正是这种市场规则的失灵常态，提供了用"独行侠"精神引领学术创业的合理合法性，彰显着学术创业人自由之精神、独立之品质和育人之初心，有效避免创业目的与创业手段的本末倒置。

要成为学术创业领域具有"独行侠"精神的创业人，大学教师应当持续增强学术资本的积累创造。某种意义上，大学如果丢掉了学术资本，也就失去了外部力量讨价还价的核心筹码。不断积累和叠加学术资本，才是大学与外部交换政治资源、经济资源和文化资源的核心策略，也只有靠学术资本的积累和持有，才能真正确保学术自由和学者自治的实现。毕竟在知识经济时代，没有谁会为不参与增强社会生产力过程的大学出资。具体来说，大学教师也需要凭借学术资本的创造和积累，获得和外部资源以及内部治理结构协商洽谈的筹码，凭借学术资本的传递、创造和转化谋求发展所需的诸类资源，实质性地获得研究独立性。

当大学教师面临学术信仰与市场逻辑的冲突时，大学教师转变为出色的"自我协商者"来抵制市场逻辑的侵蚀：在知识产权或研究保密协议签署过程中，大学教师就充分发挥"错峰与删减"机制的作用，错开或延迟研究成果产权保护的时间限度或者删减研究成果中抵触学术信念或过于功利化的内容，充分利用知识优势巩固身份合法性；在学术创业过程中，不断通过自我动机审查和学术信念强化来保证学术创业环境的民主开放性、研究成果的扩散传播的非限制性、技术专利产权的公正性、创业资源配置方案的合理性、学生权益保障的全面性，并努力消除学术创业过程中的相对剥夺感等；在与产业界就技术转化问题的洽谈中，作为具有"独行侠"精神的学术创业人，应主动站在为学生发展服务、为探索真理服务、为公共福祉服务的立场上，抵制产业界对技术垄断、资本掌控和权益配置的不合理性。如果大学教师忽视了在公共话语体系中引领社会思潮、批判社会问题和唤醒大众良知的应有使命和责任向度，他们就会丧失生存发展的道德或伦理根基而陷入技术主义和专业主义的泥淖中，最终落入技术极化、价值虚化和道德俗化的窠臼[①]。

（三）"学生全面发展诉求的充能人"

大学教师作为协商谈判专家，不仅为自身利益谋求合理比例，还注重为"被视为送给工业伙伴赠礼"[②] 的学生谋求发展的可能性，"运用谈判手段为学生争取适当经济报酬或论文发表机会，使学生不至于沦为'廉价学术打工仔'"[③]。在互动协商中，大学教师为学生提供了深度接触产业核心技术和锻炼人际交往能力的社会化情境，提升了学生的创业素养，增加了

---

① 吕红日. 教师"知识分子"角色研究 [D]. 上海：华东师范大学，2011.

② SLAUGHTER S. The "traffic" in graduate students: Graduate students as tokens of exchange between academe and industry [J]. Science, technology & human values, 2002 (2): 282-312.

③ 张静宁. 英美大学教师学术身份在"学术资本主义"环境下的建构 [J]. 外国教育研究, 2014, 41 (7): 54-62.

学生的就业机会。尽管医疗卫生领域的专业具有诱人的市场价值和产品转化率，但也有像物理学领域专利那样，被视为学术成员与产业实验室议价的筹码，而议价的目的不在金钱，在于该研究的可及性、精简设备的配置、参与学生的资助扶持等①。学术资本化提供了学生参与市场实践的机会，有助于提升学生学术水平、经营人际关系、建构协同意识、保障学术生活等②，甚至还增强了学生创新创业意识与能力，拓展了学生检验知识语境性的空间。

应当悦纳师生关系的经济性，警惕经济关系普遍化，建构市场经济契约伦理，兼容学术伦理与经济伦理的共存共生性。可以借鉴欧美院校做法，明确创业经费配置中的学生配额与执行标准③，建构基于市场经济规律和契约合同化的理念，确保师生各司其职、协同发展，生成学术创业合力。譬如接纳一元主义雇佣关系，"强调雇佣双方都能被情感激励的属性，雇佣双方的思维与行动建构在自我利益诉求与他者合理利益诉求相捆绑"④，进而实现协同化发展。在学术资本主义中游刃有余的学者们就指出："这些参与市场研究的研究生们名副其实地在尖端领域做科研，这些经历通常无法在校园内获得。研究生奔赴职场所急需的能力和我们（教授）相差无几。"⑤ 这种情形在问卷中也有体现：超过77%的人已经意识并认可学生参与学术创业以积累社会经验的观点。

同时，大学教师提供了培养学生独立性的创业土壤。在校内，"学生往往会为了生存安全而选择保守而更安全的研究问题"⑥，借助学术创业，教师将学生引向产业语境。学生在产业资本支持下获得了追求更有创意和热度的研究项目的机会，进而获得了释放研究自主性和创造性的空间，因为市场更能够容忍诱人而充满不确定性的研究的存在。这个过程将学生从

---

① OWEN S. Public Science, Private Science: The causes and consequences of patenting by Research One universities [J]. Dissertation abstracts international, 2000 (1): 213-216.

② 张萍. 论学术资本主义对高校学生的影响 [J]. 高教发展与评估, 2013, 29 (1): 83-88.

③ 俞菀, 吴振东. 研究生给导师打工成常态 被比廉价劳力 [EB/OL]. (2013-03-27) [2023-12-04]. https://news.sciencenet.cn/htmlnews/ 2013/3/275526.shtm.

④ COYLE S. The Employment Relationship: Examining Psychological and Contextual Perspectives [M]. Oxford: Oxford University Press, 2005: 325-330.

⑤ 斯劳特, 莱斯利. 学术资本主义: 政治、政策与创业型大学 [M]. 梁骁, 黎丽, 译. 北京: 北京大学出版社, 2014: 113.

⑥ LOVITTS E. Being a good course-taker is not enough: a theoretical perspective on the transition to independent research [J]. Studies in higher education, 2005, 30 (2): 137-154.

被动学习者转变成"受国家政策支持的创业人"①，获得了创办企业、发表论文、申请专利和资源运营的权限，这也强化了学生的自主意识和创造精神。甚至一些院校还专门规定："学生拥有专利版权"②。在美国，大学中关于学生版权的内容表现为：作为被雇佣成员，借助学术资源参与到科研转化项目中的学生拥有专利版权，如果不被学校雇佣就无法获得专利版权，即便是导师授意的项目也不能除外。一些教师倾向于向熟悉的企业或机构推荐有潜质的学生，企业也乐于接受这种潜在人力资本的馈赠，搭建学生成长的平台。"学生正成为新型人际关系的受益人"③，在学校、社会、企业协同交织的场域中频繁获得接触前沿问题、经营人际关系、参与学术研讨和独立发表成果的机会，并能够依托强大的资源支持锤炼学术素养。如苏格兰地区大学就专门拟定"创业精神培育五年规划"④（five year learning plan for entrepreneurship cultivation），注重从创业文化生态营造、创业学习能力提升和学术创业素养培育等方面，锤炼学生的创新创业意识与能力。

但在借鉴欧美大学鼓励学生参与学术创业，培养学生自主独立性和创新创业能力的经验时，我们需要立足本土学情的特殊性。第一，对师生关系的经济属性缺乏理性认知，将原本内嵌于师生关系的经济伦理等同于市场资本交易的金钱伦理，弱化了师生间平等合理的经济往来的价值共识。第二，中国学生的招生制度决定了应试价值观深入学生心智，这也压抑着内蕴在学生体内的创造精神和自主意识。第三，院校层面的制度自由空间也存在差异，欧美大学能够凭借办学主体的自由权限创新教育制度，激发学生参与学术创业的活力。但"本土大学缺乏这样的自由空间"⑤，难以敏锐而精准地应对市场变化而动态调整相关制度。

　　① MARS M. The state sponsored student entrepreneur [J]. The journal of higher education, 2008, 79 (6): 638-670.
　　② SLAUGHTER S, RHOADES G. Academic Capitalism and the New Economy: Markets, States, and Higher Education [M]. Baltimore: The Johns Hopkins University Press, 2004: 141.
　　③ THUNE T. Doctoral students on the university-industry interface: a review of the literature [J]. Higher education, 2009, 58 (5): 637-651.
　　④ 克拉克. 建立创业型大学: 组织上转型的途径 [M]. 王承绪, 等译. 北京: 人民教育出版社, 2003: 62-94.
　　⑤ 张静宁. 美国大学"学术资本主义"环境下的研究生教育所面临的挑战和机遇 [J]. 学位与研究生教育, 2014 (5): 67-71.

第四节　学术资本转化权益的"自主赋能"

大学教师常囿于产权意识薄弱、维权知识匮乏和维权能力式微而丧失成果转化效益或学术创业收益的合理配置权，多依附于院校层面的权益维护组织或机构，借助维权诉讼等手段被动获得知识资本转化的合理收益。但随着教师参与学术创业范围和深度的拓展，被动维权已不适应学术资本转化的新环境，迫切要求教师转变为自主赋能的能动维权人。

一、弱势化维权向能动化维权转变中教师的身份异化

大学教师在学术维权过程中，由于维权意识薄弱、维权成本太高和维权能力较差而处于维权弱势地位，这像极了索伦·阿拜·克尔凯郭尔（Soren Aabye Kierkegaard）所断言之"不知道有自我、不愿意有自我以及不能够有自我"[①] 之论断。越来越多的大学教师在学术创业维权过程中成为不知维权、不敢维权，不会维权的人。本该具有维权意识、维权信念和维权能力的大学教师，在维权制度缺失、维权保障不足和维权技能匮乏等客观条件限制下被塑造成维权弱者，甚至异化成"维权意识淡薄的温顺客""囿于维权代价的沉默人"和"缺乏维权能力的弱势方"。

（一）"维权意识淡薄的温顺客"

在知识产权和技术专利权益维护过程中，学术创业人始终面临产权归属争论和创业责任分摊问题。但知识产权管理领域专业素养的缺失以及知识产权保护制度建设的不完善，导致大学教师成为"维权意识淡薄的温顺客"。

一方面，大学教师缺乏创业维权的知识储备，缺乏和侵权方就侵权行为及其影响等问题开展平等对话的"武器库"，只能在侵权方"十八般武艺"的对垒中落于下风，完全丧失讨价还价的话语权，在叹息中接受被侵权的事实。"学科差异太大了，像工科专业的老师基本在外面经营公司，就很熟悉这些流程，也知道怎么处理成果转化纠纷，但是我们这些做理论研究的，就不太了解成果转化和创业维权事宜，因为我们基本上很难参与

---

① 李春梅. 试论生存论视阈下的教师评价变革 [J]. 教育探索，2010（7）：104-106.

其中，就算真出了问题也不知道该怎么办。"（FT-07）

熟悉《中华人民共和国专利法》的都清楚，只有对发明创造的特点有实质性创新贡献的人才会被规定为发明人或设计人，而组织实施发明创造或为发明创造过程提供物质或人员协调的人，均不在此列。在知识产权问题上，大学教师并不熟悉专利法及其规定，往往忽视产品概念提出的重要性，而将概念化产品实践化的过程视为关键。这是因为侵权问题和高深知识的认知距离过大，长期沉浸于"象牙塔"和实验室的学者们习惯了用知识本身的价值合理性和知识创造的归属共识来捍卫自身作为学者的权力，但是这种认知依赖性束缚甚至遮蔽了知识世俗化进程中的权责属性，以至于部分教师在意识层面还无法生成借助产权法律或专利政策维护自身合法权益，他们仍然停留在用学术共同体的标准维护自我权益，自然也就成为维权意识薄弱的顺民。

另一方面，"合理的制度能够增进人的维权意识，不合理的制度则会削弱制度及其制定者的合法性、公信力，进而降低维权人对维权成功的期待感，挫伤维权积极性"①。当前高校学术创业制度并不完善，要么参照经济领域的产权制度体系而简单移植到校园，要么沿袭传统教育制度惯性而偏于用行政力量解决维权问题。但无论哪种情况，都不站在捍卫学术创业人的立场上，都试图通过产权制度建立健全率先打开学术创业窗口，获得外部资源支持或社会声望资本，至于具体参与学术创业的教师们，显然还不在政策制定和制度保护的核心位置。同时，这种完善程度偏低的产权制度体系下，教师创业维权的意识将被抑制，试图维权的行为倾向将被制度编织的"权力笼子"所驯化。"出了问题你向学校反映，学校就给你'打哈哈'，让你去找技术转移或成果转化办公室，结果到那儿以后他们就扯皮，说这个事情牵扯的部门太多了，必须学校办公室拍板才能给落实，但是你去学校办公室的时候，他们就会说，你下面的事情和责任都还没理清楚，你来我这也没办法，我也不可能在问题没搞清楚之前给你签字盖章或者授权你干什么"（FT-12），某位曾试图维权的教师无奈地说道。

大学教师变成学术创业维权意识薄弱的人，主要表现为两种情形：一种是囿于维权知识储备不足而成为被维权方任意操控把玩的棋子，这种情况下的教师就像被抽去自主意识和维权精神的"机器人"，他们习惯于接

---

① 李维康. 维权意识与制度合理性 [J]. 黑龙江史志，2009 (2)：12-13.

受来自产业界的指令、思维和价值观，并以此作为自我行动的准则，遵照"产业说明书"机械而有效地运行，而潜藏在教师内心和知识本体中的独立意识和自主精神等则被无限搁置。另一种是部分教师具备一定的维权意识，但这种维权意识受到既有产权管理制度的规训，原本关于知识产权维护的意识则被不健全的产权管理制度所削弱，变成无法驱动维权意识转向维权行动的状态。相较于完全不具备维权意识的学术创业人，这些被削弱维权意识的学术创业人虽然能够意识到维权的重要性，但受到既有制度和产业逻辑的制约，成为有心维权但无力行动的人。最终，在传统学术维权观的路径依赖性和现有维权制度不甚健全的现实中，大学教师成为"习得性无助"的维权人，通过各种方式尝试维权的意识被不断打压，进而无法内生继续捍卫自身知识产权和专利版权的念头，任由侵权行为的发生。

（二）"囿于维权代价的沉默人"

维权成本指"维权人在遵循法律和情理的基础上，通过各种途径达成维权诉求所付出的人力、物力、财力和精神损耗等的总和"[①]。对参与学术创业的教师来说，维权代价是巨大的，这种代价既包括创新性知识的产权变更、支付在维权过程中的时间成本、维权诉讼过程中花费的金钱等有形代价，也包括参与创业维权对教学科研精力的侵占以及由此引发的精神焦虑和自我身份认同的危机等无形代价。囿于如此高昂的维权代价，部分教师在学术创业权益受损时往往沉默不语，默默承受合法权益被侵占的后果。

在经济成本上，教师在创业维权中，面临着律师聘用费、公证费、诉讼费、为诉讼过程而产生的交通和食宿费用、诉讼过程中的其他费用等经济成本考验，特别是诉讼主张不被判定为合法范畴时，还要为整个维权程序的经济损耗负责。作为经济收入整体偏低的群体，大学教师创业维权的经济成本不容小觑。在时间成本上，教师既需要承受自主协商、申诉调解、民事诉讼等维权环节所消耗的时间，特别是承受诉讼受理到判决生效的周期漫长性风险，也需要承受对判决结果不服而提出的上诉和上诉重审的时间成本损耗。"接完项目结果出问题了，导致钱不到位或者其他问题，我们不太愿意去追究的。原因很简单，你除了上课之外剩下的时间本来就不多，你还要做很多其他项目，再花时间去纠结这个问题没多少价值，损

---

① 张璐，周晓唯. 论维权成本与消费者权益保护 [J]. 西北农林科技大学学报（社会科学版），2013，13（5）：163-169.

失的时间成本都够你赚更多钱了，根本没必要去纠结，不值当的。"（FT-08）这对于"时间饥渴"的教师而言无异于雪上加霜。在精神成本上，学术创业背负的谋利性身份标签和商业精神对学术信念的侵蚀，以及投身学术创业维权造成的心力衰竭和疲惫感等也无形中损害学术创业者的精神状态，以至于他们不得不整日面对诉讼、侵权、责任和权益等交织的问责性生存环境，"处于一种飘浮无据的精神状态"①。

造成大学教师学术创业维权代价昂贵的原因很多，如维权程序过于复杂化，针对不同的维权策略有各自不同的维权程序，而大学教师并非精通维权程序的民商法领域专业人士，很难在侵权初期就能理性判断该选取何种维权手段，往往会寄希望于通过较低成本代价换取维权效果，其结果往往不尽如人意。相关研究就表明："当前知识产权诉讼案件中的非上诉性案件普遍耗时在 6 个月左右，而上诉后周期普遍超过诉讼周期规定；而在赔偿判决上，法定赔偿标准过低的情况也较为普遍，以至于被诉讼方有恃无恐，诉讼方赢官司输钱。"② 再如维权举证的难度较大。《中华人民共和国民事诉讼法》第六十条之条款规定："当事人对自己提出的主张，有责任提供证据。"③ 这种"谁主张谁举证"的规定要求教师在权益受损时能够将自我掌握的证据向法院举证，但教师很难在学术创业权益存在潜在被侵犯的阶段收集证据，错过证据收集的最佳时机，也就无法有效举证而获得法院支持。此外，受限于成本收益逻辑的理性计算，教师参与创业维权的成本如果远超维权结果的收益，多数被侵权教师并不会采取有效维权策略，因为即便维权胜诉也有可能会因为付出的时间成本和经济成本过高而得不偿失。

因此，在面临创业权益受损情况时，不少学术创业人并不倾向于采取维权手段捍卫自己的合法权益，因为参与维权可能消耗的时间周期、金钱成本和精神损耗等过于沉重，而教师本身并不愿意承担或负担不起。最终，权益受损的人没有站出来为自己呐喊，转而成为被维权成本劝退的"沉默的羔羊"。"很多外面的事情都是熟人裙带关系的，比如有些人的项

---

① 何菊玲. 教师是谁：关于教师身份的本体性追问 [J]. 陕西师范大学学报（哲学社会科学版），2013, 42（2）：98-103.

② 詹映，张弘. 我国知识产权侵权司法判例实证研究：以维权成本和侵权代价为中心 [J]. 科研管理，2015, 36（7）：145-153.

③ 中国人大网. 中华人民共和国民事诉讼法 [EB/OL].（2012-11-12）[2023-12-12].
http://www.npc.gov.cn/wxzl/gongbao/2012-11/12/ content_1745518.htm.

目是跟着以前的导师或读博院校的其他老师搞的，有钱大家一起赚了，一般人根本插不上话。就算出了岔子，也有导师或者其他熟人出来'和稀泥'，把问题给化解了，也一般用不着打官司什么的，因为都还要在圈子里混，名声搞臭了就坏了。所以真出了问题你也不能急，你要急了乱说乱做的话，代价就很大了，因为这样人家就不给你做了，最后的结果肯定是得不偿失。"（FT-13）

维权代价过大导致的维权沉默现象普遍存在。例如，2021 年赵德馨教授起诉知网侵犯知识产权一案中，赵德馨教授就坦言："学者们不愿维权的很大原因在于代价过大，在不能保证胜诉的情况下还要承担诉讼费和律师费，消耗大量时间和精力，甚至会因此搭上学术前程，是一件得不偿失的事情。如果知网下架了你的文章，评职称和学术影响力就会受影响，所以沉默是常态，打破沉默才是非常态。"更令人担忧的是，"沉默羔羊"现象似乎越来越普遍化，也越来越被其他人所接受和认同。正如接受访谈的部分教师反映的那样："根本不敢想维权的事，花在维权上的代价都比赢了官司大，你费尽心思维权成功了，也就没时间去干其他事情了，甚至会因为'斤斤计较'而被排斥在类似的活动外，因为你是个愿意找麻烦的人，而大家可能根本不想沾惹那些麻烦。"（FT-03；FT-08）

（三）"缺乏维权能力的弱势方"

大学教师在创业维权过程中的身份异化现象，其原因可能不在于教师想不想维权、敢不敢维权，而在于教师能不能维权。由于缺乏创业维权能力，大学教师往往在知识产权被侵占时处于被动、弱势和边缘的境地，成为创业维权失能人。问卷中超过 72% 的人坦诚需要学习与市场成员打交道的技能的回答也侧面印证了教师处于维权弱势方的现实。

在权力结构上，知识与资本的交织塑造了一种基于资源配给的权力话语体系，这一体系在学术创业场域中具有最大的宰制力和影响力。是否拥有学术创业所急需的资源，以及多大程度上能够支配这种资源，成为判断其是否具备学术创业自主权的标准。一方面，"新自由主义语境中，政府不再主宰经济社会发展，而将权力交付自由市场，将自己定位成经济秩序的监督者和引领者，确保资本流通的非紊乱化"①。另一方面，深陷排名漩

---

① 斯劳特，莱斯利. 学术资本主义：政治、政策与创业型大学［M］. 梁骁，黎丽，译. 北京：北京大学出版社，2014：31.

涡和绩效竞争的桎梏的大学①，正在这种外驱力作用将判断自身及其成员诉求合法合理性的标准转向如何迎合市场需求以获得发展资源，而更致命的是，大学正逐渐将判别学术职业合法性的权限交付市场。于是作为资源需求方的大学创业人就处于资源架构起的权力结构的底层，而基于学术自由架构的权力结构则无力抵抗这种权力反转。试图维护自身合法权益的行为也会因人微言轻而被冷落，甚至投诉无门。譬如参与学术创业有时会深陷科研成果延迟发表困境。麻省理工学院的研究指出："在参与调查的 210 家生物制药企业当中，超过 58% 的企业都明确要求科研人员延迟发表科研成果；而针对 2 167 位学者的调研也表明，接近 20% 的科学家们曾经因为专利保护主义而至少推迟半年发表研究成果。"② 而接受访谈的教师也认为"在和企业合作时，新技术或新思想无法及时转化成论文或专利，好多合同都存在知识产权转让给出资方的霸王条款"（FT-05）。

值得注意的是，院校层次、学科属性和职称等变量对教师学术创业维权能力并无明显影响，不论是高职院校、普通本科院校还是"双一流"院校的教师，都普遍缺乏创业维权能力，表现为维权策略匮乏、维权制度不甚健全。正如部分受访教师所言："即便国内顶尖大学，其教师也普遍缺乏维权能力，学校能提供的制度支持也有限，名校尚且如此，更遑论普通院校的教师了"（FT-04；FT-12）、"像我们这种普通院校的老师，出了事就只能干瞪眼，找学校没有专门部门负责，找行政部门又没事先取证，找涉事机构交涉又不懂规则，真是苦不堪言"（FT-10）。

在维权策略上，参与学术创业的教师通常不像那些长期从事资本运营的商业人士，后者具有敏锐的维权嗅觉和多样化的维权选择。因此，当出现知识产权纠纷问题时，商业人士往往能够在短期内对侵权行为的性质、方式、后果和潜在风险等进行理性评估，并制定出最符合自身利益或能将损失最小化的行动策略。反观教师，在面临知识产权问题时，往往寄希望于通过向学校管理部门申诉、向涉事企业管理层反映等协商性的方式捍卫自身合法权益，但这些策略往往缺乏执行力和监督性而导致事倍功半。维权策略可选择性受限，意味着多渠道反映产权纠纷问题的可能性被压缩，引起社会共同关切的热度被冷却，最终导致学术创业人维权能力退化，变

① PODOLNY J. A Status-based model of market competition [J]. American journal of sociology, 1993（4）：829-873.

② 游振声. 美国研究型大学学术创业模式研究 [M]. 重庆：重庆大学出版社，2017：209.

成有心无力的弱势群体。这也是为何最新《中华人民共和国教师法（修订草案）》① 非常强调学术成果转化过程中的权益分配和维权保障问题的原因所在。

在维权制度上，既有维权制度健全度不足，制约教师创业维权的能动性。一是经费来源复杂性导致经费管理权限模糊性，既有法律法规与制度政策严重缺位，经常使用"特定情况或通常情况"等模糊语言，相关制度又并未交代知识产权是否完全交付给大学及其成员，那些仍归属政府或出资方。有学者对国内 137 所"双一流"大学的教师参与社会兼职的制度规定问题进行分析，结果发现："至少三分之一以上院校对教师社会兼职问题缺乏明确而规范的制度规定，譬如制度系统性的缺失、独立性的不足和分类的模糊化。"② 在政策法律层面对知识产权的保护性规定较为宏观，缺乏实际操作性，除了《中华人民共和国科学技术进步法》对科研项目承担人的产权责任进行规定外，较少出现直接或明确表述知识产权归属性的条文，进而导致大学教师学术创业的权利与义务、职责与权限、侵权与维权等进行细致规定。

二是职务性产权成果和非职务性产权成果的归属问题不清晰。对大学教师学术创业的产权成果的取得，多大程度上是组织支持完成的，还是由个人凭借自我能力完成的缺乏清晰判定。部分学校认为只要在校内完成或部分借助校内场所、书籍或实验条件而取得的知识产权就归属学校所有，对创业人自我能动性缺乏肯定，进而混淆着本职与兼职、职务性与非职务性知识产权的权责划分界限。尽管新修订的《中华人民共和国专利法》已经践行"约定归属原则"，规定被雇佣的人也能成为知识产权拥有者，但制度依赖性的弊病导致大学相关制度并未跟上步伐，雇员作为产权所有人的规定并未在大学治理体系中有所体现。"我们学校成果转化或者专利问题没有出台相应的规章制度，直接就是沿用国家知识产权局的政策法规，而且专利保护和产权维护办公室的建制相当松散，成员多是相关领域教师兼任的，业务能力上也有欠缺"（FT-02），某资深教授直言。

① 中华人民共和国中央人民政府. 教育部关于《中华人民共和国教师法（修订草案）（征求意见稿）》公开征求意见的公告［EB/OL］.（2021-11-29）［2023-11-30］. http://www.gov.cn/xinwen/2021-11/29/5654845/files/2f01c2970b0e491f9c7 7f1491104b6b2.docx.

② 黄小宾，杨超. 大学教师社会兼职行为规范的现状及改进策略：基于 137 所"双一流"大学相关规定剖析［J］. 现代教育科学，2021（2）：111-118.

三是高校自拟的知识产权规章制度不健全。相关研究表明："包括清北复交在内的十余所一流大学的知识产权政策文本都存在不同程度上借鉴或参照教育部相关文件的问题，缺乏可操作性，重视科研经费的管理胜过知识产权保护"①，这些制度隐患为削弱了大学及其成员在产权纠纷问题上胜诉可能性，也钳制了大学人捍卫自身合法权益的行动力。

此外，部分教师以科研立项或产学研项目签订为核心利益诉求，忽视成果转化及转化效益再分配的问题，甚至默认双方共同持有知识产权，都无形中限制了创业维权的行动空间。最终导致大学教师在被边缘化的权力结构、维权策略的有限性和维权制度的不健全性的综合作用下成为失能性维权人。

二、成果转化语境下自主能动维权中教师的身份回归

虽然政府、市场和大学拥有知识资本的物质生产工具（如建筑、土地和资金等），但却不能拥有或控制作为精神生产工具的大学教师。因此，大学教师要从维权弱势者转变成维权平等方，从缺乏维权意识、受限维权成本和维权行为失能状态转变成具有自主维权意识、能够合理转嫁维权成本和拥有赋能维权力量的能动维权人。

（一）"自主维权意识的强化人"

从缺乏维权意识的被动人转化为富有维权意识的能动人，既是大学教师创业维权的应然选择，也是捍卫知识产权公正性的客观要求。要成为自主维权意识的强化人，教师要彻底摆脱三重惯习的依赖性，具有破除旧思想、旧制度和旧观念的勇气和决心。教师凭借知识资本持有和增殖优势，获得来自商业伙伴的资源支撑而具备向教育行政成员争取资金配置权、薪资待遇及学术声望的话语权，反制学术科层制对学术绩效的制度规约；教师借助自身知识权威的便利，刻意保持知识与金钱间的距离，规避商业伙伴在知识资本诉求中有意或无意地侵害知识公益性和学术伦理性的行为；教师秉承知识为公共利益（public good）服务的概念具有争议性或情境建构性理念，倡导为经济发展服务就是为社会公众服务的价值观，并以生物科学等在产业与大学间密切合作的成功经验为典例，指明"商业伙伴是学

① 黄超，韩赤风. 我国大学教师科研成果的知识产权属性与法律保护研究［J］. 江苏高教，2018（12）：54-58.

术地带的成员，而知识资本化是为公众利益服务的科技转化活动"①。

要成为具有自主维权意识的能动人，要求大学教师破除按照知识内在逻辑捍卫知识产权的思维惯性，充分意识到按照学术共同体规范或学术道德来捍卫知识产权的思维错位性。因为被维权方并不以学术共同体的价值规范为自身目标与行动的方针，而是按照经济理性思维参与到知识资本转化的，因而一厢情愿地按照知识自在的逻辑来捍卫知识的世俗价值必将遮蔽用经济理性的逻辑来捍卫知识产权的意识。同时，大学教师需要破除被既有知识产权保护制度体系所规训的弱维权性思维的束缚，警惕完全参照市场经济规则而建构的产权保护体系和依循传统行政逻辑而建构起的知识产权保护体系的立场侵占，确保自身创业维权意识不受金钱思维的引诱，不受行政思维的挤压，能够站在为知识传播与发展本身的立场上内生维权意识。此外，大学教师需要破除被知识资本化逻辑所浸染的商业文化的影响，不因知识资本化在改造社会和解放生产力过程的巨大成就所塑造的强大价值观的影响而丧失作为学术创业人的初心，警惕创业维权转变成资本分赃的危险。

当然，要成为能动维权人，还需要不断强化自身作为人力资本产权人的身份属性。"人力资本产权意味着明确大学教师人力资本的所有权，激励其自主支配自我知识资本，按照自我意志从事知识资本转化，进而确保自身合法权益不受侵害。"② 明确大学教师的人力资本产权人身份属性，一定程度上改变了教师与学校的人身依附性关系定位，有助于将教师与学校建构起契约关系，进而明晰自身作为成果产权人的身份属性，进而生成独立于大学实体的自主意识，能够在自身合法权益受到侵害时果断出击。

（二）"创业维权成本的转移人"

大学教师创业维权难的另一大制约因素就是维权成本过高，导致不少维权人在面临侵权情况时望而却步。但实际上，大学教师并未束手无策，因为创业维权涉及的领域众多、关系复杂、权力结构纵横交错，虽然会增加创业维权的难度，但也正是这些复杂性元素的多域交织，也提供了大学教师多渠道转移维权成本的契机。

只要大学存在的合法性仍然建立在人才培养和追求知识美好性的基础

---

① MENDOZA P. The role of context in academic capitalism: The industry-friendly department case [J]. The Journal of Higher Education, 2012 (1): 26-48.

② 曹辉. 人力资本产权视域中的高校教师激励 [J]. 教育发展研究, 2012, 32 (6): 72-75.

上，大学人就能够持续借助这种合法性合理地转移维权成本。毕竟，大学是按照知识专业性、专门化和特定性而组建的"底部沉重"（bottom heavy）组织，学者间或部门间的联动也不基于行政权力，而是基于彼此对知识及其美好性的共识性承诺。基于此，大学教师能够借助人才培养和学术共同体规范而获得身份庇护，进而具有了合理转移维权成本的可能性。例如，大学教师能够在知识产权纠纷中，联合更多学术领域的专家学者，产生捍卫知识产权的联动效果，进而引起更广泛和更深刻的社会关注，以及随之而来的公开透明的维权结果。凭借学者共同体建构的维权力量显然能够转移个体产权纠纷的维权成本，最大限度地获得预期维权效果。再如，大学教师参与知识产权维护过程所消耗的时间精力，会削弱自身作为育人师者和求真学者的身份合法性，但教师可以凭借现代化信息技术实现课程同步化和学习在线化，消解教书育人的时空限制，释放出部分时间精力，进而认真履行好教书育人和探究真理的本真责任，最终抵消外界对教师"不务正业"的批评。同时，大学教师能够借助大学办学声誉而获得创业维权的道德性优势，特别是维权结果涉及大学使命的发挥和学生权益的保障时，这种维权行为越能引起价值认同和道德共鸣，这也无形中增加了这类维权行动成功的可能性。此外，大学教师凭借自身作为知识资本产权人和知识资本转化载体的天然优势，在签订成果转化协议时尽可能补充潜在风险性元素的权责划分条款以及相应的补偿机制，规避后续维权的权责模糊性，抵消知识产权纠纷中责任缺失或监管缺位的成本损耗。

当然，任何试图转移维权成本的行为都需要建立在有益于学生全面发展、有益于学术繁荣和有益于公众福祉的前提下，否则，大学教师创业维权成本转移就会被异化动机转变成维权成本转嫁。因为成本转嫁的性质是将负担或代价转移给其他人，而非通过成本转移达成共赢局面。

（三）"创业维权能力的提升人"

学术创业也是创业，创业就面临维权问题。对大学教师来说，问题不是要不要参与知识资本转化过程，而是如何为参与成果转化过程增能赋权，锤炼自身维权本领。大学教师理应扮演好提升自我维权效能的学习者，捍卫自身合法权益。

成为自我充能的学术维权人，要求大学教师掌握必要的维权知识[①]。

---

① 张国强. 高校教师知识产权侵权行为与预防策略研究［J］. 河北大学学报（哲学社会科学版），2018，43（6）：64-68.

大学教师应当主动学习知识产权相关法律和政策，对知识产权侵权情况和适用条款、维权策略和可能产生的后果等有较为清晰的认知，并以此作为自身维权行动的方向指引，主动抵制侵权行为。学会及时审查自身知识产权是否受到侵犯，明确捍卫自身权限的路径。比如大学教师需要掌握主动收集和归类诉讼证据、甄选诉讼代表、向法庭陈述请求以及做好与工业代表深度洽谈的准备等相关知识，捍卫自身知识产权。

成为自我充能的学术维权人，要求大学教师主动对接商业界。通过主动对接商业成员、参与商业事务和处理商业问题等方式了解知识产权保护和侵权的主流应对模式和具有代表性的维权判例，进而不断锤炼应对专利侵权纠纷的能力。例如，通过举办创业洽谈会等方式邀请风险投资人、产权专家、商业领袖以及民商法领域专业人士等共聚校园，并就知识产权问题展开专题研讨。同时，还可邀请知识产权维护领域专业成员入驻校园，就产权维护和侵权诉讼等问题展开讨论，了解专业人士看待和处理维权问题的立场、方式和程序，进而实现"他者经验的自我内化"。可以学习美国大学开展的"企业家常驻校园活动"①（Entrepreneur-in-Residence），邀请企业中专门负责专利维权的成员进校现场指导，用专业思维和专业方式解读侵权维权问题。

成为自我充能的学术维权人，要求大学教师锤炼维权谈判力。"谈判力指在特定议题协商对话和利益交涉过程中所表现出的思维敏捷性、表达精准性、应变灵活度和决断果敢性等素养的综合。"② 大学教师在谈判维权时需保持思维敏捷性，善于观察，察觉侵权方在思想、语言、行动等细节的变化，进而合理预测其心理状态和谈判意图，审时度势地占据谈判先机，进而为打开突破口提供思路；大学教师需在谈判维权时注重语言表达的流畅性、规范化、准确度和艺术性，巧用暗示性语言、模糊性语言、无声化语言等在表达诉求上的优势，善用身体性语言和幽默化语言在表达情绪态度上的便捷性，力争用精准客观、诚恳严谨的观点捍卫自身合法权益；大学教师需增强谈判维权过程中的临场应变能力，在谈判前对可能出现的问题进行细致梳理，并准备好应对之策，避免在出现不确定性问题时处于谈判劣势地位，进而导致维权诉求被削弱甚至被无视。同时，拥有临

①　Denison University. Entrepreneurs in Residence［EB/OL］.（2020-11-12）［2023-11-20］. https://denison.edu/career/entrepreneurship/entrepreneurs-in-residence.

②　李映霞. 管理沟通：理论、案例与实训［M］. 北京：人民邮电出版社，2017：122.

场应变能力还能帮助维权谈判人在情况转变时动态修订谈判目标和谈判策略，冷静应对可能出现的谈判危机①；大学教师需强化谈判决断能力，在综合各种因素和潜在风险的干扰下，能够由表及里、由现象到本质的抽丝剥茧，找到谈判纠纷的本质关切点，依据既有法律和规章的要求，做出最有利于保障自身合法权益的决断。这意味着大学教师具有较高的问题洞察力、信息辨别力和自主判断力，能够根据既有问题、现实和条件做出恰当化的决定②。

需要注意的是，大学教师增强维权能力的目的是捍卫自身合法性权益，并不是以维权为借口谋求特定利益诉求或研究便利的武器。大学教师在增强维权能力的同时，绝不能滥用维权手段谋求法律、学术和道德所禁止的结果。譬如，有些学者就会拿知识的公共性来为自己辩护，用学术自由、学术自治和大学理性来维护自己的身份以及身份所承载的意蕴，用知识为公众服务的美好愿景警示世人，获得赞誉和相应利益，就像×国政府那般，用人权为借口干涉国际社会的政治秩序和具体国家的内政，这可以说是对知识公共性的滥用。故而大学教师在自我充能的过程中，应谨守"触电"的绝缘底线，切不可为私利而滥用维权手段，警惕维权异化成新的谋权谋利方式。

第五节 学术资本转化空间的"延展拓宽"

如果说传统上的大学教师以校园为点，以产业需求为线，勾勒出以点带线的成果转化线条，那么当前的大学教师就是以自身学术资本为点，绘制出校园、知识、产业三维立体的成果转化空间。在走出校园空间、走向经济市场和走进公众视野的过程中，大学教师正逐渐拓宽知识转化为生产力的空间，成为名副其实的学术资本转化空间拓展人。

一、外延式拓展向内涵式拓展转变中教师的身份异化

学术网络向市场网络的转变伴随着的是学者向创业人的身份转换，以及这种身份转换引起的身份合法性和责任定位、行动策略的转变，进而造

---

① 王广智. 如何在合同谈判中争取最大的利益 [J]. 科技信息, 2012 (15)：443-447.
② 杨光荣. 提高应对复杂局面的能力 [N]. 人民日报, 2015-12-29 (7).

成学术创业身份"转换危机"①。一方面，大学教师面临知识合法性到管制合法性的转向。学术创业身份建构的合法性不再完全依仗知识公共性和无私性的认识论基础，转而需要为体现企业生存合法性的绩效管控认识论服务。但教师在科研网络中建构的合法性并不被市场网络所悦纳，因为产业领域更倾向于以"企业创始者及其构成团队的身份来建构组织合法性的标准"②，而非参与学术创业的教师。另一方面，技术责任到绩效责任的转向。在不直接参与资本运作和产品营销的阶段，大学教师只需要对知识的原创性负责，聚焦于验证知识所具备技术转化潜质和可能性策略，无须对技术转化能否获利以及获利后的权益配置等问题负责；在深度参与知识资本运作和知识产品营销的阶段，大学教师作为学术创业型企业的责任人，必须对企业良性运转和产品的市场拓展负责，用管理、绩效和竞争的责任意识来对待学术创业。

以学术为志业的信仰，在创业场域转换、拓展和交汇过程中，逐渐丧失了其原本对学术创业信念及行为所具备的统摄和规范作用的影响力，大学教师在这个新生而缺少秩序感的空间中获得了前所未有的行动自主性和行动自决性。部分教师受企业思维和功利文化的影响，丧失了以创业促进学术发展的价值立场，转而异化成"偏重做大规模的创业者""中间地带中的脱缰野马"和"创业生态位的失衡人"。

（一）"偏重做大规模的创业者"

现代科学技术从校园转向市场的方式至少在范围或深度上有所拓展，变得更为复杂：从最初的"衍生型企业"（实验室到市场产品的因果性过程中并不实体化存在的技术转化样态），转变成"技术化转让"（知识从抽象化样态被静态化为知识产权或技术专利，进而具备更高的市场转让属性），最终转变成"学术创业"（学者越过科技转化园或技术孵化中心而直接凭借自身知识资本及其静态化形态参与市场竞争）。

然而，学术创业人在拓宽创业空间的过程中，始终采用规模扩张式的发展策略，试图通过拓宽学术创业网络空间来构建多元共生的创业格局，

① 李纪珍，李晓华，陈聪，等. 学术创业企业从 0 到 1 的成长 ［J］. 科研管理，2020，41 （6）：139-148.

② FIOL M. Managing culture as a competitive resource：An identity-based view of sustainable advantage ［J］. Journal of management，1991，17 （1）：191-211.

并以此作为证明其学术创业能力的核心指标。一方面，一些大学教师在学术创业过程中，将创建自身与企业界的联系的多寡视为衡量自身学术创业水平的标尺，潜意识认为越多的企业对其提供的技术或方法感兴趣，就越能证明其在成果转化领域的无限潜力，而这种潜力也越能夯实其在学术创业领域的优势地位。"多做就比少做好，做大就比做小好，因为项目越多、规模越大，就证明你的业务能力越强，说明跟你合作就越有保障，很多人就认这个理儿。"（FT-03）然而，"摊大饼"式的规模扩张却存在着盲目行动和缺乏理性审查的危险，容易将好创意交给缺乏相应实力的产业成员，或将坏创意交给颇具诚意与实力的产业伙伴，进而破坏本就羸弱而缺乏信任感的校企合作关系，不利于学术创业实质性发展。

另一方面，参与学术创业的教师还通过不断增加科研产出的方式来向创业市场和校内管理者自证实力，用科研成果"数量的增长"来强化自身学术创业身份的话语权。但是"数量的增长"真的就代表了"内涵的提升"和学术创业深度的拓展吗？最新研究表明："双一流"院校中参与学术创业、在企业任职、参与企业管理的大学教师，其科研产出数量的增长高于未参与学术创业活动的大学教师，而参与学术创业活动的教师科研产出的"量产"优势并未辐射到"优产"上，那些担任创业公司高管或董事的大学教师与科研"优产"或国际学术合作等呈现负相关性[①]。可见，执着于通过拓宽创业网络或增加科研产出来证明自身学术创业能力与成效的方式存在着认知缺陷，因为学术创业能力的评价标准并非只有数量之维，还有内涵之维。而且，外延式发展模式在高等教育内涵式发展和追求高质量发展的过程中的种种弊端也表明，数量和质量、规模与内涵并不能画等号。

在某种程度上，这种偏重做大规模、追求数量增长的创业思维体现了学术创业发展受高等教育外延式发展模式的路径依赖。在高等教育整体反思外延式发展所带来的弊病之际，学术创业亦应警惕这种外延式思维的侵蚀，勿以创业规模的拓展和科研成果的数量作为创业行动的方向标。

（二）"中间地带中的脱缰野马"

现代性理论认为，身份是附着合法性的关键载体，预设了某种特定身

---

① 杨希，李欢. 学术创业如何影响学者科研产出：以"双一流"建设高校材料学科为例 [J]. 中国高教研究，2021（3）：37-43.

份所应具备的正当性、有效性和责任性的标准①。"如果某个事物无法得到社会的普遍认可，他就会遭遇合法性危机。"② 因而在学术创业场域扩展、转换和穿梭的过程中，大学教师创业者身份转变总是与其身份合法性规约相伴相生的。在学术身份转换中，创业身份合法性需要回应其预设正当性和有效性，进而实现创业动机、行为和价值观的自我规约和外部规制。

在市场、政府和院校交织成的学术创业复杂场域中，存在着三重边界交织的"中间地带"。它的特殊性在于：聚集了多重身份合法性要求，创设了多维协同的合法性场域，模糊了创业行动的合法性界限。于是，"中间地带"就成为那些被资本逻辑渗透或功利主义思维浸染的学术创业人的"法外之地"，因为他们总会借助多重身份合法性的护盾，抵消外界对其创业动机、行为和价值观的审查或质疑，变成脱离缰绳的野马，恣意地追逐资本回报。

研究表明，大学教师的市场化生存需要回应多重身份合法性的要求，"这种身份合法性体现在价值认知、市场活动和社会责任等多维度"③④，可具体表征为：①认知合法性（cognitive legitimacy），确保学术创业主要用于对大学中的知识或技术进行市场转化的社会共识；②道德合法性（moral legitimacy），能够确保学术创业本身契合经济社会发展需要和服务公共生活；③策略合法性（pragmatic legitimacy），获得对知识或技术在市场转化可行性上的证明性。这三种合法性为创业教师在"中间地带"不受身份合法性约束提供了"武器"。

当教师作为社会服务者的身份合法性受到来自市场和政府主体的质疑时，他们便宣称自身作为教育行政服务的组成部分，具有为经济社会发展服务的本职使命，规避外部对其不教书育人的批评和缺乏原创性学术贡献的不满。同时，他们会在对外行动中将自身和院校科技处、成果转化中心或产业科技园区的管理人员同等看待，以此获得身份合法性庇护。"把自己说成是践行社会服务职能的教育行政系统的管理者，就能抵消别人对你

---

① 吉登斯. 现代性与自我认同：现代晚期的自我与社会 [M]. 赵旭东，等译. 北京：生活·读书·新知三联书店，1998：2-12.

② 哈贝马斯. 合法化危机 [M]. 刘北成，等译. 上海：上海世纪出版集团，2009：54.

③ SUCHMAN C. Managing legitimacy：Strategic and institutional approaches [J]. Academy of management review，1995，20（3）：571-610.

④ ZIMMERMAN A. Beyond survival：Achieving new venture growth by building legitimacy [J]. The academy of management review，2002，27（3）：414-431.

不好好教书和拿不出像样的成果的批评，繁杂的行政事务下难以静心上课和做科研是能够被理解的。"（FT-12）

当教师作为学术创业者的身份合法性受到来自院校和政府主体的质疑时，他们常常会以政府主导颁布制定的《国务院关于大力推进大众创业万众创新若干政策措施的意见》和《教育部 科技部关于加强高等学校科技成果转移转化工作的若干意见》等政策合法性的力量抵消批评，或者"以学术创业为大学发展谋求的真金白银和地域经济社会发展的实效来抵制质疑声音"①。有谁会质疑国家对科技成果转化和推动创新创业教育的政策合理合法性呢？"如果有人批评我整天忙着搞项目，不在学校好好上课，我也不害怕，因为国家鼓励教师走出校园为社会服务，而且我还通过成果转化赚到钱，还把学生的就业能力提高了，学校里的课就算没用心上，谁也不好说我什么，毕竟真金白银的东西我都实打实的办到了，学校成果转化数据面板上有我的贡献"（FT-10），一位受访者直言。

当教师作为产品研发者的身份合法性受到来自院校和市场主体的质疑时，他们经常会以技术转移伴随着科研影响力的扩大、学生创业见习平台的拓展以及学术职业缺乏市场素养而专注于探索新知的理由来转移其技术研发走向市场化的能力薄弱性的批评，借助自身作为学术人的身份庇佑抵消产业界或学术界的批评。"在被怀疑缺乏市场能力的时候，大学教师这个身份标识就能帮你抵消部分质疑声音，因为在社会普遍性认知中：大学教师是埋头学问的读书人，对资本市场缺乏敏锐嗅觉和应对能力是正常的事情。"（FT-08）

于是在学术创业"中间地带"，他们总能以各种身份合法性来抵挡单独身份诉求的期望或批评，进而通过这种"灵活的护盾"为自身思想和行为不受管控提供"法外之地"，进而成为缺乏底线和约束的"脱缰野马"，在资本的诱惑下迷失学术创业的方向和自我身份定位。

（三）"创业生态位的失衡人"

生态位（ecological niche）又称生态龛，多被用来描述个体或种群在群落中的时空位置及功能关系，或某种生物能够生存下去的最小生境阈

---

① 王路昊. 作为学术创业者的大学孵化器管理者 [J]. 科学学研究，2021，39（3）：499-506.

值①。起初，生态位是用来描述某种生物群落满足自身生存需要而依仗的物质、能量、资源和信息等的获取的总和。当缺少敌害和不受天气因素影响的情况下，生态位表现为原始生态位或理想生态位（fundamnental niche），而实际上生物种群只能占据现实生态位（realized niche）。生态位概念引入教育研究领域后，普遍被用于分析大学组织定位②、学科发展③等问题，并逐渐生成了以生态位观念审视学术生态问题的共识④。

在知识从校园走向市场的时空转换中，学术创业者同样面临着创业生态位失衡化的困扰。在创业人与市场主体的物质、能量和信息交换过程中，部分学术明星能够凭借自身学术声望以及这种声望潜在预设的学术创业潜力获得来自产业界的慷慨资助⑤，获得学术创业的启动资源和宝贵的创业试错机会，而那些缺乏学术声望的青年学者则无法获得学术创业所需的物质、能量和信息等发展资源。"现在的情况就是'牛人'越做越好，越做越强，结果就是越来越多的机会找上门来，而那些年轻有创意和闯劲的人，就没什么资源了。如果你跟着'牛人'的团队，肯定不差机会的，如果你是'个体户'，可能混口饭吃都难。"（FT-11）

这种以学术声望为投资评估依据的做法导致青年学者难以维持自身学术创业事务的现实生态位，在整个学术创业生态系统中处于被边缘化和被啄食的境地。在创业人与大学管理层的发展资源置换层面，那些靠近市场转化的学科共同体成员，凭借自身学术资本近市场性的便利，获得了校级层面学科建设和专业发展的资源配置优势，导致贴近市场的强势学科获得更多的资源加持，而缺乏市场转化属性的学科共同体成员则面临着资源配置劣势，无法获得适切学科创新发展本应具备的资源空间，进而被弃置到创业生态位的底层。而在创业人与其他同事的创业发展空间和创业资源竞争过程中，具有创业潜质的生物科学、材料科学、化学、计算机科学以

---

① PETERSON T, SOBERON J, SANCHEZ-CORDERO V. Conservatism of Ecological Niches in Evolutionary Time [J]. Science, 1999, 285 (5431): 1265-1267.

② 纪秋颖, 林健. 生态位理论在大学定位中的应用 [J]. 高等工程教育研究, 2006 (3): 45-47.

③ 苏林琴. 综合性大学教育学科发展的生态学考察 [J]. 教育研究, 2020, 41 (2): 101-110.

④ 冯仕政. 学科生态、学科链与新时代社会政策学科建设 [J]. 社会学研究, 2019, 34 (4): 20-30.

⑤ DEEDS D. Predictors of capital structure in small ventures [J]. Entrepreneurship theory and practice, 1995, 22 (2): 7-18.

及商业科学等专业知识背景的教师便能够轻易接近市场并获得市场资源的注入；而那些人文学科的教师则囿于学科知识的"无用性"而较难获得来自市场和创业领域的关注。知识结构与市场距离的差别人为地造就了学术创业生态位失衡的格局，塑造出"富裕创业家"和"贫穷创业工"的身份样态，造成资源配置"马太效应"。正如某位受访者所说的那样："科研经费的竞争相当激烈，'蛋糕'就那么大，学校肯定会把钱投给能赚到更多钱或提高办学声望的学院，那些文科学院就很难拿到钱。我们学院因为疫情就削减了三分之一的经费，所以现在都过得紧巴巴的，节衣缩食。"（FT-07）

我们知道，公平而效率化的社会形态，不需要也不能够彻底消灭阶层，社会只需要为各个阶层充满欲求和能力的人提供摆脱阶层固化的通道或消除壁垒即可[1]。同样地，公平而效率化的学术创业生态系统，同样不需要也不能够彻底消灭创业生态位上"啄食人与被啄食人"的秩序格局，而是需要为处于学术创业生态位底端的学者提供摆脱啄食秩序的渠道。但把持这种渠道的利益既得者们，又怎会甘心将创业生态位的优势转手予人？

二、成果转化空间内涵式拓展过程中教师的身份回归

以知识为社会进步关键资本的时代，大学教师不但需要校园中培育能够适应或引领未来社会发展的创新性人才，担当"幕后性"的人才孵化重任，间接性地推动知学术资本向其他资本的转化，更需要在市场中凭借自身丰富的学术资本存量及所掌握的知识资本增殖能力，直接性地实现知识的市场化转化，塑造"台前性"的学术创业者形象。但在直接参与创业空间拓展过程中，大学教师应当谨慎对待学术创业场域延展引发的思维、行动和价值观层面的冲突，扮演好"成果转化深度的挖掘人""创业空间中的守界学人"和"创业生态位的能动归复人"。

（一）"成果转化深度的挖掘人"

如果说偏重追求创业空间按拓展和科研成果数量的行为契合学术创业外延式发展模式，那么偏重学术创业深度和科研成果品质的行为则契合学术创业内涵式发展模式。通常，根据事物内在的属性和存在的规律而展开的促成其本质诉求得以显现或实现的发展模式可以称之为内涵式发展，而

---

① 阎光才. 学术职业选择、阶层趣味与个人机遇 [J]. 华东师范大学学报（教育科学版），2017（6）：1-10.

侧重于通过拓展事物的数量上的增长和发展规模的拓展的发展模式则可以称之为外延式发展。"两者的根本区别在于：内涵式发展契合并指向事物本质，而外延式发展可能并不契合或指向事物的本质性规定。"①

在学术创业空间拓展过程中，相较于偏重创业空间广度拓展和创业成果数量增长的发展模式，大学教师应当走挖掘学术创业深度，以优质成果提高驱动知识生产力向社会生产力的转化效率和质量。

首先，大学教师要产出精准对接市场需求的研究成果，急经济社会发展之所急。"科研人最了解成果或技术的应用原理，是知识走向市场的'红娘'。"② 这就要求大学教师在参与知识资本转化的过程中扎根市场一线，沉底调研市场需求，精准掌握行业动态和发展趋势，对经济社会发展所需知识或技术有整体性的了解，进而结合自身科研优势和学校创业科技孵化中心的平台优势，创造出契合探究新知和市场需求的科研成果，从市场需求中来，并转而应用于市场中，达成学术创业技术优势与产业资源优势的互补对接。其次，大学教师要扭转盲目将"短平快"科研成果投向市场转化领域的倾向，着重从源头上提供优质而具有市场转化潜质的科研成果。这并不是要求教师按照市场需要开展"订单式"科研，实施"预设性"转化，而是基于经济社会发展所面临紧迫性问题或社会转型重大现实问题，并结合自身学术兴趣，产出对经济社会发展贡献度大且兼容探究真理之诉求的高质量成果。再次，要搭建高校科技成果与产业合作中心的转化平台，为优质科研成果创造、技术论证、产品中试、量产投放系列环节提供协同创新共同体支撑，创建多主体协同创新的生态系统，缩短科研成果从"书架"转向"货架"的时间成本和过程耗损，将成果转化的创新前端不断推向教师科研成果创新环节，最终实现科研成果转化数量、质量和效率的协同并进。最后，要持续优化科研成果转化的制度体系。

一方面，可通过完善科技成果转化配套支撑政策，对具有市场转化潜力的科研成果进行资金、政策和人力等多方面的配套支持，譬如设置专门负责科技成果转化服务工作的技术办公室和产业服务中心。美国高校创建的成果转化间隙组织的经验就值得借鉴。美国高等教育长久以来的自治传统，使公共部门、非营利组织、私营部门、大学之间存在一种中介或间隙

① 石中英. 高等教育内涵式发展的理论要义与实践要求 [J]. 国家教育行政学院学报，2020 (9)：7-15.
② 邱超凡. 成果转化需要科研管理人员深度参与 [N]. 中国科学报，2021-05-12 (3).

组织①。它使国家公共机构、外部组织、企业行业以及大学之间出现新的知识流动的网络，包括技术或专利的转让，与教授、商业投资、工业产品开发创生、创业活动、创业园区、科技孵化所等的拨款，在线教育资源、海外招生和学术交流等所产生的费用。间隙组织（技术转让办公室、对外合作办公室、合作交流中心、产学研实验室等）在大学内部生根发芽，旨在负责大学走向市场化或商业化过程中产生的技术转让问题、海外办学盈利问题，像黏合剂一样使大学能够从容地应对市场和政府的要求，吸收办学资源以维持大学的正常运转乃至地位的稳步提升。

另一方面，完善创新科技成果转化质量评价指标体系，转变以往市场导向的评价倾向，扭转根据成果转化创造的经济效益及其有效程度和周期长短来判定成果转化质量的倾向，将成果转化是否有助于提高公民生活质量、是否有利于人才培养能力的提升、是否有助于完善教育教学实践以及是否有利于学术研究的持续性和原创性等纳入评价指标体系。同时，要在实施统一性评价的同时兼顾成果转化质量标准差异性的实际情况，做到共性与个性、整体与特色的兼容。鼓励院校实施大学教师科技成果转化代表作评价制度，在关切应用性成果转化的同时，将基础性成果、艺术演示类成果、技术创新类成果、教学改革类成果和软项目成果等具有个人代表性的成果均纳入评价体系，拒绝用同一把尺子丈量所有的成果的倾向，释放评价制度的活性。

（二）"创业空间中的守界学人"

学术创业空间的多域交织和多重身份合法性混杂的现实，决定了学术创业责任边界的复杂性和模糊化，也正是这种空间特性滋生了多重身份合法性失效的"交叉空间"，致使缺乏责任规约意识的学术创业人在这片"法外之地"恣意妄为而又难定其责。

一方面，大学教师需要夯实三重身份合法性的根基。大学教师要守住创业空间的价值边界，始终以促成大学技术为社会发展服务为初心，并在成果转化过程中兼顾学生素养的提升和自身科研水平的提高，理性看待技术转化产生的经济效益，将其视为服务经济社会的结果而非目的，夯实学术创业的价值界限，在认知合法性维度上获得共识性支持；大学教师要在拓展创业空间过程中契合经济社会发展实际需要和为公共生活谋福祉，避

---

① MICHAEL M. The Sources of Social Power [M]. Cambridge：Cambridge University Press，1986：544.

免用市场模式和资本逻辑指导创业动机和行为，构筑合乎社会道德的学术创业合法性，规避来自商业和政治力量的干涉；大学教师要不断增强学术创业空间拓展能力，向产业界和出资方证明自身研究在市场转化过程中可行性、有效性和市场潜力，获得来自产业界的认可和接纳，为创业市场拓展提供策略合法性支撑。

另一方面，大学教师需要基于三重身份合法性划定学术创业合法性界限。新划定的合法性界限并不是依托各自身份合法性清晰地描绘各自起作用的边界，而是将三重身份合法性看作整体，重新塑造学术创业者的身份合法性，划定完整的边界。这种划分方式的好处在于提供了外界和教师理性审查学术创业版图拓展过程中自我动机与行为的责任底线，构筑了学术创业版图拓展不等同于转变大学及其成员身份、性质和责任定位的群性共识。学术创业空间延展并不缺少合法性支撑，但缺少对这种融合性身份合法性的社会肯定。因而，基于三重身份合法性构筑的思想与行为界限，能够有效回应不同利益相关群体的质疑声音，并在自我反思的过程中完成创业身份合法性的建构。

当然，对待外界质疑自身频繁穿梭于多维创业空间而以其他空间规定的合法性来为自己开拓的情况时，需要大学教师抱有学术创业促进学术繁荣、学生发展和社会进步的初心，以高度责任感和时代使命感回应各方疑虑，坚决抵制以其他合法性诉求为"挡箭牌"的行径，直面问题和质疑，用实际行动捍卫学术职业的荣光。教师可建构"以论文发表和学术承认为动机，以增加社会生活中的科技知识为目的"的学院型科学家身份合法性，建构"以追求效率和战略服务为动机，以增益经济发展为目的"的产业型科学家身份合法性，建构"以对策建言和服务大众为动机，以增进社会公共福祉为目的"的政府型科学家身份合法性，并以对真理的追求、人性的彰显和公民的幸福为归旨，"建立学院科学、产业科学和政府科学的伦理规范体系，为不同角色科学家提供伦理价值规约和指引"①，确保多重身份合法性兼容共生。

（三）"创业生态位的能动归复人"

大学教师与产业界成员、政府成员以及学科共同体成员间的学术创业生态位失衡问题不断凸显，也就越迫切呼唤大学教师自主能动地推动学术

---

① 薛桂波，刘雪．"后学院"语境下科学家角色分化及社会影响［J］．科技进步与对策，2022，39（14）：153-160.

创业生态位的归复甚至拓展。

　　创业生态位的归复，要求大学教师采取创业生态位的错位发展策略，通过错开竞争者优势的策略，错落有致地实现学术创业良性发展。第一，大学教师可以借助时间错位实现创业生态位发展，即主动错开优势竞争群体的优势时间段，进而在其优势不明显阶段抓住学术创业机遇，用时间错峰的方式拓宽学术创业空间，谋求学术创业所需的资源，像猫头鹰那样错开白天捕食劣势而借助黑夜优势获得猎物。这一点可以借鉴欧美大学实施的学术创业"五分之一法则"（one-fifth rule）。该法则要求："任何大学教师在每周工作日参与学术创业的时间不能超过一天，至于这一天是周一还是周五均有教师根据自身情况灵活决定。"[①] 这就为大学教师错位竞争，各自获得学术创业生态位提供了时间保障。第二，大学教师可以借助空间错位实现创业生态位发展。像商业机构并不一定在市中心扎堆一样，学术创业生态位的归复也不一定要盯着最火热的学术创业部分，而应当结合自身学术优势，寻找市场、社会和院校共同创设的学术创业空间中能够发挥自身优势的夹缝空间，并扎根于缝隙中，选择最有利于学术创业良性发展的位置，而非盲目聚集到学术创业竞争最激烈的空间中。第三，大学教师可以借助过程错位实现创业生态位发展。大学教师要像商业运营那般，对学术创业的层次、类别、环节和业态等进行精准研判，进而错开创业竞争人的优势过程，转而聚焦于那些并未被优势群体所占领或关注到的学术创业空间，并立足自身学术水准和创业实际行情，灵活布局创业过程中的诸要素，守住自身创业生态位，避免沦为优势群体创业"垫脚石"的命运。

　　创业生态位的归复，要求大学教师采取创业生态位的拓位发展策略，既要对既有生态位进行优化拓展，释放创业生态位空间，也要借助数字化技术拓宽学术创业虚拟生态位，在前景广阔而充满机遇的数字化空间中获得学术创业空间。一方面，大学教师要根据学术创业生态现实境遇和自身学术创业素养，决定采取拓展还是缩减创业空间，以保留创业核心竞争力的策略，增加应对学术创业生态位被挤压或被膨胀的风险应对能力；另一方面，大学教师可抓住数字化经济时代趋势，借助信息技术优势拓宽虚拟创业生态位，并凭借自身在知识或技术整合方面的优势灵活聚集创业资源，在不断缩减创业成本投入和降低创业风险的前提下，寻觅虚拟创业生

---

① 周海涛，董志霞. 美国大学生创业支持政策及其启示 [J]. 高等教育研究，2014，35（6）：100-104.

态空间中的生态资源，进而创造、优化和巩固新的创业生态位。

需要注意的是，学术创业生态位的归复或拓展，都只是大学教师理性争取创业空间和发展资源的合乎学术初心和学术职业定位的行为，如果超越学术创业为学术创新和人才培养的底线去拓展学术创业生态位，功利化地谋求学术创业空间中的有利地位，必然会触及学术创业的价值警戒线，危及自身学术职业发展。

为经济社会发展贡献力量，推动知识生产力向社会生产力的深度解放，已成为当前学术职业发展的价值共识。在知识与资本联姻的全球语境下，无视知识与市场界限消解化和借助学术资本转化谋求学术职业合法性的必然趋势将会导致大学教师学术身份合法性危机。大学教师应当及时调整既有身份定位的惯习束缚，在投身学术资本转化的实践中重新建构新的身份认知和责任定位，在捕捉学术资本转化机遇、评估学术资本转化风险、协商学术资本转化权责、维护学术资本转化权益和贯通学术资本转化空间的过程中彰显知识服务社会的应然价值，推动学术资本转化质与量的协同共进。但知识生产力的深度解放并非大学教师的根本责任，而是贯彻立德树人根本追求和追求高深知识永恒使命的形式拓展，如果本末倒置，必将引发其学术身份异化。只有守住教书育人和潜心科研的底线，理性划定学术与资本的价值界限，才能确保大学教师的学术身份不褪色，学术创业反哺教学科研的定位不动摇。

第七章 结束语

第一节 学术资本主义是大学的臆想还是现实

学术资本主义是大学发展的虚幻臆想还是不能回避的现实？对该问题的回答是摆在归复大学教师学术身份应然状态的前置性议题。目前对此议题的争论有三种声音：一种唱衰学术资本主义，认为学术资本化像洪水猛兽，侵蚀大学本体价值，将大学异化成公司性的组织；一种看好学术资本主义，认为知识资本化为大学注入效率意识，强化了大学为经济社会发展服务的成效；还有一种中立观点，对学术资本主义持谨慎态度，认为不宜过早对该现象或趋势进行价值定性，而应当根据其在实践过程中的进一步表现而定。但此观点缺乏学界关注，也较少获得其他学者认同，故而真正的争论焦点在于：学术资本主义究竟是臆想还是现实？

一、唱衰论调下的学术资本主义

持这种论调的人认为，学术资本主义侵蚀了大学的核心使命，将教育完善人性和彰显人文意蕴的价值观驱赶到资本逻辑之后。他们认为："教育蕴含着人文情怀：教育本就是文化的濡染和传承的文化现象，归属于人类文化生活，因而体现或彰显人类文化中重视人的生命完善性的精魂是教育应有之义。"[①] 但是学术转变成谋利化的手段，讲求知识效用性的市场文化侵占，讲求纯粹知识旨趣的学术文化，引发着社会对大学使命的担忧。在

---

① 孟建伟. 教育与人文精神 [J]. 教育研究, 2008 (9)：17-22.

他们眼中,"探索深奥知识是学术事业不证自明的目的"①,至于知识的世俗效用,并不是学术生活应该关切的内容,持续影响公众心智,引领社会生活的价值走向,才是大学的当为之举。大学能够获得社会尊重并持久影响人的心智的关键就在于大学保持了知识的公共属性。从来没有一个机构能够像大学一样屹立千年而始终享有如此巨大的社会权力,这是因为大学向社会承诺:只享有传承创新知识相关领域的权限而视其他权力获得为非正当性行为。

学术资本化遮蔽了知识所蕴含的生命价值和伦理诉求,导致"拜知识资本教"大行其道。大卫·哈维(David Harvey)在《后现代性情境》(*The Condition of Post-modernity*)中,就已从马克思主义理论中寻觅到了这种深层矛盾②:

商品生产背后的劳动实践和精神样态,不管是愉快还是痛苦,喜悦还是挫败的感觉以及生产劳动者的思想变化,都在"金钱与产品"交易的过程中被遮蔽起来。没有谁会在吃早餐的时候,联想到挤牛奶工人和面包师是如何生产早餐的,更不会因为看到汽车在道路上奔驰而联想到每个零件的加工者及其生产流程。我们可以清晰地看到拜物教观点的影响,能够帮助我们解释资本主义世界中未被发现和了解的其他人的生活样态,揭示拜物教背后被遮蔽的意识、观念和情感,进而批判资本主义"他者不可知"信条,谴责唯经济主义倾向的行为。因而资本主义不仅对逐利性进行粉饰,更增强了逐利性行为的野蛮化和不假思索性,大量充斥的华丽辞藻和商品经济侵蚀了生产者的情感和意义世界,激化了商品价值二重性矛盾。

学术资本化对知识公共性和教育公益性的冲击,擢升了知识私有化和教育产业化的价值定位,进而全面摧毁了大学教书育人、科学研究、社会服务和文化引领的功能体系。

(一) 传播知识的使命被异化为提供知识交易服务

2009 年联合国教科文组织召开的世界高等教育大会,对当前高等教育的发展趋势进行分析,在当年 7 月底发布的一篇报告中,就提到了当前高

---

① 布鲁贝克. 高等教育哲学 [M] 王承绪,郑继伟,张维平,等译. 3 版. 杭州:浙江教育出版社,2001:55.

② HARVEY D. The Condition of Postmodernity [M]. Oxford:Basil Blackwell,1990:101-103.

等教育面临的学术资本主义的情况①：

高等教育变得更加具有商业性或创业性（entrepreneurial）了，他们为了获得来自企业或公司的资助，有偿贩卖知识与技术，并主动迎合大众需要开设收费性质的课程。这些商业化行为难免令人忧虑，因为高等教育过分追求创收极有可能破坏大学传统的文化和价值观念。人文性质的课程和研究几乎是很难产生经济效益的，这就导致一些院校不得不为学校整体发展和日渐增多的成本而考虑创收问题。最常见的手段就是向学生收取大量学费，即便是以免费高等教育为荣的欧洲，也逐渐走向收费道路。

学术资本主义强化了知识作为商品的属性，教学就被视为将知识商品交付给学生及其家长等教育消费者的市场行为。这种定位视教师为知识产品供应商，学生为顾客，弱化着师生关系的情感互动性，本该充盈着道德情感和心灵碰撞的师生交往被物化为货币交换关系。一些大学甚至出现"沃尔玛化"现象（Wal-Martization），该现象被用以讽刺美国高校大量招聘兼职教师来应付学生消费群体的知识购买服务诉求，就像沃尔玛连锁超市大量招聘雇员来满足消费者消费需求那样，暗喻大学正逐渐走向商业化。"在杜克大学，只要你出得起相应数额的金钱，就能借助远程课程获得 MBA（工商管理硕士）或 MPA（公共管理硕士）等学位，无须在校园服务或设施完善活动中产生多余的费用，甚至授课教师、学习时段和进度安排均由自我决定。这是典型的以大学声誉或社会影响力的成本廉价性来换取高额学费的例子，而这样的事情每天都在上演。"②

整个教学过程被市场模式异化为塑造"同质化心智结构"的生产线，学生被批量化、标准化和程序化的教学过程所锻造。"基于人的整体性发展的目标被强行分裂，那种具有统一性的标准化教学模式就会占据主导位置而丧失教育的目标感和使命感，更唏嘘的是，当前的大学正主动走向这种标准化教学模式，甘冒丧失合法性的危险，随意或无意识地接受商业组织的行为准则和价值观念。"③

同时，经费结构性不足的情况下，大学倾向于压缩那些耗费成本却又

① UNESCO. The State of Higher Education in the World Today [EB/OL]. (2009-07-24) [2023-09-10]. http://portal.unesco.org/en/2009-07-24.

② 塞林. 美国高等教育史 [M]. 孙益，等译. 北京：北京大学出版社，2014：333-337.

③ MICHAEL K. Reconstructing American Education [M]. Cambridge：Harvard University Press，1989：165-166.

无力创造更大价值的教学活动，将教学或其他类似工作外包给社会或兼职教师，教育质量下滑则是必然结果。一项针对美国百所院校的实证研究表明：资源多寡制约着教师的行动方案。当资源缩减或难以获取时，教师往往会削减教学质量（更大班额、更少备课、更少互动等）；而当资源充盈时，教师往往倾向于在保障教学质量的前提下，投入到如何成为"学术明星"的竞赛中[①]。

教学与科研孰轻孰重的问题，一些院校常以学校发展战略或政策制度重心来进行因果性解释。在教师评聘上，科研所占比重超过教学，在利益最大化问题上，教学所带来的收益性也远不及科研[②]。再加上教育计量学或评价理论在教育领域的持续性应用和宏观层面政府对高等教育质量问责的关切，特别是质量评估结果对于高校资金划拨的极端重要性，也客观上导致易于量化的科研受到"青睐"。事实上，一流成果尚且不能完全按照量化指标得以呈现和评估，卓越教学就更无法按照指标化维度进行评估了。在教师时间精力有限的情况下，偏向量化性和收益度较高的科研似乎并无不妥，因而教学则被冷落弃置[③]。

（二）偏爱应用研究的定位对基础研究造成毁灭性打击

学术资本主义强调知识转化为生产力的价值观预设了知识本身具有较高的亲市场性的认识论。这种认识论导致亲市场性的应用性研究获得更多关注，而那些远离市场的基础性研究则被弃置冷落。在办学资源结构性短缺无实质性转变的背景下，参与应用研究以谋求更多外部市场资源的支持，成为大学市场化办学的"良策"。

尽管学术研究偏向市场取向能够为大学及其成员带来真金白银的发展资源，但是隐含在知识探究过程中的闲暇情逸和为知识而知识的学术动机却会在这种导向中逐渐幻灭。长此以往，"越来越多的大学将会投向市场怀抱，越来越多优秀的学者将会放弃为探索真理的初心而奔向更具市场诱惑力的应用研究领域"[④]，导致基础研究领域优质人才的枯萎。在学科内

① 盖格. 大学与市场的悖论 [M]. 郭建如，马林霞，译. 北京：北京大学出版社，2013：55.
② 杨燕英，刘燕，周湘林. 高校教学与科研互动：问题、归因及对策 [J]. 教育研究，2011，32（8）：55-58.
③ 牛风蕊，张紫薇. 高校教师教学科研偏好选择及其影响因素：基于"学术职业变革-中国大陆"的问卷调查 [J]. 现代教育管理，2017（8）：53-58.
④ 杨兴林. 学术资本主义对大学基础研究影响的论争与思考 [J]. 扬州大学学报（高教研究版），2016，20（1）：3-8.

部，维持学科共同体成员价值归属感的默顿规范正在遭受侵蚀，私有、谋利和迎合的价值观正在占据大学人的大脑。忠诚于学科内在价值规范的理念已经无法阻止忠诚于知识资本谋利化逻辑的侵袭了。特别是人文领域，知识与个人间呈现出较强的理论思辨力或精神完善感的分离，沦为依附某种技术手段而存在的操作性知识。知识变得不为自我完善而存在，而是为了某种资源的置换。

令人遗憾的是，大学人还是在"求是还是求利"的博弈中败下阵来。科学研究的"靶向式"趋势①不断强化，为解决外部市场、出资人等所急需的问题而开展研究的动机已经强化为驱动大学开展应用性研究的动力，大学不再对研究本身是否有助于拓宽知识的深度、增益人的个性和促进文明的进步等问题进行审查，转而成为满足应用诉求的科研工厂和满足市场、资方和社会等"听阅人"② 对知识创生方向、内容、质量等方面的要求的学术立场缺位人。

对应用研究的偏爱导致学科创新发展的资源被强行配置给更能创造市场效益的学科领域，而那些缺乏市场效益创造能力的学科本该获得的发展资源则被削减。这种资源流向失衡化的现象容易滋生出追求应用研究以谋利的行径。从资源流向的角度看，利益竞争的获利模式有两种。一是"保底化"方式：确保既有利益不受影响的前提下重新配置新增资源，能够确保任何配置方均不受损害；二是"零和化"方式：根据资源总量来重新配置竞争性资源，强势方获得资源量与弱势方丧失资源量是抵消的。前者容易滋生"不拿白不拿"的逐利心理和竞争意识，后者则塑造出利益配置的差序化格局而促使各方"背水一战"。但无论哪种方式，都无法避免资源配置马太效应危机，造成"贫富差距过大"甚至"资源脂肪肝"困境。

（三）学术创业目的与手段的本末倒置危及身份合法性

学术创业的初衷本是借助大学知识资本优势，将知识中蕴含的生产力释放出来，进而实现知识服务于经济社会发展，并将学术创业所获得的发展资源反哺人才培养和学术研究，进而实现以术促学，学术共进的目的。但学术资本化逻辑下，不少大学被实用主义价值观和办学功利化思维所影响，转而忘却了学术创业反哺学术发展的初心，将谋求外部资源视为学术

① 齐曼. 真科学：它是什么，它指什么［M］. 上海：上海科技教育出版社，2008：88.
② 惠特利. 科学的智力组织和社会组织［M］. 赵万里，陈玉林，薛晓斌，译. 北京：北京大学出版社，2011：28-30.

创业的目的。将谋求外部资源视为一切行动的逻辑出发点，就意味着放任经济理性对学术理性的压制，意味着学术志业精神的式微，意味着学术职业合法性的根基松动甚至消解。

过度追求学术创业效益将大学转变为经营知识资本的商业化组织，持续拓宽知识资本经营流转的组织结构体系，持续引入非学术性市场管理成员，持续营造商业文化的办学生态体系，最终结果就是大学转变成彻头彻尾的市场化组织。但是大学之为大学所依仗的合法性却在大学组织属性市场化转向中面临危机。"高等教育越来越被视为私人商品而非公共责任，知识的公共属性也逐渐掺杂着私有化的因素。"① 大学越追求资源和效益，就越会丧失自身独立性，丧失持续影响人的心智和公众生活的合法性。诚如美国高等教育专家伯顿·克拉克（Burton Clark）所言"当大学最自由时却最缺乏资源，当它拥有最多资源时则最不自由……大学的规模发展到最大时，正是大学越来越依靠政府全面控制之日"②。院系负责人则试图向资本家那样总揽大权，秉持着"家鼠立志成为田鼠"③ （nice aspring to be rats）的宏图大志，竭尽所能地确保自身的地位和声望。

追求学术创业的谋利性，势必会造成大量本该用于教书育人和学术研究的时间精力被压缩抽离，转而全部投向学术创业领域。大学及其成员不得不面对"时间饥渴"的困境。而这种时间焦虑感，则会反过来强化学术创业的功利化动机和增加大学成员的生存危机。教师长时间陷入身份焦虑，"忧愁自身无法在社会期待的身份定位与责任践行的过程中的身份同步性，进而面临心理安全感的丧失。这种身份感的剥离可能会摧毁我们闲适的生活样态，降低社会对自身的期望及相应社会地位的降次"④。为了消除时间零和性的影响，大学及其成员不得不雇佣兼职教师队伍负责教学等事务，这些缺乏教学经验和知识素养的兼职教师，能够多大程度上提供学生个性化发展所需的知识呢？这些兼职教师内心又有多认同教书育人的价值信念呢？

① ALTBACH P G, KNIGHT J. The Internationalization of Higher Education：Motivations and Realities [J]. Journal of Studies in International Education, 2007, 11 (3)：290-305.

② 克拉克. 高等教育新论：多学科的研究 [M]. 王承绪，等译. 杭州：浙江教育出版社，1988：26.

③ 凡勃伦. 学与商的博弈：论美国高等教育 [M]. 惠圣，译. 上海：上海人民出版社，2008：32.

④ 德伯顿. 身份的焦虑 [M]. 陈广兴，译. 上海：上海译文出版社，2009：序6.

（四）引领公共生活价值风尚的"社会良心"形象式微

在古典主义教育哲学论调中，大学是培养心智健全人和净化社会风气的"良心堡垒"，肩负着教化民风、文化启蒙和价值引领的文化使命。就像罗伯特·赫钦斯（Robert Hutchins）所说，"如果在一所大学里听不到与众不同的意见，或者它默默无闻地隐没于社会环境中，我们可以认为这所大学没有尽到它的职责"①。

但在知识谋利化的学术创业语境中，捍卫理性和守护良心的崇高定位正在被消解，知识不再为人性的美好而存在，转而成为可以物化、计量和交易的货币符号，内蕴于知识中的理性、审美和道德元素被抽离，"化大众"的使命也被"霸道的金钱逻辑"所解构。

当大学越来越重视钱财、重视排名、重视名望的时候，"学术荒漠化、文化庸俗化、目标功利化、办学产业化、人才标准化、行为世俗化、评价数量化、发展规模化"就成为必然，结果就是原本应该占据精神高地、扛起社会批判大旗的大学，转而成为平庸谄媚观念的滋生地。特别是当大学及其成员开始像商贩一样对待知识并按照知识资本家的方式生存和发展时，大学的道德楷模形象就更难以维系了。"当大学及其成员通过拉关系、走后门、托熟人和玩手腕的方式获得发展资源、办学声望时，大学作为文化机构的品性就面临着无限庸俗化的危险。"② 曾任职华中科技大学校长的李培根就曾直言：当前大学精神正在走向庸俗化，"真"的迷失和"善"的缺席成为常态，取而代之的是弄虚作假和道德败坏，进而软化了批判社会的"傲骨"，钝化了净化风尚的"傲气"③。

在走向庸俗化的道路上，大学越来越像"犬儒"形象的代言人。"犬儒"通常指代那些玩世不恭的人。在传统观念中，大学本来是"促进年轻人成长的空间、学者自主探究真理的乐园和师生情感交往的世界"。大学本应该是端庄典雅、高尚自律、圣洁质朴的育人机构。但是当大学向金钱招手，甘愿为资本"折腰"的时候，它还能担当引领社会文化发展走向和净化公众心灵的重任吗？还能够对得起"社会良心"的赞誉吗？还能成为

① 布鲁贝克. 高等教育哲学 [M]. 王承绪，郑继伟，张维平，等译. 3 版. 杭州：浙江教育出版社，1998：53.
② 孙孝文. 大学"学术化"与"世俗化"的冲突和协调 [J]. 重庆交通大学学报（社会科学版），2007（5）：91-93.
③ 朱建华. 大学精神被指渐失"真"，大学庸俗化危害性更大 [EB/OL].（2010-07-05）[2023-12-18]. https://www.163.com/news/ article/6AR63OL600014AEE.html.

社会谈之仰慕和尊重的机构吗？"在求利诉求驱使下，如今的大学陷入庸俗化危机：吃喝风、送礼风、麻将风、扑克风、关系风、小团体等庸俗风气侵蚀着大学原有的儒雅高尚品性"①，导致整个校园转变成消费社会和庸俗现象的文化大观园。

总之，学术资本主义已经渗透到大学办学理念、职能践行和管理实践中。大学从无涉经济的知识组织转变成融入市场的准经济组织，营利性价值观逐步获得合法性基础；教学被视为知识产品消费行为，"杀鸡取卵式"的科研行为扼杀了"纯粹知识"的创生空间，社会服务则超越国家边界而走向商业化和集团化，塑造着"知识资本家"；而在管理层面，学术资本主义带来了公司化的管理体制，学者向CEO的转向以及类企业性质的公关部门、人力资源部门、产品推广部门和成果转化部门等相继在大学生根，教师和学生也演变为谋求绩效的雇员和购买知识服务的顾客②。

二、看好论调下的学术资本主义

对学术资本主义持有赞同态度的人认为：学术资本主义适应了知识经济时代的发展诉求，强化了学生为中心的育人价值观、提供了学术研究的问题领域和资源支持、拓宽了为经济社会发展服务的纵深度。因而，学术资本主义不是谈之色变的"洪水猛兽"，而是不可回避的时代趋势。诚如大卫·科伯（David Kirp）所言："高等教育商品化和市场化，不是需要回避的灾难，而是生活的现实。"③ 为此，他们提出了有力佐证学术资本主义并非灾难的证据，以此为学术资本主义存在和发展进行合理性辩护。同样地，问卷数据中也有超过73%的人认为知识与资本的紧密结合是不可回避的时代趋势的回答也侧面印证了学术资本主义趋势的不可回避性。

首先，学术资本主义并不一定会弱化人才培养使命践行。在知识属性层面，知识的公司价值——它首先实用而有价值——在大学里微妙而有力地和通识教育中更抽象、更偏向伦理和审美的价值相竞争，同时具有巨大的吸引力④。这种知识观的拓展也增强了教学提供多重知识需求的价值观，确保具有"求用"诉求的学生能和具有"求是"诉求的学生一样，自由而

① 睦依凡. 大学庸俗化批判 [J]. 决策与信息，2004（2）：14-16.
② 胡钦晓."学术资本与大学发展研究"成果报告 [J]. 大学（研究版），2019（12）：75-80.
③ 科伯. 高等教育市场化的底线 [M]. 晓征，译. 北京：北京大学出版社，2008：32.
④ 古尔德. 公司文化中的大学 [M]. 吕博，张鹿，译. 北京：北京大学出版社，2005：66.

充分地获得目标知识和发展可能。

在课堂教学层面，"学生的学习已被置于问题解决情境，而非体现知识伦理性或道德追求的抽象情境"①。课堂教学逐渐正视并悦纳知识的经济性，追求知识的情境应用性价值，以培育学生未来社会适应或引领力为目标，教学正冲破固有学科知识体系的系统稳固性，增加蕴含经济性价值追求的情境应用性知识。学术资本主义为教学重新审视知识的价值边界，协调知识的象征与实用价值间关系，优化知识结构和内容体系创设了条件，使教师成为"知识资本化语境中的知识秩序重构者"②。

在大学组织层面，大学及其成员一方面借助学术研究保持自身知识精英身份，维持着师生或自身与社会大众的知识势差，另一方面又借助教学、科研和社会服务将这种维持精英性的知识传递给学习者，又削弱着知识精英的学术优势，成为自降知识垄断性身份和专业性身份的人。实践证明：这种创造性破坏为大学创生发展提供动力，并塑造着大学在社会生活中的光辉形象。

在师生关系层面，"师生同为理性经济人和自主性的学术成员，具有平等的表达、创新和行动的权限"③。大学越来越被视为"服务提供者"而学生越来越被视为"知识消费者"的趋势下，隐匿在尊师重道逻辑中的经济因素得以显现。高等教育的公益性正向私人有偿性转变，绩效标准成为衡量师生关系的重要指标，教师以"知识服务者"形象关切学生"知识产品"的诉求，雇佣学生参与课题或实验项目，并向学生发放津贴补助；知识权威形象的消解和市场逻辑的渗透使师生交往呈现非对抗性的平等对话。教师不再扮演发号施令的上位者，而成为为学生学习服务的指导者或咨询者，建构师生间相互尊重理解的样态；师生关系的伦理基础不仅建立在知识契约的稳固情感中，还扎根在雇佣契约的市场责任里，教学不但要以人文关怀促成学生知识掌握、能力养成和价值培育，还要以绩效问责的效率意识关切学生学习体验感及成效。

其次，学术资本主义并不意味着基础研究空间与深度的削弱。学术资

---

① 古尔德. 公司文化中的大学 [M]. 吕博，张鹿，译. 北京：北京大学出版社，2005：30.

② TORRES A. The Secrets Adventures of Order: Globalization, Education and Transformative Social Justice Learning [J]. Asia pacific journal of educational development, 2012, 1 (1): 1-7.

③ 刘姗，胡仁东. 博弈论视角下的导师与研究生关系探析 [J]. 学位与研究生教育，2015 (5): 45-50.

本主义能够贯彻实施的关键在于基础研究提供的知识源动力，而基础研究并不能仅依靠知识内在逻辑就能够持续下去，必须从现实社会问题中寻觅灵感和资源支持。"麻省理工学院和斯坦福大学的学术资本主义发展模式就充分证明：在知识经济时代，科学知识与生产技术之间的界限正在逐渐模糊化、消解化和融通化，而那些蕴含巨大市场效益的研究议题，往往也是基础研究领域所关切的热点问题。"①

部分从事理论研究的学者可能会对技术创新领域的学者抱有轻视态度，认为应用研究难度无法企及基础研究，更多是对技术的"缝缝补补"。这种认知建立在应用研究是基础研究的市场化应用拓展，但应用研究对现实生活的关切和复杂性干扰因素的排斥等具有创造性精神的内容则被忽略。基础研究与应用研究各司其职，只是研究范式和研究分工上的差别，绝非孰优孰劣的差别。从事基础研究的人无法替代技术人才完成成果转化，从事技术创新的人也无法替代基础研究人员完成原创知识创新。基础研究常被暗喻成"传送带"，将知识转化为技术，传送到应用市场以谋求社会进步，进而获得研究资源的合法性基础，但更多的人正以互惠关系来取代这种观点。他们坚信很多基础研究的问题始于技术应用语境，并非完全依托科学范式而推演，因而知识与市场是互惠共融的。

基础研究与应用研究的区别在于：前者需要较高的学术天赋、研究兴趣和持续而强大的精力投入、承担较高的研究风险和不可预期的研究结论；而后者则着重针对技术可行性、有效性和投产性进行论证和完善，研究结论较为明确，无须承担较高的研究风险和成果预期的不确定性。前者在数量上无须过多，更适合精英人才；而后者在数量上庞大，更适合聚集扎堆完成。很多对基础研究缺乏关注和资源保障的批评，某种意义上也就是对基础研究领域人才扎堆的担忧。譬如在美国，获得诺贝尔奖的原创性成果，多数是由少数顶尖大学教授完成的，而这群人根本感受不到学术资本主义的冲击。而且，很多人文社会科学研究是远离市场经济语境的，处在整个学术资本主义趋势的边缘地带是其本然状态，无须为此类研究难以"出世"而忧心忡忡。人类社会需要人文社会科学，但并不意味着社会需要较多的人从事这类研究。在此类学科远离经济主战场，具有较小的社会需求量的背景下，处于边缘地带是其本然样态，无须将责任归结为学术资

① 王凌峰，申婷. 学术资本主义是大学天敌吗？[J]. 现代大学教育，2014（3）：8-13.

本主义所致。

再次，学术资本转化是大学使命践行完整化的要求。学界对学术资本向市场的转化行为颇有批评，认为大学在企业化或公司制的道路上过于深入而存在丢失育人本真使命的危险。有学者担忧，大学与市场交往过密，在市场化问题上耗费时间精力，将削弱人才培养质量，甚至批评道："学术与金钱的联姻已经导致大学迷失自我了。"① 但实际上，学术资本转化是大学的应有之义。

一方面，学术资本转化补充着学术链条的完整性。大学是创造、传播和应用知识的知识型组织，理应具备知识从源头到出口的完整学术链条。现代大学已将视野从伦理道德感化转向现代科学技术创新，转向培育全面发展的个性化的人。现代大学需要根植于经济社会发展实际，将学术链条延伸至社会服务领域。在传统大学观下，知识链条的发端与终端始终围绕着"知识—理论"的微观内循环展开，学术处于封闭状态而无法实质性联动社会，无力践行学术资本转化，借助科研成果直接服务经济社会发展。因而拓宽知识到社会的范围与深度，将理论与实践融合在促进经济社会发展的进程中，才能确保学术链条的完整性和开放度。"大学的学科结构和知识的应用属性都决定了大学应当也必然具备促成产业升级和技术创新的能动性。"② 完整学术链条意味着大学悦纳术业有专攻的社会性人才，延聘品德过关、专业过硬和经验丰富的社会人士担任兼职教授，意味着大学课程定位既需要追求真理，也需要升级学生社会适应力。但在现有语境下，这种观念和实践仍缺乏共识支撑，这也是学术资本转化饱受传统大学观批判的原因所在。

另一方面，人才培养和科学研究长期被视为中国大学的核心使命，服务社会被视为两大核心职能的延展，主要由社会力量主导。这种现象在大学发展史上较为常见。大学是服务于人的发展和社会发展的知识型组织。在理论与实践界限不断交叠、学术与市场关系不断缩进的时代，大学不能回避实用主义哲学，拓宽学术应用的空间，肩负起知识资本转化的使命，在实践中谋求理论创新的思路、方法和灵感。"实用哲学并非盲目趋利，缺乏伦理和道德底线。大学的发展理念需要依托实用哲学筑基，以人才培

---

① 肖绍聪. 创业型大学：市场经济时代大学的出路：读《学术资本主义》[J]. 教育学术月刊，2012（5）：32-34.

② 张鹏，宣勇. 创业型大学学术运行机制的构建 [J]. 教育发展研究，2011，31（9）：30-34.

养为根本，尊重人才和知识创生规律，秉持以知识市场化践行服务职能的可持续性发展观。"① 而且，学术与资本的融合将促成传统大学向创业型大学转型，传统学者向学术创业者转型，尽管这种转型带有逐利性，但并未实质性损害到学术世界的内核精神②。正如某位受访者所认为的："我觉得教师越来越参与外部事务，像个知识资本家一样忙于成果转化和学术创业也有合理性。知识更好地服务社会发展不是初衷，不参与学术创业和成果转化怎么服务社会呢，光靠教学肯定不行！可能大家接受不了的是很多老师只顾着创业去了，忘了育人本职，这才让人怀疑教师身份合法性。假如学术创业围绕着怎么创造社会效益、怎么培养人才、怎么反哺科研，我觉得就很合理。"（FT-翻译）

最后，学术资本主义强化了大学的自治能力。尽管现代大学标榜学术自治和学术自由的理念，但就其自身发展历程而言，现代大学并未拥有过实质意义上的自治③。如有学者指出："中世纪大学看似是从自由行会转向法人性组织，成为具有自治权的独立组织，但这不过是大学与外部势力相妥协的结果：是依附于封建权力的学术特权组织，属于身份协议而非契约协议。"④

自治并非受到单维度权力或资源的约束，自力更生意味着宽广而厚实的资源吸纳体系⑤（abroad portfolio of income sources），否则自治就会变成单极化权力的拥趸而丧失自我完善和自我反思的其他可能，进而沦为被动的组织。某种意义上，接受资助的大学获得了形式层面的自治属性，但这并不意味着大学就具备了自主自觉意识与能力。"大学应当具有社会组织的独立性和非依附性，具有和其他社会机构、政府等等同的独立法人地位，才能借助自身知识资本优势获得生存空间和发展资源，并借助这个过程将市场和政治的影响降到最低限度，进而更贴近实质意义上的学术自治

①　陈超. 从学术革命透视美国研究型大学崛起的内在力量 [J]. 清华大学教育研究，2012，33（4）：17-23.

②　DALMARCO G, HULSINK W, BLOIS V. Creating entrepreneurial universities in an emerging economy [J]. Technological forecasting and social change, 2018, 135（10）：99-111.

③　克尔. 高等教育不能回避历史：21 世纪的问题 [M]. 王承绪，等译. 杭州：浙江教育出版社，2001：序言 5.

④　章红霞. 中世纪大学自治的误读与重释 [J]. 高等教育研究，2017，38（6）：86-92.

⑤　克拉克. 大学的持续变革：创业型大学新案例和新概念 [M]. 王承绪，译. 北京：人民教育出版社，2008：234.

与学术自由"①。

当学术资本主义提供越来越多的可供大学选取的资源时，大学就能免受单维化办学经费资助所造成的资源依赖性的困扰，获得自主拓展空间和确定发展方向的话语权，进而能够就大学的内外部治理问题展开相对民主协商式的探讨。同时，参与学术资本转化过程以及知识资本转化所具备的潜在市场价值和现实效果，都强化了大学作为知识资本拥有者和掌控人的法人地位，进而为大学与市场或其他组织讨价还价提供了核心议价筹码。在大学内部，凭借知识资本持有和创造优势的学者获得了与教育管理者共同治理大学的权限，并塑造出知识治理的生态体系，为自身合法权益的争取和自由表达观点的权限夯实了根基。同时，越来越多的校外主体参与到高等教育治理过程，增强了大学组织的效率意识和责任观念，并提供了全民共治大学的可能性。因为在学术资本化语境下，"关于高等教育的政策法规，已经将作为公共利益的大学教育规定为社会大众不参与市场化实践来实现文化知识传承的理念，转向那种将强调社会大众主动参与市场化实践来实现文化知识传承的最优化的理念了"②。

三、学术资本主义是不能回避的现实

相较于对学术资本主义猛加批判，本研究更倾向于认同学术资本主义不可回避的现实。但这并不意味着它毫无坏处，如果陷入学术资本化编织的"逐利陷阱"，就会丧失立德树人和教书育人的身份底色。我们认为，学术资本主义是不可回避的现实，除了上述部分观点的佐证外，还能从"历史的视野""时代的趋势"和"理论的凝练"中找到问题的答案。

在历史维度，中世纪大学的行会属性以及教师收取学费讲授知识的行为都表明，知识的经济属性始终伴随着现代大学发展进程。"教授们不得不接受约束，按照一整套明细的规则行事，以保证每一个学生所支付的学费都有所得。在一些最早的条例中，我们都可以发现这样的规定：教授没有请假不得擅自离开，即使是一天也不行；假如他想离开城镇的话，他必须交付押金，以作为回来的保证；假如在一个常规的讲座中，听讲的学生

---

① 温正胞. 大学创业与创业型大学的兴起 [M]. 杭州：浙江大学出版社，2011：214.

② SLAUGHTER SHEILA. Changes in Intellectual Property Statutes and Policies at a Public University: Revising the Terms of Professional Labor [J]. Higher education, 1993, 26 (3): 287-312.

少于五个，他会像不上课那样被开除"①。在牛津，城镇居民每年要缴纳52先令的费用以资助城镇中的穷困学生。这笔资金被为学生利益而建的办学金库所接纳管理：如果学生希望获得金库办学资金的支持，就必须提交一份看起来比这笔贷款更具价值的研究成果，而如果学生未能及时还款，那么这份研究成果就会被金库公开拍卖②。

即便民国时期的中国大学，同样能够寻找到办学具有经济属性的痕迹：不论是教师普遍参与校外兼课活动，还是私下承接印刷出版企业的"爬格子"业务，都体现了这种经济属性。民国政府教育部门甚至还专门制定政策法规，规范知识谋求经济效益的行为。民国八年（1919年）颁布《全国教育计划书》，总计十条，其中对大学专门教育进行了规定："属于专门教育的，有整理增加大学及专门学校、派遣研究高深学术的教员学生留学外国、设立中央评定学术授予学位的机关、奖励学术上确有价值的著作及发明、设立翻译外国高深学术书籍的常设机关、补助各种学术会等。"③

诸校从事知识资本转化的行为更随处可见：前国立东南大学积极发展"推广事业"，对社会所给予的赞助与支持做出回报④。《国立东南大学大纲》第七条之规定：规定东南大学设立推广事业部，专门负责校内特别生招生与教学、通信技术教育以及开办暑期学校⑤。南开大学在"允公允能"精神指导下，制定社会服务发展战略："①各种研究，必以一具体的问题为主；②此问题必须为现实社会所亟待解决者；③此问题必须适宜于南开之地位。"⑥南开大学还是最早开办成人教育，向社会招收青年，收取费用教授社会青年基本知识与生产技术，旨在传播科学技术，推动教育大众化。前国立山西大学则通过设立译书局⑦，帮助政府和社会市场翻译西方生产、经济、文化书籍。复旦大学则积极与中国茶叶协会洽谈合作，设立中国茶叶研究中心，改进茶叶炼制技术，拓宽茶叶销售渠道，中心设置三

① 哈斯金斯. 大学的兴起 [M]. 梅义征，译. 上海：上海三联书店，2007：6.

② HASTINGS R. The University of Europe in the Middle Ages [M]. London：Oxford Press，1936：7-35.

③ 熊明安. 中华民国教育史 [M]. 重庆：重庆出版社，1990：58.

④ 茹宁. 中国大学百年：模式转换与文化冲突 [M]. 北京：知识产权出版社，2012：115.

⑤ 南大百年实录编辑部. 南大百年实录：上卷 [M]. 南京：南京大学出版社，2002：115-116.

⑥ 王文俊. 南开大学校史资料选 [M]. 天津：南开大学出版社，1989：39.

⑦ 王李金. 中国近代大学创立和发展的路径：从山西大学堂到山西大学（1902-1937）的考察 [M]. 北京：人民出版社，2007：285-290.

部分："一为生产部，从事茶叶产制的实验与研究。二为化验部，从事茶叶的化学分析与实验研究。三为经济部，从事茶叶经济行政及政策的调查研究。"①

在历史视野中，学术资本主义有其文化基因，这是审视大学及其成员属性定位不能缺失的部分。如果把知识和经济间的紧密性视为某种麻烦，那么现代大学可能一直都处在麻烦之中。可能真正被视为冲突的是传统大学和现代大学之间显而易见的差异。然而，认为传统大学在各方面都远胜现代大学的观点，由于缺乏充分证据，大学及其成员将这种判断权拱手交给社会，最终导致大学成为资本全球化扩张的附庸。

既然经济性是知识本然属性，也始终伴随大学发展进程，为何没能及早迈向知识资本转化阶段？原因在于各时代的社会发展水平。恩格斯曾言："一切社会变化和政治变革的终极原因，不应求之于人们的头脑之中，也不应求之于人们对于永恒真理和正义的日益增长的理解之中，而应求之于生产方式和交换方式的变革之中；这些原因，不应求之于哲学，而应求之于各时代的经济。"②

在社会形态较为封闭且商品经济尚未健全的时代，知识与经济的关系无力扮演主导公共生活的主宰力量，只能将权限交付给知识的文化属性，进而塑造高深知识引领人类文明进步和浸润公众心灵的权威形象。如果当时以知识与市场相结合为传统，现在的情况可能就是另一番景象了：大学正处于上升期而备受崇敬，大学教师因运用知识获得经济收益、地位和认可，也有人会批评说，这样大学不就丧失了传统和根基了吗，但其实大学的根基是在与社会的关系中界定的，现在知识资本化的行为正是夯实这种根基的表现。

在现实维度，以知识为载体的经济发展模式正成为时代趋势。知识经济学理论家戴尔·尼尔弗（Dale Neef）对知识为基础的经济发展模式进行过精准描述③：

以知识为经济推动力的发展模式毫无争议地建立在这样的论点上：越

---

① 周谷平. 中国近代大学的现代转型：移植、调适与发展 [M]. 杭州：浙江大学出版社，2012：330.

② 马克思，恩格斯. 马克思恩格斯选集：第三卷 [M]. 中共中央马克思恩格斯列宁斯大林著作编译局，译. 北京：人民出版社，1972：425.

③ NEEF D. The Knowledge Economy [M]. Boston：Butterworth-Heinemann, 1998：2-3.

来越多的知识因素在市场经济发展过程中被集成整合在一起，进一步催生了交叉学科、生物技术、互联网技术、电子通信以及物流运输等诸多领域的革命性进步，正逐步成为推动经济全球化进程和国际交流合作的实质性动力。越来越多的证据显示：以知识为基础的高新技术和生命科学正创生出新产品、新技能，结构性地促使19世纪以来的农业社会向后工业社会迈进，使身处其中的大众深刻感受到价值观念和生活方式的巨变。

这种巨变的背后的结果是，那些最有资格和能力平衡知识在个人和社会（或组织）之间分布的人，将成为创造社会经济财富总值的关键组成部分，也正因此，这些人将获得较高的经济收入和社会地位。概之，对于市场经济发展而言，从事知识相关工作——复杂情境中的社会问题，现代性困境的现实解决，亦或科学技术推动下的知识创新，或者某种拓展市场经济的模式或理论等，早已逐渐承担起提高经济水平和繁荣组织或国家的核心责任。

同时，"学术资本主义是现代启蒙运动的必然趋势"①。以信息技术、智能技术和空间技术为载体的产业革命助推人类社会的现代化，并塑造出全球化意识与模式的盛行姿态。这种"后工业形态"愈加依赖科技创新，进而强化了现代科技在全球化进程和社会现代化过程中的核心地位②，创设了学术资本主义所需的环境。同时，学术资本主义并非政治或经济概念，而是反映知识逐渐市场化文化现象的术语。在知识经济和自由市场模式下，学术资本主义有可能产生，与政治压迫、经济剥削等并无必然关联。此外，学术资本主义兼具趋利性和学术性，亦源自启蒙理性运动所指涉的工具理性和价值理性问题，因而被视为现代启蒙运动之必然趋势。

知识在专利产权等方面表现出来的私有性和在推动人类社会进步方面的公共性，似乎使知识商品化陷入僵局。到底哪些才是私有领域的，哪些才是公共领域的。曾经主流的观点是：科学和技术，分属公共领域和私人领域，前者属于学术中的学，多为政府资助，学者们知识产品的交换（授课、发表、出版等）得到的是社会地位和学术名望；后者属于学术中的术，多为应用性技术，需要以专利版权等方式对持有者的这种知识产品进

---

① 李丽丽. 工具理性对人文精神的僭越：从《启蒙辩证法》看"学术资本主义"[J]. 教学与研究，2020（6）：84-91.

② 斯劳特，莱斯利. 学术资本主义：政治、政策与创业型大学 [M]. 梁骁，黎丽，译. 北京：北京大学出版社，2008：33.

行保护，以调节其生产销售。但目前的情况是知识产品的科学与技术的边界正逐步模糊化，走向一种综合性知识的趋势。在市场经济运作模式下的全球经济发展实际情况中，作为稀有产品的知识，应当也必须走向商品化，发挥知识之推动经济社会发展之价值。

可以说，资本化生存已成为高等教育的现实和未来高等教育变革的新方向。"大学以'象牙塔'形象延续，持续为人类文明进步提供支持的观点不再具有绝对解释力了，现在的大学已被视为刺激和引领经济社会发展的动力源，为社会发展持续输出人力资本和高新技术。"[1] 现在的情境是社会消费主宰知识生产的志趣，而在以往，为经济社会发展服务不过是知识生产的派生价值。

理性认识到知识与市场的紧密联系是知识经济时代的必然选择和大学拓宽社会服务深度和广度的应有之义。"大学对学术资本主义产生了过激反应，大学的文化传统以及大学人的身份定位并未像描述的那般被市场逻辑消解，并在学术与市场逻辑的融合中趋于稳定，问题在于高等教育与所处环境之间缺乏必要的交流互动。"[2] 大学对社会情境的回应具有滞后性，且喜欢用知识的公益性为这种"反应迟钝"辩护，唤起公众对"传统"的美好回忆，却忘记了大学"活在当下"。大学中还存在怀旧思潮，梦想着大学能重回昔日荣光，重塑人文教育的核心地位。也正因这种怀旧情结，使人文学者不免向学校和社会抱怨目前高等教育被市场侵蚀的现实，显然这种抱怨并没有得到应有的关注。但"怀旧"始终脱离了现实境遇，"纳新"虽然招致批评，但却是市场化生存时代大学的必然选择。

走向市场化或类市场化不过是自我调适和顺应环境的表现，而不是实质性内容的变革，如果全都聚焦知识与收益之间的回报问题，那大学也就不是大学而成为商业组织了。因而学术资本主义对高等教育领域的影响不仅是经济资源获取、政治合法性获得、文化价值引领等外部环境上的变革，更是深层次资本主义意识形态和内生逻辑向学术界的蔓延渗透，重塑高等教育传统并开启了高等教育发展的新路径。

同理，知识与经济在当前能够紧密联系并成为主宰性力量，是因为知

---

① 林克. 大学的技术转移与学术创业：芝加哥手册 [M]. 赵中建，译. 上海：上海科技教育出版社，2018：101.

② ISABEL C. MONTES. Teaching and research in Colombia from the perspective of academic capitalism [J]. Education policy analysis archives, 2018 (3)：40-44.

识经济时代的社会提供了知识与资本相互融合的成熟化体系。知识创新与经济发展的互动性经验表明：市场成熟度是知识转化为生产力的重要变量①。当市场资本运转流畅而非外包式模式时，知识资本谋求市场合作的可能性较高，而当整个市场全球化依赖度较高而基础结构较为脆弱时，知识资本向现实生产力的转化则较为困难。其实并不是知识市场化了，而且知识从来都是市场化的，只不过以前是隐性市场化，现在是直接市场化，而是知识属性或者说价值的判断权，从民族国家或区域社会走向了全球市场，从某种程度上说，学术资本主义就是全球化市场的助推。市场成为判断知识属性及其价值的核心标准，超越了民族国家限制，具有在全球市场流通的能力。

在理论维度，知识的属性决定了学术资本主义有其合理性和必然性。属性是被创造出来用以描述某事物的特性与规律，用以描述事物内蕴的特质的概念②。属性是用来描述事物本质的术语，也就不存在事物属性的"本质与否"。某属性是某事物的本质属性的说法并不恰当。但现实语境中常有"本质属性"的表述，这是因为前缀"本质"强调了事物某种属性的内在价值。譬如将责任理解为人的本质属性，因为责任感在人类道德体系中调节人的思想与行动的内在价值极其重要。但是事物并不只有某一种属性，而是多重属性的综合体，这也意味着事物的本质具有多维解读视角。事物属性的多元化也正是人们理解和选择其特定功能的表现。譬如知识就兼具浪漫性和世俗性，前者浸润心灵而后者创造效益。这种属性并不以人的主观意志为转移，不随着社会认知的转型而消失。而某种属性能否在现实生活中被表征，除了与之相匹配的条件要成熟化外，还有赖于教育政策的价值立场。某个国家的高等教育政策或高等教育在某些特定阶段，强调知识的公共性，也有可能在另外的国家的高等教育政策或高等教育在其他发展阶段，强调知识的私有性。这种变化并不意味着知识属性的根本转变，而是对高等教育属性多样化和教育政策价值导向的适切性反映。

以饱受批评和质疑的学术创业为例，也能论证学术资本转化的应然理论诉求。学术创业屡遭批评的一个原因在于对学术创业内涵的偏差化解读。一种观点将学术创业理解为基于现有学术岗位而开辟第二职业，将时

① 斯劳特，莱斯利. 学术资本主义：政治、政策与创业型大学 [M]. 梁骁，黎丽，译. 北京：北京大学出版社，2014：175.
② 高青海. 文史哲百科辞典 [Z]. 长春：吉林大学出版社，1988：706.

间精力投向新开辟的职业领域，进而引发两种职业诉求的冲突。另一种观点则将学术创业理解为对既有学术职业的开拓性和创造性发展，表征为职业态度的积极性增强，职业素养的创新性提升以及从业信念的坚定①。因而，广义上的学术职业具有创业属性，是以知识为生产资料和生产工具的知识创业活动。实际上，国际语境中的创业概念同样强调创业"变革世界的思维与能力，而非谋取利益"② "培育社会所需的创业文化和创业精神"③ "能够获得成功预先设定的步骤环节"④ 等意涵。我们持有何种创业价值观，就会生成与之对应的态度，采取相应的策略。

在传统的知识转化模式中，知识并非直接投入市场的产品，而是具有中间性的"准产品"（quasi product），它不能直接投产，需要借助产业人力资本和声望资本、结构资本以及顾客资本的重塑，才能成为市场化的产品或服务。在传统模式中，大学拓展研究活动和经济服务水平，获取社会声望和必要资助，教师也借助研究的延伸以及培育学生等方式获得类似的收益。无论这种"准产品"来自大学实验室，还是合作的创业机构，无论这种"准产品"是普世通用的准则还是面向特定领域的专属规定，都属于这种传统模式。而在新的知识资本转化模式中，知识不再是中间性的"准产品"，而是以产权形态存在的知识产权。知识产权具备直接市场化应用的潜在属性，知识产权将知识的使用权和所有权在特定期限内转让给产业，缩短了成果从理念到模型再到概念化产品以及实际产品的周期性。在这个过程中，资本逻辑的渗透力度变强，即便是较少参与成果转化过程的大学成员，也无法忽视市场的声音。

---

① 郑少南，孙忠华，杨婷婷. 香港高校就业指导的现状及其特点 [J]. 现代教育管理，2010（9）：119-121.

② 李华晶. 间接型学术创业与大学创业教育的契合研究：以美国百森商学院为例 [J]. 科学学与科学技术管理，2016，37（1）：108-114.

③ NASRULLAH S. The Entrepreneurship Education and Academic Performance [J]. Journal of education and practice, 2016, 7（1）：1-4.

④ 内克. 如何教创业：基于实践的百森教学法 [M]. 薛红志，等译. 北京：机械工业出版社，2015：9.

第二节　大学教师应该选择逃避还是选择直面

知识经济时代的大学可能是顺应市场化诉求的，协调市场化诉求的，甚至是抵制市场化诉求的，但绝不会是无视市场化现实的。同样地，大学教师也无法回避这种现实，因为知识资本的贮存、转移和创新，特别是维系知识的最高品性与状态，均离不开教师①。"大学以传承知识为本真使命，这种使命并不能直接经由抽象的大学来实现，而需要内嵌在大学人——教师身上，借助教师的教育教学和科学研究、社会服务等来达成。"②。

在学术资本主义语境下，大学教师要么迎合市场化办学趋势，成为学术资本家，要么抵御学术资本化对学术职业伦理的侵蚀，杜绝市场化的影响，要么在知识与市场的诉求融合中调适学术职业定位，重构学术身份新样态。对大学教师而言，三种身份定位意味着什么，会有何种影响，究竟哪种选择更契合时代趋势和教育初心，是直面学术资本主义还是选择逃离，值得深思。

一、迎合学术资本主义诉求

当大学教师完全认同学术资本化的价值逻辑和行动模式时，就会变成迎合学术资本化趋势的"知识资本家"。他们迎合市场需求的原因是多方面的：首先，在价值观层面，他们坚信，"在知识与经济紧密联系的社会语境中，任何机构还有足够的理由蜗居于'象牙塔'中独自过活，任何组织及其成员都有责任和义务为民族国家现代化进程服务，而主动对接学术资本化正是践行为经济社会发展服务的当为之举"③。其次，迎合市场需求是缓解现实生计压力的举动。在全球范围内，大学教师薪酬待遇境况堪忧："尽管大学教师被视为体面职业，但在薪酬待遇上却是相对拮据的。对参与调研的 28 个国家的大学教师薪酬情况进行了调研，仅有极少部分国

---

① DAVID B, YOUN K. Academic Labor Markets and Careers [M]. Philadelphia：Falmer Press, 1988：174-199.

② 盖格. 大学与市场的悖论 [M]. 郭建如，马林霞，译. 北京：北京大学出版社，2013：268.

③ 董志霞. 学术文化传统与学术资本主义：传统与现实的博弈 [J]. 江苏高教，2013 (1)：27-30.

家的全职大学教师能够得到相当于本国中产阶级收入的薪酬，且这种比例仅限于高级职称人才，年轻学者则不能与之相比。"① 再次，那些参与知识资本化的教师在发展资源、学术声望等方面的亮眼成绩给他们树立了"标杆"，进而产生了向榜样看齐的激励效果，结果就是越参与越赚钱，越参与越出名，转过来也强化了继续参与知识市场化实践的动力。最后，迎合市场需求还在于其学科专业的亲市场性，诸如生物制药、纳米材料、计算机科学、工程技术等应用性强的专业更契合成果转化和技术创新的市场诉求，更能激发市场资助研究的热情，这些具备专业优势的教师就更容易采取迎合市场需要的行动策略。

迎合学术资本主义意味着"无底线捞金"。当市场逻辑肆意冲撞学术伦理时，一些教师抛弃"学术志业"信仰，视学术为创业手段，视自己为学术商人，将求真育人的核心使命抛在脑后，通过套取科研经费或变卖知识产权以谋取经济利益。某些教师热衷学术创收，随意雇佣学生参与竞争，以较低成本投入换取高额市场回报，要么视学生为创业筹码，要么忙于创业而"目中无人"。大学教师不得不面对人文课程不断被市场压缩的现状，同时他们的部分教学工作也被雇佣的专业知识管理者所代替。即使那些最擅长讲授人文知识的教师，也不得不采取适当措施增加课程的实用性和生活关联性，甚至不得不将原本就模糊的人文课程的育人价值讲述得清晰明了，以帮助学生做出学习选择。人文课程市场价值的非确定性和变动性，是人文课程在大学遭遇冷遇的原因，大学原本用来制衡交易价值和象征价值的力量，正成为推动各学科走向"利己主义"的动力。武汉地区高校教师的大样本调查显示，大学教师在经济社会转型期间普遍面临身份危机、制度改造和心理冲突问题，尤其是不得不在潜心学术的知识人与投身市场的经济人之间徘徊、犹豫，更凸显这种身份冲突的尖锐性②。

社会生活中的地位争夺战也在学术领域悄无声息却又"腥风血雨"地展开。"通常大学及其成员会对能带来更高社会声望和地位的事情感兴趣，因此也被贴上了'声望追求者'的标签。"③ 为了争夺附着资源的声望资

① 阿特巴赫. 高校教师的薪酬：基于收入与合同的全球比较 [M]. 上海：上海交通大学出版社，2014：14-15.

② 鲁小彬. 大学教师心理压力和困惑的调查与分析 [J]. 复旦教育论坛，2005 (4)：48-52.

③ SLAUGHTER S, LESLIE L. Academic Capitalism: Politics, Policies and the Entrepreneurial University [M]. Baltimore: The Johns Hopkins University Press, 1997: 7-8.

本，大学教师通过争取学术头衔能够吸纳更多的外部资源，而外部资源也更容易被这些兼具各类头衔的人才所掌握而具有了头衔与收益间的双向互动增殖的可能性。这都表明"帽子工程"所引发的"人才争夺"正激烈上演。高等教育领域内，聚焦绩效、考核、竞争、效率等新公共管理理念也强化了认同学术资本化逻辑的大学成员关切投资（当然涵盖时间成本）收益比①的价值观。那些迎合市场化诉求的教师亦将新自由主义思想和新公共管理理念封为圭臬，他们更愿意将时间精力投入课程资本营销推广和应对教育质量绩效考核中，要么以敷衍心态对待教学，要么将教学委托给兼职教师或博士研究生，这损坏了教育者的崇高形象。学术研究也变成一场"被资本意淫的政治狂欢"，过度追求知识世俗性价值而弱化知识的象征性价值，用商人思维对待学术生活，在金钱编织的梦境中无法自拔。"不少大学教师思想修养偏低，学术信仰淡化，对利益得失的重视超过对使命担当的践行，处处追求'短平快'的科研项目、数量堆砌的论文评价等级和为获得科研资源而竞争行政岗位的现象频出。"②

　　这种直接被市场逻辑同化的身份定位，将自我出卖给资本，成为被资本奴役的、没有灵魂的躯壳，无力承载教化民风和求真育人使命，走向学术生命的枯竭和自我意识的幻灭境地。正如印度哲人吉杜·克里希那穆提（Jiddu Krishnamurti）所言："你对于你而言才具有真实性，而非意识形态。如果你向它低头，那你就必须压抑自我，必须按照他者的要求来生活和界定自我，那也就意味着你始终是'附庸'人。"③对教师个体而言，迎合市场必将丢失学术初心，成为资本驱使的奴役，丧失知识公共性和追求真理的信念，面临身份合法性危机。更重要的是，当个体教师过度沾染金钱逻辑而投身学术谋利事务时，其所表现出的迎合市场胃口的思想和行为，会被污名化处理而转嫁给整个大学教师群体，进而抹黑了整个学者群体形象。"身份污名"意味着"个体的人所承载的实际身份特征与想象应该成为的样态之间的差异性特征"④，是某种将部分人所实际具有的特征扩散到

---

　　① DEEM R. New Managerialism and higher education: The management of performances and cultures in universities in the United Kingdom [J]. International studies in sociology of education, 2011, 8（1）: 47-70.

　　② 贾永堂. 大学教师考评制度对教师角色行为的影响 [J]. 高等教育研究, 2012（12）: 57-62.

　　③ 克里希那穆提. 重新认识你自己 [M]. 若水, 译. 北京: 群言出版社, 2004: 14.

　　④ 戈夫曼. 污名 [M]. 宋立宏, 译. 北京: 商务印书馆, 2009: 3.

整个身份群体当中的过程。

亚伯拉罕·弗莱克斯纳（Abraham Flexner）指出："大学不是社会的后勤仓库，大学需要满足社会发展的需求，而不是未经审慎的欲望。"① 在知识经济时代，大学教师亦不能成为迎合市场经济的风向标，大学教师应满足的是经济社会发展的实际需要，而不是它的无限欲望。大学教师应当警惕完全迎合市场的动机和行为，避免学术职业发展陷入绝境，因为这种价值观层面的异化已经渗透到学术生命的精魂中，随时会面临合法性质疑和身份底色的消退。

二、抵制学术资本主义诉求

当大学教师完全抵制学术资本化的价值逻辑和行动模式时，就会变成固守"学术象牙塔"传统的"学术独行侠"。造成这种局面的可能原因是：这些教师始终坚定学术传统和身份伦理，认为知识与金钱并无关联，在知识与金钱的对垒中倾向于金钱的一端将会造成身份危机，遭受共同体成员和社会成员的广泛批评。当然也有可能出现想接触市场却没有能力接触市场的原因。很多人文社会领域学者缺乏靠近市场需求的技术知识，也缺乏知识资本运营的商业素养，面对学术资本主义趋势只能望而却步。不过这种缺乏学术创业素养的大学教师对学术资本主义的抵制并不是出自学术伦理的感召，而是被现实条件制约的"无奈表象"，但在行动上仍然表现出了对学术资本化的疏离。

抵制学术资本主义侵蚀的大学教师，坚守学术志业伦理，立志成为科研事业中的"独行侠"，沉浸于"象牙塔式"的学术环境中自由而理性地探究高深知识，致力于人类文明的进步和知识真善美属性的彰显。这种身份定位在知识与经济联系并不紧密的时代具有现实可行性和价值认同度。但在知识与经济社会发展高度相关的时代，大学教师完全固守"学术象牙塔"的行为已经略显脱离社会生活语境的倾向了。但这并不是说大学教师需要完全接受市场逻辑和知识资本家定位，而是要成为保持求真育人初心和伦理底线的基础上，适度参与知识转化为社会生产力的过程，焕发学术职业活力。否则，只有极少数大学教师能凭借学术影响力获得发展资源，自由地开展研究，大多数大学教师都将会因为完全拒绝市场提供的发展资

---

① 弗莱克斯纳. 现代大学论：美英德大学研究 [M]. 徐辉，陈晓菲，译. 杭州：浙江教育出版社，2001：3.

源而陷入学术职业生计困境。因而适度参与知识资本转化，既是回应经济社会发展诉求的需要，也是保障自身学术追求的策略，并非所谓"背叛学术理想"。

一方面，国家创新驱动发展战略和科技成果转化政策的出台表明了科研人员具有通过高质量研究引领社会发展和促进美好生活的时代责任，具有为中国特色社会主义事业贡献知识力量的责任担当。例如，《中华人民共和国促进科技成果转化法》指出：鼓励科研院所、高等院校以转让、许可或者作价投资等方式向企业或其他组织转移科技成果①，规定高等院校可自主决定成果转化的产权问题。同时，为鼓励科技人员参与成果转化，明确指出科技成果转化主要贡献人的奖励额度不低于总奖励金额的50%。《关于深化高校教师考核评价制度改革的指导意见》也从制度层面做出规定，"鼓励教师积极参与技术创新和产品研发，把科研成果转化作为着力培育大众创业、万众创新的新引擎"②。这都表明在知识需要深度助力社会进步的语境下，大学人理应在不丢失身份底色的基础上肩负起为经济社会发展服务的责任。

另一方面，站在人性论立场上，教师属于"经济人"，具备自营自利的根本属性③。这种判断并非凭空捏造。马克思指出，"任何人都是以自我为出发点的，任何情况下，人都会受到需要这种本性的驱使而将两性关系、交换和社会分工等联系起来"④，意味着人总是从自我利益出发来展开行动，"人所奋斗的所有内容都跟其利益有关联"⑤。长期被赞誉为公众学者的大学教师，更多地体现为某种理想追求和象征意义。若严格按照知识分子的品性来鉴别，现在能够被称为知识分子的大学教师也不算多。有学者断言："全球公共知识分子的数量不足120人。"⑥ 这不禁令人深思：真

① 国务院. 国务院关于印发实施《中华人民共和国促进科技成果转化法》若干规定的通知[EB/OL]. (2016-03-02) [2023-12-25]. http://www.gov.cn/zhengce/content/2016-03/02/content_5048192.htm.

② 教育部. 关于深化高校教师考核评价制度改革的指导意见 [EB/OL]. (2016-09-20) [2023-12-25]. http://www.moe.gov.cn/srcsite/A10/s7151/201609/t20160920_281586.html.

③ 刘元芳，果红，任增元. "经济人"假设与大学治理的思考 [J]. 现代大学教育，2012(2)：40-44.

④ 上海师范大学教育系. 马克思恩格斯论教育 [M]. 北京：人民教育出版社，1979：43.

⑤ 马克思，恩格斯. 马克思恩格斯全集：第一卷 [M]. 中共中央马克思恩格斯列宁斯大林著作编译局，译. 北京：人民出版社，1995：201.

⑥ 黄万盛. 知识分子困境与公共性危机 [J]. 现代大学教育，2008 (6)：1-8.

正关切公众利益而胸怀家国天下的知识分子能有多少？国内学者也曾忧虑指出："在知识分子数量较多的时代，能被称为知识分子的大学教师数量也不足两成。"这种身份标识更多地承载着对大学教师引领社会价值观的殷切期盼，甚至以此为基础衍生出的"公共人"假设也无法将数量众多的大学教师视为具备公共理性的知识分子。但历史经验表明：确有数量稀少但却坚守"知识分子品性"的大学教师，只是这种数量意义并不能成为影响大学教师群体身份属性的主要判别依据。

面对不可回避也无须回避的知识经济时代语境，大学教师既要秉持学术伦理和求知本性来创新和传播知识，遵守"知识逻辑的前价值预设"，也要主动回归并对接知识经济时代的知识市场化转向诉求，按照"实践决定意识"的唯物辩证哲学观来指导知识生产与传播。资本化的知识生产确实影响并塑造着大学及其成员的思想观念和行为策略，而大学与市场、大学与政府之间经济关系的复杂融合，尤其是办学经费收入与支出的变动确实表明学术工作的性质已悄然生变①。倘若大学教师对这种转变无动于衷，同样会落后于时代步伐。对他们来说，适度参与知识资本转化过程，不是简单接受市场逻辑的过程，而是在内心中始终保持求真育人的价值刚性，在实践领域借助学术创业模式服务经济社会发展的过程。也许学术资本主义并非某种问题，真正的问题在于人：假如大学人的精神世界圆满理性，外在制度结构健全完整，那么学术资本主义只会变成促进大学发展的手段和引领经济社会发展的利器。

三、在知识与市场交织中调适身份

完全迎合市场需求会将教师推向资本的一端，而完全抵制知识资本化诉求则将教师推向了守旧的一端。两种身份定位策略都有损学术职业良性发展，在知识与市场交织中调适身份定位，划定彼此的价值界限才是良策。

对大学教师来说，在知识与市场的交织中完成身份调适是必要的、可能的和应该的。在必要性上，在知识市场化语境和科技对现代社会发展起关键作用的背景下，任何对外部环境诉求无动于衷的行为都会被时代主导趋势边缘化，任何无视知识资本转化对学术职业发展和大学办学使命之价值的倾向都有被时代淘汰的危险。正如印度经济学家阿马蒂亚·森

---

① 斯劳特，莱斯利. 学术资本主义：政治、政策与创业型大学 [M]. 梁骁，黎丽，译. 北京：北京大学出版社，2008：59.

（Amartya Sen）所指出的："一个具体身份的重要性将取决于社会环境。"①在强调科学技术为社会进步服务，实验室知识转化为社会生产力的时代语境下，大学教师必须顺应社会转型发展的客观需要，抓住知识经济时代的现实诉求，通过协调知识与市场的距离参与到知识服务社会的实践中，在新的环境中重塑身份认知，重构自我形象，调适传统身份诉求与新身份诉求的价值尺度。

在可行性上，"高等教育的历史是在知识逻辑和外部势力的对抗中共同谱写的"②，现代大学总是在协调社会诉求的过程中建构自我身份和社会形象的。大学教师的学术身份同样是在回应社会诉求的过程中动态建构的。不论是中世纪大学的"教育者"身份，还是洪堡大学时代的"研究者"身份，或者是威斯康星理念下的"服务者"身份，都是大学教师动态建构学术身份的体现。更重要的是，新学术身份或学术身份新特征的建构并没有消解既有学术身份的价值定位，转而丰富了大学教师学术身份多样性和复杂性。"教育者"身份并未排斥"研究者"身份，转而塑造了教学与科研相统一的价值观，"研究者"身份并未排斥"服务者"身份，转而生成了理论与实践相结合的价值观，"教育者"身份同样没有排斥"服务者"身份，进而把更多知识传递给更多人的价值观。知识经济时代对大学教师的学术职业提出新的诉求，要求他们主动并深度践行为经济社会发展服务的责任，并在此过程中重构身份认知，悦纳新的学术身份定位或学术身份新特征。

在应然性上，大学教师调适学术身份有其内在性。这既是体现大学教师实践智慧的表现，也是身份建构的理论要求。一方面，"人之所以有智慧，并非源自其理性，源自对客观真理那无可争议地坚信和践行，而在于人能够预估实际生活情境的复杂变动性，并根据预估结果采取适切策略予以应对，这就是教师实践智慧的现实表现"③。教师在知识与市场情境的互动中完成身份调适，构建出更具适切性和生命力的身份定位，是显现教育实践智慧的表现；另一方面，"学术身份"是在个体经历与外界环境交互

---

① 森. 身份与暴力：命运的幻象 [M]. 李风华，等译. 北京：中国人民大学出版社，2009：22.

② 克尔. 高等教育不能回避历史：21世纪的问题 [M]. 王承绪，等译. 杭州：浙江教育出版社，2001：14.

③ LUIS SEBASTIAN. Deweyan Democracy, Neoliberalism, and Action Research [J]. Studies in philosophy and education, 2019（1）：19-36.

作用的动态过程中建构形成的①，这一概念内含教师个体的自我反思追问，同时还包括社会或他者对教师个体的外部期望与价值诉求②。学术身份本身就是在自我追问与应对环境的互动中建构而成的，二者构成了身份调适的完整逻辑结构，也深刻揭示了学术身份建构的内在机理。这表明：大学教师在知识与市场之间完成身份诉求的调适是教师具有实践智慧和能动意识的应然要求，也是遵循身份建构理论的逻辑规律的本性使然。

因此，大学教师需要通过身份调适协调知识与市场的距离，重新划定知识与资本的价值边界，在追问自我存在意义与立足社会发展客观诉求间寻找身份平衡点，妥善处理好心灵安置与现实需要的关系，重构更具有价值张力的身份认知和行动模式。需要注意的是，不论教师的身份调适是较为激进的还是较为温和的，都可能导致身份认知的迷茫性和自我意义的消解性，都不可避免地带来"信仰与价值观的重塑和心理舒适区的模糊化，带来了某种文化传统的背离感和对未来的不确定性。而这种自我意义的质疑和再确认，无疑是身份解构到重构的过程，因而此过程中伴随着失落、背叛和迷茫都是正常的"③。

第三节　身份异化是自我矫正还是要协同矫正

既然学术资本主义不可回避，大学教师理应对学术身份异化问题进行纠正，协调知识逻辑与资本逻辑的价值界限，进而消解功利思维对学术职业的侵蚀。但当前学术身份异化危机是由教师自主矫正的，还是教师在自我信念与外部社会期望、制度诉求和文化环境的融通中协同矫正的，需要进一步论证。

一、身份是自我信念与外部诉求相融通的产物

"个体的身份及其所负载的一整套行为规范、互动关系和意义符号，

---

① HENKEL M. Academic identities and policy changes in higher education [M]. London: jessica kingsley, 2000: 57.

② GEIJSE F, MEIJERS F. Identity learning: The core process of educational change [J]. Educational studies, 2005, 31 (4): 419-430.

③ 富兰. 变革的力量：深度变革 [M]：北京：教育科学出版社，2004：46.

都是在个体对他人的理解中做出的反应来加以呈现的。一个场景是由多方而非行动者一人所共同定义的，它既不是结构决定的产物，也不是纯粹个体的自我行动，而是一个互动、建构的产物。"① 身份认同不但是追寻自我意义的过程，也是协调外部诉求的过程，身份建构总是在自我诉求与外部诉求的意义协商中动态实现的。正如乔治·米德（George Mead）曾在《心灵、自我与社会》中所言："主我"关注外部经验或观点作用于自我时所表现出的认识倾向性，体现为对情境的应对，"客我"则强调了他者的观点或共同体价值信念情境对自我的影响，二者共同构成身份认同的"一体两面"②。一句话，完整的身份体认是主观因素与客观因素的融合。

身份本质上是对"应该成为什么样的人"以及"人应该如何行动"的问题的理性体认，既包括对我应当是谁和肩负何种责任的认知，也包括对我该怎样立足现实社会期望的认知。鲁洁先生就曾强调，"人的本质既在其现存中，又在其超越现存中；既在其对自在的肯定中，又在其对自身的否定中；既在其对现有自在状态的确认中，又在其对自为状态的追求之中；人既以现在怎样的形式存在，又以应当怎样的形式存在"③。由此观之，人是自然与历史的存在，是客观给定性的存在，但是人也是自觉自为的存在，是不断超越给定性、扬弃自身实然性的存在。

当然，身份是自我信念与外部诉求相融通的产物还表明了身份建构的过程复杂性。身份认定不是预先设定的，它是从对自身的行为、语言和每日实践与社会情境和环境相互关系的解释和归因中，引发的自己与环境之间复杂的动态平衡的过程。正如菲利普·阿特巴赫（Philip Altbach）所说："大学教师身份是极为复杂的，大学文化传统、现实环境、大学与社会的关系、学术自由的限度、复杂多样的人际网络，都是导致这种身份复杂性的可能原因。"④ 身份重塑或身份优化的结果在很大程度上取决于外在社会环境与个体内在主动性之间的力量对比⑤："外强内弱"意味着身份建构更

---

① 戈夫曼. 日常生活中的自我呈现 [M]. 冯钢, 译. 北京：北京大学出版社, 2008：212.

② 米德. 心灵、自我与社会 [M]. 赵月瑟, 译. 上海：上海译文出版社, 2005：153-155.

③ 鲁洁. 实然与应然两重性：教育学的一种人性假设 [J]. 华东师范大学学报（教育科学版）, 1998（4）：1-8.

④ 阿特巴赫. 比较高等教育：知识、大学与发展 [M]. 人民教育出版社教育室, 译. 北京：人民教育出版社, 2001：25.

⑤ 叶菊艳. 叙述在教师身份研究中的运用：方法论上的考量 [J]. 北京大学教育评论, 2014（1）：89-100.

多遵循外部规约诉求，"外弱内强"则意味着身份建构更强调自我意义生成的作用。但是这种类线性的认识判断并非绝对性的，人会因个体差异性会呈现出与上述判断相矛盾甚至冲突的情况，这就是身份问题复杂性所在。

在埃利奥特·弗雷德森（Eliot Freidson）看来，身份兼具自我意识形态和制度结构形态的双重属性，二者不是非此即彼的对立关系，而是在某种意义上具有通约性①。身份认同中的自我价值软约束是可以经由制度化过程转化为结构性要求的。此意义上，对身份的探讨，既不能片面地坚持自我意义建构路线，也不能脱离自我意义建构而聚焦制度结构性诉求，而是寻找二者和谐共生的平衡点。这既是身份问题的研究重点，也是不可回避的研究难题。在形式层面，意义建构与制度诉求间身份协商的平衡点很难描述和把控，无法用指标化或可视化的方式呈现。但实践层面，是可以通过观察和判断人的行为及行为所体现出的观念态度等来验证的，知识这种验证需要审慎的辨别和足够的理性。

二、自我调适是矫正身份异化的关键因素

在社会学视野中，身份是自我价值确认和社会预期责任相互融合的产物，是人不断超越现实给定结构或条件而迈向更高精神层次的产物。在教育的视野中，学术身份也是自我学术理想和外在学术期望的协商共融的产物，是教师通过教育实践不断实现人从给定性教育状态向超越性状态迈进的过程。那么学术身份调适是依循内心价值定位还是遵从外在社会要求而展开呢？

（一）自我调适何以能成为身份异化纠偏的关键

自我调适是身份异化纠偏的关键，经由自我认同的身份定位才更持久深刻而富有生命力。诚如迈克尔·富兰（Michael Fullan）所言："一切外部制度要求想要影响教师身份的建构，就必须时刻契合教师自身生命经验，任何企图无视或遮蔽教师自身生命经验而谈教师身份认同的尝试都是毫无效果的。"② 学术身份调适过程并非外部规制下均质化、统一化样态的，而是具有相当解释张力，富有创造性的个体生命实践过程。这种基于

① FREIDSON E. Professionalism Reborn: Theory, Prophecy, and Policy [M]. Cambridge: Polity Press, 1994: 16-17.

② FULLAN M. Understanding teacher development [M]. London: Cassell, 1992: 110-121.

教师主体性的身份矫正策略，避免了社会规制性力量的过度渗透，提供了个体积极主动重塑身份的可能性。这在个过程中所体现出的反思意识和批判精神，体现了教师身份重构的可塑性与创造性。这充分说明教师绝不仅仅是"规制的人"，更是"生成的人"和"意义的人"。

吉登斯从现代性危机的视角，也指出个体意义感的丧失是自我身份迷失的根源，指出"晚期资本主义时代的现代性笼罩下，个体的意义感丧失，即对生活未能提供充足价值感的体验，将成为最根本性的认同危机"①。同样地，他也指出：拯救被晚期现代性所困扰的身份困境，同样需要根植于个体的自我意识和能动精神上。只有人主动去寻找自我存在的价值和塑造自我存在的形象时，人之为人的意识、情感和价值因素才得以体现。自我的身份认同具有这样的前提：自我认同是个体所具之反身性认知和个体凭借"自我意识"这一思维工具所"意识"到的内容。一句话，自我身份认同并非外界制度或期望所给定的，而是"自我意识"作用机制的结果及其影响，并最终体现为个体反思性实践活动依托传统惯习而创造出维系并创生某种新的认识或方式②。

同样地，"当教师能够主动寻觅、塑造自己的身份时，才能彰显其教育实践的自主性，为自我形象建构和存在价值确认注入动力"③。他进一步从行为"能动性""反思性"和"权力性"三方面论证个体行动的作用。在他看来，行动并非剧本再现和角色扮演，而是"能动（agency）"④表现，那些遵循帕森斯"行动框架"的做法忽视了人的能动性，并不存在舞台固定、剧本完整、剧目机械的行动演绎。行动具有指向个人实践智慧的"反思性"，并且这种反思性贯穿于"行动者的无意识本能、价值观念和实际行为的绵延时间演进中"⑤，使行动者时时以高度理性化的思维审视实践过程，进而探求"在反思中持续改进"的可能性。此外，行动还暗含着"权力浸染"，任何能动性都蕴含着达成预设的能力元素，这种能力就是凭

---

① 吉登斯. 现代性与自我认同 [M]. 赵旭东，等译. 北京：三联书店，1998：9.

② 吉登斯. 现代性与自我认同：晚期现代中的自我与社会 [M]. 夏璐，译. 北京：中国人民大学出版社，2016：48-49.

③ 周淑卿. 课程发展与教师专业 [M]. 兰州：甘肃文化出版社，2005：96.

④ 在不同译文或分析中，"agency"一词有时译作能动性，有时译作能动作用或能动行动，本研究中统一用能动一词以统摄和概括上述译法。

⑤ 吉登斯. 社会的构成：结构化理论大纲 [M]. 李康，李猛，译. 北京：生活·读书·新知三联书店，1998：70.

借权力而将其转化为有利于行动的能力，并通过行动成效反馈权力。不过这种行动中的权力必须建立在行动者具备行动知识储备和具备改变事物的能力、能够充分运用一切可及资源的前提下才能真正显现并发挥作用。如果能从教师心灵世界的使命与认同维度施加影响，那么促成教师由内而外的转变就较为顺利。

对我是谁和肩负何种责任的自我追问，构成了重塑学术职业伦理的价值根基，这种价值认知并不来自外部社会期望，也不来自精准无误的科学研究范式，而来自对自我存在价值的确认。正如查尔斯·泰勒（Charles Taylor）所言："如果你想识别为何人会具有特定的信念，你就需要询问他们心灵深处的感受，这不是科学规范的要求，而是价值归属的需要。"[①]"大学教师绝不会在学术资本主义面前束手无策，学术研究的美妙就在于学术自由传统和内心自主信念间的融通，维持着自我身份定位与外在期望间的动态平衡。"[②] 当教师在充分思考过后，对自身身份做出归属性选择，并且认定这个身份归属对自身来说的极端重要性，那么这样的选择，无形中将使这种身份所包含的福利与自由变成自身所应负责任，实现自我义务感的扩散。

给人创造或提出某些身份本身并不困难，困难在于这样的分类或创造是否会被认同。换句话说，如果身份的分类不能引起承载该身份的人的认同，这种身份分类或创造就毫无意义。直接遵照外部诉求来调适学术身份，很难生成基于大学教师内心认同的价值共识，也无法将外在要求植入教师的心智结构，也就无法顺利完成社会期望转化为自我需要的预期目标。借助自我认同的方式调适身份定位远比借助外部规约或期望的方式调适身份定位更深刻，更具有实效性。如果说按照外在逻辑诉求来塑造大学教师学术身份是"治标行为"，那么遵照自我价值确认和学术责任感来塑造学术身份就是"治本行为"。但"治本"疗效长、见效慢，很有可能会被"治标"周期短、见效快的假象所蒙蔽。

（二）大学教师学术身份自我调适何以可行

变革中的教师不仅需要面对社会的期望，更需要在自我信念的坚守中"育化自我"。这种"育化"不仅指向自我道德修养的提升，更指向教师在

---

① 泰勒. 自我的根源：现代认同的形成 [M]. 韩震，等译. 南京：译林出版社，2012：16.

② SUE C. Academic identities under threat? [J]. British educational research journal, 2008 (3)：329-345.

教育实践中对理想自我的追求。"教师越早意识到理想自我的追求中价值,就越能把握教师身份建构的主导权,就越能在建构身份认同收获之为教师的欢乐和尊严。"① 在教育变革中,大学教师以"自我的追寻"为突破口,主动承担教书育人使命和践行道德承诺时,才能以积极姿态投身社会实践领域,踏进新的职业理解境界和更浓郁的育人文化生态中。具体操作上,大学教师可借助"身份排序、替换及放弃机制"② 来调适自我定位与外部诉求间的冲突博弈,寻找身份稳定性和合法性的立足点,从而突破外部力量束缚而能动地建构自我形象。

1. 对多样性身份类型进行价值排序

在复杂社会情境下,大学教师的新的身份类型非常多元,包括调查者、专家、批评者、顾问、监督者、指导者、建议者、谈判者、管理者、领导者和企业家等③。但身份类型多样化并不意味着身份重要度的均衡化,大学教师需要依据学术职业伦理规范和自我学术理想对多样性身份进行重要性排序,确定具有支配性的本体论身份,并以此为判别其他身份重要性的核心依据。

之所以能够自主对抗外部势力而保持身份底色,是因为大学具有不证自明的自主独立传统,这种传统借助文化遗传的方式转移到大学人身上。艾米尔·涂尔干(Émile Durkheim)曾指出:"任何阶段,教育组织都与其他社会组织、文化习俗和宗教信仰、关键思想流派等均保持密切关系。但是教育组织有自我生命意识和相对独立化的演变进程。在相当长的时间内,教育组织都会借助这种自主意识来抵御外在因素的影响。"④ 大学人同样也"遗传"了这种独立基因,进而得以自主能动地抵御外部因素的影响。

对多样性身份类型进行价值排序,要求教师精准定位学术身份的本体性价值,并将此身份定位视为"主身份",进而干预调节"次身份"诉求,规范和协调其他身份诉求的价值次序,避免非本体性价值诉求僭越本体性身份诉求而造成的身份危机。因为"假如我们还不能为大学的多重使命进

① 叶澜. 教师角色与教师发展新探 [M]. 北京:教育科学出版社,2001:3.

② 郝广龙. 大学艺术类教师的三重身份形态 [J]. 四川戏剧,2021 (5):155-157.

③ 熊华军,丁艳. 当前美国大学教师的学术角色 [J]. 比较教育研究,2012 (2):31-35.

④ 布尔迪约,帕斯隆. 再生产:一种教育系统理论的要点 [M]. 邢克超,译. 北京:商务印书馆,2002:210.

行重要性排序，还不能将知识民主和完善人性置于优先位置，大学就将在资本重压之下走向自爆"①。

大学教师应当始终视求真育人为学术身份基色，以立德树人为身份定位的价值标尺，用自我身份定位是否契合个性化育才目标、是否契合知识造福公众福祉的初心、是否契合"中国梦"的践行要求来划定"主身份"的价值边界，而不是赚多少钱、拿多少项目、有多么知名等来划定价值边界。这种育才观同样为欧美大学所认同并践行。即便是在强调科研重要性的德国大学中，教书育人仍然是一切工作的归宿。"学术研究也不过是达成人的修养、实现人的个性发展的理性手段。"②

当参与外部事务的时间精力和行为动机过高时，大学教师应深刻反思这种行为和动机对人才培养初心和学术志业理想的冲击，转而将重心转移到如何培养中国特色社会主义伟大事业筑梦人上；当在课堂教学过程中过于按照"消费中心主义"原则对待学生及其诉求时，大学教师理应深度检视"以学生发展为中心"与"以学生欲求为中心"的本质差别，进而及时转变身份定位，以为学生个性化发展负责的姿态投身教学事务；当参与学术创业事务，被要求完全遵照市场逻辑和绩效标准来衡量学术创业质量时，大学教师应当在兼顾成果转化效益的基础上，思考技术转化是否有利于深耕学术、是否有利于提升学生综合素养、是否有利于增进社会公共福祉。

2. 对弱势化身份样态实施灵活替换

知识的传播、创造与应用体现知识分类性，也体现为教师身份的分类，这种分类势必造成知识与其所能承载的经济价值间的差异性，也就是说，学术身份其实存在某种必要的不均质或不平等③。既然学术身份本身就有不均质性，存在着按照既有经济逻辑或实践逻辑所判定的不平等性，那么对弱势化身份定位进行灵活替换就是应该的、可行的和必然的。否则，在强调知识转化为经济生产力的时代，始终坚守知识传承和知识创新的大学教师岂不成为弱势群体而丧失身份定位主动性，沦为学术资本化逻辑的牺牲品。

---

① 古尔德. 公司文化中的大学 [M]. 吕博，张鹿，译. 北京：北京大学出版社，2005：前言3.

② 陈洪捷. 洪堡大学理念的影响：从观念到制度：兼论"洪堡神话" [J]. 北京大学教育评论，2017，15（3）：2-9.

③ 李志锋. 必要的不平等：高校学术职业分层 [M]. 北京：知识产权出版社，2015：53-54.

现实语境中，对弱势化身份样态实施灵活替换，要求大学教师对自我身份优势有清晰的认知，明晰自己适合潜心育教学，静心科研还是成果转化，进而将这种擅长领域的专业优势发挥到极致，才能够弥补其他身份弱势性带来的负面影响。当然，学术身份强弱态势的转变应当以"主身份"所承载的责任、义务和使命为逻辑原点，确保身份劣势替换不削弱育人成效和科研质量。具体来说，就是教师要在教学、科研和社会服务职能践行过程中，对自我不擅长的领域及时替换，减少专业劣势的负面影响力。当大学教师对教学事务更得心应手时，就应当及时从学术研究和成果转化领域中抽身，转而投身教学事务，将自身专业优势发挥到极致，实现物尽其用、人尽其才的目标；当大学教师对学术研究具有浓厚兴趣和不俗潜质时，就应当将精力聚焦于如何实现原创性成果的突破，聚焦于在探索新知过程中如何培养学生创新精神和科研能力，聚焦于为人类社会贡献有分量的成果，而不是在不擅长的成果转化领域苦苦挣扎；当大学教师具有良好的沟通能力和管理才能时，就应当深耕学术成果转化领域，为实验室成果转化为企业生产力的效率、质量奔走，并在此过程中为学生提供锤炼实践动手能力的平台或载体，而不是固守教学或科研领域，找不到自我奋斗的方向与动力。

需要注意的是，任何身份优劣态势转换都围绕立德树人根本教育追求展开，而非凭借身份优势地位抢占而谋求不合理收益而展开。同时，任何选定身份优势的行为都不意味着摒弃劣势身份所肩负的不可推卸且极其重要的责任，而是在"术业有专攻"的过程中兼顾相关责任，避免身份转换沦为新一轮的地位排序。

3. 对冲突性身份诉求做到弃置有度

通过放弃机制，规避有悖于教师伦理和育人使命的异质性身份的侵袭，守住学术职业的伦理底线和育人初心，是大学教师调适自我定位的应有之举。但需注意，随着行会属性的淡化、宗教色彩的褪去、公职身份的潜沉，大学教师学术身份始终在弃置有度的过程中不断解构和重构。虽然大学教师学术身份在不同历史阶段承担的社会使命有所不同，但就其身份本质而言，仍然建立在探求高深知识和培养高级人才的合法性基础上。这也意味着在学术资本主义语境下，大学教师学术身份自我调适同样需要以此为价值准绳和行动指南，否则就将面临身份合法性质疑。

对冲突性身份诉求做到弃置有度，要求大学教师对有悖于学术身份伦理和求真育人初心的身份诉求和行为动机进行理性审查，而不是完全弃置新的身份诉求合理性，特别是新身份所承载的实现其既定身份期望的行之有效的策略或方法，值得大学教师学习和借鉴，只是这种经验迁移不能建立在动机异化的基础上。因而对冲突性身份诉求做到弃置有度，也就是对异化的身份观进行弃置，而非对有利于实现教育本真使命的新策略或新方式的弃置。相反，这些契合新环境和市场诉求的策略能够被教师识别、掌握和运用，进而缩短求真育人目标达成周期，提升人才培养质量和增加学术研究深度。

当产业界要求大学教师转变成"学术型产业家"，以期产出更具转化潜力和市场效益的技术性知识时，大学教师就可借助知识生产的默顿规范来消解自我身份上的产业属性，谨防知识创新陷入技术革新的偏狭化轨道，警惕自身从以创业促进学术发展的学人转变成以学术促进市场创业的商人；当资本逻辑期望大学教师转变成"世俗化理性人"，以期如同市井小民般为利益而奔走时，大学教师就可借助道德先贤的文化优势来超越自我功利化的动机和自甘平庸的念头，规避自身从"化大众的社会良心"向"大众化的平庸之辈"转变的可能；当外部利益相关者们试图通过资源配置方式驱动大学教师的行为，试图将其塑造成为特定利益群体摇旗呐喊的"利益传声人"时，大学教师就可借助"为天地立心，为生民立命，为往圣继绝学，为万世开太平"的学术理想来消解多重利益纠缠，谨防自身从"捍卫知识公益性的公共人"向"为特定利益群体呐喊的专业人"转变的苗头。

不可否认，自我调适在学术身份重构过程中起着关键性作用，但这并不意味着遵循自我意识和能动精神划定的责任边界和价值底线就都有利于学术职业良性发展。我们知道，人的自主意识和主体能动性源自人拥有理性，但如果理性膨胀为整个社会都为之狂热而变成生活世界的普适性准则时，仍旧会演变成具有流动性的意识形态，因而蕴含着经济理性的资本交换逻辑会在社会生产和自我觉醒两个维度激活人的主体性，并将社会生产全部要素融入理性精神所塑造的解释框架内[①]。但是，某种程度上完全遵照自我理性行事，虽然能够避免外部功利化思想等价值观对学术职业根基的侵蚀，但是也在无形中强化了自主理性的极端重要性，进而强化了这种

---

① 贾向桐. 现代性与自然科学的理性逻辑 [M]. 北京：人民出版社，2011：19.

理性对自我意识的认知裹挟，本该释放和彰显教师自我存在价值的理性俨然成为新的"意识铁笼"，锁住了学术身份的丰富性和生命力。因此，承认自我调适在学术身份重构过程中起着关键性作用，也同样需要外在社会期望的参照，才能大致描绘出学术职业变革的图景，指明学术身份调适的可行路径。

但不论是对多样性身份类型进行价值排序、对弱势化身份样态实施灵活替换还是对冲突性身份诉求做到弃置有度，都需要注意大学教师的代际差异性问题。现有研究表明："新时代的青年教师在道德与行为准则上与老一辈的学者有较大差别：青年教师更推崇实用性知识或技能的掌握与运用，敢于展现自己的学术锋芒，善于抓住任何能够实现自我价值的机会，迫切希望自己在短期内得到社会、学校和同行的认可、接纳、尊重和信任，并且他们极度关切自我发展，将是否有利于自我晋升和职务升迁为行动准绳，这与老一辈倡导的理想化的奉献型身份定位有所不同，他们更倾向于将自己定位成务实的个体理性主义人。"① 因而在鼓励教师进行自我身份调适时，需要立足其群体特性和生存境遇，切勿出现身份定位的诉求错位问题。

三、协同调适是矫正身份异化的重要因素

马克思强调，"人创造环境，同样，环境也创造人"②。"就像被环境所塑造的黏土，身份体认意识是被固定在现实情境中的"③。人与环境和谐共生创设了人重新定位自我价值的语境、条件和目标。离开情境谈学术身份调适，就丧失了身份调适的适用语境、现实载体和方向引领。身份体认在某种意义上是对个体所处环境的映射，这种体认必须在教育实践中达成，脱离实践情境会使其身份定位主动性受到威胁④。在学术资本主义趋势下，大学教师学术身份重构不能回避承载身份样态的现实情境。

究竟哪些情境构成了学术身份调适的"外在空间"呢？卡斯特在《认同的力量》（*The Power of Identity*）中，按照认同的内外部力量变化将身份

---

① 搜狐网. 面对行政化、学术腐败和潜规则，大学青年教师何去何从 [EB/OL]. (2018-12-29) [2024-01-12]. https://www.sohu.com/ a/285390575_488648.

② 马克思，恩格斯. 马克思恩格斯文集：第一卷 [M]. 北京：人民出版社，2009：545.

③ WALLER W. The Sociology of Teaching [M]. New York：Wiley，1965：380.

④ COLDRON J. Active location in teachers' construction of their professional identities [J]. Journal of curriculum studies，1999，31（6）：711-726.

认同或建构分成合法性建构、抗争性建构以及规范性建构①。合法性建构强调社会制度的合理化扩散，并将这种扩散内化为行动者的行动依据，能够塑造公民社会；抗争性建构则是地位或环境处于不利地位而被主流逻辑支配的人所拥有的用以反抗现实规约的群体归属感，能够创生认同共同体；规范性建构则强调新旧文化观念和价值定向的重新协商，尝试生成社会转型所需的文化观，能够塑造涵盖全部意义的个性化的人。也有学者认为，教师身份的生成建构受到三种模式干预：经验—理性模式（empirical-rational）、规范—再教育模式（normative-educative）以及权力—胁迫模式（power-coercive）②。经验—理性模式强调以教师群体和自身教育实践经验为反思自我价值与使命的中介，最终生成具有实践理性的身份认同；规范—再教育模式则注重从专业体系和学科共同体的视角检视教师身份变革的价值追求和使命遵循；而权力—胁迫模式则注重强调外部制度规约自上而下的指令性要求对教师身份的塑造性。范登·博格（Vanden Berg）同样认为教师身份认同源自教师所处外部环境、制度环境及人际环境，是三者综合作用的过程③。斯托特则从"他我关系"立场指明制约教师身份建构的要素有三：一是教师与他者的互动关系；二是教师与学校文化系统的互动关系；三是外部教育变革的影响④。李茂森则指出规约教师身份建构的因素主要有：宏观维度的教育政策（指导意见、发展规划、教学改革、考核文件等）的制度期望；中观维度的学校文化系统（物质环境、心理环境、人际环境等）的内隐要求；微观维度自我特性（个体经历、智力禀赋、价值信仰、职业规划）的价值归属⑤。

这些探讨尽管立场、方法和观点各有差异，但都基于自身学术视野提供了把握学术身份调适的"外在空间"维度的可行性。结合上述观点和实地访谈资料，研究拟将教育政策环境、院校制度环境、共同体文化环境归结为学术身份调适的"外在空间"。因而宏观政策环境、中观院校制度生

---

① 卡斯特. 认同的力量［M］. 2 版. 曹荣湘，译. 北京：社会科学文献出版社，2006：6-7.

② LEWIS D，CUNNINGTON B. Power-based organizational change in an Australian tertiary college［J］. Strategic change，2010，2（6）：341-350.

③ BERG V D. Teachers' Meanings Regarding Educational Practice［J］. Review of educational research，2002，72（4）：577-626.

④ CIARAN S. Student Teachers' Lay Theories and Teaching Identities：their implications for professional development［J］. European journal of teacher education，2006（8）：213-225.

⑤ 李茂森. 教师身份认同的影响因素分析［J］. 教育发展研究，2009（6）：50-53.

态和微观共同体规范也形构了学术职业优化调整的外在空间结构。

（一）教育政策环境语境下的学术身份调适

政策提供了社会成员想象自我身份和权责边界的空间，通过规定成员的行动计划、所应遵循的行动准则、该完成的任务规定、能采用的行动策略等限定成员身份的向度与限度。那么政策是如何塑造人的身份的，在学术资本化语境下又该如何优化政策环境以规范大学教师学术身份调适过程呢？

1. 政策环境影响学术身份定位的机制剖析

安东尼·吉登斯（Anthony Giddens）的结构化理论提供了理解社会结构作用于人的认知的内在机理。他认为，在结构—行动关系问题上，结构重于行动和行动大于结构的观点，都属于强行割裂人与制度动态互动关系的行径。在《社会的构成：结构化理论大纲》中，他强调用"结构—行动二重属性"（duality）来代替"矛盾二元论"（dualism）以规避二者相悖的困境。社会结构与个人行为并非决裂对立的两端，而是在"结构如何在行动中动态建构完善与行动如何遵循结构的意志而施展"的辩证互动中不断演进融合的。在此过程中，"结构既充任行动载体，也体现行动结果"①，使行为人能够在实际行动中运用结构规则和发展资源为行动铺路，并就结构性限制做出应对。

结构通过"规则"和"资源"作用于人的行动。"规则"指向象征性符号和规范性代码元素，是明确行动的条件和限制因素；"资源"则涵盖匹配性资源和威压性资源，分别指向结构对客观世界的把控力和结构对人类主观世界的把控力。"规则"更像是"秩序"以规约人的行为，而"资源"则像是"激励"以激活人行为的"使动性"。这蕴含着结构的"抑制与促进"的功能属性。"决不能轻率认为结构是行为的制约因素而忽视对人的能动性的激活"，结构不仅外化于人的身心，也内在地"以记忆痕迹的方式内嵌"② 人的心智图式，在"控制与自主"的互动中增进行为有益性。

归结起来，社会结构对人的思维和行动的影响机制表现为两种方式：一是体现国家意志的"规则"，用以规范和明确行为的向度与限度；二是

---

① 吉登斯. 社会学方法的新规则 [M]. 田佑中，译. 北京：社会科学文献出版社，2003：27.

② 吉登斯. 社会的构成：结构化理论大纲 [M]. 李康，李猛，译. 北京：生活·读书·新知三联书店，1998：89.

体现行动掌控性的"资源"，用以激励或引导人的思想与行为。具体而言，就是以体现国家意志的政策和具有激励性质的资源分配体系来影响人的思维与行动。其中，政策常指根植于主流价值观之上的引导成员观念和行为的规范，并"杜绝可能的投机行为和违背规范的强制性惩罚"①；资源则多以资源配置权限与资源利用有效率的评估等形式作用于人的意识建构与行动方案中。政策规章和资源权限共同创设了行动个体如何想象自我、定位自我和肯定自我的宏大叙事背景，提供了个体获得身份标识归属度和庇护感的价值参照体系。因而政策变迁是学术身份变革的主要外部情境，政策语境提供了学术身份认同的群体价值参照标准，但政策环境挤压自我体认的空间，需要进行微观调试②。

在教育视界中，大学教师学术身份定位既受政策话语的影响，也受资源配置逻辑的制约。一方面，"根植于教育改革情境脉络中的成员总是受国家和学校教育政策规约，任何超越政策规定的改革谋划都无法引起规则共鸣。成员身份的定位、组织使命的维系、教育实践的内容、方式及评价、各类资源配置和行动次序等均受制于这种约束"③。另一方面，"国家是购买大学服务的唯一用户，国家以公共拨款的形式向大学付款，价格由国家和大学协商决定。在这个意义，这种协定可以被称作'准市场化'，或'契约—评估'模式。"④ 不同的是，欧洲大学接受政府拨款属于"钱拨过来就不再干涉学校具体如何配置"，而中国大学接受政府拨款，则需要对意识形态化的教育目标和实践方案及其效果负责⑤。这就更强化了资源配置对学术身份定位的作用力。学术资源多寡和配置权限掌握度就成为大学教师如何想象自我身份和明确权责归属的重要标尺。

2. 如何为学术身份调适创设良好的政策环境

政策环境提供了学术职业发展的合法性语境和教师如何想象自我定位的外部参照，是教师理性调适自我认知不可或缺的环境支撑。如果用语义

---

① 柯武刚，史漫飞. 制度经济学：社会秩序与公共政策 [M]. 韩朝华，译. 北京：商务印书馆，2004：109.

② HENKEL M. Academic identity and autonomy in a changing policy environment [J]. Higher education, 2005, 49 (1-2)：155-176.

③ 刘良华. 校本行动研究 [M]. 成都：四川教育出版社，2002：96.

④ 金子元久，刘文君，钟周. 高等教育市场化：趋势、问题与前景 [J]. 清华大学教育研究，2006 (3)：9-18.

⑤ 姜国钧.《废墟中的大学》镜诠 [J]. 大学教育科学，2011 (5)：103-109.

学观点看，外部政策期望体现出的是米德所指的"宾我或客我"（me），是社会关系在自我身份认同中的确认和协商的表现；而个体反思性的自我探寻则指向"主我"（I），是具有主动意识的原初意志的逐渐生成的表现①。而"主我"在身份认同的过程中扮演着"宾我"及其他相应指称的"价值转换器"定位，将来自外部环境中对自身的合乎法理的标准及相应要求进行意义解构和价值重构，生成自我身份图景和行动策略。

面对知识与生产紧密结合的趋势，学术职业定位的政策环境也应当及时优化调整，以期为大学教师深度参与知识生产力的解放过程提供方向引领和环境依托。一是继续深化"放管服"自主办学政策力度，为高校自主办学注入持久活力。国家要在遵循高等教育发展规律的基础上扎实推进大学治理体系现代化建设，进一步"撤回权力"，在履行监督管理责任的基础上，强化为高校自主办学服务的意识与能力。通过修订完善《中华人民共和国高等教育法》和《中华人民共和国教师法》等法律法规释放政策活力，同时以《关于深化教育体制机制改革的意见》和《教育部科技部关于加强高等学校科技成果转移转化工作的若干意见》等政策规章为指导思想，以明确、规范和系统的规章制度建构起学术职业良性发展的政策空间，科学研制适切学术职业发展和经济社会发展诉求的政策体系，"从外部为其构筑良好的符合本国国情的制度环境和基础设施，并将激励微观科研主体自身活力与推进总体结构调整与系统整合相结合"②。二是通过优化学术职业政策法规以扭转功利心态和学术腐败的学术风气，通过塑造教学名师和学术启明星等正面形象以引领学术职业发展的社会风气，以抵制学术谋利和学术腐败的政策立场净化学术职业定位的舆论环境，最大限度地消解公众对学术创业身份定位的认知偏差，在正面引导和侧面论证相结合的过程中，逐步降低公众对学术创业化引发的身份想象的价值冲突。教育领域内的教师身份变革同样需要得到更广泛的公众价值观的认可，需要获得罗尔斯（John Rawls）所倡导的"社会正义性"③。在教育视域中，这种正义性指明了教师身份的价值底线：确保知识以民主、平等而充满伦理性

① HUEBNER R. The Construction of Mind, Self, and Society: The Social Process Behind G. H. Mead's Social Psychology [J]. Journal of the History of the behavioral ences, 2012, 48 (2): 134-153.

② 王骥. 从洪堡理想到学术资本主义：对大学知识生产模式转变的再审视 [J]. 高教探索, 2011 (1): 16-19.

③ ESTLUND D. The Survival of Egalitarian Justice in John Rawls's Political Liberalism [J]. Journal of political philosophy, 2010, 4 (1): 68-78.

的姿态浸润到教育教学实践中，彰显学生在教育事业中的主体性地位。眼下学术创业普遍遭受质疑的关键在于学术谋利化，这就要求教育政策制定过程理性定位利润问题。因为强调非营利取向的学术谋利的不正当性，并不能错位理解利润问题。所谓非营利并非不产生利润，而是所产生利润不会进行分配，转而全部投入大学事业中。三是通过完善考核评价政策体系调节教师如何审视自我肩负的责任。可根据学科与市场的关联度来拟定绩效考核标准，对远离市场的学科教师和将主要精力放在教育教学过程中的教师进行个性化补贴，并开通"教学职称"评价绿色通道，激发教师的身份认同感和组织归属感；科学拟定薪酬待遇等级梯度，在确保教师生存性需要得到满足的前提下，鼓励教师竞争更高的薪资职位，激发教师教育教学和科学研究的主动性；创造性地建设声望性或象征性学术奖励机制，为那些不为丰厚经济回报的教师提供象征性称号奖励，提升其自我成就感，以更饱满的热情投入学术事务中。

需要警惕的是，工业经济向知识经济转型阶段的教育变革强调从社会期望的原点出发，要求大学教师主动回应教育政策期望和经济社会需要，但"教师自身的意义世界、价值定位和行动选择以及自我认同都难进入改革视野，于是教育变革只谈教师角色转型而遮蔽身份认同"[1]，陷入身份定位角色化的桎梏。相配套的教师专业成长性质的培训与指导，也因过于凸显角色期望而遮蔽身份认同的窠臼而造成教师自我意义的失落。实际上，"教师的角色强调外在性的职责履行，是教师的权责使然；而教师的身份强调内在性的意义建构，是教师对自我价值和自主意识的感知确认"[2]。如果教师被政策话语和资源配置权限等"规则"所淹没，就会成为只知贯彻外部意志而丧失自我意义探寻的人。

（二）院校制度环境语境下的学术身份调适

"制度环境是制约教师学术身份的重要因素，涵盖学术自由的制度设计、成熟而共识性的同行评议体系以及宽松而不乏竞争性的学术环境、安稳富足的生活保障措施、学术晋升的制度性障碍的扫除。"[3] 制度环境影响学术身份定位的内在机理是什么，如何创设有利于学术身份调适的制度环

---

① 周淑卿. 课程发展与教师专业 [M]. 北京：九州出版社，2006：79.
② 李茂森. 教师身份认同危机 [M]. 北京：北京师范大学出版社集团，2014：19.
③ 陈斌. 学术职业环境的变革图景、现实效应与优化路径 [J]. 高等教育研究，2020，41（5）：63-71.

境以抵御学术资本谋利化动机的侵蚀？

1. 制度环境影响学术身份定位的机制剖析

兴盛于 20 世纪后半叶的新制度主义学派对制度问题的研究，提供了理解制度环境影响组织及其成员的作用机理[①]。新制度主义学派认为制度并非结构化的制约组织及其成员的固定程序，而是在与环境的交互中动态化发展的文化性规范体系。"制度被界定为全部成员共同遵守的、依据程序化或规则化标准而构建的蕴含着文化伦理性的价值规范。"[②] 新制度主义学派开创人之一的海因茨·迈耶（Heinz Meyer）在《制度化组织：作为神话和仪式的正式结构》中强调："现代社会组织运行流转并不是靠组织协调管控实现的，而是有赖于组织对制度环境的能动适应。"[③] 新制度主义学派大师理查德·斯科特（Richard Scott）这么定义制度环境："制度环境是组织生存其中而需要遵循或共享的社会制度、文化传统、价值规范等因素，也即支撑组织正常运转和公共生活稳定化和秩序化的符号系统和共享意义。"[④] 这种将制度从结构化、正式化的规章、程序或准则等稳定性外部结构的价值规范、道德规约和文化浸润等符号性意义系统归结为自身构成要素，将文化视为制度构成的做法，粘合了制度与文化的割裂状态，并赋予文化及其象征价值以制度属性，为我们理解制度环境对人的影响机制提供了可能。

鉴于此，研究将制度环境归结为在组织运转和成员行动过程中起强制性、规范性和文化认知共享性作用的一套规制化文化符号系统的总和。这也与美国社会学大师保罗·迪马奇奥（Pual DiMagio）等所指出的"组织生存需要适应制度环境，在组织趋于制度化形态的过程中借助强制、模仿和规范等作用机制来完成组织结构同形化，并以此取得组织生存和发展的合法性基础"[⑤] 之论断高度契合。

首先是制度环境的强制性机制。强制性机制强调制度本身内蕴的不以

① 李青. 制度环境视域下高校应急预案建设路径研究 [J]. 黑龙江高教研究，2020，38（6）：11-15.

② 诺斯. 经济史中的结构与变迁 [M]. 陈郁，等译. 上海：上海三联书店，1994：226.

③ MEYER W. Institutionalized Organizations：Formal Structure as Myth and Ceremony [J]. American journal of sociology，1977，83（2）：340-363.

④ 斯科特. 组织理论 [M]. 黄洋，等译. 北京：华夏出版社，2002：125.

⑤ DIMAGIO P，WALTER P. The Iron Cage Revisited：Institutional Isomorphism and Collective Rationality in Organizational Fields [J]. American sociological review，1983，48（2）：147-160.

人的意志为转移的客观性强制力量，借助制度合法性和强制力"由外而内"地作用于组织及其成员。强制性机制意味着制度为组织生存发展创设了不可抗拒的外部制度环境，并借助行业法律和管理体制等形式内嵌到组织治理和发展过程，最终以不可抗拒的禁令或规章等形式规约组织及其成员的理念与行为。强制性机制不但能够约束组织及其成员的行为，还能强化作为预先设定的结构性环境的重要性，这决定了强制性机制在整个制度环境影响组织及其成员过程中的核心定位，进而被频繁用于剖析组织及其成员的转型发展①。

其次是制度环境的规范性机制。规范性机制重视通过生成道德规范或价值典范来约束组织及其成员的思维和行动，并通过塑造典范化角色期待来感召和规范组织成员，"由内而外"地敦促组织成员以典范化行为或价值诉求对标自我责任和行为取向。"规范性机制更侧重从典范化文化规范的维度出发，通过塑造更契合组织期待的角色要求来引领和指导组织成员，促使其按照组织预期的结果其扮演好自我角色。"② 相较于强制性机制，规范性机制更具有价值自觉性和自主能动性意蕴，更符合为了接近或达成某种特定目标而采取的自觉行为。当组织及其成员面临不确定性未来和转型变革的复杂环境时，根据其他组织典范化经验或模式来指导自我转型发展，不失为合乎逻辑和现实语境的对策。

最后是制度环境的文化认知性机制。文化认知性机制是通过组织成员所共同遵守和持有的组织价值共识和行动准则来"潜移默化"地作用于组织成员的认知结构，进而用组织秉持的价值观来塑造成员的"共享信念"，促使组织成员沿着预设的价值约定或行动模式来"步调一致"地前行。"作为共享的认知、情感和价值观的集体"，文化认知性机制能够通过拟定契合组织文化共识的规章制度和行为范式，进而深刻影响成员的思维模式和行动策略。"它根植于共同理解和同类意识的结构中，是组织结构的权责意识转变成个人认知图式和价值框架的有效形式。"文化认知性机制能够妥善解决强制力量无法触及的价值领域的问题，能够借助文化规范、习俗传统、道德模式和价值信仰来达成组织转型发展目标。目前，制度研

① 诺斯. 制度、制度变迁与经济绩效 [M]. 杭行，等译. 上海：格致出版社，2008：23.

② JAMES M, JOHAN O. Rediscovering Institutions: The Organizational Basis of Politics [M]. New York: Free Press, 1989: 160.

究已经转向了文化取向范式，并更关切制度环境对组织转型和成员发展的作用①。

2. 如何为学术身份调适提供良好的制度环境

如果身份体认依托虚无缥缈的自我意识而缺乏必要的框架支持，就将陷入唯心主义编制的非理性牢笼，丧失身份认同本就蕴含着的理性抉择的价值引领性。正如查尔斯·泰勒（Charles Taylor）所指出的："认同需要借助框架承诺达成，否则就会对应该坚持什么、放弃什么，赞同什么或反对什么等问题缺乏判断。我们所根植的实践习俗或价值预设，对于个体自我认同的实现至关重要。"② 在知识与资本紧密结合的时代背景下，学术职业的价值定位也更为多元，这些多样化的身份表征本身并无合理与否之别，关键在于能够提供适切学术职业良性发展的制度环境，搭建教师应该坚持什么、放弃什么，赞同什么和反对什么的行动框架，确保教师言行举止契合组织期望。

学术资本主义趋势倒逼学术制度体系革新。院校需要制定契合学术伦理和合理回应外部诉求的教育制度体系，为大学教师理性检视自我诉求和权责属性创设良好的制度环境。在知识与经济关系紧密的时代，大学既需要固守立德树人的初心，也要调适既有制度的不合理成分，持续理性优化制度体系，为学术职业发展创设良好的制度环境。"当院系层面的学术环境能够契合大学教师的自我价值实现的诉求时，便能够在大学教师形塑自我形象和身份定位时起正向促进作用，并能够生成教师对院系学术环境和价值追求的认同感和归属感；而当院系学术环境与大学教师自身的学术志趣或发展诉求不一致或冲突时，就会在他们心中滋生拒绝或抵制院系学术文化传统的情绪，引发自身心理孤立感，甚至采取逃离院系的策略。"③

为学术身份调适提供良好的制度环境，要发挥制度强制性优势，对侵占学术职业底线的身份意识和行动模式予以识别、定性和处置，用明确而体系化的规章制度来制约学术身份异化。"制度把个体记忆和我们的感知系统地引导到与它们所允许的关系相一致的结构中。它们使本质上动态的过程凝固化，并隐藏它们的影响，唤起我们的情感，使我们对标准化了的

① 韦森. 再评诺斯的制度变迁理论 [J]. 经济学, 2009 (2): 743-768.

② GARY B. The Politics of Recognition [J]. Hobbes studies, 2015, 28 (1): 3-17.

③ SMITM J. Forging identities: The experiences of probationary lecturers in the UK [J]. Studies in higher education, 2010, 35 (5): 577-91.

问题作出标准化的选择。"① 正如维吉尼·理查德森（Virginia Richardson）所强调的那样："教师采取各种方式抵制变革并非问题所在，让教师遵照他者规划行事才是问题所在。"② 这就要求学术职业制度体系优化遵循教育上行法的意志和规定，对违反教师职业道德、践踏学术职业底线、无视学术伦理规范等失范化问题进行严厉惩治，设置学术职业良性发展的制度预警线，对超过预警线的行为进行强制干预。具体而言，可以通过制定僭越学术职业定位的惩治制度来强制干预大学教师学术动机异化的思想和倾向，设置严厉的违规惩治条例，增加违反职业伦理的成本负担。通常，"为加入或留在一个群体而付出代价（如努力、金钱或惩罚等形式）将增加个人对群体及其规范的依赖度。付出的代价越高，个人对群体规范的遵守程度就越高"③。如果学术职业制度体系中对违反学术伦理和师德师风的内容及其惩治均有明确规定，那么大学教师就会因为违法违规的代价问题而不敢违反学术职业伦理及其制度体系，也就客观上确保了学术身份调适始终处于制度可控性的环境中。

为学术身份调适提供良好的制度环境，要运用制度模仿性优势，充分汲取其他院校在学术职业制度设计上的有益经验。一要拓宽学术职业制度体系优化视野，充分借鉴欧美大学学术职业发展相关制度体系的理论模式与实践经验。如借鉴斯坦福大学关于学术创业问题的制度模式，通过创设学术创业监察委员会来审议教师参与学术创业的动机、性质、内容和影响，并对那些具有伦理风险和经济风险的创业型教师的学术创业范围、时间和方式，否则就会面临学术委员会的审查问责。再如马里兰大学对全职型教师额外提供学术休假、配备教学秘书和提供津贴等方式鼓励教师潜心从事教书育人工作，而对参与学术创业的教师则提供有竞争力的评价考核方案，鼓励教师在不妨碍正常教学科研工作的基础上，参与社会服务④。目前美国一流大学已经逐渐建构起将学术创业纳入学术评价体系的成熟化

① DOUGLAS M, WILDAVSKY A. Risk and Culture [M]. Berkeley：University of California Press, 1982：202-203.

② FENSTERMACHER D, RICHARDSON V. On Making Determinations of Quality in Teaching [J]. Teachers college record, 2005, 107 (1)：186-213.

③ PICKUP A. Identity and the Self-Reinforcing Effects of Norm Compliance [J]. Southern economic journal, 2020 (3)：1222-1240.

④ 张宇光. 马里兰学院大学教师队伍建设与发展案例研究 [J]. 中国远程教育, 2012 (8)：51-59.

制度体系，确立了"以大学使命为评价底色、以使命达成度为评价依据、以明确具体的语言为评价要点、以多方参与为评价主体、以学术创新为评价侧重"① 的学术创业评价体系，进而为成果转化或学术创业中教师如何界定和践行自我身份提供了制度性依据。二要充分借鉴国内其他院校关于学术职业制度体系建设的经验。如上海高校鼓励教师在不影响学校办学声誉、损害学生合理权益和学校合法利益的基础上，积极参与校外兼职和在岗创业活动②。三要合理迁移其他领域关于身份认同问题的制度设计经验。如遵循"人有分类的天性，倾向于对自我归属进行定位，并以这种定位来生成自我身份，进而为谋求自尊心、成就感、归属感和个性发展的需要提供引领"③ 的认知倾向来设计学术职业制度体系，引导教师站在立德树人立场上对自我肩负责任与使命进行价值定位。

为学术身份调适提供良好的制度环境，要发挥制度文化认同性价值。教育制度绝非硬性规则，而是合乎工具性与价值性的共契物。教育工作者遵循、认可、接纳它，并不仅限于违背它的惩罚性或它自身的不可抗拒性，而是因为这种制度所蕴含对教育及其实践的理性认识能够引起共鸣，唤醒人性之彰显和生命之完善的终极追求。一是建立健全相关制度体系以强化学术身份的边界意识。边界的存在确保了事物保持其正向性和意义，是界定事物本质的限定界限。通过建立健全学术创业制度体系，明确学术创业在动机、内容、范围和方式上的界限，谨防功利动机的越界；谨慎划分学科价值边界，对那些靠近市场，能与市场保持一致节律的学科，应及时参与市场竞争，而对于那些远离市场，需要"坐冷板凳"和"深思熟虑"的学科，则应制定差异化管理体系，确保不同学科性质和不同工作类型的身份诉求都能得到制度关切。二是创设学术身份调适的自由环境。通过营造包容性的学术环境和民主和谐的文化生态，为大学教师学术身份的理性调适提供环境支撑，提供教师选择这种身份定位而不选择那种定位而

① SANBERG R, GHARIB M. Changing the academic culture：valuing patents and commercialization toward tenure and career advancement ［J］. Proceedings of the national academy of sciences，2014，111 (18)：6542-6547.

② 上海理工大学. 上海市教育委员会关于完善市属公办高校专业技术人员校外兼职和在岗离岗创业工作的指导意见 ［EB/OL］. (2016-09-21) ［2023-11-19］. https：//rsc.usst.edu.cn/2016/0921/c2819a51925/page.htm.

③ STEPHEN WORCHEL，AUSTIN W. Psychology of Inter-group Relations ［M］. Chicago：Nelson-Hall，1986：7-24.

不受质疑的包容空间。帮助教师明确学术职业与其他社会职业的本质区别在于育才，但实现育才目标的形式并不拘泥于既有责任观的约束，而应当悦纳其他身份形态及其诉求，将焦点转向如何借助新形式夯实立德树人根基。通过生成学术创业作为立德树人形式的制度合法性，协调教师"传统身份诉求"与"经济市场元素"的价值冲突，将推动学生个性化发展视为一切工作的出发点和最终归宿，进而在认知层面消解学术资本化逻辑塑造的"学术资本家"形象。三是加大学术职业动态转型的宣传力度。通过官网、官微、视频、广播和学习宣传栏、数字校园等方式，向社会和师生宣传学术服务社会发展的合理性与必要性，进而在全社会建构起学术职业与社会发展协同共进的文化生态，提供教师理性调适身份诉求的文化语境，使教师在保持育人师者身份不褪色的基础上，尽可能地为学术身份增添新元素和新特征，释放学术职业发展的活力。

需要注意的是，新制度主义学派强调制度稳固化能有效降低行动成本，并生成一套价值观念和行动模式以形塑人的行为，并为目标达成提供制度性共识。然而，制度的稳定性却暗藏着僵化的危险，并极易造成适切新制度的价值观念与传统制度倡导的价值观念之间的价值错位乃至对立。以往关于教师或者指向教师的教育变革都超脱教师之外，身处其中的教师多被制度规约的责任体系所牵扯或规定才被纳入教育变革的话语中，往往在自我诉求失位、制度诉求越位和权责践行错位中被边缘化，更遑论主动参与变革以谋求发展了。此语境中，大学教师如若缺乏求变意识和应变能力，则将逐步沦为旧制度的"执行机器"而丧失批判思维和反思精神。大学教师需要适当保持制度与自我意识间的"适切距离"才能获得自主意识，并理性探寻自我存在的价值。

（三）学术共同体文化语境下的学术身份调适

大学教师学术身份不仅受"国家政策话语"和"组织制度诉求"塑造，还深受同辈群体及其价值规范的影响。阿兰·波顿（Alain Botton）就曾用诙谐的语言描述外部环境对自我认知的影响。"对自我的体认就像是漏气的气球，不断往气球充入爱戴才能继续保持其形态，他人的忽视则将扎破这个气球。只有外界表现出对我们的尊重才能帮助我们树立良好的自我形象。"[①] 因而学术共同体规范也就成为"如何想象自我身份"的意

---

① SHALINI SRIVASTAVA. The Pleasures and Sorrows of Work by Alain de Botton [J]. Jaipuria international journal of management research, 2015, 1 (1): 72-74.

义源①。那么共同体文化规范是如何影响大学教师自我定位的？面对学术资本化语境，学术共同体如何创设契合学术身份理性调适的文化氛围？

1. 共同体文化何以能够影响学术身份调适

共同体文化能够成为影响学术身份定位的重要意义源，既是人作为关系性存在的属性规定，也是人作为文化性存在的内在要求，更是现代社会中人的组织性生存的客观需要。

首先，共同体文化体现着人的关系性存在。马克思曾言："人是关系性的存在，人最初也是通过他者来认识自我的。名为约翰的人将自身视为人，不过是他将名为彼得的人视为自己的同类。"② 这意味着对自我身份的追问，并不能抛弃身份的共性，不能紧抓"我是谁"而忘记了"我和我们"的共性。如果一味强调身份的差异性而忽视社会性，那这种身份认同就会陷入孤立状态作为关系性的存在。他者是人体认自我、检视自我的"明镜"和重塑自我形象的价值参照体系。就像查尔斯·泰勒（Charles Taylor）所言："只有当人处于他我视线中才能真正获得关于自我的认识，他我的缺席或退场将会导致自我身份定向的模糊性。"③ 这意味着，教师如何审视自己并体认自我并不只是真空情境中完成的，必然伴随着他者的介入和评判。教师应当也必然在不同情境中产生差异化的自我体认和价值承诺，并在自我与环境的互动整合中维持并塑造自我形象。

其次，共同体文化内蕴着人的文化性本质。人是悬凝在意义网络中的动物，这种意义网络就是文化网络，即卡希尔文化哲学中的"符号"意涵。在卡希尔看来，人的"符号性"相较于动物的"应激性"而言，更具指称性，使人能够凭借自身文化"符号"创生新文化，因为"符号意识和符号化过程是人不断趋于完满性的手段和目的，同时也负载着推动人类社会良性发展的职责"④。因而作为符号性活动产物的文化成为人的专属物品，而人自身的行为实践的全部结果则变成了这种符号性产物的统摄者。文化蕴含着人的根本属性和发展的最终规制，体现为对物理世界的扬弃式超越。"共同体"概念见于社会学家费迪南德·滕尼斯（Ferdinand Tönnies）

① MCNALLY J, BLAKE A, CORBIN B. Finding an identity and meeting a standard: Connecting the conflicting in teacher induction [J]. Journal of education policy, 2008, 23 (3): 287-298.

② 钱超英. 身份概念与身份意识 [J]. 深圳大学学报 (人文社会科学版), 2000 (2): 89-94.

③ 泰勒. 自我的根源: 现代认同的形成 [M]. 韩震, 等译. 南京: 译林出版社, 2001: 48-49.

④ 卡希尔. 人论 [M]. 甘阳, 译. 上海: 上海译文出版社, 2004: 4.

的著作《共同体与社会》，意为"真切而持续的同域生活，这种同域性主要涵盖血缘同源、生活同地、宗教同根"①。此时"共同体"反映的更多的是从自然情感的视域审视人与人的关系以及蕴含在关系中的认同感。随着现代性的发展，原初"共同体"概念正面临解体，转而演变成维系价值稳定性的文化结构，通过内化为遵守共同体价值规范的人的思想信条和行动指南。

学术共同体文化为学者提供了可供遵循或摒弃的价值理念，通过描绘理想化的群像学者的学术信仰和价值理念，维系着学术成员间看似脆弱但却持久的学术情感，并持续强化着为学术献身的责任伦理。在学术共同体文化体系中，学者们诗意地栖居，共享学术文化、共守学术秩序、共用学术逻辑。

最后，人的组织性生存的客观需要也赋予了共同体文化以影响力。现代社会正逐步转向组织化生存，凭借组织配置资源并满足成员的诉求，组织成为凝聚成员社会生命的根本载体。农业时代的时空一体性将成员凝聚起来，而工业时代及其后工业化进程则促使成员经由组织实现时空统整。"人对组织的依赖性之高，就如空气、阳光、水源之于生命的价值那般。"②同样地，人对组织共识的依赖性也较高，因为组织共识提供了成员免受质疑的合法性和共同应对外部威胁的价值凝聚力。迈克尔·桑德尔（Michael Sandel）也指出："社群所描述的不仅是作为公民，他们拥有什么，而是他们是什么，这不是一种由他们所选择的关系（诸如自愿协会），而是一种由他们发现的归属，这不仅仅是他们自身的一种属性，更是他们身份的一部分。"③组织共识就是这种不被要求选择或践行的文化规范，而是基于自我理想实现和自我效能达成的需要而能动选择的产物。而且，政策或制度规定的身份具有持久稳定性，表现为权威或支配力量对教育及其成员的关乎其职责权限的规定与要求，而在大学这种"微型社会组织"情境中，教师还具有依托"微型圈子的集体共识"而生成或被赋予的身份属性，这种身份易受社会文化传统、学校办学定位以及教师自身价值取向的综合作用而具有某种弥散性，但却是教师持续沉浸的"基本生态圈"，毕竟他们无

---

① 滕尼斯. 共同体与社会 [M]. 林荣远，译. 北京：商务印书馆，1999：25-30.

② 张康之. 论组织化社会中的信任 [J]. 河南社会科学，2008（4）：157-159.

③ MICHAEL J. Liberalism and the limits of justice [M]. Cambridge：Cambridge Universtiy Press，1998：15-17.

须处处彰显社会规定的"公民身份"和法律规定的"专业身份"。

2. 如何为学术身份调适营造适切的共同体文化氛围

大学是以知识传递、创新和运用为基础的学者社团。"社团成员以探究高深学问和追求永恒真理为己任，他们不屈从于任何政治权威、经济势力和其他外部力量，只服从于真理的标准。"[①] 这种"标准"构成了学者们共同栖居生活的精神空间和价值准则，提供了共同体成员获得身份认同感和群体归属感的共性文化规范。依据这种"标准"的价值共识，共同体成员获得了免受外在势力侵蚀的群体庇护，也赋予了自我学术职业话语权。但在学术共同体向学术联合体转变的语境下，大学教师学术身份理性调适需要重建共同体文化空间，为学术职业良性发展提供支持。

一是营造允许多重学术身份并存的群体氛围。基于学术自身属性而被赋予的权力往往在学术共同体内部具有较好的共识度和执行力，但超越学术范畴则会丧失适切性而被视为阻碍知识服务社会的"障碍"[②]。因而在学术资本转化的现实语境中，要着力在学科部落中培育教师兼具多重学术身份，并能够依据学术伦理和自身实际对身份优先性进行排序的文化氛围。确保教师的身份选择得到学科部落成员的理解，为偏向市场化性质的学术身份认可提供心理调适或文化适应的氛围支持。但对学术职业经济属性的重申和强调，不能以妨碍求真育人本真使命践行的方式展开，而应当在潜心育人和静心科研的前提下，最大限度释放学术职业的社会生产性价值，并将这种身份观以易于接受和认可的方式渗透到学术身份调适过程。二是重申学术部落的规范。学术部落共享的学术认知、情感及价值观是有效鉴别"我们——他们"意义边界的文化标识；重申被学术资本主义冲击的学科共同体规范，筑牢成员的群体认同感，从而引导成员理性定位自我身份。可开设学术伦理课程、创办学术道德讲堂、开展学术规范知识竞赛等形式，重塑学科部落的伦理精神和行为规范，为教师提供解读和定位学术身份提供群体价值意识的意义参照体系，避免新身份"碰壁"。三是拓宽共同体部落的外延。传统的视教师为学术共同体成员的做法已然无法准确促进知识服务社会发展过程中各相关主体间的对话理解。学术资本主义将政府成员、企业代表、研究人员等融合在"知识资本化"实践中。在知识

---

① 蒋建华. 大学是生产知识为基础的学者社团 [N]. 中国教育报, 2005-02-26 (3).

② 凡勃伦. 学与商的博弈: 论美国高等教育 [M]. 惠圣, 译. 上海: 上海人民出版社, 2008: 144.

创生从校园走向市场的过程中，适当拓宽学术共同体外延，将政府或产业界的伙伴视为"知识网络"的组成部分，才能消解彼此的身份误解，达成多主体合作共赢的共契。

但需注意，大学教师在实践语境下的学术身份并非依照师者、学者和服务者等职能进行界限明晰地划分的，而是多种身份样态复杂交织的样态。大学教师在教学、科研、服务等实践中需要同时兼顾和协调多重身份诉求。一方面，仅凭自我认知和学术信仰来完成身份定位，或者完全依据外部预期、社会环境或制度要求来调整身份定位，都不可取。另一方面，如何智慧地处理好育人者、求真者和创业者之间的身份冲突，确保学术身份不失本色，也是学术职业良性发展的关键。实际上，理性调适多重身份冲突是可行的，前提是需要重塑学术职业"求真育人"的价值共识，并以此作为协调多重身份合理性诉求的"身份基色"，确保任何身份形态或实践样态的向度与限度都构筑在"求真育人"的价值共识上。

当大学教师同时面临教学、科研和社会服务实践中的身份冲突时，应当树立起身份底线意识，恪守"求真育人"的价值底线，并以此作为协调多重诉求冲突的"最大公约数"，确保多重身份形态及其诉求的调和指向学生个性化发展需求的满足、探求永恒真理之旨趣的达成。大学教师理应通过身份底线意识的强化来规范和引领多元身份形态转变及其诉求冲突，以身份转变或身份坚守是否有利于发展学生的核心素养、是否有利于探求高深知识、是否有利于公共生活的良善化、是否有利于经济社会良性发展为多种身份重要性排序提供价值准绳和行动依据。当科研和社会服务侵占教学空间和教师精力时，大学教师应当主动回归育人师者定位，警惕科研至上和学术创业引发的身份危机；当教学和社会服务成为大学教师谋求身份合法性与生存效益时，大学教师应当重申自身作为求真学者的身份定位，并以此来反哺教学和社会服务；当教育者和研究者成为大学教师偏好性身份而弱化自身作为社会服务者的认知时，应当看到社会服务对检验课堂教学真知、锤炼学生实践素养和引领社会发展航向的身份向度。但多重身份调适并非大学教师力所能及之事，而需要外部政策环境、制度空间和文化氛围的支撑与浸润，否则大学教师笃定并践行的身份就面临合法性拷问。

四、本土语境中学术身份调适的国情特殊性

尽管学术资本主义已在全球范围内蔓延，但各国在学术资本化现象层

面的相似性并不能掩盖其内在根源的差异性。换句话说，学术资本主义引发的身份危机既有共性原因的驱动，也深受本土语境和文化传统的制约而具有特殊性。欧美大学学术身份调适的相关政策、制度和文化模式的经验并不能直接移植到本土语境中，需要回归学术职业发展的本土语境，在"洋药房"和"土办法"的有机结合中生产"合成药"，才能根治"学术谋利化顽疾"。这就要求国家、社会、院校和个人在调适学术身份时，清晰把握学术职业根植的国情特殊性。

（一）办学经费筹措模式存在差异性

我国高等教育办学经费的构成上，仍然以国家出资为主，社会共筹为辅。西方大学的经费筹措更多遵循市场经济的资源配置规律。一方面，政府在市场与大学的互动中扮演他者角色，目的在于刺激市场与大学的联动而创新科学技术，增强经济活力和提高社会发展水平。在整个高等教育系统中，利益相关者所占权限较为均衡，也更有利于学者抵御资本的裹挟。另一方面，将学生塑造成教育市场消费群体的行为，直接导致院校不得不将目光投向学生，创新学校管理体制和治理结构来适应学生消费者的诉求，将如何吸引学生就读和提供上佳的教育质量置于学校发展的顶层设计。这种模式中，院校需要引入市场力量，但无须像传统模式那样完全对行业企业的收益负责，因为潜在的客户是学生而非商业组织，所服务的重点也不是产品创新与开发，而是学生潜在人力资本的培植。因而相较于大学与市场的博弈，学生为教育消费者的模式和大学求真育人的本质更为契合，也更容易互动共融。

而在本土语境中，政府作为高等教育办学经费核心出资人的方式短期内并无法转变，大学在持续接受政府办学资助的过程中生成的资源拓展思维惰性也反过来钳制着其办学经费渠道拓展的能动性。在"办学质量评估是政府管控高等教育的具有干涉倾向的手段"[①] 已成共识的背景下，大学无法回避出资人对学术研究性质、内容、方式和预期结果上的要求，无法回避资源配置权限塑造的权力格局。从资源立场看，政府干涉高等教育的方式主要有：以资助方式购买知识或服务；不回应大学的拨款请求而表示不满；以补贴或特别资助的方式偏爱某种行为。大学并不像看上去那样自由，而是被资源管控着的"自由"。微观层面，科学研究所需的科研经费

---

① 范福格特. 国际高等教育政策比较研究 [M]. 杭州：浙江教育出版社，2001：75-76.

有其限度，大学组织的良性运转不能坐视办学经费向科研工作的任意流动，这就要求大学在权衡经费配置时，聚焦办学责任和办学效率问题。这种资源配置权限塑造的权力格局与市场资源配置的自由原则并不相同，聘任制度尚未建立健全与单位编制始终存在的局面共存，因而中国大学教师学术身份优化调整面临的情况就更为复杂。

（二）行政化与市场化的叠加效应明显

"行政逻辑与市场逻辑的叠加效应是阻碍中国大学良性发展的关键原因。"① 甚至有学者指出："相较于学术资本化，学术行政化问题更为严重"，中国大学人文精神的式微和学术自治传统的缺失很大程度上是由于官本位思想束缚，而非资本主义精神，政府与大学的关系，行政与学术的关系较之知识与市场的关系而言，更为关键。西蒙·马金森（Simon Marginson）在研究亚洲高等教育的儒家传统影响时，就曾指出："亚洲国家（日本、韩国、新加坡等）均受到中国儒家思想浸润而普遍具有政治依赖性，科学研究的方向也聚焦国家发展的需要，因而国家的缺点也就体现在大学当中，国家的落后就体现为大学的落后。"② "中国大学管理的官僚化并非大公司化管理的技术化和规范化，而是自上而下的、等级森严的、官僚主义的行政化和专制化。"③

在本土语境中，读书人"修齐治平"的情怀和包袱，只能借助致仕方可实现，再加上"穷书生"的"仕途经济梦"作祟和"万般下品读书真"的社会文化生态，共同塑造了知识分子对权力的渴求形象和价值共识。虽然在现代化进程中，中国社会的职业结构和人才流动模式更加开放多元，但这种官本位社会惯习却始终延续着，成为某种无意识的社会心理倾向。"不少以关心人才、尊重人才为掩护，趁机为学者配置行政头衔或者赋予某些院校以行政级别的行为仍然存在，不少教授争相应聘处长的现象仍然存在，无疑是权力逻辑在学术领域的泛滥明证。"④ 更为严重的是，当行政逻辑与市场逻辑相结合时，就会无限挤压学术职业发展的空间，造成大学

① 王英杰. 大学文化传统的失落：学术资本主义与大学行政化的叠加作用 [J]. 比较教育研究，2012，34（1）：1-7.

② MARGINSON S. Higher education in East Asia and Singapore：Rise of the Confucian model [J]. Higher education，2011（61）：587-611.

③ 姜国钧.《废墟中的大学》镜诠 [J]. 大学教育科学，2011（5）：103-109.

④ 冒荣. 学术行政化与学术资本化的联姻：权力的同谋和学术的异化 [J]. 江苏高教，2011（4）：1-5.

教师学术身份定位的"夹缝效应",那些凭借行政权优势获得资源配置权限和学术发展空间的行为将进一步加剧学术职业格局失衡现象。这些都为大学教师学术身份动态调整设置了障碍。

（三）大学教师学术独立精神的"先天缺失"

相较于西方大学凭借学术独立权而自由演化的进程和学者普遍认可和具有捍卫学术传统和研究自主性的信念，近代中国大学教师的自主意识、独立精神则被政权更迭和文化传统的束缚而逐渐黯淡。也就是说，在学术谋利化侵蚀学术职业根基，异化学术身份和行为动机的情况下，西方大学及其成员尚能借助学术独立和学术自治的传统抵御这种错误价值观和行为模式的侵袭。但"先天缺失"学术传统基因的中国大学及其成员，就容易在学术资本谋利化的洪流中被淹没，或者干脆沦为资本逻辑的"附庸"，选择加入学术谋利的行列。此外，后现代性对现代性之理性精神和自主意识的批驳，也将人类社会推向了意义消逝的边缘，"现代性所导致的教师身份危机、各种外在规范所导致的教师身份的无根性以及学术研究的规范性研究取向导致理论言说的无据，使丧失根基的教师在教育实践中处于一种飘浮无据的精神状态。"[1] 这种无根化精神状态也致使大学教师学术身份的"意义消解"，使大学教师在传统与现实、国际与本土的交锋中遮蔽了应有的理性判断能力。

因此，在重塑学术职业变革图景过程中，迫切需要转变的可能并非如何在政策或制度层面划定知识转化的行动界限，而是重铸中国大学教师本就羸弱的"象牙塔精神"，夯实学术志业伦理和求真育人的学术品性，守住学术职业良性发展的价值底线和身份底色。

---

① 何菊玲. 教师是谁：关于教师身份的本体性追问 [J]. 陕西师范大学学报（哲学社会科学版），2013，42（2）：98-103.

参考文献

阿罗诺维兹，2012. 知识工厂：废除企业型大学并创建真正的高等教育 [M]. 周敬敬，郑跃平，译. 北京：高等教育出版社.

阿特巴赫，2006. 变革中的学术职业：比较的视角 [M]. 别敦荣，译. 青岛：中国海洋出版社.

鲍曼，2000. 立法者与阐释者：论现代性、后现代性与知识分子 [M]. 洪涛，译. 上海：上海人民出版社.

别敦荣. "一本书"的大学培养不出一流人才 [N]. 文汇报，2019-01-04 (8).

伯恩斯坦，2016. 教育、符号控制与认同 [M]. 王小凤，译. 北京：中国人民大学出版社.

博克，2002. 走出象牙塔：现代大学的社会责任 [M]. 徐小洲，陈军，译. 杭州：浙江教育出版社.

布尔迪厄，1997. 文化资本与社会炼金术：布尔迪厄访谈录 [M]. 包亚明，译. 上海：上海人民出版社.

布鲁贝克，2001. 高等教育哲学 [M]. 王承绪，郑继伟，张维平，等译. 3版. 杭州：浙江教育出版社.

蔡辰梅，刘刚，2013. 论学术资本化及其边界 [J]. 高等教育研究 (9)：8-14.

陈斌，2020. 学术职业环境的变革图景、现实效应与优化路径 [J]. 高等教育研究 (5)：63-71.

陈洪捷，2017. 洪堡大学理念的影响：从观念到制度：兼论"洪堡神话" [J]. 北京大学教育评论 (3)：2-9.

陈洪捷，施晓光，蒋凯，2014. 国外高等教育学基本文献讲读 [M]. 北京：北京大学出版社.

陈淑敏，2019. 结构与行动的制约：论大学教授学术职业的变迁与困境
　　[J]. 济南大学学报（社会科学版）（3）：136-149.

陈伟，2012. "从身份到契约"：学术职业的变化趋势及其反思 [J]. 高等
　　教育研究（4）：65-71.

陈则孚，2002. 知识资本：理论、运行与知识产业化 [M]. 北京：经济管
　　理出版社.

德兰迪，2010. 知识社会中的大学 [M]. 黄建如，译. 北京：北京大学出
　　版社.

德鲁克，2009. 后资本主义社会 [M]. 傅振焜，译. 北京：东方出版社.

丁大尉，李正风，2021. 开放获取知识共享模式的理论溯源：从知识公有
　　主义到学术资本主义 [J]. 自然辩证法研究（6）：73-78.

董云川，张琪仁，2017. 当大学滑入江湖：学人生态的另一种解析 [J].
　　江苏高教（10）：1-6.

杜德斯达，2005. 21世纪的大学 [M]. 刘彤，屈书杰，刘向荣，译. 北
　　京：北京大学出版社.

凡勃伦，2008. 学与商的博弈：论美国高等教育 [M]. 惠圣，译. 上海：
　　上海人民出版社.

付八军，2019. 创业型大学本土化的内涵诠释 [J]. 教育研究（8）：
　　92-99.

付八军，2021. 大学教师学术创业研究 [M]. 北京：中国社会科学出版社.

富勒，2011. 智识生活社会学 [M]. 焦小婷，译. 北京：北京大学出版社.

富里迪，2012. 知识分子都到哪里去了：对抗21世纪的庸人主义 [M].
　　戴从容，译. 南京：江苏人民出版社.

盖格，2013. 大学与市场的悖论 [M]. 郭建如，马林霞，译. 北京：北京
　　大学出版社.

甘永涛，2020. 学术治理与学术职业发展 [M]. 北京：中国社会科学出版
　　社.

古德纳，2002. 知识分子的未来与新阶级的兴起 [M]. 顾晓辉，译. 南京：
　　江苏人民出版社.

古尔德，2005. 公司文化中的大学 [M]. 吕博，张鹿，译. 北京：北京大
　　学出版社.

郭丁荧, 2004. 教师图像：教师社会学研究 ［M］. 高雄：高雄复文图书出版社.

郭丽, 2017. 大学参与学术资本主义的基本机制 ［J］. 太原师范学院学报（社会科学版）(5): 118-121.

哈珀金斯, 2007. 大学的兴起 ［M］. 梅义征, 译. 上海：三联书店.

何菊玲, 2013. 教师是谁：关于教师身份的本体性追问 ［J］. 陕西师范大学学报（哲学社会科学版）(2): 98-103.

赫舍尔, 2019. 人是谁 ［M］. 安希孟, 译. 贵阳：贵州人民出版社.

胡金平, 2007. 从教师称谓的变迁看教师角色与知识结构的转变 ［J］. 南京师大学报（社会科学版）(3): 87-91.

胡钦晓, 2017. 何谓学术资本：一个多视角的分析 ［J］. 教育研究 (3): 67-74.

华勒斯坦, 1997. 学科·知识·权力 ［M］. 刘健芝, 等译. 北京：三联书店.

黄厚明, 2017. 学术资本主义背景下大学教师学术身份的变革与反思 ［J］. 江苏高教 (7): 47-52.

黄亚婷, 2013. 新公共管理改革中的英国学术职业变革 ［J］. 高等教育研究 (5): 95-102.

黄亚婷, 2017. 聘任制改革背景下我国大学教师的学术身份建构：基于两所研究型大学的个案研究 ［J］. 高等教育研究 (7): 31-38.

黄亚婷, 2019. 聘任制改革背景下我国大学教师的学术身份建构 ［M］. 杭州：浙江大学出版社.

惠特利, 2011. 科学的智力组织和社会组织 ［M］. 赵万里, 陈玉林, 薛晓斌, 译. 2 版. 北京：北京大学出版社.

吉登斯, 1998. 现代性与自我认同：现代晚期的自我与社会 ［M］. 赵旭东, 译. 北京：三联书店出版社.

吉鲁, 2008. 教师作为知识分子：迈向批判教育学 ［M］. 朱红文, 译. 北京：教育科学出版社.

姜梅, 史静寰, 2015. 学术资本主义对学术职业发展的影响 ［J］. 江苏高教 (6): 14-17.

蒋凯, 2014. 知识商品化及其对高等教育公共性的侵蚀 ［J］. 北京大学教育评论 (1): 53-67.

靳玉乐，王磊，2018. 消费社会境遇下教师身份的异化与重构 [J]. 全球教育展望 (1): 83-92.

坎特维尔，2018. 全球化时代的学术资本主义 [M]. 殷朝晖，译. 北京：中国社会科学出版社.

克尔，2008. 大学之用 [M]. 高铦，高戈，汐汐，译. 5 版. 北京：北京大学出版社.

肯尼迪，2002. 学术责任 [M]. 阎凤桥，等译. 北京：新华出版社.

劳凯声，2019. 智能时代的大学知识生产 [J]. 首都师范大学学报（社会科学版）(2): 1-6.

李波. 老师，千万别把自己当老板 [N]. 光明日报，2018-01-29 (2).

李丽丽，2017. "学术资本主义"中的资本逻辑与文化逻辑 [J]. 云南社会科学 (6): 28-32.

李琳琳，2017. 时不我待：中国大学教师学术工作的时间观研究 [J]. 北京大学教育评论 (1): 107-119.

李茂森，2009. 教师的身份认同研究及其启示 [J]. 全球教育展望 (3): 86-90.

李茂森，2014. 教师身份认同研究 [M]. 北京：北京师范大学出版社.

李森，兰珍莉，2017. 全球化背景下师生冲突及其调适 [J]. 教育研究与实验 (2): 62-66.

李志峰，高慧，张忠家，2014. 知识生产模式的现代转型与大学科学研究的模式创新 [J]. 教育研究 (3): 55-63.

李志锋，2015. 必要的不平等：高校学术职业分层 [M]. 北京：知识产权出版社.

林克，2018. 大学的技术转移与学术创业：芝加哥手册 [M]. 赵中建，译. 上海：上海科技教育出版社.

刘泰洪，2018. 学术职业视角下高校教师的身份认同与构建 [J]. 当代教育科学 (4): 47-50.

刘霄，2020. "谁"左右了高校教师的教学、科研选择：基于"能力"的认知而非"功利"的取向 [J]. 中国高教研究 (3): 57-64.

刘云杉，2006. 从启蒙者到专业人：中国现代化历程中教师角色演变 [M]. 北京：北京师范大学出版社.

马尔库塞，2014. 单向度的人：发达工业社会意识形态研究 [M]. 刘继，译. 11 版. 上海：上海译文出版社.

马金森, 2008. 教育市场论 [M]. 金楠, 高莹, 译. 杭州：浙江大学出版社.

马君. 高校应警惕"学术明星"近视症 [N]. 经济观察报, 2020-07-27 (5).

毛心怡. 英美大学教师的职业危机 [N]. 社会科学报, 2019-05-30 (7).

尼尔逊, 张怡真, 2018. 学生、知识和大学的商品化：20 世纪 70 年代以来美国的高等教育资助 [J]. 北京大学教育评论 (1)：55-71.

诺沃特尼, 斯科特, 吉本斯, 2011. 反思科学：不确定性时代的知识与公众 [M]. 冷民, 徐秋慧, 何希志, 等译. 上海：上海交通大学出版社.

潘懋元, 2001. 多学科观点的高等教育研究 [M]. 上海：上海教育出版社.

齐曼, 2008. 真科学：它是什么, 它指什么 [M]. 曾国屏, 译. 上海：上海科技教育出版社.

邱超凡. 成果转化需要科研管理人员深度参与 [N]. 中国科学报, 2021-05-12 (3).

容中逵, 2019. 教师身份认同构建的理论阐释 [J]. 教育研究 (12)：135-144.

萨义德, 2002. 知识分子论 [M]. 单德兴, 译. 北京：生活·读书·新知三联书店.

森, 2009. 身份与暴力：命运的幻象 [M]. 李风华, 译. 北京：中国人民大学出版社.

史密斯, 韦伯斯特, 2010. 后现代大学来临？[M]. 侯定凯, 译. 北京：北京大学出版社.

斯劳特, 莱斯利, 2008. 学术资本主义：政治、政策和创业型大学 [M]. 梁骁, 黎丽, 译. 北京：北京大学出版社.

宋晔, 刘光彩, 2020. 师生共同体的伦理审视 [J]. 东北师大学报（哲学社会科学版）(2)：175-181.

眭依凡, 2013. 理性捍卫大学 [M]. 北京：北京大学出版社.

王建华, 2016. 资本主义视野中的大学 [J]. 教育发展研究 (9)：1-8.

王英杰, 2012. 大学文化传统的失落：学术资本主义与大学行政化的叠加作用 [J]. 比较教育研究 (1)：1-7.

王玉晶, 程方平, 2019. 高校教师作为知识分子的身份与责任：基于文化传统与学术体制两个维度 [J]. 中国人民大学教育学刊 (2)：101-114.

韦伯，2005. 学术与政治 ［M］. 冯克利，译. 北京：生活·读书·新知三联书店.

伍叶琴，2014. 教师蝶化发展论：基于文化身份的考量 ［M］. 北京：教育科学出版社.

希尔斯，2007. 学术的秩序 ［M］. 李家永，译. 北京：商务印书馆.

阎光才，2017. 学术职业选择、阶层趣味与个人机遇 ［J］. 华东师范大学学报（教育科学版）(6)：1-10.

晏成步，2018. 大学教师学术职业转型：基于知识资本的审视 ［J］. 教育研究 (5)：148-153.

杨超，张桂春，2016. "学术资本主义" 与大学教师学术职业角色的转换 ［J］. 教育科学 (5)：47-52.

杨兴林，2016. 学术资本主义对大学基础研究影响的论争与思考 ［J］. 扬州大学学报（高教研究版）(1)：3-8.

叶菊燕，2017. 教师身份构建的历史社会学考察 ［M］. 北京：北京师范大学出版社.

易红郡，2010. 学术资本主义：世界高等教育发展的新理念 ［J］. 教育与经济 (3)：53-57.

殷朝晖，蒋君英，2016. 全球化视域下跨国学术资本主义研究 ［J］. 比较教育研究 (9)：73-78.

尤西林，2019. "知识分子"：专业与超专业矛盾及其改善之道 ［J］. 探索与争鸣 (1)：100-108.

张静宁，2014. "学术资本主义" 与英美大学教师学术身份的变迁 ［J］. 教育科学 (2)：81-85.

张庆辉，2018. 环境、组织和个体禀赋：我国大学教师群体分化的影响因素 ［J］. 江苏高教 (4)：44-48.

张银霞，2016. 高等教育变革脉络中大学教师学术身份的内涵及其建构 ［J］. 黑龙江高教研究 (6)：1-4.

张银霞，2018. 大学初任教师学术身份及其建构的质性研究 ［M］. 北京：清华大学出版社.

赵昌木，2015. 欧美国家大学教师身份及多元认同 ［J］. 高等教育研究 (5)：63-69.

钟倩，罗光雄，2017. 大学教师学术职业分化的历史逻辑及意义：基于社

会分工理论的分析 [J]. 西昌学院学报（社会科学版）(3)：98-101.

仲彦鹏, 2018. 学术锦标赛制下大学教师学术身份的异化与纠偏 [J]. 重庆高教研究 (4)：109-118.

朱德全, 吕鹏, 2018. 大学教学的技术理性及其超越 [J]. 教育研究 (8)：73-80.

朱丰良, 费希尔, 2015. 学术资本主义研究流派的批判与重构 [J]. 高教探索 (2)：5-10.

朱书卉, 眭国荣, 2018. 大学教师学术创业的角色定位与角色扮演研究 [J]. 河北师范大学学报（教育科学版）(3)：110-117.

朱文辉, 2020. 学术治理的内卷化：内涵表征、生成机理与破解之道 [J]. 高等教育研究 (6)：26-33.

兹纳涅茨基, 2000. 知识人的社会角色 [M]. 郏斌祥, 译. 南京：译林出版社.

APPE S, 2020. Internationalization in the context of academic capitalism [J]. Research in comparative and international education, 15 (1)：62-68.

BOK D, 2003. Universities in the marketplace：the commercialization of higher education [M]. Princeton, N. J.：Princeton University Press.

CLARK B, 1983. The higher education system：academic organization in cross-national perspective [M]. Berkeley & Los Angeles：University of California Press.

DEEM S, REED M, 2008. Knowledge, higher education, and the new managerialism：the changing management of UK universities [M]. London：Oxford University Press.

DEER R, 1998. New Managerialism and higher education：the management of performances and cultures in universities in the United Kingdom [J]. International studies in sociology of education, 8 (1)：47-70.

ESTLUND D, 1996. The survival of egalitarian justice in john rawls's political liberalism [J]. Journal of political philosophy, 4 (1)：68-78.

ETZKOWITZ H, 2001. The second academic revolution and the rise of entrepreneurial science [J]. IEEE technology and society magazine, 20 (2)：18-29.

GARY R, 2000. Who's doing it right? Strategic activity in public research universities [J]. Review of higher education, 24 (1)：41-66.

GOETHNER M, 2012. Scientists' transition to academic entrepreneurship: economic and psychological determinants [J]. Journal of economic psychology, 33 (3): 628-641.

HEANEY C, MACKENZIE H, 2017. The teaching excellence framework: perpetual pedagogical control in post-welfare capitalism [J]. Journal of learning and teaching, 10 (2): 1-17.

JESSOP B, 2017. Varieties of academic capitalism and entrepreneurial universities: on past research and three thought experiments [J]. Higher education, 73 (6): 853-870.

KATHLEEN F, 2017. Look before you leap: reconsidering contemplative pedagogy [J]. Teaching theology & religion, 20 (1): 4-21.

KIM T. Academic mobility, transnational identity capital, and stratification under conditions of academic capitalism [J]. Higher education, 2017, 73 (6): 981-997.

MARCOLONGO M, 2017. Academic entrepreneurship: how to bring your scientific discovery to a successful commercial product [M]. New York: John Wiley & Sons.

MENDOZA P, 2012. The role of context in academic capitalism: the industry-friendly department case [J]. The journal of higher education, 83 (1): 26-48.

NEARY A, 2012. Teaching in public: reshaping the university [J]. Continuum, (1): 4-15.

NOONAN J, 2014. Thought-time, money-time, and the temporal conditions of academic freedom [J]. Time and society, 24 (1): 109-128.

PICKUP A, KIMBROUGH O, ROOIJ D, 2020. Identity and the self-reinforcing effects of norm compliance [J]. Southern economic journal, 86 (3): 1222-1240.

SAMUEL D, MUSEUS C, 2022. Creating spaces of refusal in the neoliberal academy [J]. International journal of qualitative studies in education, 35 (5): 553-563.

SARAH H, 2021. How neoliberalism shapes the role and responsibility of faculty members for eliminating sexual violence [J]. The journal of higher education,

92 (4): 522-545.

SLAUGHTER S, CANTWELL B, 2013. Transatlantic moves to the market: the United States and the European Union [J]. Higher education, 63 (5): 583-606.

SLAUGHTER S, GARY R, 2004. Academic capitalism and the new economy: markets, state, and higher education [M]. Baltimore and London: The Johns Hopkins University Press.

SLAUGHTER S, LESLIE L, 1997. Academic capitalism: politics, policies, and the entrepreneurial university [M]. Baltimore and London: The Johns Hopkins University Press.

SPRING J, 2015. Economization of education: human capital, global corporations, skills-based schooling [M]. New York: Routledge.

SUTHERLAND A, 2015. Constructions of success in academia: an early career perspective [J]. Studies in higher education, 42 (4): 743-759.

TOMLINSON M, ENDERS J, NAIDOO R, 2018. The teaching excellence framework: symbolic violence and the measured market in higher education [J]. Critical studies in education, (61): 627-642.

VALIMAA J, PAPATSIBA V, HOFFMAN M, 2016. Higher education in networked knowledge societies [M]. Berlin: Springer Netherlands.

YOUNG M, 2013. On the powers of powerful knowledge [J]. Review of education, 1 (3): 229-250.

后记

　　研究当代中国大学教师学术身份转型问题，具有相当重要的理论与现实意义。长期以来，中国传统文化中学术与市场相区隔的价值认知，影响着中国大学教师学术身份定位，塑造出了一种大学教师只要跟市场相联系就会忘却学术初心和育人使命的文化观念。这种观念使得中国大学教师学术身份转型异常艰难。现实中，涵盖师德失范、学术不端和学术逐利等在内的大学教师学术身份异化问题的出现，也使中国大学教师学术身份转型面临巨大的舆论压力。本书力图在认知层面澄清我国大学教师学术身份转型的合理性和必然性，理性看待大学教师学术身份转型中出现的身份冲突问题，明确身份转型的向度与限度；在实践层面提出适切本土国情的大学教师学术身份良性发展的路径，使对所有身份冲突的调适都回归到立德树人根本任务上。

　　在本书的写作过程中，笔者得到了博士生导师傅林教授的指点。她在研究立意、方法选用和框架结构方面向笔者提出了很多中肯意见。特别是她鼓励笔者大胆突破既有研究较少从知识与市场关系的视野来审视学术职业变革的范式，紧扣知识与市场紧密融合的时代主题，对当代中国大学教师学术身份转型的方向和限度进行全面深刻的分析。笔者还要感谢西南大学罗生全教授、陕西师范大学袁利平教授、济南大学郭峰教授、临沂大学陈德云教授、清华大学王传毅副教授、四川师范大学李盛聪教授和何光全教授、内江师范学院陈理宣教授、四川文理学院黄培森教授等人在本书写作与修改过程中提供指导。从你们对本书存在问题的修改建议中，笔者感受到了学术前辈对学术新人的关爱。

感谢成都师范学院的唐安奎教授。初次接触唐教授就能感受到他关心年轻人发展、重视年轻人学术的教育情怀。正式入职后，他也一直关注着笔者的教育教学情况和科研工作进展，鼓励笔者趁着年轻有干劲儿，多在教学和科研上做出成绩。感谢北京师范大学王本陆教授和鲍东明教授、浙江大学刘正伟教授、西南大学么加利教授、河南大学刘志军教授、华中师范大学欧阳光华教授、陕西师范大学龙宝新教授在本书写作中提出有益建议，以及在数据收集与分析阶段给予笔者帮助的四川师范大学张烨教授和李攀副教授。

特别感谢那些接受笔者访谈的老师们。出于研究伦理的要求，笔者不能写出你们的名字，但是你们的声音和对大学人发展的担忧之情已经渗透到笔者的精神中，成为激励笔者继续钻研学术、潜心育人的动力。虽然距离调研时间已经过去两年有余，但回过头来再次倾听你们的回答，结合笔者自身初为大学教师的工作体验，更能体会到一些老师的真知灼见和坚守初心的职业精神。在未来的日子里，笔者将会尽最大努力成为"你们"，踏实科研，精心育人。

感谢西南财经大学出版社的编辑老师们。你们严谨认真，为本书的顺利出版付出了巨大心血。标点符号的斟酌、遣词造句的谨慎、参考文献的规范以及结构框架的优化，都体现出你们的治学精神。

最后，感谢家人的默默支持和坚定理解。每一次通话和视频，每一次关心和问候，都渗透着你们的浓浓爱意。

郝广龙

2024 年 6 月 23 日

于成都师范学院温江校区